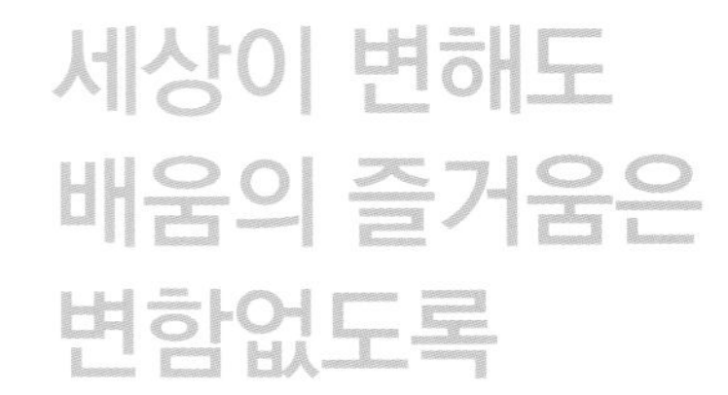

시대는 빠르게 변해도
배움의 즐거움은
변함없어야 하기에

어제의 비상은
남다른 교재부터
결이 다른 콘텐츠
전에 없던 교육 플랫폼까지

변함없는 혁신으로
교육 문화 환경의 새로운 전형을
실현해왔습니다.

비상은 오늘, 다시 한번
새로운 교육 문화 환경을 실현하기 위한
또 하나의 혁신을 시작합니다.

오늘의 내가 어제의 나를 초월하고
오늘의 교육이 어제의 교육을 초월하여
배움의 즐거움을 지속하는 혁신,

바로, 메타인지 기반 완전 학습을.

상상을 실현하는 교육 문화 기업 비상

메타인지 기반 완전 학습

초월을 뜻하는 meta와 생각을 뜻하는 인지가 결합한 메타인지는
자신이 알고 모르는 것을 스스로 구분하고 학습계획을 세우도록 하는
궁극의 학습 능력입니다. 비상의 메타인지 기반 완전 학습 시스템은
잠들어 있는 메타인지를 깨워 공부를 100% 내 것으로 만들도록 합니다.

한권으로끝내기

한끝

중등 역사 ①-1

이 책의

구성과 특징

진도 교재

단원별 내용 학습

1 교과 내용 정리
역사 교과서에서 다루는 내용을 상세하고 이해하기 쉽게 정리하였습니다.

2 생생 자료
교과서 자료들을 철저하게 분석하여 시험 출제 가능성이 높은 사료, 지도, 사진, 도표 등 중요 자료만 콕콕 찍어 알기 쉽게 설명하였습니다.

3 쏙쏙 용어
교과서에 등장하는 주요 용어를 읽기만 해도 쉽게 이해할 수 있도록 친절하게 설명하였습니다.

문제로 실력 쌓기

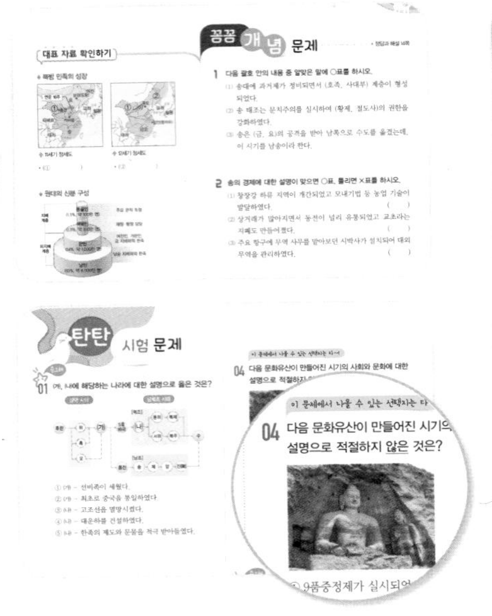

1 꼼꼼 개념 문제
중단원에서 학습한 내용을 간단한 문제를 통해 확인해 보세요. '대표 자료로 확인하기 / 한눈에 정리하기'로 주요 학습 요소를 잘 이해했는지 점검할 수 있습니다.

2 탄탄 시험 문제
학교 시험에 꼭 나오는 핵심 문제들을 엄선하여 구성하였습니다. 다양한 유형의 문제로 여러분의 실력을 탄탄하게 다져 보세요.

3 학교 시험에 잘 나오는 서술형 문제
학교 시험에 자주 출제되는 유형의 서술형 문제를 선별하여 구성하였습니다.

대단원 마무리

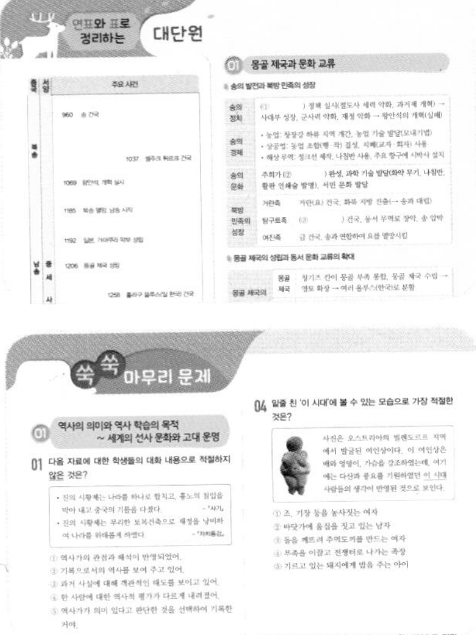

1 연표와 표로 정리하는 대단원
대단원별 학습 내용을 체계적으로 정리하고 학습 목표에 따라 주요 개념을 잘 이해했는지 점검할 수 있습니다.

2 쑥쑥 마무리 문제
단원 통합형 문제를 확실히 대비할 수 있도록 다양한 문제 유형을 제공하였습니다.

시험 대비 교재

시험 대비 문제집

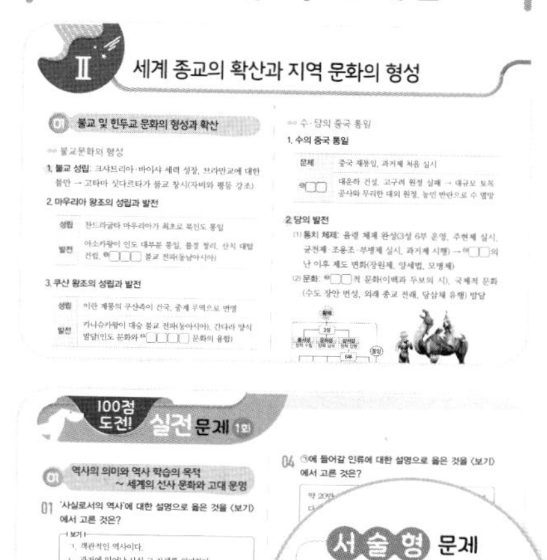

시험 전 한끝

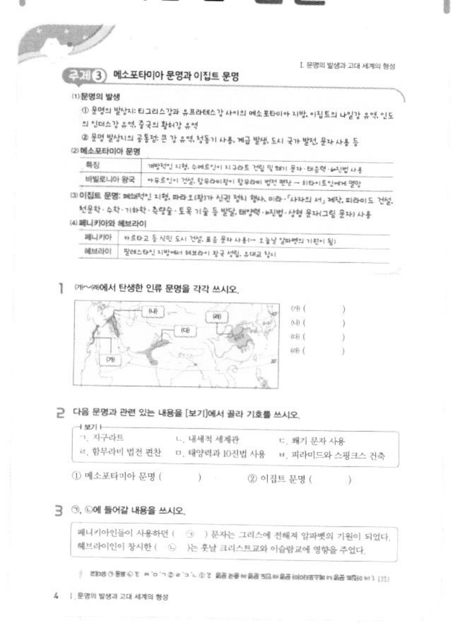

정답과 해설

1 핵심 정리
단원별 핵심 내용을 콕 집어 정리한 시험 대비 문제집으로 개념을 익혀 보세요. 아무리 시험 범위가 많아도 쉽고 빠르게 학습할 수 있습니다.

2 100점 도전 실전 문제
학교 시험 기출 문제를 철저하게 분석하여 빈출 유형의 문제들로 구성하였습니다. 실전 문제로 실력을 키워 학교 시험 100점에 도전해 보세요.

3 서술형 문제
빈출 유형의 서술형 문제로 실력을 쌓으면, 학교 시험에서도 자신 있게 답안을 작성할 수 있습니다.

- 시험에 자주 나오는 주제를 빠짐없이 정리하였습니다. 단원별 핵심 내용을 익히고 문제를 풀며 시험 직전 소중한 시간을 알차게 사용해 보세요.

- 한끝에 수록된 모든 문제에 대한 답과 상세한 풀이가 담겨 있습니다. 해설을 꼼꼼히 읽으면 오답의 이유에 대해서도 정확하게 이해할 수 있습니다.

한끝과
내 교과서
단원 비교하기

단원명		한끝	비상교육	금성	동아출판	미래엔	지학사	천재교육
I 문명의 발생과 고대 세계의 형성	01 역사의 의미와 역사 학습의 목적 ~ 세계의 선사 문화와 고대 문명	10~17	11~20	10~23	12~27	12~29	10~21	12~25
	02 고대 제국들의 특성과 주변 세계의 성장(1)	18~25	21~36	24~33	30~35	30~39	22~24, 33~36	26~35
	03 고대 제국들의 특성과 주변 세계의 성장(2)	26~31	37~45	34~41	36~41	40~47	25~32	36~45

단원명		한끝	비상교육	금성	동아출판	미래엔	지학사	천재교육
II 세계 종교의 확산과 지역 문화의 형성	01 불교 및 힌두교 문화의 형성과 확산	40~45	51~57	48~55	48~55	54~61	44~49	50~55
	02 동아시아 문화의 형성과 확산	46~53	59~67	56~65	58~63	62~71	50~61	56~63
	03 이슬람 문화의 형성과 확산	54~57	69~75	66~71	66~71	72~79	62~70	64~71
	04 크리스트교 문화의 형성과 확산(1)	58~63	77~83	72~78	74~79	80~87	72~76	72~81
	05 크리스트교 문화의 형성과 확산(2)	64~67	84~89	79~83	80~83	88~93	77~82	82~89

단원명		한끝	비상교육	금성	동아출판	미래엔	지학사	천재교육
Ⅲ 지역 세계의 교류와 변화	01 몽골 제국과 문화 교류	76~79	95~101	90~97	90~95	100~107	90~96	94~103
	02 동아시아 지역 질서의 변화	80~85	103~109	98~107	98~103	108~115	98~109	104~113
	03 서아시아와 북아프리카 지역 질서의 변화	86~91	111~117	108~115	106~111	75, 116~123	110~114	114~121
	04 신항로 개척과 유럽 지역 질서의 변화	92~97	119~127	116~125	114~119	124~131	116~125	122~131

Ⅰ 문명의 발생과 고대 세계의 형성

Ⅱ 세계 종교의 확산과 지역 문화의 형성

지역 세계의 교류와 변화

문명의 발생과 고대 세계의 형성

01 역사의 의미와 역사 학습의 목적 ~세계의 선사 문화와 고대 문명

역사의 의미와 역사 학습의 목적

1. 역사의 의미 자료 ①

(1) '사실로서의 역사': 과거에 일어난 사실 그 자체, 객관적 역사

(2) '기록으로서의 역사': 역사가가 과거 사실 중 의미 있다고 판단한 것을 선택하여 기록한 것(역사가의 관점과 해석 반영), 주관적 역사

2. *역사의 연구 방법

사료	옛 사람들이 남긴 흔적 예 기록물(문서, 일기, 비문 등), *유물(도구 등), *유적(집터, 무덤 등), 구전 설화 등
역사 연구 방법	역사가가 사료 수집 → 사료 비판(사료의 내용 검증) → 검증된 사료를 토대로 과거의 상황 분석 및 해석(과학적·체계적인 연구 방법과 역사적 상상력을 동원하여 과거 사실을 밝힘) → 역사 서술

3. 역사 학습의 목적

(1) 현재에 대한 올바른 이해: 현재 우리의 참모습 이해 → 정체성 파악

(2) 삶의 지혜와 교훈 습득: 역사 속 인물의 업적 계승, 부끄러운 과거 반성

(3) 역사적 사고력·비판력 향상: 역사 자료를 탐구하면서 사건의 인과 관계와 역사적 의미 파악

(4) 세계 여러 나라의 역사와 문화 이해: 다른 나라의 역사와 문화를 이해하고 존중하는 자세 함양 → 인류의 갈등 극복과 평화에 기여

세계의 선사 문화

1. 인류의 출현과 진화 자료 ②

구분	출현 시기	특징
오스트랄로피테쿠스 아파렌시스	약 390만 년 전	아프리카에서 출현, 최초의 인류, 직립 보행, 간단한 도구 사용
호모 하빌리스	약 250만 년 전	최초로 도구 제작
호모 에렉투스	약 180만 년 전	불과 언어 사용
호모 네안데르탈렌시스	약 40만 년 전	시체 매장(사후 세계에 관심)
호모 사피엔스	약 20만 년 전	동굴 벽화 제작, 약 4만 5천 년 전 현생 인류(크로마뇽인) 출현 → 세계 여러 지역으로 이동

2. 선사 문화의 발전

(1) 구석기 시대: 인류의 출현부터 약 1만 년 전까지 자료 ③

① 도구: 뼈 도구와 뗀석기(찍개, 주먹도끼, 찌르개, 긁개 등) 사용

② 생활 모습: 열매 채집·사냥·물고기 잡이로 식량 마련, 무리를 지어 이동 생활(동굴, 바위 그늘, 강가의 막집에 거주), 불과 언어 사용

③ 신앙과 예술: 시체 매장, 사냥의 성공·다산과 풍요를 기원하는 동굴 벽화와 조각상 등 제작

생생 자료

자료 ① 역사의 의미 — 인류가 남긴 모든 발자취를 일컬어.

- 진의 시황제는 나라를 하나로 합치고, 흉노의 침입을 막아 내고 중국의 기틀을 다졌다. – 중국 한의 역사책 『사기』
- 진의 시황제는 무리한 토목건축으로 재정을 낭비하여 나라를 위태롭게 하였다. – 중국 송의 역사책 『자치통감』

중국 진(秦)의 시황제에 대해 두 역사가가 쓴 기록을 통해 같은 역사적 사건과 인물도 보는 관점과 시대에 따라 다르게 해석될 수 있음을 알 수 있다.
— 이 때문에 E. H. 카는 '역사란 현재와 과거의 대화'라고 말했어.

자료 ② 인류의 진화 과정

오스트랄로피테쿠스 아파렌시스	호모 에렉투스	호모 네안데르탈렌시스	호모 사피엔스

인류는 두 발로 서서 걷는 직립 보행을 하게 되면서 자유로워진 두 손으로 도구를 사용할 수 있게 되었다. 이들은 점차 두뇌 용량이 커지고 지능이 발달하면서 진화를 거듭하였다.

자료 ③ 구석기 시대의 특징 — 들소, 염소 등 다양한 동물이 그려져 있어.

↑ 주먹도끼

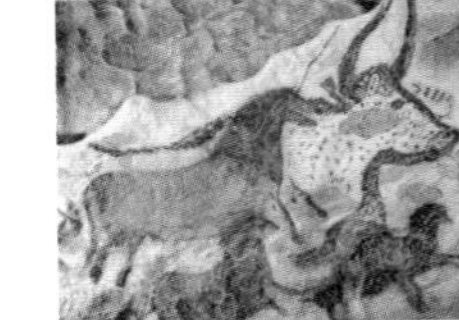
↑ 라스코 동굴 벽화

↑ 빌렌도르프의 비너스

구석기 시대 사람들은 돌을 깨뜨리거나 떼어 내 만든 뗀석기를 사용하였다. 이들은 사냥의 성공을 바라며 동굴 벽화를 그리거나 다산과 풍요를 기원하는 조각품을 남기기도 하였다.
— 선사 시대는 도구를 만드는 방법에 따라 구석기 시대와 신석기 시대로 구분돼.

쏙쏙 용어

* **역사의 연구 방법** 문자 기록이 없던 시기(선사 시대)에 대한 연구는 유물과 유적을 활용하며, 문자를 사용한 시기(역사 시대)에 대한 연구는 유물·유적과 함께 기록을 이용함
* **유물** 인류가 남긴 물품으로, 크기가 작아 옮길 수 있는 것
* **유적** 인류가 남긴 자취로, 형태가 크고 무거워 옮길 수 없는 것

(2) 신석기 시대: 약 1만 년 전 빙하기가 끝난 후 시작

① 환경 변화: 기온 상승, 작고 빠른 동물 증가 → 새로운 도구 제작

② 도구: 간석기(돌낫, 돌괭이, 갈돌과 갈판 등), 토기, 가락바퀴와 뼈바늘(→ 옷 제작) 사용 자료 ④

③ 생활 모습: 농경과 목축 시작(→ *신석기 혁명), 주로 바닷가나 강가의 움집에 거주하며 정착 생활, 마을 형성, 뼈·조개껍데기로 몸 치장

④ 사회: 씨족·부족 사회, 평등 사회

⑤ 신앙: 자연물에 영혼이 있다고 믿음, 특정 동물 숭배

세계의 고대 문명

1. *문명의 발생 자료 ⑤

(1) 도시의 형성: 큰 강 유역에서 농경 발달 → *관개 농업 발달, 여러 부족 통합 → 농업 생산량 증대로 잉여 생산물 발생, 계급 발생, 청동 무기를 사용한 정복 전쟁 활발(→ 부족 간 통합 가속화) → 도시 형성

(2) 도시 국가 발전: 지배 계급이 군사 조직 및 국가 조직 정비(왕궁, 신전, 성곽 건립 등), 지배자가 신의 대리자로 백성 통치, 문자 사용

(3) 문명의 발상지: 티그리스강과 유프라테스강 사이의 메소포타미아 지방, 이집트의 나일강 유역, 인도의 인더스강 유역, 중국의 황허강 유역

2. 메소포타미아 문명과 이집트 문명

(1) 메소포타미아 문명

① 성립: 기원전 3500년경 메소포타미아 지방에서 수메르인들이 여러 도시 국가 건설(우르, 라가시 등) → 인류 최초의 문명 탄생

② 특징

정치	도시의 중심에 지구라트(신전) 건설, 왕이 신의 대리인으로 백성 통치(*신권 정치)
세계관	개방적인 지형으로 인해 이민족의 침입을 자주 받음 → 현재의 안정된 삶 중시(『길가메시 서사시』에 나타나 있음)
문화	쐐기 문자를 만들어 신에 대한 제사·왕의 업적·교역 내용 등을 점토판에 기록, *점성술 발달, 태음력과 60진법 사용

③ 바빌로니아 왕국

성립	이민족의 침입으로 수메르인의 도시 국가 쇠퇴 → 아무르인이 바빌로니아 왕국 건설
발전	함무라비왕 때 전성기(기원전 1800년경 메소포타미아 지방 통일, 함무라비 법전 편찬 등 통치 체제 정비) 자료 ⑥
쇠퇴	함무라비왕 사후 여러 민족의 침입으로 쇠퇴 → 기원전 1500년경 철제 무기를 사용한 히타이트인에게 멸망

(2) 이집트 문명

① 성립: 나일강의 정기적인 범람으로 형성된 비옥한 땅에서 여러 도시 국가 출현, 기원전 3000년경에 통합되어 통일 왕국 성립 → 폐쇄적인 지형으로 이민족의 침입을 적게 받아 오랫동안 통일 왕국 유지

생생 자료

자료 ④ 신석기 시대의 도구

재배한 곡식을 가루로 만드는 데 이용하였어.

갈돌과 갈판

토기

가락바퀴

신석기 시대 사람들은 돌을 갈아서 만든 간석기를 사용하였다. 토기는 음식 조리와 식량 저장에 이용하였고, 가락바퀴는 실을 뽑는 데 사용하였다.

뗀석기에 비해 정교하고 날이 날카로워 사용하기에 편리하였어.

자료 ⑤ 4대 문명의 발상지

서술형 단골 문명이 발생한 지역의 공통점을 묻는 문제가 자주 출제돼.

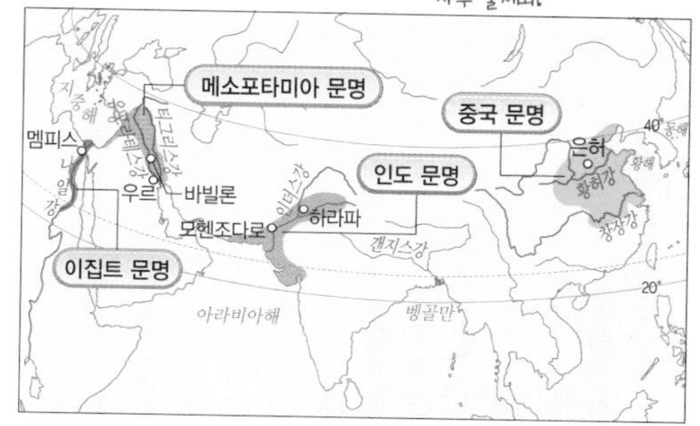

4대 문명은 지리적으로 농경에 유리한 큰 강 유역에서 발생하였고, 사회적으로 도시 국가 출현, 청동기와 문자 사용, 계급 발생, 대규모 공공 건축물 건설 등의 공통점이 있다.

통치와 교역 활동을 기록하였어.

자료 ⑥ 함무라비 법전

> 197조 귀족의 뼈를 부러뜨린 자는 그의 뼈도 부러뜨린다.
> 198조 귀족이 평민의 눈을 멀게 하거나 뼈를 부러뜨리면 은화 1미나를 바쳐야 한다.
> 205조 노예가 귀족의 뺨을 때리면 그의 귀를 자른다.

함무라비 법전은 보복주의적인 성격을 가졌으며, 신분에 따라 형벌을 다르게 적용하였다. 법전의 내용을 통해 당시에 계급이 있었고 사유 재산이 존재하였음을 유추할 수 있다.

쏙쏙 용어

* **신석기 혁명** 신석기 시대에 농경과 목축이 시작되면서 생산력 확대, 인구 증가 등 여러 분야에서 나타난 큰 변화를 가리킴
* **문명** 고도로 발달한 인류의 문화와 사회를 말함
* **관개 농업** 농사에 필요한 물을 끌어와 농경지에 대는 농사 방법
* **신권 정치** 통치자가 신 또는 신의 대리자로 간주되어 절대적인 권력으로 백성들을 지배하는 정치 형태
* **점성술** 천체를 관측하면서 신의 뜻이나 인간의 운명을 점치는 것

② 특징 서술형 단골 이집트 문명의 세계관을 메소포타미아 문명과 비교하는 문제가 자주 출제돼!

정치	파라오(왕)가 태양신의 아들이자 최고신으로 신권 정치 행사
세계관	영혼 불멸과 사후 세계를 믿음 → 미라 제작, 피라미드 건설, 파피루스에 「사자의 서」를 적어 무덤에 넣음 자료 ⑦
문화	천문학·수학·기하학·측량술·토목 기술 등 발달, 태양력·10진법 사용, 상형 문자(그림 문자)를 만들어 파피루스에 기록

(3) 페니키아와 헤브라이

① 페니키아: 지중해 동부에서 성립, 활발한 해상 활동(카르타고 등 식민 도시 건설), 표음 문자 사용(→ 오늘날 알파벳의 기원이 됨)

② 헤브라이: 팔레스타인 지방에서 헤브라이 왕국 성립, 유일신을 믿는 유대교 창시(→ 크리스트교와 이슬람교의 형성에 영향을 줌)

3. 인도 문명과 중국 문명

(1) 인도 문명

① 성립: 인더스강 유역의 평야에서 농경 발달, 기원전 2500년경 하라파·모헨조다로 등에서 도시 문명 성장

② 특징: 도로망·주택·하수 시설 등을 갖춘 계획도시 건설(도시 중심에 목욕장·곡물 창고 등 공공시설 마련), 청동기와 그림 문자 사용(동물과 문자가 새겨진 인장이 출토됨), 메소포타미아 지방과 교역

③ 아리아인의 이동과 인도 문명의 변화

아리아인의 이동	기원전 1500년경 아리아인이 중앙아시아에서 인더스강 유역으로 이동 → 기원전 1000년경 갠지스강 유역까지 진출(철제 농기구 사용, 철제 무기로 정복 활동 전개)
사회 변화	• *카스트제(바르나) 확립: 아리아인이 정복한 원주민을 지배하기 위해 엄격한 신분 제도인 카스트제 마련 자료 ⑧ • 브라만교 성립: 아리아인이 자연 현상을 다스리는 신에게 제사를 지내고, 경전인 「베다」를 완성하면서 브라만교 성립

(2) 중국 문명: 기원전 2500년경 황허강 유역에서 초기 국가 등장

① 상: 기원전 1600년경 황허강 중류 지역에서 하를 정복하고 성립

정치	왕이 제사와 정치를 함께 주관(제정일치의 신권 정치), 전쟁이나 제사 등 나라에 중요한 일이 있을 때 왕이 점을 쳐서 결정 자료 ⑨
문화	청동으로 무기와 제사용 도구 제작, 석기와 나무로 농기구 제작, 태음력 사용, 달력 제작, 저수지 축조 → 제사와 농사에 이용

② 주: 기원전 1100년경 상을 무너뜨리고 황허강 유역 차지 → 창장강 하류까지 세력 확장

발전	• *천명사상: 건국의 정당화에 이용, 왕에게 절대적인 권위 부여 • 봉건제 실시: 수도 부근은 왕이 직접 통치, 나머지 지역은 왕족·공신을 제후로 삼아 나누어 다스리게 함 자료 ⑨
쇠퇴	주 왕실과 제후 간의 혈연관계 약화, 주 왕실의 권위 하락, 제후들의 성장 → 기원전 8세기경 유목 민족의 침입 → 주가 호경에서 낙읍(뤄양)으로 천도

생생 자료

자료 ⑦ 이집트인의 내세적 세계관

↑ 피라미드와 스핑크스

↑ 사자의 서

피라미드는 파라오의 무덤이고 스핑크스는 피라미드를 지키는 수호신으로 알려져 있다. 「사자의 서」는 사후 세계에 대한 안내서이다. 이를 통해 당시 이집트인들의 내세적 세계관을 알 수 있다.

거대한 규모는 파라오의 권력이 강력하였음을 보여 줘.

자료 ⑧ 카스트제

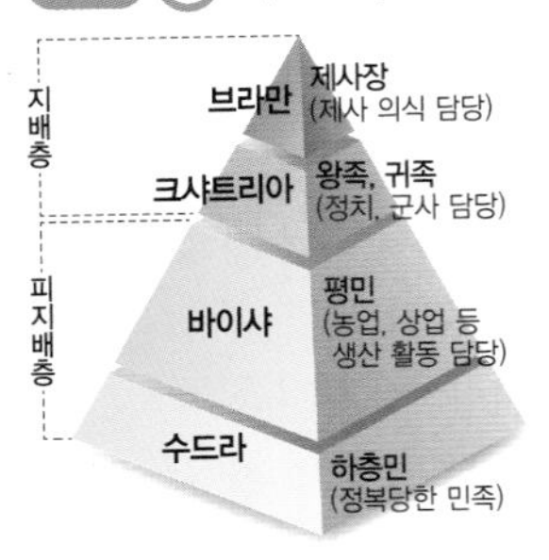

↑ 카스트제의 신분 구성

카스트제의 신분은 지배층인 브라만과 크샤트리아, 피지배층인 바이샤와 수드라로 구성되었다. 최고 신분인 브라만은 종교적 권위를 가지고 복잡한 제사 의식을 주관하며 특권을 누렸다.

자료 ⑨ 상과 주의 발전

제후는 지급받은 토지에서 왕과 같은 권력을 누리는 대신에 주 왕실에 세금과 특산물을 바치고 군사를 지원하였어.

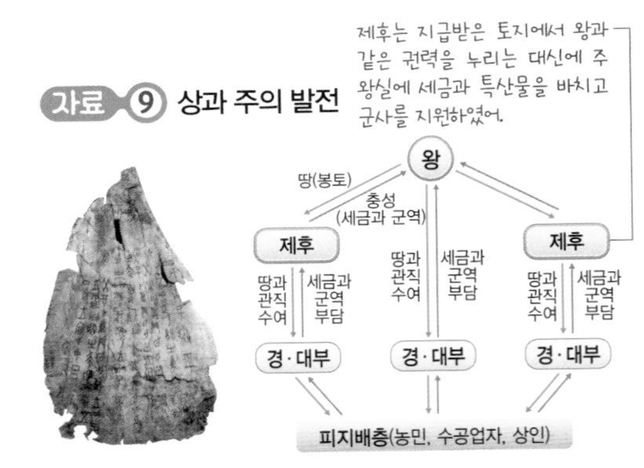

↑ 갑골 문자 ↑ 주의 봉건제

상의 왕들은 점을 친 내용과 결과를 거북의 배딱지(갑)나 동물의 뼈(골)에 갑골 문자(갑골문)로 기록하였는데, 이는 오늘날 한자의 기원이 되었다. 한편, 주는 넓은 영토를 효과적으로 다스리기 위해 혈연관계를 바탕으로 하는 봉건제를 실시하였다.

쏙쏙 용어

* **카스트제** 카스트는 '신분', '혈통'을 뜻함. 고대 인도에서는 타고난 카스트에 따라 직업과 결혼 상대자까지 정해짐
* **천명사상** 하늘이 천하를 다스릴 능력과 덕이 있는 자를 선택하여 권력을 맡긴다는 정치사상

대표 자료 확인하기

◆ 선사 문화의 발전

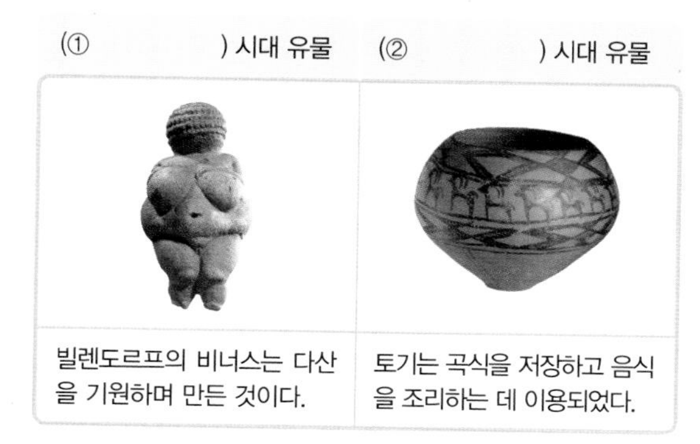

(①) 시대 유물	(②) 시대 유물
빌렌도르프의 비너스는 다산을 기원하며 만든 것이다.	토기는 곡식을 저장하고 음식을 조리하는 데 이용되었다.

◆ 4대 문명의 발상지

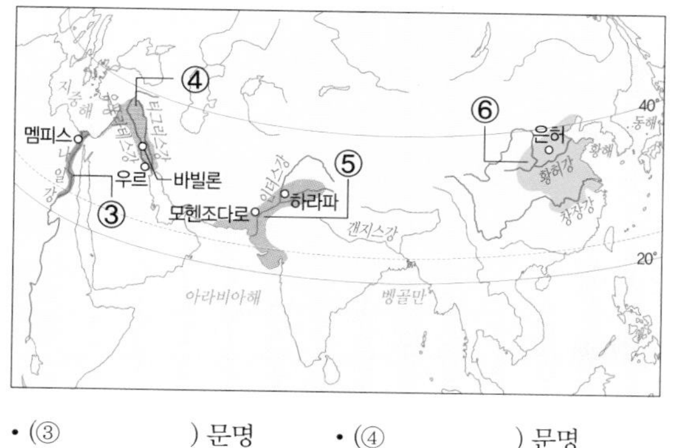

• (③) 문명 • (④) 문명
• (⑤) 문명 • (⑥) 문명

한눈에 정리하기

◆ 세계의 선사 문화

구석기 시대	신석기 시대
뗀석기 사용, 이동 생활(동굴, 막집), 사냥과 채집, 시체 매장, 동굴 벽화 제작	간석기와 토기 사용, 정착 생활(움집), (①)과 목축 시작, 특정 동물 숭배

◆ 세계의 고대 문명

메소포타미아 문명	개방적인 지형, 현세를 중시하는 세계관, 지구라트 건설, 쐐기 문자·태음력·60진법 사용, 바빌로니아 왕국 건설
이집트 문명	폐쇄적인 지형, 내세적 세계관, 피라미드와 미라 제작, 상형 문자·태양력·10진법 사용
인도 문명	하라파와 모헨조다로 등 건설 → 아리아인이 (②)제 마련, 브라만교 성립
중국 문명	• 상 왕조: 왕이 점을 쳐서 국가 중대사 결정, (③) 문자 사용 • 주 왕조: 봉건제 실시

꼼꼼 개념 문제

● 정답과 해설 01쪽

1 (㉠)로서의 역사는 과거에 일어난 사실 그 자체로 객관적이고, (㉡)으로서의 역사는 역사가의 관점과 해석이 담기기 때문에 주관적이다.

2 다음 괄호 안의 내용 중 알맞은 말에 ○표를 하시오.

(1) 구석기 시대에는 (간석기, 뗀석기)를 사용하였다.
(2) 구석기 시대와 신석기 시대는 (계급 사회, 평등 사회)였다.
(3) (구석기 시대, 신석기 시대) 사람들은 주로 바닷가나 강가에서 움집을 짓고 마을을 이루어 살았다.
(4) (호모 사피엔스, 오스트랄로피테쿠스 아파렌시스)는 오늘날 인류의 직접적인 조상인 현생 인류이다.

3 4대 문명의 공통점으로 적절한 것만을 〈보기〉에서 있는 대로 골라 기호를 쓰시오.

보기
ㄱ. 문자 사용 ㄴ. 철기 사용
ㄷ. 도시 국가 출현 ㄹ. 큰 강 유역에 위치

4 다음 설명이 맞으면 ○표, 틀리면 ×표를 하시오.

(1) 이집트에서는 태음력과 60진법을 사용하였다. ( )
(2) 페니키아는 카르타고 등 식민 도시를 건설하였다. ( )
(3) 메소포타미아 문명의 수메르인은 도시의 중심에 지구라트라는 신전을 세웠다. ( )

5 다음 빈칸에 들어갈 알맞은 말을 쓰시오.

(1) 인도에서는 신을 찬양하는 경전인 베다를 만드는 과정에서 ( )라는 종교가 성립되었다.
(2) 주는 넓은 영토를 효과적으로 다스리기 위해 혈연관계를 바탕으로 하는 ( )를 실시하였다.

6 다음 내용에 해당하는 문명을 〈보기〉에서 골라 기호를 쓰시오.

보기
ㄱ. 인도 문명 ㄴ. 중국 문명
ㄷ. 이집트 문명 ㄹ. 메소포타미아 문명

(1) 카스트제 실시 ( )
(2) 갑골 문자 사용 ( )
(3) 함무라비 법전 편찬 ( )
(4) 피라미드 건설, 미라 제작 ( )

01 밑줄 친 부분에 해당하는 역사로 적절한 것은?

> 역사란 '과거에 일어난 사실'과 '과거 사실에 대한 기록'이라는 두 가지 의미를 가지고 있다.

① 훈민정음의 창제는 민족 문화 발달에 기여하였다.
② 2018년 강원도에서 평창 동계 올림픽 대회가 개최되었다.
③ 3·1 운동은 자주독립을 향한 한국인의 의지를 전 세계에 알렸다.
④ 구석기인들은 동굴에 그림을 그려 사냥의 성공을 기원하였다.
⑤ 신라의 삼국 통일은 삼국의 문화가 융합하여 새 민족 문화가 발전하는 토대가 되었다.

02 ㉠에 대한 설명으로 적절하지 않은 것은?

> (㉠)은/는 옛사람들이 남긴 흔적으로, 우리는 이를 토대로 과거 사실을 짐작할 수 있다. 역사가는 (㉠)을/를 바탕으로 과학적이고 체계적인 연구 방법과 역사적 상상력을 동원하여 과거 사람들의 삶과 역사적 사건을 밝혀낸다.

① 과거의 사실을 모두 진실하게 말해 준다.
② 입에서 입으로 전해져 오는 구전 설화도 포함된다.
③ 문서와 일기는 역사 시대에 대한 연구에 활용된다.
④ 선사 시대에 대한 연구는 유물과 유적을 활용한다.
⑤ 역사가의 주관이 반영되어 과장된 내용이 있을 수 있다.

03 역사를 학습하는 목적으로 적절하지 않은 것은?

① 삶의 지혜와 교훈을 얻을 수 있다.
② 현재 우리의 참모습을 파악할 수 있다.
③ 역사적 사고력과 비판력을 기를 수 있다.
④ 부끄러운 과거를 감추는 근거를 찾을 수 있다.
⑤ 세계 여러 지역의 다양한 문화를 이해할 수 있다.

04 다음에서 설명하는 인류로 옳은 것은?

> 약 390만 년 전에 아프리카 에티오피아 지역에서 나타난 최초의 인류이다.

① 호모 사피엔스
② 호모 에렉투스
③ 호모 하빌리스
④ 호모 네안데르탈렌시스
⑤ 오스트랄로피테쿠스 아파렌시스

이 문제에서 나올 수 있는 선택지는 다~!

05 (가)에 들어갈 내용으로 적절하지 않은 것은?

> ▶ 지식 Q&A
> 인류는 오랜 세월을 거치면서 진화를 거듭하였다고 하는데요, 동물과 구별되는 인류의 특징에 대해 알려 주세요.
>
> ▶ 답변하기
> └ (가)

① 불을 사용하였어요.
② 언어를 사용하였어요.
③ 시신을 땅에 묻었어요.
④ 두 발로 서서 걸었어요.
⑤ 동굴에 벽화를 남겼어요.
⑥ 무리를 지어 이동하였어요.

중요해

06 다음에서 설명하는 시대의 사람들의 생활 모습으로 적절한 것은?

> 이 시대에는 사람들이 돌을 깨뜨려 만든 뗀석기로 짐승을 사냥하고 물고기를 잡았으며, 식물의 뿌리나 열매를 모아 식량을 마련하였다.

① 동굴이나 막집에서 살았다.
② 가락바퀴와 뼈바늘로 옷을 만들었다.
③ 씨족들이 부족을 이루어 생활하였다.
④ 동물의 뼈와 조개껍데기로 몸을 치장하였다.
⑤ 조, 기장 등을 재배하는 농경 생활을 하였다.

07 다음과 같이 인류 생활이 변화한 원인으로 가장 적절한 것은?

이동 생활 → 정착 생활

① 불의 사용
② 계급의 발생
③ 문자의 사용
④ 활발한 정복 전쟁
⑤ 농경과 목축의 시작

08 신석기 시대에 대한 탐구 활동으로 가장 적절한 것은?

① 간석기의 종류와 그 쓰임새를 정리한다.
② 계급 사회가 시작되는 과정을 알아본다.
③ 주먹도끼와 찍개의 제작 방법을 조사한다.
④ 라스코 동굴 벽화를 그린 이유를 찾아본다.
⑤ 빌렌도르프의 비너스에 담긴 의미를 살펴본다.

중요해

09 다음에서 설명하는 시대의 유물을 〈보기〉에서 고른 것은?

이 시대에는 농경과 목축이 시작되었고, 사람들이 태양이나 특정 동물, 영혼 등을 숭배하기도 하였다.

보기

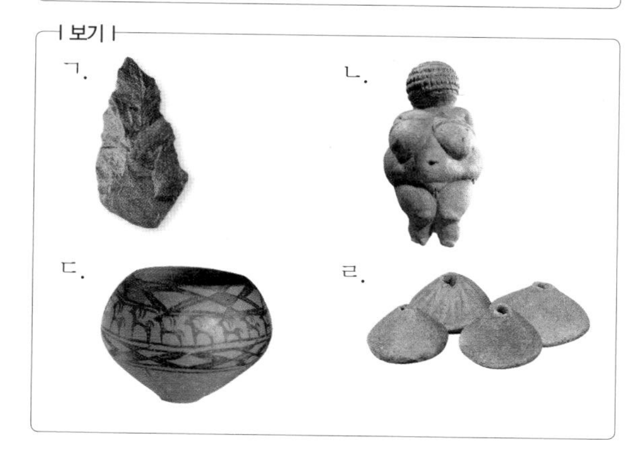

① ㄱ, ㄴ ② ㄱ, ㄷ ③ ㄴ, ㄷ
④ ㄴ, ㄹ ⑤ ㄷ, ㄹ

중요해

10 (가)에 들어갈 내용으로 가장 적절한 것은?

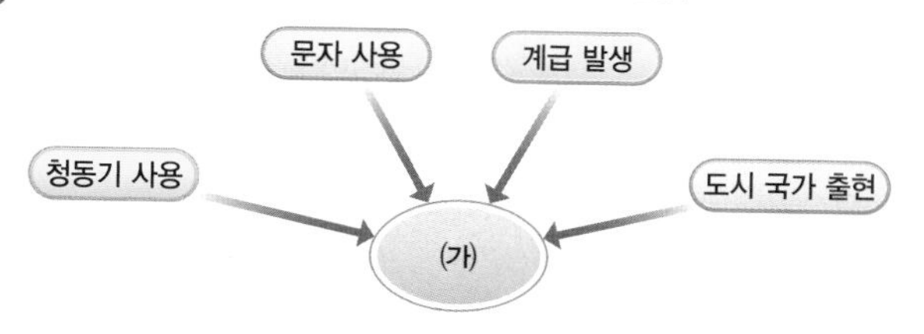

① 공업의 발달 ② 문명의 발생
③ 신석기 혁명 ④ 농경의 시작
⑤ 세계 종교의 확산

11 밑줄 친 '이곳'을 지도에서 옳게 고른 것은?

기원전 3500년경 수메르인이 이곳에 정착하여 인류 최초로 문명을 일으켰다. 이곳은 사방이 트인 개방적인 지형으로 이민족의 침입을 자주 받았기 때문에 사람들은 죽은 뒤의 세계보다는 현재의 안정된 삶을 중시하였다.

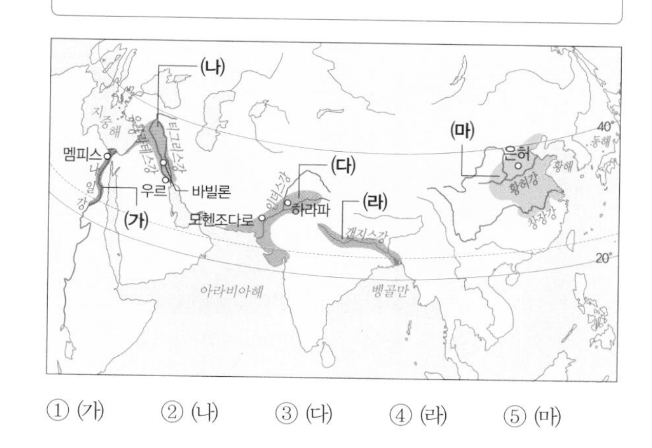

① (가) ② (나) ③ (다) ④ (라) ⑤ (마)

12 다음에서 설명하는 나라로 옳은 것은?

기원전 1800년경 함무라비왕 시기에 메소포타미아 지방을 통일하고 법전을 편찬하였으나, 히타이트인에게 멸망하였다.

① 이집트 ② 아시리아
③ 페니키아 ④ 헤브라이 왕국
⑤ 바빌로니아 왕국

13 밑줄 친 '이 문명'에 대한 설명으로 옳지 <u>않은</u> 것은?

① 태음력을 만들었다.
② 점성술이 발달하였다.
③ 60진법을 사용하였다.
④ 점토판에 쐐기 문자로 기록하였다.
⑤ 파라오가 태양신의 아들로 여겨졌다.

중요해

14 (가)에 들어갈 내용으로 가장 적절한 것은?

○○○ 문명

신화 속 동물인 스핑크스는 피라미드를 지키는 역할을 하였다. …… 이 문명은 ___(가)___

① 봉건제를 실시하였다.
② 경전인 베다를 완성하였다.
③ 죽은 사람을 미라로 만들었다.
④ 우르, 라가시 등의 도시 국가를 세웠다.
⑤ 알파벳의 기원이 된 문자를 사용하였다.

15 이집트 문명과 거리가 <u>먼</u> 것은?

① 신권 정치
② 태양력 사용
③ 10진법 사용
④ 브라만교 성립
⑤ 상형(그림) 문자 제작

16 밑줄 친 '이들'에 해당하는 민족으로 옳은 것은?

> <u>이들</u>은 팔레스타인 지방에 정착하였다. 유일신 여호와를 믿는 유대교를 창시하였는데, 이는 크리스트교와 이슬람교의 형성에 영향을 주었다.

① 수메르인
② 아리아인
③ 이집트인
④ 페니키아인
⑤ 헤브라이인

17 밑줄 친 '이 문명'에 해당하는 내용을 옳게 짝지은 것은?

> <u>이 문명</u>에서 건설한 모헨조다로는 기원전 2500년경부터 기원전 1500년경까지 번영을 누렸다. 도시에는 높은 성채를 쌓았고, 중앙에는 큰 목욕장을 두었다. 중앙 도로 아래에는 배수관을 설치하였다.

① 갑골 문자, 태음력
② 청동기, 그림 문자
③ 사자의 서, 피라미드
④ 티그리스강, 유프라테스강
⑤ 지구라트, 길가메시 서사시

18 그림과 같은 인도의 신분 제도에 대한 설명으로 옳지 <u>않은</u> 것은?

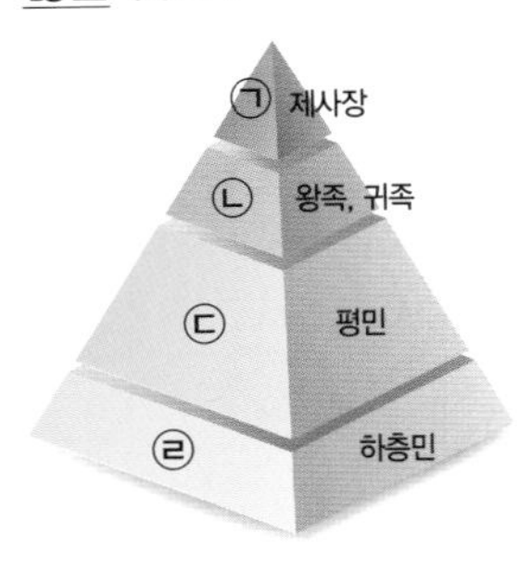

① ㉠은 브라만으로 지배층에 해당한다.
② ㉡은 크샤트리아로 정치와 군사를 담당하였다.
③ ㉢은 바이샤로 농업과 상업 등 생산 활동을 담당하였다.
④ ㉣은 수드라로 제사 의식을 담당하면서 특권을 누렸다.
⑤ 갠지스강 유역으로 진출한 아리아인이 원주민을 지배하기 위해 만들었다.

19 교사의 질문에 대한 학생의 대답으로 적절한 것은?

① 브라만교를 믿었어요.
② 중국 기록상 최초의 왕조였어요.
③ 인더스강 유역에서 성립되었어요.
④ 태음력을 만들어 제사와 농사에 이용하였어요.
⑤ 유목 민족의 침입으로 수도를 호경에서 낙읍으로 옮겼어요.

중요해

20 그림은 주에서 시행한 제도를 나타낸다. 이에 대한 설명으로 옳지 않은 것은?

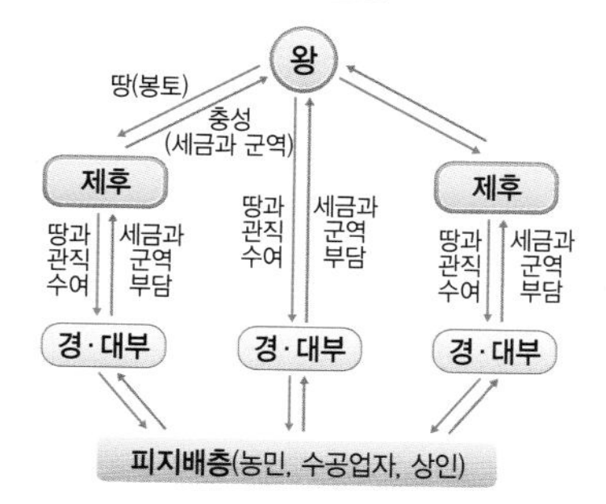

① 지방 분권적인 성격을 가졌다.
② 왕과 제후는 혈연관계를 바탕으로 하였다.
③ 주 왕실의 권위가 점차 강해지는 결과를 가져왔다.
④ 넓어진 영토를 효과적으로 다스리기 위해 실시되었다.
⑤ 왕이 수도 부근을 직접 통치하고 나머지 지역은 제후들이 다스리게 하였다.

학교 시험에 잘 나오는 서술형 문제

1 밑줄 친 부분에 해당하는 내용을 두 가지 서술하시오.

> 신석기 혁명은 신석기 시대에 등장한 새로운 모습으로 인해 인류 생활에 나타난 큰 변화를 가리키는 말이다.

2 다음 법전의 명칭을 쓰고, 이를 통해 알 수 있는 이 나라의 사회 모습을 세 가지 서술하시오.

> 197조 귀족의 뼈를 부러뜨린 자는 그의 뼈도 부러뜨린다.
> 198조 귀족이 평민의 눈을 멀게 하거나 뼈를 부러뜨리면 은화 1미나를 바쳐야 한다.
> 205조 노예가 귀족의 뺨을 때리면 그의 귀를 자른다.

3 ㉠에 들어갈 문자를 쓰고, 자료를 통해 알 수 있는 상의 정치적 특징을 서술하시오.

> 중국의 상은 나라에 중요한 일이 있을 때 거북의 배딱지나 동물의 뼈를 불에 달구어 갈라진 모양을 보고 신의 뜻을 판단하였다. 이 거북의 배딱지나 동물의 뼈에 새긴 (㉠)은/는 오늘날 한자의 기원이 되었다.

고대 제국들의 특성과 주변 세계의 성장(1)

페르시아의 서아시아 통일

1. 아시리아

(1) **서아시아 통일:** 바빌로니아 왕국 쇠퇴 후 아시리아가 강력한 국가로 등장 → 기원전 7세기경 철제 무기와 *기마 전술로 이스라엘·바빌로니아·이집트 등 정복, 서아시아 세계를 최초로 통일함

(2) **중앙 집권 체제 마련:** 정복지에 총독 파견, 법률과 도로 정비 등

(3) **멸망:** 가혹한 통치로 피정복민이 반란을 일으킴 → 통일한 지 60여 년 만에 멸망

2. 아케메네스 왕조 페르시아

(1) **서아시아 재통일:** 기원전 6세기경 서아시아 세계를 재통일함 → 키루스 2세가 여러 지역을 정복하여 제국으로 나아가는 발판 마련

(2) **다리우스 1세(전성기)의 활동** 자료 ①

영토 확장	이집트와 지중해 연안에서 인더스강에 이르는 대제국 건설
중앙 집권 체제 강화	광대한 제국을 효율적으로 다스리기 위해 전국을 20여 개의 주로 나누어 총독 파견, 감찰관('왕의 눈', '왕의 귀')을 보내 총독 감시, 도로망('왕의 길') 건설, 역참 정비, 화폐와 *도량형 등 통일

(3) ***관용 정책:** 피정복민의 협조를 받기 위해 정복한 지역에 세금을 걷는 대신 그들의 종교와 관습을 존중함 → 약 200년 동안 통일 왕조를 유지하며 번영 자료 ②

(4) **멸망:** 그리스·페르시아 전쟁(페르시아 전쟁)에서 그리스에 패배 → 총독들의 반란으로 쇠퇴 → 기원전 4세기 말 알렉산드로스에게 멸망

3. 파르티아

성립	아케메네스 왕조 페르시아 멸망 후 기원전 3세기 중엽 이란계 유목 민족이 건국
발전	메소포타미아 지역에서 인더스강 부근까지 지배, 중국의 한과 로마를 연결하는 *중계 무역으로 번영
멸망	로마, 인도 쿠샨 왕조와 갈등을 겪으며 쇠퇴 → 3세기 초 사산 왕조 페르시아에 멸망

4. 사산 왕조 페르시아 자료 ③

성립	3세기 초 페르시아의 계승을 내세우며 등장, 파르티아 정복 → 4세기 말 아케메네스 왕조 페르시아의 영토 회복
발전	페르시아어를 공용어로 사용, 지방에 총독 파견, 동서 교역의 요충지를 장악하여 중계 무역으로 번영, 샤푸르 1세 때 로마의 침입을 물리침(로마의 발레리아누스 황제를 굴복시킴), 조로아스터교를 국교로 삼음
멸망	내부 반란, 비잔티움 제국과의 잦은 전쟁으로 쇠퇴 → 7세기경 이슬람 세력에 멸망

생생 자료

자료 ① 아케메네스 왕조 페르시아의 영역

아케메네스 왕조 페르시아의 다리우스 1세는 영토를 확장하였으며, 수도인 수사에서 사르디스에 이르는 도로망인 '왕의 길'을 건설하여 왕의 명령을 빠르게 전달하고 세금과 공물을 효율적으로 거두고자 하였다.

서술형 단골 아케메네스 왕조 페르시아의 피정복민에 대한 정책을 아시리아와 비교하는 문제가 자주 출제돼!

자료 ② 아케메네스 왕조 페르시아의 관용 정책

> 나는 키루스, 세계의 왕, 위대한 왕, 정정당당한 왕, 사방의 왕이며 …… 아후라 마즈다의 뜻에 따라 말하니 내가 살아 있는 한 너희의 전통과 종교를 존중하겠다. - 키루스 2세의 원통형 인장 내용

키루스 2세는 바빌로니아를 정복하고 그들의 전통과 종교를 존중하겠다는 선언을 원통형 인장에 쐐기 문자로 새겼다.

자료 ③ 사산 왕조 페르시아의 영역

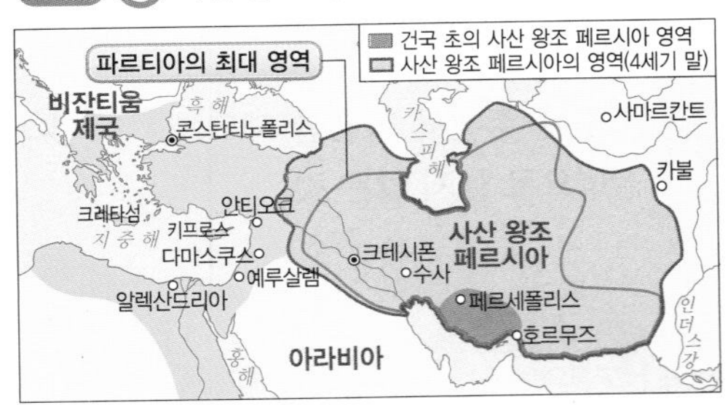

사산 왕조 페르시아는 아케메네스 왕조 페르시아의 부흥을 내걸고 메소포타미아 지역에서 인더스강에 이르는 제국을 건설하였다.

쏙쏙 용어

* **기마 전술** 말을 탄 기병들이 전쟁 또는 전투 상황에서 펼치는 다양한 기술과 방법
* **도량형** 길이, 부피, 무게 등을 재는 방법
* **관용(寬-너그럽다, 容-받아들이다)** 남의 잘못을 너그럽게 받아들이거나 용서함
* **중계 무역** 다른 나라로부터 사들인 물건을 그대로 또 다른 나라에 파는 형태의 무역

5. 페르시아의 문화와 종교

(1) **페르시아의 문화**: 관용 정책으로 여러 민족의 문화 인정, 동서 교역으로 다양한 문화 수용 → 국제적·개방적인 성격의 문화 발전 자료 4

① **건축**: 수도인 페르세폴리스의 궁전(다양한 문화가 조화를 이룸)

② **공예 기술**: 우수한 금·은 공예품과 유리 세공품 제작 → 유럽, 이슬람 세계, 동아시아에까지 전파

(2) 조로아스터교: 기원전 6세기경 조로아스터가 창시

특징	최고신 *아후라 마즈다 신봉, 세상을 선의 신과 악의 신이 대결하는 곳으로 봄, 불 숭배, 경전『아베스타』 집대성
발전	아케메네스 왕조 페르시아 때 다리우스 1세의 후원으로 확산, 사산 왕조 페르시아가 국교로 정함 → 최후의 심판, 천국과 지옥, 구세주 출현 등의 교리가 이후 크리스트교, 이슬람교 등에 영향을 줌

생생 자료

자료 4 페르시아의 문화

화려하고 정교한 조각미를 보여 줘.

▲ 아케메네스 왕조 페르시아의 날개 달린 사자 뿔잔

▲ 사산 왕조 페르시아의 주전자와 신라의 유리병

페르시아는 이집트, 바빌로니아, 아시리아, 그리스 등 여러 민족의 문화를 받아들여 국제적인 문화를 발전시켰다. 페르시아의 문화는 동아시아에까지 전파되었다.

●● 고대 동아시아 세계의 형성

1. 춘추 전국 시대의 사회 변화 자료 5

(1) **성립**: 기원전 8세기경 주가 유목 민족의 공격을 피해 낙읍(뤄양) 천도 → 주 왕실의 권위 약화, 제후들의 독립 및 세력 다툼(정치적 혼란)

(2) **사회 변화**: 각국의 경쟁 과정에서 사회와 경제 발전

① **철기의 보급**: 철제 농기구 보급(→ *우경과 함께 농업 생산력 향상에 기여), 철제 무기 사용(→ 전쟁의 규모 확대)

② **상업과 수공업 발달**: 도시와 시장 형성, 다양한 청동 화폐 사용

(3) *제자백가

등장 배경	각국이 유능한 인재 등용, 부국강병 추진 → 제자백가 출현(현실 문제에 관심을 두고 혼란한 사회를 바로잡고자 함)
사상	유가(공자·맹자가 인과 예를 통한 도덕 정치 강조), 묵가(묵자가 차별 없는 사랑과 평화 강조), 법가(한비자가 엄격한 법과 제도의 적용 주장), 도가(노자·장자가 자연의 순리에 따르는 삶 추구) 등

자료 5 춘추 전국 시대의 전개

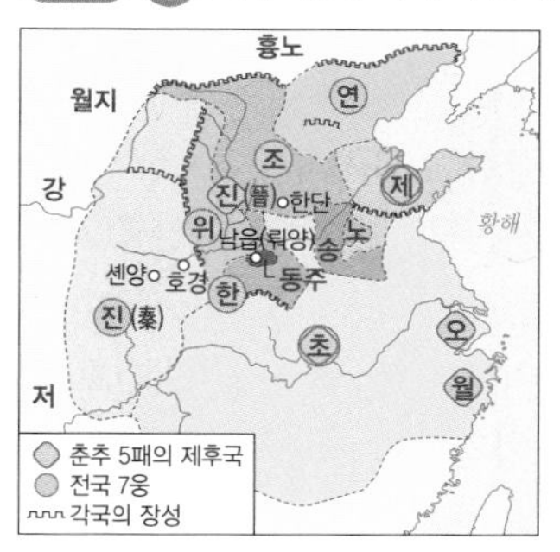

춘추 시대에는 춘추 5패가 왕을 받든다는 명분으로 주변 제후국들을 거느렸고, 전국 시대에는 큰 제후국(전국 7웅)이 주변국을 통합하였다.

2. 진의 중국 통일과 발전

(1) **진의 중국 통일**: 전국 7웅 중 하나였던 진(秦)이 법가 사상을 토대로 부국강병에 성공 → 시황제 때 중국을 최초로 통일(기원전 221)

(2) 시황제의 정책 자료 6

중앙 집권 정책	• 황제 칭호 처음 사용: 스스로를 '시황제'라고 칭함 • 군현제 실시: 전국을 군, 현으로 나누고 직접 관리를 파견함 • 기타: 화폐·도량형·문자·수레바퀴 폭 등 통일(→ 경제 교류 활발), 법가 사상 이외의 사상 탄압(*분서갱유 단행), 도로망 정비(→ 황제의 명령을 전국에 빠르게 전달)
대외 정책	흉노를 몰아내고 만리장성 축조(흉노의 침입에 대비), 베트남 북부까지 영토 확장

(3) **멸망**: 법가 사상에 따른 가혹한 통치와 대규모 토목 공사(만리장성, 병마용 갱 등)로 백성의 반발 → 시황제 사후 농민 반란(진승·오광의 난 등)으로 중국을 통일한 지 15년 만에 멸망(기원전 206)

자료 6 진시황제의 통일 정책

춘추 전국 시대에 각국에서 다르게 사용되던 '마(馬)' 자가 통일된 거야.

한 연 초 조 제 위 진 진(전서체)

▲ 반량전 ▲ 무게를 다는 추 ▲ 전국 시대 '마(馬)'자의 여러 형태

시황제는 각 제후국에서 사용하던 다양한 화폐를 반량전으로 통일하고, 도량형과 문자도 통일하였다.

지방에서도 황제의 명령을 쉽게 이해하게 되었어.

쏙쏙 용어

* **아후라 마즈다** 조로아스터교의 선의 신이자 최고신으로, 페르시아의 왕들은 아후라 마즈다가 자신에게 권력을 주었다고 주장함
* **우경(牛-소, 耕-밭 갈다)** 소로 밭을 갊, 소를 이용한 농사법
* **제자백가** '제자'는 공자, 묵자, 한비자, 노자 등 여러 사상가를, '백가'는 유가, 묵가, 법가, 도가 등 다양한 학파를 의미함
* **분서갱유(焚-불사르다, 書-서적, 坑-땅에 묻다, 儒-선비)** 시황제가 법가 사상 서적과 실용 서적을 제외한 모든 책을 불태우고 자신을 비판하는 유가 학자들을 산 채로 묻은 사건

3. 한의 발전과 유교의 발달

(1) 한의 성립과 발전

① 성립: 진(秦)이 멸망한 후 유방(고조)이 한 건국, 초의 항우를 물리치고 중국 재통일(기원전 202)

② 발전

고조	장안을 수도로 함, *군국제 시행, 세금 감면(→ 농민 생활 안정)
무제 (전성기)	• 중앙 집권 체제 강화: 군현제를 전국으로 확대 자료 ⑦ • 유교의 확립: 동중서의 건의에 따라 유교의 통치 이념화(태학 설립, 오경박사를 두어 유학 교육, 유학 시험으로 관리 선발) • 대외 정책: 원정대를 보내 흉노 정벌·베트남 북부 점령·고조선 정복, 장건을 서역으로 파견(→ 비단길 개척) 자료 ⑧ • 경제 정책: 잦은 정복 활동으로 재정 부족 → 소금, 철, 술 등의 *전매 제도 실시(→ 재정 확보)

(2) 한의 변천과 쇠퇴

① 신의 성립과 멸망: 무제 사후 외척과 환관들의 권력 다툼으로 한의 국력 약화 → 외척인 왕망이 한을 멸망시키고 신 건국(8) → 신이 토지 국유화 등 급진적인 개혁 추진 → 신 멸망

② 후한의 성립: 유수(광무제)가 후한 건국(25), 호족의 성장(대토지 소유, 지방에서 농민 지배, 중앙 관리로 진출하여 정치 주도)

③ 후한 멸망: 외척과 환관의 권력 다툼, 호족의 횡포로 농민 생활 악화 → 농민 봉기(황건적의 난) 발생 → 호족들의 봉기, 후한 멸망(220)

(3) 한의 문화

① 특징: 한대에 중국 전통문화의 기틀 마련, 무제 때 유교가 국가 운영의 기본 지침으로 자리 잡음(→ 유학이 크게 발전)

② 발달

학문	유교 경전을 정리하고 연구하는 훈고학 발달, 사마천이 『사기』 편찬(→ 중국 역사 서술의 모범이 됨), 반고가 『한서』 저술
과학 기술	해시계·지진계 등 발명, 채륜이 종이 만드는 법 개량(→ 학문과 문화의 확산에 기여)
동서 교류	장건의 서역 파견을 계기로 한의 영역 확대, 비단길 개척 → 동서 교류 활발, 중국 비단이 유럽에 소개, 인도의 불교가 중국에 전래

4. 흉노 제국의 성장 자료 ⑨

(1) 흉노의 성장: 중앙아시아 초원 지대에서 생활, 강력한 군사력을 바탕으로 영역 확대 → 기원전 3세기경 동아시아 최초로 유목 제국 건설

(2) 흉노와 진·한의 대립

진	진의 시황제가 만리장성을 쌓아 흉노를 북쪽으로 몰아냄
한	묵특 *선우가 만리장성 이북의 초원 지대 통합 → 흉노가 한 고조에게 승리, 한과 흉노의 화친 조약 체결(한이 공주를 선우에게 시집보냄, 비단과 곡물 등 제공), 흉노가 한과 서역 사이의 중계 무역을 통해 큰 이익을 얻음

(3) 흉노의 쇠퇴: 한 무제의 대대적인 공격으로 흉노의 세력 약화 → 분열

생생 자료

자료 ⑦ 군현제

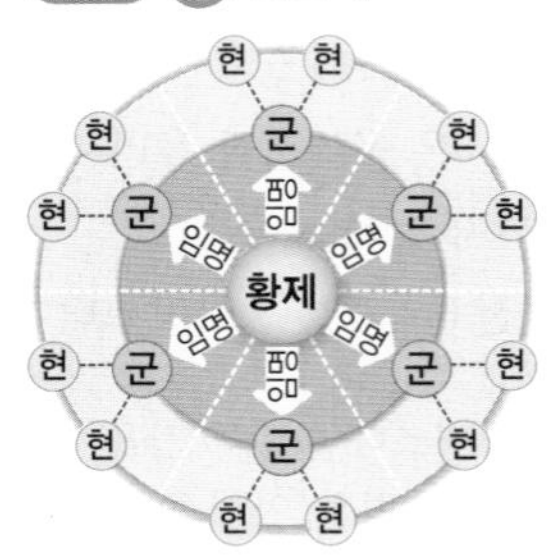

한 무제가 전국적으로 실시한 군현제는 황제가 직접 지방에 관리를 파견하여 다스리는 제도로, 이후 중국 왕조의 지방 통치 제도로 정착되었다.

자료 ⑧ 한의 영역 서술형 단골 장건의 서역 파견 배경과 그 영향을 묻는 문제가 자주 출제돼.

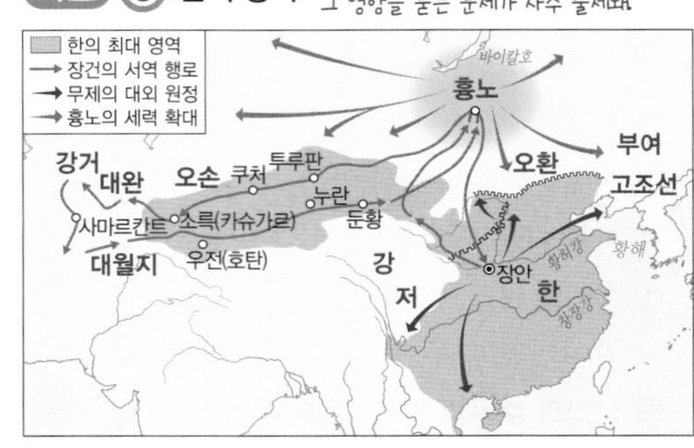

한 무제는 대월지(월지)와 손잡고 흉노를 함께 공격하기 위해 장건을 서역에 파견하였다. 대월지와의 군사 동맹은 이루어지지 않았지만 이를 계기로 동서 교역로인 비단길이 열렸다.

서역: 중국의 서쪽에 있던 대월지, 페르시아, 인도 지역을 가리켜.

자료 ⑨ 흉노와 중국의 대립

관의 테두리에는 호랑이, 산양, 말 등이 새겨져 있고, 꼭대기에는 매가 장식되어 있어.

▲ 흉노의 금관

▲ 진(秦)대의 장성

흉노는 중국 북방의 초원 지대에 사는 유목 민족 중 하나였다. 흉노가 성장하여 중국을 위협하자 진시황제는 이들이 말을 타고 넘어오지 못하도록 만리장성을 쌓았다.

쏙쏙 용어

* **군국제** 중앙은 황제가 직접 다스리고(군현제), 지방은 제후가 다스리게(봉건제) 한 제도
* **전매(專-오로지, 賣-팔다)** 국가가 특정 물품의 생산과 판매를 독점하는 것
* **선우** 중국의 황제에 해당하는 흉노 제국의 대군주

대표 자료 확인하기

◆ 진시황제의 통일 정책

• (①   )의 통일 • (②   )의 통일

⬆ 반량전

⬆ 무게를 다는 추

◆ 한의 영역과 대외 정책

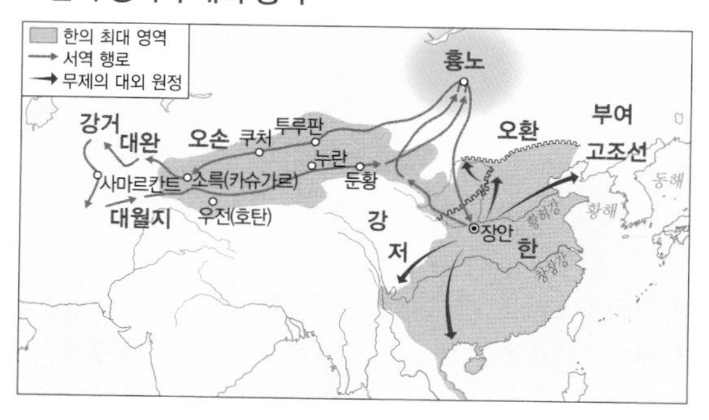

한 무제는 대월지와 손잡고 (③   )를 함께 공격하기 위해 (④   )을 서역에 파견하였다. 이를 계기로 동서 교역로인 (⑤   )이 열렸다.

한눈에 정리하기

◆ 페르시아의 서아시아 통일

아시리아	기원전 7세기경에 최초로 서아시아 통일
아케메네스 왕조 페르시아	기원전 6세기경에 서아시아 재통일, '왕의 눈'·'왕의 귀' 파견, 도로망인 (①) 건설, 관용 정책 실시
(②)	3세기 초 등장, 중계 무역으로 번영, 조로아스터교 국교화
페르시아의 문화	국제적·개방적인 문화 발달

◆ 고대 동아시아 세계의 형성

춘추 전국 시대	춘추 5패·전국 7웅의 독립된 세력 형성, 철기 사용, 제자백가(유가, 묵가, 법가, 도가 등) 출현
진(秦)	(③) 사상 채택, 최초로 중국 통일, 황제 칭호 사용, 군현제 실시, 화폐·도량형·문자 통일, 분서갱유 단행, 만리장성 축조
한	• 고조: 중국 재통일, 군국제 시행 • 무제: 군현제 실시, (④)의 통치 이념화, 흉노 정벌, 전매 제도 실시 • 문화: 훈고학 발달, 사마천의 『사기』 편찬, 채륜의 제지술 개량, 불교 전래

꼼꼼 개념 문제

● 정답과 해설 02쪽

1 다음 빈칸에 들어갈 알맞은 말을 쓰시오.

(1) (   )는 기원전 3세기 중엽에 이란계 유목 민족이 세운 나라이다.

(2) (   ) 왕조 페르시아는 그리스·페르시아 전쟁에서 그리스에 패배하였다.

(3) (   )는 기원전 7세기경 철제 무기를 바탕으로 서아시아 세계를 최초로 통일하였다.

(4) 아케메네스 왕조 페르시아의 (   )는 이집트에서 인더스강에 이르는 대제국을 건설하고, 왕의 길을 만들었다.

2 다음 설명이 맞으면 ○표, 틀리면 ×표를 하시오.

(1) 아케메네스 왕조 페르시아는 조로아스터교를 국교로 삼았다. (   )

(2) 페르시아는 피정복민에게 관용 정책을 펼쳐 국제적·개방적 문화가 발달하였다. (   )

3 (   )는 춘추 전국 시대에 등장한 여러 사상가와 다양한 학파를 가리키는 말이다.

4 다음 인물과 관련된 내용을 옳게 연결하시오.

(1) 한 고조 •	• ㉠ 군국제 시행
(2) 한 무제 •	• ㉡ 분서갱유 단행
(3) 진시황제 •	• ㉢ 전매 제도 실시

5 다음 괄호 안의 내용 중 알맞은 말에 ○표를 하시오.

(1) 한대에는 대토지를 소유한 (호족, 환관)이 성장하여 지방에서 농민을 지배하였다.

(2) 진시황제는 흉노를 북방으로 몰아낸 후 이들의 침입을 막고자 (만리장성, 병마용 갱)을 건설하였다.

(3) 후한 말에 사회가 혼란해지면서 각지에서 (황건적의 난, 진승·오광의 난)과 같은 농민 반란이 일어났다.

(4) (군현제, 봉건제)는 황제가 각 군·현에 직접 관리를 보내 다스리는 제도로 한 무제 때 전국적으로 실시하였다.

6 한대의 문화와 관련된 내용만을 <보기>에서 있는 대로 골라 기호를 쓰시오.

보기
ㄱ. 훈고학 발달
ㄴ. 채륜의 제지술 개량
ㄷ. 조로아스터교 국교화
ㄹ. 해시계와 지진계 발명

01 (가)에 들어갈 내용으로 옳지 않은 것은?

① 법률과 도로를 정비하였어.
② 정복지에 총독을 파견하였어.
③ 피지배 민족에게 관용 정책을 펼쳤어.
④ 우수한 철제 무기와 전술을 보유하였어.
⑤ 통일을 이룬 지 1세기도 안 되어 멸망하였어.

02 지도의 최대 영역을 차지한 나라에 대한 설명으로 옳은 것은?

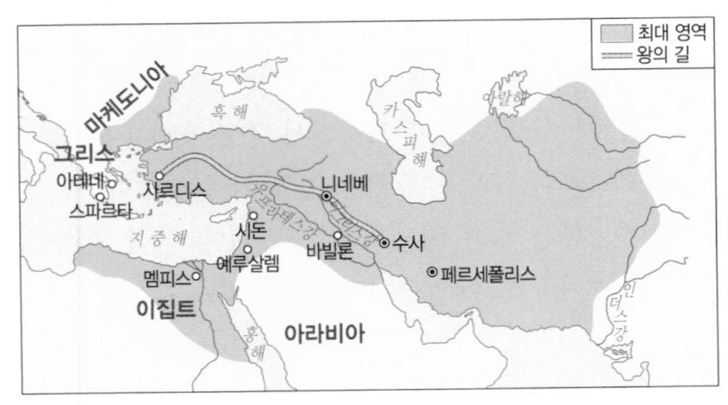

① 파르티아를 정복하였다.
② 서아시아를 최초로 통일하였다.
③ 조로아스터교를 국교로 삼았다.
④ 피지배 민족을 가혹하게 통치하였다.
⑤ 약 200년간 통일 왕조를 유지하였다.

중요해

03 밑줄 친 ㉠~㉤ 중 옳지 않은 것은?

> 다리우스 1세는 ㉠ 전국을 여러 주로 나누어 총독을 파견하였고, ㉡ 총독을 감시하기 위해 '왕의 눈', '왕의 귀'라고 불리는 감찰관을 보냈다. 또한 ㉢ '왕의 길'이라는 도로를 만들고 역참을 정비하였으며, ㉣ 화폐와 도량형을 통일하였다. 다리우스 1세는 ㉤ 이러한 중앙 집권 정책을 통해 사산 왕조 페르시아의 전성기를 이끌었다.

① ㉠ ② ㉡ ③ ㉢ ④ ㉣ ⑤ ㉤

04 밑줄 친 '이 나라'로 옳은 것은?

> 아케메네스 왕조 페르시아가 멸망한 후 기원전 3세기 중엽에 이란계 유목 민족이 세운 이 나라가 성장하였다. 이 나라는 중국의 한과 로마 사이에서 중계 무역을 하며 발전하였으나, 로마와 갈등을 겪으며 쇠퇴하다가 사산 왕조 페르시아에 멸망하였다.

① 리디아 ② 메디아
③ 파르티아 ④ 헤브라이
⑤ 바빌로니아

05 (가) 나라에 대해 학생들이 나눈 대화 내용으로 적절한 것은?

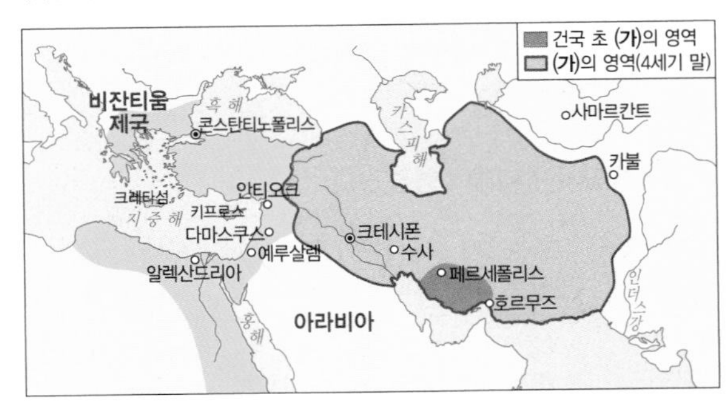

① 크리스트교를 국교로 삼았어.
② 알렉산드로스에게 멸망하였어.
③ 다리우스 1세 때 전성기를 맞이하였어.
④ 아케메네스 왕조 페르시아의 계승을 내세웠어.
⑤ 그리스에 세 차례 원정군을 보냈으나 실패하였어.

중요해

06 (가)에 들어갈 사진 자료로 적절한 것을 〈보기〉에서 고른 것은?

| 보기 |

① ㄱ, ㄴ ② ㄱ, ㄷ ③ ㄴ, ㄷ
④ ㄴ, ㄹ ⑤ ㄷ, ㄹ

07 밑줄 친 '이 종교'에 대한 설명으로 옳지 않은 것은?

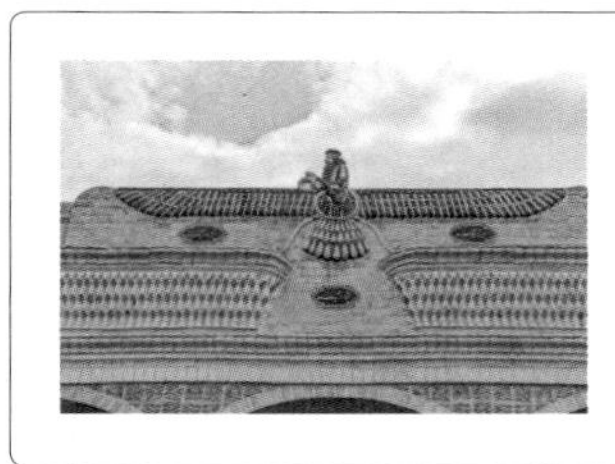

사진은 이 종교의 사원 입구에 새겨진 아후라 마즈다의 모습이다. 아후라 마즈다는 이 종교의 최고신이다.

① 선한 신의 상징인 불을 숭배하였다.
② 사산 왕조 페르시아가 국교로 삼았다.
③ 다리우스 1세의 후원으로 널리 퍼졌다.
④ 크리스트교와 이슬람교의 영향을 받았다.
⑤ 최후의 심판, 천국과 지옥, 구세주 출현 등의 교리를 내세웠다.

08 다음 두 사건 사이에 중국에서 있었던 사실로 옳은 것을 〈보기〉에서 고른 것은?

- 주가 유목 민족의 공격을 피해 수도를 동쪽의 낙읍(뤄양)으로 옮겼다.
- 전국 7웅 중 하나였던 진(秦)이 혼란스러웠던 중국을 최초로 통일하였다.

| 보기 |
ㄱ. 학문과 사상이 침체되었다.
ㄴ. 주 왕실의 권위가 강화되었다.
ㄷ. 철제 농기구가 사용되고 우경이 이루어졌다.
ㄹ. 철제 무기의 사용으로 전쟁이 더욱 치열해졌다.

① ㄱ, ㄴ ② ㄱ, ㄷ ③ ㄴ, ㄷ
④ ㄴ, ㄹ ⑤ ㄷ, ㄹ

[09~10] 다음을 보고 물음에 답하시오.

(가) '인'을 실천하고 '예'를 지켜야 합니다.

(나) 엄격한 법률에 따라 통치해야 합니다.

(다) 자연의 순리를 따라야 해요.

중요해

09 (가)~(다)에 해당하는 사상을 옳게 짝지은 것은?

	(가)	(나)	(다)
①	묵가	도가	법가
②	묵가	법가	유가
③	법가	유가	도가
④	유가	도가	묵가
⑤	유가	법가	도가

10 위와 같은 주장이 나오게 된 배경으로 적절한 것은?

① 분서갱유가 단행되었다.
② 중국에 불교가 전래되었다.
③ 진승·오광의 난이 일어났다.
④ 제후국들이 부국강병을 위해 인재를 등용하였다.
⑤ 각국에서 다르게 사용되던 화폐, 문자, 도량형이 통일되었다.

이 문제에서 나올 수 있는 선택지는 다~!

11 밑줄 친 '황제'에 대한 설명으로 옳지 않은 것은?

사진은 황제의 명에 따라 법가 사상 서적과 실용 서적을 제외한 모든 책을 불태우고, 이를 비판하는 학자들을 산 채로 땅에 묻은 사건이 표현된 기록화이다.

① 군현제를 실시하였다.
② 중국을 최초로 통일하였다.
③ 전국의 도로망을 정비하였다.
④ 흉노와 화친 조약을 체결하였다.
⑤ 황제 칭호를 처음으로 사용하였다.
⑥ 지역마다 달랐던 도량형을 통일하였다.

중요해

12 진시황제가 다음과 같은 통일 정책을 시행한 목적으로 가장 적절한 것은?

↑화폐 통일

↑문자 통일

① 농민 반란을 진압하기 위해
② 흉노의 침입에 대비하기 위해
③ 중앙 집권 체제를 강화하기 위해
④ 유교적 통치 이념을 확립하기 위해
⑤ 잦은 전쟁으로 부족해진 재정을 확보하기 위해

13 진(秦)이 멸망한 원인으로 적절한 것을 〈보기〉에서 고른 것은?

보기
ㄱ. 황건적의 난이 일어났다.
ㄴ. 제후들이 세력을 키워 제각기 독립하였다.
ㄷ. 대규모 토목 공사에 동원된 백성의 불만이 높았다.
ㄹ. 법가 사상에 따른 가혹한 통치가 백성의 원망을 샀다.

① ㄱ, ㄴ ② ㄱ, ㄷ ③ ㄴ, ㄷ
④ ㄴ, ㄹ ⑤ ㄷ, ㄹ

14 ㉠~㉢에 들어갈 말을 옳게 짝지은 것은?

한은 (㉠) 때에 전성기를 맞이하였다. (㉠)는 (㉡)를 전국으로 확대 실시하여 중앙 집권 체제를 강화하였으며, 동중서의 건의에 따라 (㉢) 사상을 통치 이념으로 삼아 태학을 설립하였다.

	㉠	㉡	㉢
①	고조	군국제	법가
②	무제	군국제	법가
③	무제	군현제	유가
④	유수(광무제)	군국제	유가
⑤	유수(광무제)	군현제	법가

중요해

15 (가)에 들어갈 내용으로 가장 적절한 것은?

한 무제는 대규모 원정대를 파견하여 북방의 흉노를 정벌하고 남쪽으로는 베트남 북부까지 점령하였으며, 동쪽으로 고조선을 멸망시킨 후 군을 설치하였다. 그리고 무제는 잦은 대외 원정으로 국가의 재정이 부족해지자 ______(가)______

① 봉건제를 실시하였다.
② 화폐와 도량형을 통일하였다.
③ 흉노에게 공주를 시집보냈다.
④ 소금과 철의 전매 제도를 시행하였다.
⑤ 철제 농기구와 소를 이용한 농사법을 보급하였다.

16 (가)~(다) 시기 중국에 대한 설명으로 옳지 않은 것은?

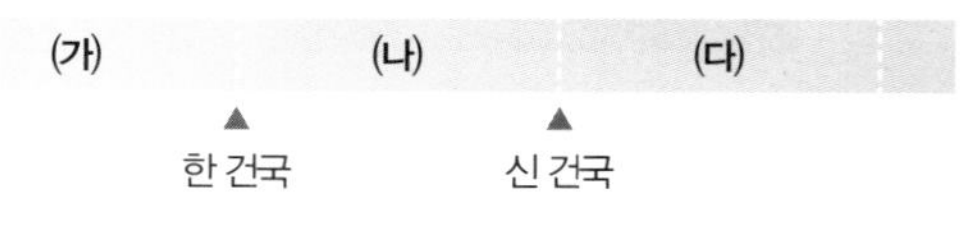

① (가) – 호족이 성장하였다.
② (나) – 고조선을 정복하였다.
③ (나) – 장안을 수도로 삼았다.
④ (다) – 후한이 건국되었다.
⑤ (다) – 황건적의 난이 발생하였다.

17 밑줄 친 '이 시대'의 문화에 대한 학생의 발표 내용으로 적절하지 <u>않은</u> 것은?

> 중국 문화의 기틀이 마련된 <u>이 시대</u>에는 유교가 국가 운영의 기본 지침으로 자리 잡았다. 이에 따라 태학을 설치하고 오경박사를 두어 유학을 가르쳤다.

① 훈고학이 발달하였습니다.
② 제자백가가 출현하였습니다.
③ 채륜이 종이 만드는 기술을 개량하였습니다.
④ 불교가 비단길을 따라 중국에 전래되었습니다.
⑤ 사마천이 쓴 사기가 이후 역사 서술의 모범이 되었습니다.

[18~19] 다음을 읽고 물음에 답하시오.

> (㉠)은/는 유라시아 대륙 북부의 초원 일대에서 유목 생활을 하였다. 기원전 3세기 후반에 진(秦)이 (㉠)의 거주지를 점령하자, 이들은 권력을 집중하여 국가를 이루었다. 이 과정에서 묵특 선우가 출현하여 한을 위협할 정도로 강력한 제국을 형성하였다.

18 ㉠에 들어갈 내용으로 옳은 것은?

① 흉노　　② 고조선
③ 대월지　　④ 아리아인
⑤ 페니키아

19 ㉠에 대한 설명으로 옳은 것을 〈보기〉에서 고른 것은?

> 보기
> ㄱ. 사산 왕조 페르시아에 멸망하였다.
> ㄴ. 한 고조와의 전쟁에서 승리하였다.
> ㄷ. 진시황제가 만리장성을 쌓아 막고자 하였다.
> ㄹ. 한 무제가 장건을 파견하여 동맹을 맺고자 하였다.

① ㄱ, ㄴ　　② ㄱ, ㄷ　　③ ㄴ, ㄷ
④ ㄴ, ㄹ　　⑤ ㄷ, ㄹ

학교 시험에 잘 나오는 서술형 문제

1 ㉠에 들어갈 나라를 쓰고, ㉠의 피정복민에 대한 정책을 서술하시오.

> 나는 키루스, 세계의 왕, 사방의 왕이며 …… 바빌론 거주민에 대하여는 …… 넘겨받았던 도시들을 돌려주었다. …… 아후라 마즈다의 뜻에 따라 말하니 내가 살아 있는 한 너희의 전통과 종교를 존중하겠다. －(㉠)의 키루스 2세 원통형 인장 내용

2 밑줄 친 '이 인물'의 대외 정책을 <u>두 가지</u> 서술하시오.

사진은 병마용 갱의 모습으로, 큰 규모를 통해 <u>이 인물</u>의 권력이 대단하였음을 짐작할 수 있다.

3 지도와 같이 한 무제가 장건을 서역으로 파견한 목적과 그 결과를 서술하시오.

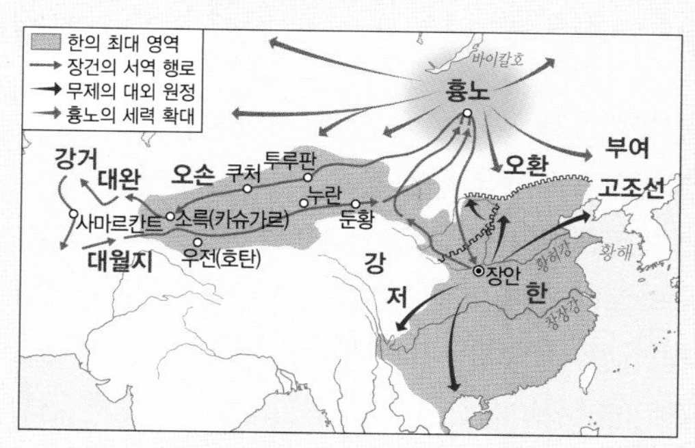

03 고대 제국들의 특성과 주변 세계의 성장(2)

고대 지중해 세계의 형성

1. 그리스 세계의 형성과 발전

(1) 에게 문명: 기원전 2000년경 크레타 문명과 미케네 문명 등 발달

(2) 폴리스의 형성: 그리스는 험준한 산, 복잡한 해안선 등으로 통일 국가 수립이 어려움 → 작은 도시 국가인 폴리스 성립

① 구조: 아크로폴리스(신전이 있음)와 아고라(공공 생활 장소)로 구성

② 특징: 정치적으로 독립, 같은 언어 사용, 올림피아 제전 개최(유대감 강화)

(3) 아테네의 민주 정치 발달: 왕정 → 귀족정 → 민주정(부유해진 평민들이 전쟁에 참여하면서 평민의 지위 향상, 정치 참여 확대)

솔론	재산 정도에 따라 일부 평민에게 참정권 부여
클레이스테네스	정치 참여 자격에서 재산 기준 폐지, *도편 추방제 마련
페리클레스	민주 정치의 전성기, 민회가 실질적인 입법권 행사, 대부분의 관직과 배심원을 추첨으로 선출(공무 수당 지급), 여성·노예·외국인은 정치 참여 불가 자료 ①

(4) 스파르타의 발전: 소수 시민이 다수의 피지배층 지배를 위해 강력한 군사 통치 실시, 왕과 귀족이 정치 담당(국가 중대사는 민회에서 결정)

(5) 그리스 세계의 번영과 쇠퇴

① 그리스·페르시아 전쟁: 페르시아가 그리스 침입 → 그리스가 마라톤 전투, 살라미스 해전 등에서 승리(→ 아테네 중심의 델로스 동맹 결성)

② 펠로폰네소스 전쟁: 델로스 동맹과 펠로폰네소스 동맹(스파르타 중심)의 대립, 전쟁 발발 → 펠로폰네소스 동맹의 승리

③ 쇠퇴: 전쟁으로 그리스 세계 쇠퇴 → 기원전 4세기 마케도니아에 멸망

2. 그리스의 문화 인간 중심적·합리적인 문화 발달

철학	자연 철학 발달 → 소피스트 등장(진리의 상대성 주장), 소크라테스의 활동(진리의 절대성 주장) → 플라톤, 아리스토텔레스 등의 활동
학문	문학(호메로스의 『일리아드』·『오디세이아』), 역사(헤로도토스의 『역사』·투키디데스의 『역사』), 의학(히포크라테스), 수학(피타고라스)
예술	조화와 균형 강조, 파르테논 신전·「아테나 여신상」 자료 ②

3. 알렉산드로스 제국과 헬레니즘 세계의 형성

(1) 알렉산드로스 제국 자료 ③

① 알렉산드로스의 동서 융합 정책: 알렉산드리아 건설, 그리스어를 공용어로 삼음, 동방의 군주정 계승, 정복지 주민을 관리로 등용 등

② 쇠퇴: 알렉산드로스 사후 제국 분열 → 로마 제국에 흡수

(2) 헬레니즘 문화: 개인주의, *세계 시민주의 성격을 띰 **서술형 단골** 헬레니즘 문화의 특징을 묻는 문제가 출제돼!

철학	스토아학파(금욕 강조), 에피쿠로스학파(정신적 즐거움 추구)
자연 과학	물리학(아르키메데스), 기하학(유클리드) 발달
예술	인체의 아름다움 추구, 「라오콘 군상」·「밀로의 비너스상」 자료 ②

생생 자료

자료 ① 아테네의 민주 정치

> 권력이 소수의 수중에 있지 않고 전 시민에게 있기 때문에 우리의 정치 제도를 민주 정치라고 부릅니다. …… 만인은 법 앞에 평등합니다. …… 공직에 임명할 때 그것은 그가 어느 특정한 계층에 속해 있기 때문이 아니라, 그가 가지고 있는 능력 때문입니다. …… 우리는 민회에서 정책을 결정하거나 적절한 토론에 부칩니다. – 페리클레스의 연설문

아테네에서는 그리스·페르시아 전쟁(기원전 492~기원전 479)에서 승리한 이후 페리클레스의 지도 아래 민회 중심의 직접 민주 정치가 정착되었다.

자료 ② 그리스 문화와 헬레니즘 문화

▲ 파르테논 신전

▲ 라오콘 군상

그리스 문화의 건축물인 파르테논 신전은 조화와 균형미를 추구하였다. 헬레니즘 문화를 대표하는 조각인 「라오콘 군상(라오콘상)」은 고통받는 인간을 사실적으로 표현하였다.

그리스 문화와 동방의 문화가 융합되어 발전하였어.

알렉산드로스 사후 마케도니아, 시리아, 이집트로 분열되었어.

자료 ③ 알렉산드로스 제국의 영역

그리스를 정복한 마케도니아의 왕 알렉산드로스는 동방 원정에 나서 이집트를 점령한 후 페르시아를 무너뜨렸다. 그 결과 인도에서 지중해에 이르는 동서 교역로가 열렸고, 헬레니즘 세계가 형성되었다.

곳곳에 자신의 이름을 딴 도시를 건설하고 그리스인을 이주시켜 그리스 문화를 전파하였어.

쏙쏙 용어

* **도편 추방제** 참주의 출현을 막기 위해 도자기 파편에 독재를 할 가능성이 있는 사람의 이름을 적어 제일 많은 표를 얻은 사람을 10년간 국외로 추방하는 제도
* **세계 시민주의** 배타적인 폴리스의 틀을 벗어나 제국 아래 모든 시민이 평등하다고 보는 사상

로마 제국의 발전

1. 로마 공화정의 성립과 발전

(1) 로마 건국: 기원전 8세기 이탈리아반도의 도시 국가로 출발(왕정 실시)

(2) 공화정의 성립과 발전

① 공화정 성립: 기원전 6세기 말 귀족들이 왕을 몰아내고 공화정 수립 → 귀족이 원로원(자문·의결 기관)과 집정관(행정과 군사 담당) 독점

② 평민의 권리 확대: 평민들이 정복 전쟁에 참여하며 세력 확대, 정치 참여 요구 → 평민회(평민 회의 기관) 구성, *호민관(평민 대표) 선출

(3) 대외 팽창: 이탈리아반도 통일, 포에니 전쟁 승리 자료 ④

(4) 공화정의 쇠퇴

① 그라쿠스 형제의 개혁 자료 ⑤

배경	포에니 전쟁 후 정복지의 값싼 곡물이 로마에 대량 유입, 소수 귀족이 노예 노동을 이용한 대농장(*라티푼디움) 경영 → 자영농 몰락
내용	자영농의 몰락을 막기 위한 개혁 시도 → 귀족들의 반대로 실패

② 공화정의 붕괴: 빈부 격차 심화, 군인 정치가들의 권력 다툼으로 혼란 → 카이사르가 정권 장악 후 독재 정치 실시, 반대파에게 암살당함

2. 로마 제정의 시작과 몰락

(1) 제정 시작: 옥타비아누스가 로마의 권력을 장악함 → 원로원으로부터 '*아우구스투스'라는 칭호를 받음(기원전 27)

(2) '로마의 평화'(오현제 시대): 영토 확장, 200여 년간 번영을 누림

(3) 제정의 쇠퇴: 2세기 말부터 군대의 정치 개입(군인 황제 시대), 이민족(게르만족과 사산 왕조 페르시아 등)의 침입으로 쇠퇴

(4) 제국의 부흥을 위한 노력

① 디오클레티아누스: 제국을 넷으로 나누어 통치, 황제권 강화

② 콘스탄티누스 대제: 크리스트교 공인, 콘스탄티노폴리스로 천도

(5) 제국의 분열: 제국이 동서로 분리(395) → 게르만족의 침입으로 서로마 제국 멸망(476), 동로마 제국(비잔티움 제국)은 이후 1000여 년간 지속

3. 로마의 문화 넓은 제국의 통치에 도움이 되는 실용적인 문화 발달

(1) 토목건축: 콜로세움·개선문·공중목욕탕 등 건축물 건립, 도로망 건설(아피우스 가도), 상하수도 시설 설치(수도교) 자료 ⑥

(2) 법률: 관습법 → 12표법(로마 최초의 성문법) → 시민법(로마 시민에게 적용) → 만민법(로마 제국의 모든 민족에게 적용) → 비잔티움 제국의 『유스티니아누스 법전』으로 집대성(→ 유럽 법률의 토대가 됨)

4. 크리스트교의 성립과 발전

성립	로마의 지배를 받던 팔레스타인에서 예수가 창시, 사랑과 평등 설교 → 예수의 가르침이 각지에 전파, 노예·여성·하층민 중심으로 확산
탄압	로마의 전통적인 신들과 황제 숭배 거부로 박해를 받음
발전	• 공인: 콘스탄티누스 대제가 밀라노 칙령으로 크리스트교 공인(313) • 국교화: 테오도시우스 황제가 로마 제국의 국교로 인정(392) → 세계적인 종교로 성장, 유럽 문화의 기반이 됨

생생 자료

자료 ④ 로마 제국의 영역

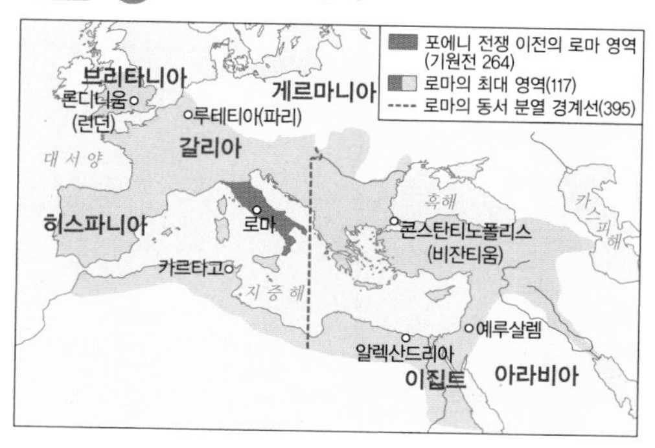

로마는 카르타고와 세 차례에 걸친 포에니 전쟁(기원전 264~기원전 146)에서 승리한 이후 지중해 세계를 지배하게 되었다.

자료 ⑤ 그라쿠스 형제의 개혁

서술형 단골 그라쿠스 형제의 개혁 배경 및 목적을 묻는 문제가 자주 출제돼.

> 조국을 위해 싸우고 죽어 가는 로마 시민에게 남은 것은 햇볕과 공기밖에 없다. 집도 없고 땅도 없이 처자식을 데리고 떠돌고 있다. …… 한 뼘의 땅도 갖지 못하고 있다. – 티베리우스 그라쿠스의 연설문

자기 토지에 농사짓는 사람을 말해.

포에니 전쟁 이후 자영농이 몰락하자 호민관인 그라쿠스 형제는 귀족의 대토지 소유 제한, 농민에게 토지 재분배, 빈민에게 싼 가격으로 곡물 분배 등의 개혁을 추진하였다. 그러나 원로원을 중심으로 한 귀족들의 반대로 실패하였다.

자료 ⑥ 로마의 실용적인 문화

맨 위층이 수로이고, 아래층에는 사람과 말이 다녔어.

↑콜로세움

↑수도교

로마는 넓은 제국을 효과적으로 다스리고자 실용적인 문화를 발전시켰다. 콜로세움은 아치와 돔 기법을 써서 지은 원형 경기장으로, 내부에는 5만여 명의 관객을 수용할 수 있었다. 수도교는 도시에 물을 공급하고 하수를 내보내는 거대한 상하수도 시설이었다.

쏙쏙 용어

* **호민관** 평민의 권익 보호를 위해 평민회에서 뽑은 관리로, 원로원의 결정에 거부권을 행사할 수 있었음
* **라티푼디움** 포에니 전쟁 이후 늘어난 노예를 이용하여 소수의 귀족이 운영한 대규모 농장
* **아우구스투스** '존엄한 자'라는 의미로, 옥타비아누스는 스스로를 '제1 시민(프린켑스)'으로 자처하였으나 사실상 황제와 다름없었음

대표 자료 확인하기

◆ 알렉산드로스 제국의 발전

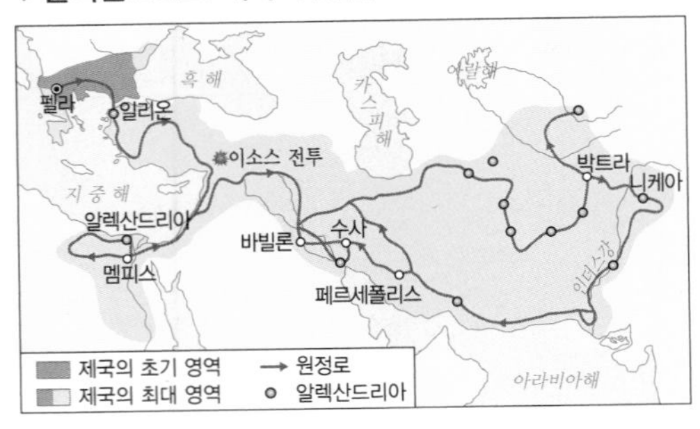

마케도니아의 왕 (①　　　　　)는 동방 원정에 나서 유럽, 아시아, 아프리카에 걸친 대제국을 건설하였다. 그의 동방 원정으로 헬레니즘 세계가 형성되었다.

◆ 고대 지중해 세계의 문화

▲(②) 문화인 파르테논 신전

▲(③) 문화인 「라오콘 군상」

▲(④) 문화인 콜로세움과 수도교

• (②　　　　　) • (③　　　　　) • (④　　　　　)

한눈에 정리하기

◆ 그리스 세계와 로마 제국의 성장

그리스 세계	• 폴리스 형성: 아크로폴리스, 아고라로 구성 • (①　　　　　): 민주 정치 발달 • 스파르타: 강력한 군사 통치 실시 • 문화: 인간 중심의 합리적인 문화 발달
알렉산드로스 제국	• 성립과 발전: 알렉산드로스의 동방 원정 → 이집트에서 인도에 이르는 대제국 건설, 동서 융합 정책 실시 • 문화: 헬레니즘 문화 발달
로마 제국	• 공화정 시기: 평민의 권리 확대(평민회, 호민관), 포에니 전쟁 이후 자영농 몰락 → (②　　　　　)의 개혁 • 제정 시기: 옥타비아누스의 집권 → '로마의 평화' → 제국의 쇠퇴와 중흥 노력 → 제국의 분열 • 문화: 실용적 문화 발달, 크리스트교 발전

꼼꼼 개념 문제

• 정답과 해설 04쪽

1 다음 설명이 맞으면 ○표, 틀리면 ×표를 하시오.

(1) 폴리스의 아크로폴리스는 시민의 공공 생활 장소로 이용되었다. (　　)

(2) 아테네는 평민들의 정치 참여가 확대되면서 민주 정치가 발달하였다. (　　)

(3) 스파르타는 소수의 시민이 다수의 피지배층을 다스리기 위해 강력한 군사 통치를 실시하였다. (　　)

(4) 그리스인들은 페르시아의 침입에 대비하기 위해 아테네를 중심으로 펠로폰네소스 동맹을 맺었다. (　　)

2 다음 괄호 안의 내용 중 알맞은 말에 ○표를 하시오.

(1) (스토아학파, 에피쿠로스학파)는 금욕을 강조하였다.

(2) 그리스에서는 (소피스트, 소크라테스)가 진리의 절대성을 강조하는 등 철학이 발달하였다.

(3) 헬레니즘 문화는 배타적인 폴리스의 틀을 벗어나 모든 시민이 평등하다는 (전체주의, 세계 시민주의) 성격을 띠었다.

3 로마 공화정과 관련하여 다음 설명에 해당하는 내용을 〈보기〉에서 골라 기호를 쓰시오.

보기		
ㄱ. 원로원	ㄴ. 집정관	ㄷ. 호민관

(1) 행정과 군사를 담당하였다. (　　)

(2) 귀족으로 구성된 자문 기관이었다. (　　)

(3) 평민의 대표로, 평민의 권익을 보호하였다. (　　)

4 로마 제국의 발전 과정을 순서대로 옳게 나열하시오.

(가) 제정의 시작	(나) 포에니 전쟁
(다) 평민회 설치	(라) 군인 황제 시대
(마) 제국의 동서 분열	(바) 그라쿠스 형제의 개혁

5 로마 문화에 대한 내용을 〈보기〉에서 골라 기호를 쓰시오.

보기

ㄱ. 실용적인 분야 발달

ㄴ. 아테나 여신상 제작

ㄷ. 수도교와 콜로세움 건설

ㄹ. 그리스 문화와 동방 문화의 융합

01 밑줄 친 '이 문명'으로 옳은 것은?

① 에게 문명 ② 인도 문명 ③ 잉카 문명
④ 중국 문명 ⑤ 이집트 문명

이 문제에서 나올 수 있는 선택지는 다~!

02 ㉠에 대한 설명으로 옳지 않은 것은?

(㉠)은/는 그리스에서 형성된 작은 도시 국가이다. 그리스인들은 해안에서 가까운 평야 지대에 촌락을 이루어 살았는데, 이들이 촌락을 방어하려고 높은 언덕에 성을 쌓은 것이 (㉠)(으)로 발전하였다.

① 동일한 언어를 사용하였다.
② 정치적으로 통일을 이루었다.
③ 아테네와 스파르타가 대표적이다.
④ 올림피아 제전을 열어 유대감을 다졌다.
⑤ 시민의 공공 생활 장소로 아고라가 있었다.
⑥ 높은 언덕에 세워진 아크로폴리스에 신전을 두었다.

중요해

03 (가)~(다)에 들어갈 내용으로 적절한 것은?

• 과제: 아테네의 민주 정치 발전에 영향을 끼친 인물에 대해 조사하여 발표하기
• 모둠별 발표 주제
 – 모둠 1: 솔론, ______(가)______
 – 모둠 2: 클레이스테네스, ______(나)______
 – 모둠 3: 페리클레스, ______(다)______

① (가) – 도편 추방제를 마련하다
② (나) – 공직자들에게 공무 수당을 지급하다
③ (나) – 재산 정도에 따라 참정권을 부여하다
④ (다) – 여성, 노예, 외국인의 정치 참여를 허용하다
⑤ (다) – 대부분의 관직과 배심원을 추첨으로 선출하다

04 스파르타에 대한 설명으로 옳은 것을 〈보기〉에서 고른 것은?

보기
ㄱ. 강력한 군사 통치를 실시하였다.
ㄴ. 펠로폰네소스 전쟁에서 패배하였다.
ㄷ. 국가 중대사는 민회에서 결정하였다.
ㄹ. 다수의 시민이 소수의 피지배층을 지배하였다.

① ㄱ, ㄴ ② ㄱ, ㄷ ③ ㄴ, ㄷ
④ ㄴ, ㄹ ⑤ ㄷ, ㄹ

05 지도에 나타난 전쟁에 대한 설명으로 옳은 것은?

① 펠로폰네소스 동맹의 승리로 끝이 났다.
② 전쟁 이후 아테네가 전성기를 누리게 되었다.
③ 그리스의 폴리스들이 쇠퇴하는 계기가 되었다.
④ 스파르타가 그리스의 패권을 차지하게 되었다.
⑤ 델로스 동맹과 펠로폰네소스 동맹 간에 일어났다.

06 고대 그리스의 문화에 대한 학생의 발표 내용으로 적절하지 않은 것은?

① 투키디데스가 역사를 저술하였어요.
② 피타고라스가 수학에서 업적을 남겼어요.
③ 소피스트들이 진리의 상대성을 주장하였어요.
④ 호메로스가 일리아드와 오디세이아를 저술하였어요.
⑤ 콜로세움, 수도교 등 실용적인 건축물이 지어졌어요.

07 지도의 영역을 차지한 나라에 대한 설명으로 옳은 것은?

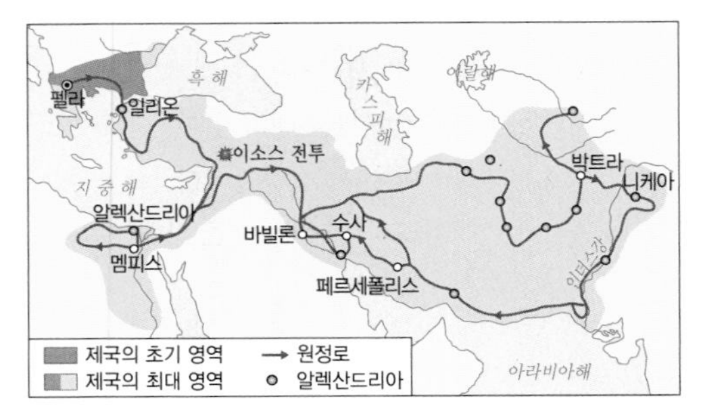

① 옥타비아누스가 제정 시대를 열었다.
② 포에니 전쟁에서 카르타고를 물리쳤다.
③ 민회 중심의 직접 민주 정치가 발전하였다.
④ 시민들이 어려서부터 엄격한 군사 훈련을 받았다.
⑤ 알렉산드로스 사후 마케도니아, 시리아, 이집트로 분열되었다.

08 (가)에 들어갈 연관 검색어로 거리가 <u>먼</u> 것은?

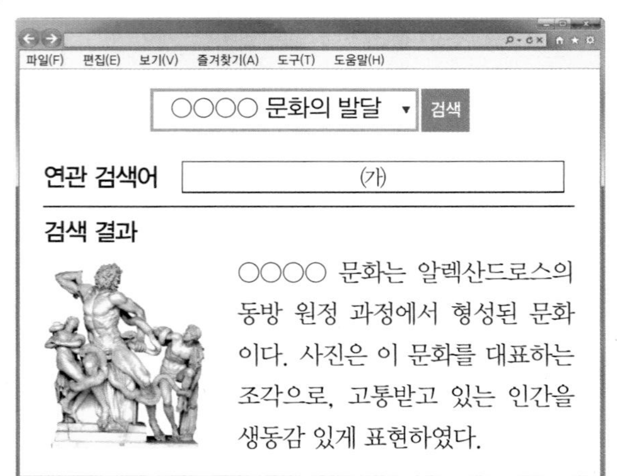

① 개인주의와 세계 시민주의 발달
② 아르키메데스의 부력의 원리 발견
③ 스토아학파와 에피쿠로스학파의 등장
④ 파르테논 신전에 나타난 조화와 균형의 미
⑤ 사실적인 표현이 돋보이는 밀로의 비너스상 제작

09 로마의 공화정 시대에 대한 설명으로 옳지 <u>않은</u> 것은?

① 시민법인 12표법이 제정되었다.
② 참주(독재자)가 등장하여 정권을 장악하였다.
③ 초기에는 귀족들이 원로원과 집정관을 독점하였다.
④ 호민관이 평민의 대표로서 평민의 이익을 대변하였다.
⑤ 평민의 참정권 요구가 받아들여져 평민회가 설치되었다.

중요해

10 지도의 (가) 전쟁 이후에 나타난 로마의 변화로 적절한 것을 〈보기〉에서 고른 것은?

보기
ㄱ. 자영농이 성장하였다. ㄴ. 공화정이 크게 발전하였다. ㄷ. 라티푼디움이 확대되었다. ㄹ. 그라쿠스 형제가 개혁을 시도하였다.

① ㄱ, ㄴ ② ㄱ, ㄷ ③ ㄴ, ㄷ
④ ㄴ, ㄹ ⑤ ㄷ, ㄹ

11 다음 두 사건 사이에 로마에서 있었던 사실로 옳은 것은?

- 카이사르가 정권을 장악하고 독재 정치를 실시하였다.
- 디오클레티아누스가 제국을 네 부분으로 나눈 뒤 네 명의 통치자가 다스리게 하였다.

① 포에니 전쟁이 일어났다.
② 제국이 동서로 분열되었다.
③ 그라쿠스 형제가 개혁을 추진하였다.
④ 공화정이 끝나고 제정이 시작되었다.
⑤ 수도가 콘스탄티노폴리스(비잔티움)로 옮겨졌다.

[12~13] 다음을 보고 물음에 답하시오.

역사 조사 보고서
- 조사 주제: 고대 (㉠)의 문화유산
- 수집한 자료

수도교

아피우스 가도

중요해

12 ㉠ 나라의 문화적 특징으로 가장 적절한 것은?

① 실용적인 분야가 발달하였다.
② 조화와 균형의 미를 추구하였다.
③ 인간 중심적인 문화가 발달하였다.
④ 그리스 문화와 동방의 문화가 융합되었다.
⑤ 세계 시민주의와 개인주의적 경향을 보였다.

13 ㉠ 나라에 대한 탐구 활동으로 적절하지 않은 것은?

① 시민법이 만민법으로 확대된 배경을 확인한다.
② 게르만족의 침입으로 인한 멸망 과정을 찾아본다.
③ 카이사르가 반대파에게 암살당한 이유를 조사한다.
④ 각지에 알렉산드리아라는 도시를 세운 목적을 알아본다.
⑤ 콘스탄티누스 대제가 제국의 중흥을 위해 한 노력을 살펴본다.

14 밑줄 친 ㉠~㉤ 중 옳지 않은 것은?

크리스트교는 ㉠ 팔레스타인 지방에서 예수가 창시한 종교로 사랑과 평등을 강조하여 ㉡ 노예, 여성, 하층민을 중심으로 널리 퍼졌으나, ㉢ 로마의 황제 숭배를 거부하여 박해를 받기도 하였다. 이후 ㉣ 디오클레티아누스는 밀라노 칙령을 통해 크리스트교를 공인하였고, ㉤ 테오도시우스 황제는 크리스트교를 로마 제국의 국교로 인정하였다.

① ㉠ ② ㉡ ③ ㉢ ④ ㉣ ⑤ ㉤

학교 시험에 잘 나오는 서술형 문제

1 ㉠에 들어갈 인물을 쓰고, ㉠이 민주 정치를 실현하기 위해 실시한 제도를 서술하시오.

공직에 임명할 때 그것은 그가 어느 특정한 계층에 속해 있기 때문이 아니라, 그가 가지고 있는 실질적인 능력 때문입니다. 국가에 대하여 유익한 봉사를 할 수 있는 자라면 누구든지 빈곤 때문에 정치적으로 햇빛을 보지 못하는 일이 없습니다. ……

-(㉠)의 연설

2 밑줄 친 부분에 해당하는 알렉산드로스의 정책을 세 가지 서술하시오.

알렉산드로스는 그리스의 문화에 심취해 있었다. 그는 그리스 문화와 동방 문화의 융합을 위해 노력하였다.

3 ㉠ 전쟁을 쓰고, 그라쿠스 형제가 자료와 같은 주장을 하며 개혁을 실시한 배경을 서술하시오.

이탈리아를 위해 ㉠ 전쟁에서 싸우고 죽어 가는 로마 시민에게 남은 것은 햇볕과 공기밖에 없다. 집도 없고 땅도 없이 처자식을 데리고 떠돌고 있다. …… 한 뼘의 땅도 갖지 못하고 있다.

– 티베리우스 그라쿠스의 연설문

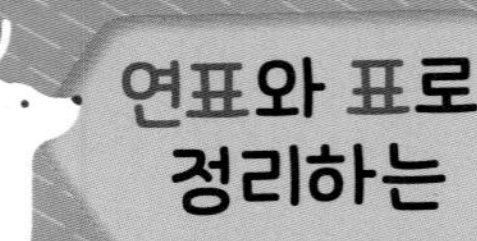

연표와 표로 정리하는 대단원

중국	서양	주요 사건
		약 390만 년 전 오스트랄로피테쿠스 아파렌시스 출현
		약 180만 년 전 호모 에렉투스 출현
		약 40만 년 전 호모 네안데르탈렌시스 출현
		약 20만 년 전 호모 사피엔스 출현
		기원전 3500년경 메소포타미아 문명 시작
		기원전 3000년경 이집트 문명 시작
		기원전 2500년경 인도 문명, 중국 문명 시작
		기원전 2000년경 에게 문명 시작
		기원전 1800년경 바빌로니아 왕국, 메소포타미아 지방 통일
상		기원전 1600년경 중국, 상 건국
주		기원전 1100년경 중국, 주 건국

01 역사의 의미와 역사 학습의 목적 ~ 세계의 선사 문화와 고대 문명

역사의 의미와 역사 학습의 목적

역사의 의미	• '(①　　　　)로서의 역사': 과거에 실제로 일어난 일 • '기록으로서의 역사': 과거에 일어난 사실에 대한 기록
역사 학습의 목적	현재에 대한 올바른 이해, 삶의 지혜와 교훈 습득, 역사적 사고력과 비판력 향상, 다른 나라의 역사와 문화 이해 등

세계의 선사 문화

인류의 진화	오스트랄로피테쿠스 아파렌시스 → 호모 에렉투스 → 호모 네안데르탈렌시스 → 호모 사피엔스	
선사 문화의 발전	구석기 시대	주먹도끼 등 (②　　　　) 사용, 사냥·채집, 이동 생활(동굴, 막집에 거주), 시체 매장, 동굴 벽화 제작
	신석기 시대	간석기와 토기 사용, 농경과 목축 시작(→ 신석기 혁명), 정착 생활(움집에 거주), 태양·특정 동물 숭배

세계의 고대 문명

문명의 발상지	큰 강 유역, 계급 발생, 청동기·문자 사용, 도시 형성
메소포타미아 문명	티그리스강·유프라테스강 유역, 신권 정치(신전인 (③　　　　) 건설), 개방적 지형, 쐐기 문자·태음력·60진법 사용, 바빌로니아 왕국의 함무라비 법전
이집트 문명	(④　　　　)강 유역, 신권 정치(파라오의 통치), 폐쇄적 지형, 내세적 세계관(미라, 피라미드, 「사자의 서」 제작), 상형(그림) 문자·태양력·10진법 사용
인도 문명	인더스강 유역, 계획도시(하라파, 모헨조다로) 건설, 그림 문자 사용 → 아리아인이 이동해 온 후 철기 보급, 신분 제도인 (⑤　　　　) 확립, 브라만교 성립
중국 문명	황허강 유역, 상(신권 정치, 갑골 문자 사용)과 주(천명 사상으로 통치, 봉건제 실시) 발전

02~03 고대 제국들의 특성과 주변 세계의 성장

페르시아의 서아시아 통일

아시리아	철제 무기와 전술로 서아시아 세계를 최초로 통일함
페르시아	• 아케메네스 왕조 페르시아: 서아시아 세계 재통일, 피정복민에 대한 관용 정책 실시, (⑥　　　　) 때 전성기 • 사산 왕조 페르시아: 페르시아의 계승 표방, 파르티아 정복, 중계 무역으로 번영, 조로아스터교를 국교로 삼음 • 페르시아의 문화: 국제적·개방적인 성격의 문화 발전

답 | ① 사실 ② 뗀석기 ③ 지구라트 ④ 나일 ⑤ 카스트제 ⑥ 다리우스 1세

고대 동아시아 세계의 형성

춘추 전국 시대		• 전개: 주 왕실의 권위 약화, 제후들의 독립 및 세력 다툼 • 사회 변화: 철기 보급(→ 농업 생산력 향상, 전쟁의 규모 확대), 상업·수공업 발달, 제자백가 출현
진		• 중국 통일: 진(秦)이 법가 사상을 토대로 전국 시대 통일 • 시황제의 정책: 군현제 실시, 화폐·도량형·문자 통일, 분서갱유 단행, 만리장성 축조((⑦) 견제) • 멸망: 가혹한 통치, 대규모 토목 공사 → 농민 반란
한	전한	한 고조(군국제 실시) → 한 무제(군현제 실시, 유교의 통치 이념화, 흉노 정벌, 고조선 정복, 장건을 서역에 파견해 (⑧) 개척, 전매 제도 실시)
	후한	신 멸망 후 유수(광무제)가 후한 건국 → 후한 말기 정치 혼란, 황건적의 난 발생 → 후한 멸망
	한의 문화	유학 발전(훈고학 발달, 태학 설립), 사마천의 『사기』 편찬, 채륜의 제지술 개량, 불교 전래

고대 지중해 세계의 형성

그리스 세계	• 형성: 작은 도시 국가인 (⑨) 등장 • 발전: 아테네(민회 중심의 직접 민주 정치 발달), 스파르타(강력한 군사 통치 실시) • 번영과 쇠퇴: 그리스·페르시아 전쟁에서 그리스 승리 → 아테네 번성 → 펠로폰네소스 전쟁에서 펠로폰네소스 동맹(스파르타 중심) 승리 → 그리스 세계 쇠퇴 • 그리스 문화: 인간 중심의 합리적인 문화 발달, 철학(소피스트, 소크라테스), 문학(호메로스), 역사(헤로도토스), 예술(조화와 균형 강조, 파르테논 신전)
알렉산드로스 제국	• 성립: 알렉산드로스의 동방 원정 → 대제국 건설 • 발전: 알렉산드로스의 동서 융합 정책(알렉산드리아 건설, 정복지 주민을 관리로 등용 등) → 제국 분열 • (⑩) 문화: 개인주의·세계 시민주의 강조, 철학(스토아학파, 에피쿠로스학파), 예술(라오콘 군상)

로마 제국의 발전

로마의 발전	공화정 시기	귀족이 원로원과 집정관 독점 → 평민의 권리 확대(평민회 설치, 호민관 선출) → (⑪) 전쟁 이후 귀족의 라티푼디움 경영, 자영농 몰락 → 그라쿠스 형제의 개혁 시도(→ 실패)
	제정 시기	옥타비아누스의 권력 장악 → '로마의 평화' → 군인 황제 시대, 이민족의 침입 → 콘스탄티누스 대제의 중흥 노력 → 제국의 동서 분열
로마의 문화		실용적인 문화 발달, 건축(콜로세움, 수도교), 법률(관습법 → 12표법 → 만민법 → 『유스티니아누스 법전』 편찬)
크리스트교		예수가 창시, 로마 황제 숭배 거부로 박해를 받음 → 콘스탄티누스 대제 때 (⑫)으로 공인 → 국교화

답 | ⑦ 흉노 ⑧ 비단길 ⑨ 폴리스 ⑩ 헬레니즘 ⑪ 포에니 ⑫ 밀라노 칙령

중국	서양	주요 사건
춘추 전국		기원전 770 춘추 시대 시작
		기원전 753 로마 건국
		기원전 7세기경 아시리아, 서아시아 통일
		기원전 6세기경 페르시아, 서아시아 재통일
		기원전 492 그리스·페르시아 전쟁 시작(~기원전 479)
		기원전 403 전국 시대 시작
		기원전 334 알렉산드로스의 동방 원정 시작
		기원전 264 포에니 전쟁 시작(~기원전 146)
진(秦)		기원전 221 진(秦), 중국 통일
		기원전 206 진 멸망
한		기원전 202 한, 중국 통일
		기원전 27 로마, 제정 시작
		8 신 건국
		25 후한 성립
		220 후한 멸망

쑥쑥 마무리 문제

01 역사의 의미와 역사 학습의 목적 ~ 세계의 선사 문화와 고대 문명

01 다음 자료에 대한 학생들의 대화 내용으로 적절하지 않은 것은?

> • 진의 시황제는 나라를 하나로 합치고, 흉노의 침입을 막아 내고 중국의 기틀을 다졌다. -『사기』
> • 진의 시황제는 무리한 토목건축으로 재정을 낭비하여 나라를 위태롭게 하였다. -『자치통감』

① 역사가의 관점과 해석이 반영되었어.
② 기록으로서의 역사를 보여 주고 있어.
③ 과거 사실에 대해 객관적인 태도를 보이고 있어.
④ 한 사람에 대한 역사적 평가가 다르게 내려졌어.
⑤ 역사가가 의미 있다고 판단한 것을 선택하여 기록한 거야.

02 밑줄 친 ㉠~㉢에 해당하는 사례로 옳지 않은 것은?

> 사료의 종류에는 ㉠ 기록물, ㉡ 유물, ㉢ 유적 등이 있다.

① ㉠ – 호메로스의 일리아드
② ㉡ – 주먹도끼
③ ㉡ – 라스코 동굴 벽화
④ ㉢ – 만리장성
⑤ ㉢ – 페르세폴리스 궁전

03 인류의 진화 과정에서 나타난 특징을 순서대로 옳게 나열한 것은?

> (가) 두 발로 서서 걸었다.
> (나) 동굴에 벽화를 그렸다.
> (다) 불과 언어를 사용하였다.
> (라) 죽은 사람을 매장하였다.

① (가) – (나) – (라) – (다)
② (가) – (다) – (라) – (나)
③ (나) – (다) – (가) – (라)
④ (다) – (가) – (나) – (라)
⑤ (다) – (라) – (가) – (나)

04 밑줄 친 '이 시대'에 볼 수 있는 모습으로 가장 적절한 것은?

> 사진은 오스트리아의 빌렌도르프 지역에서 발굴된 여인상이다. 이 여인상은 배와 엉덩이, 가슴을 강조하였는데, 여기에는 다산과 풍요를 기원하였던 이 시대 사람들의 생각이 반영된 것으로 보인다.

① 조, 기장 등을 농사짓는 여자
② 바닷가에 움집을 짓고 있는 남자
③ 돌을 깨뜨려 주먹도끼를 만드는 여자
④ 부족을 이끌고 전쟁터로 나가는 족장
⑤ 기르고 있는 돼지에게 밥을 주는 아이

05 신석기 시대의 유물과 그 용도에 대한 설명으로 적절하지 않은 것은?

① 돌괭이, 돌낫 – 농사지을 때 사용
② 철제 무기 – 정복 활동을 벌일 때 사용
③ 갈돌과 갈판 – 곡식의 낟알을 갈 때 사용
④ 가락바퀴, 뼈바늘 – 옷이나 그물을 만들 때 사용
⑤ 토기 – 곡식을 저장하거나 음식을 조리할 때 사용

06 다음 법전에 대한 학생의 발표 내용으로 적절하지 않은 것은?

> 195조 아들이 아버지를 때리면 아들의 두 손을 자른다.
> 197조 귀족의 뼈를 부러뜨린 자는 그의 뼈도 부러뜨린다.
> 198조 귀족이 평민의 눈을 멀게 하거나 뼈를 부러뜨리면 은화 1미나를 바쳐야 한다.
> 205조 노예가 귀족의 뺨을 때리면 그의 귀를 자른다.

① 보복주의적인 성격을 가졌어요.
② 바빌로니아 왕국에서 만들어졌어요.
③ 모든 신분이 똑같이 처벌받도록 하였어요.
④ 은화를 화폐로 사용하였음을 알 수 있어요.
⑤ 사유 재산이 존재하였음을 짐작할 수 있어요.

[07~09] 지도는 고대 문명의 발상지를 나타낸 것이다. 이를 보고 물음에 답하시오.

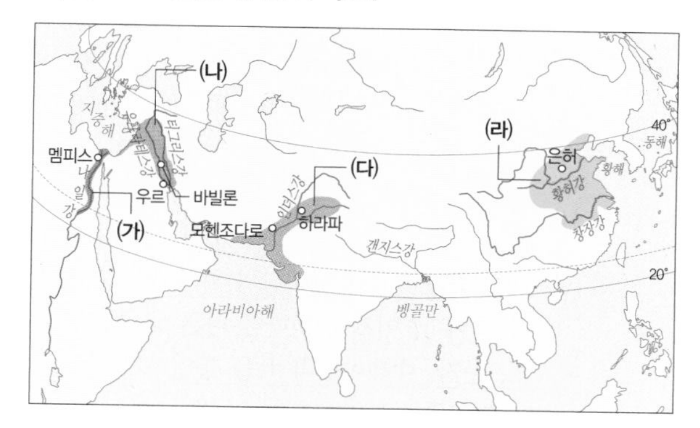

07 (가)~(라) 지역에서 발생한 문명의 공통점으로 적절하지 않은 것은?

① 계급 사회였다.
② 문자를 사용하였다.
③ 철기를 사용하였다.
④ 큰 강 유역에 있었다.
⑤ 도시 국가가 발전하였다.

08 ㉠, ㉡에 들어갈 문명의 발상지를 지도에서 골라 옳게 짝지은 것은?

> • (㉠)에서는 소수의 아리아인이 다수의 원주민을 지배하는 과정에서 카스트제가 만들어졌다.
> • (㉡)에서는 폐쇄적인 지형으로 오랫동안 통일 국가를 유지하였기 때문에 사후 세계를 중요시하였다.

	㉠	㉡		㉠	㉡
①	(가)	(나)	②	(나)	(다)
③	(나)	(라)	④	(다)	(가)
⑤	(다)	(나)			

09 (라) 지역에서 발달한 고대 문명에 대한 설명으로 옳은 것은?

① 브라만교를 믿었다.
② 미라와 피라미드를 남겼다.
③ 지구라트라는 신전을 세웠다.
④ 하라파, 모헨조다로를 중심으로 발전하였다.
⑤ 거북의 배딱지나 동물의 뼈에 왕이 점을 친 내용을 기록하였다.

02 고대 제국들의 특성과 주변 세계의 성장(1)

10 (가), (나) 나라에 대한 설명으로 옳은 것은?

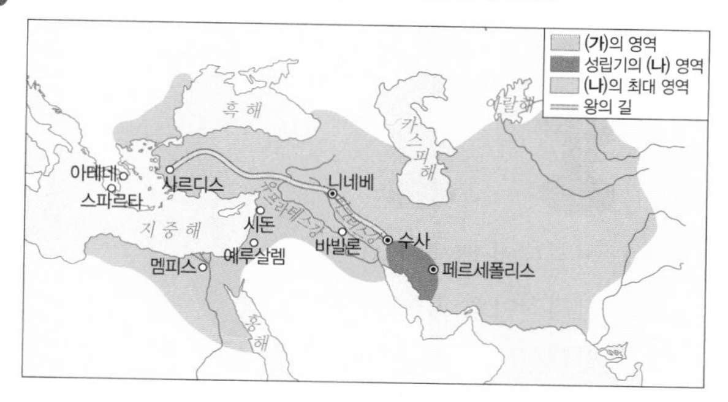

① (가) – 다리우스 1세 때 전성기를 맞이하였다.
② (가) – 그리스·페르시아 전쟁에서 패배하였다.
③ (나) – 조로아스터교를 국교로 삼았다.
④ (나) – 가혹한 통치로 피정복민이 반란을 일으켰다.
⑤ (가), (나) – 서아시아 지역을 통일하였다.

11 ㉠에 들어갈 나라에 대한 설명으로 옳지 않은 것은?

① 페르시아어를 공용어로 사용하였다.
② 이슬람 세력의 침입을 받아 멸망하였다.
③ 비잔티움 제국과의 잦은 전쟁으로 쇠퇴하였다.
④ 왕의 눈, 왕의 귀를 파견하여 총독을 감시하였다.
⑤ 동서 교역의 요충지를 차지하여 중계 무역으로 번영하였다.

12 다음 유물들을 활용한 탐구 주제로 가장 적절한 것은?

① 이집트의 내세적 세계관
② 아시리아의 피정복민 통치 방식
③ 알렉산드로스의 동서 융합 정책
④ 아리아인의 이동과 인도 문명의 변화
⑤ 사산 왕조 페르시아의 활발한 동서 교역

13 춘추 전국 시대에 다음과 같은 현상이 나타난 배경으로 가장 적절한 것은?

> 춘추 전국 시대에는 농업 생산량이 크게 늘어나고, 상업과 수공업이 발달하였다. 전투력이 향상되었으며 전쟁의 규모가 커졌다.

① 비단길 개척　② 철기의 보급
③ 화폐의 통일　④ 봉건제의 강화
⑤ 청동기의 사용

14 (가), (나) 사상에 대한 설명으로 옳은 것은?

> (가) 법을 어기는 사람은 처벌하여 사회 질서를 바로잡아야 합니다.
> (나) 어진 마음인 '인'을 실천하고, 각자 자기 자리에 맞는 '예'를 지켜야 합니다.

① (가) – 진시황제에게 탄압을 받았다.
② (가) – 한 무제가 통치 이념으로 채택하였다.
③ (나) – 도와 무위자연을 강조하였다.
④ (나) – 진(秦)의 부국강병에 사상적 토대가 되었다.
⑤ (가), (나) – 춘추 전국 시대에 등장하였다.

15 다음은 진시황제의 가상 일기이다. 밑줄 친 ㉠~㉤ 중 옳지 않은 것은?

> 나는 이제부터 스스로를 황제라고 칭할 것이다. ㉠ 황제 칭호를 사용하여 내가 천하의 유일한 통치자임을 알리기 위함이다. 그리고 ㉡ 유가 사상을 국가의 통치 이념으로 삼겠다. 넓은 영토를 잘 다스리기 위해 ㉢ 군현제를 실시하고, ㉣ 흉노의 침입에 대비하기 위해 만리장성을 쌓을 것이다. 이제 지역마다 다른 ㉤ 화폐, 도량형, 문자, 수레바퀴의 폭을 통일하게 되었으니 완벽한 중국 통일을 이룬 것 같다.

① ㉠　② ㉡　③ ㉢　④ ㉣　⑤ ㉤

16 밑줄 친 '황제'의 활동으로 옳은 것은?

① 왕의 길이라는 도로망을 건설하였다.
② 흉노를 정벌하고 고조선을 정복하였다.
③ 법가 사상을 통치 이념으로 채택하였다.
④ 초의 항우를 물리치고 중국을 다시 통일하였다.
⑤ 군현제와 봉건제를 절충한 군국제를 실시하였다.

17 밑줄 친 '그'에 해당하는 인물로 옳은 것은?

> 종이가 만들어지기 전까지 사람들은 주로 대나무나 비단에 기록을 남겼다. 후한의 그는 종이를 만드는 기술을 개량하였는데, 식물 섬유를 사용하여 가벼우면서도 만들기 쉽고 저렴한 종이를 만들었다. 그의 노력은 이후 학문과 사상의 발전에 기여하였다.

① 반고　② 장건　③ 채륜
④ 동중서　⑤ 사마천

03 고대 제국들의 특성과 주변 세계의 성장(2)

18 아테네 민주 정치의 발전 과정을 순서대로 옳게 나열한 것은?

> (가) 도편 추방제를 마련하였다.
> (나) 재산 정도에 따라 정치에 참여할 수 있게 하였다.
> (다) 공무 수당제 등을 실시하여 민주 정치의 전성기를 맞이하였다.

① (가) – (나) – (다) ② (나) – (가) – (다)
③ (나) – (다) – (가) ④ (다) – (가) – (나)
⑤ (다) – (나) – (가)

19 펠로폰네소스 전쟁에 대한 설명으로 옳은 것은?

① 마라톤 전투와 살라미스 해전이 전개되었다.
② 아테네의 민주 정치가 발전하는 계기가 되었다.
③ 전쟁 이후 그리스 세계가 번영을 누리게 되었다.
④ 델로스 동맹과 펠로폰네소스 동맹 간에 일어났다.
⑤ 페르시아의 침입에 폴리스들이 힘을 합쳐 대항하였다.

20 다음 인물이 활동한 나라의 문화에 대한 설명으로 옳은 것을 〈보기〉에서 고른 것은?

> 헤로도토스는 그리스·페르시아 전쟁사를 다룬 『역사』를 써서 '역사의 아버지'라는 칭호를 받게 되었다.

보기
ㄱ. 소크라테스 등의 철학이 발달하였다.
ㄴ. 합리적이고 인간 중심적인 문화가 발전하였다.
ㄷ. 콜로세움과 수도교 등 실용적인 건축물을 세웠다.
ㄹ. 제국 아래 모두 같은 시민이라는 세계 시민주의 성격을 띠었다.

① ㄱ, ㄴ ② ㄱ, ㄷ ③ ㄴ, ㄷ
④ ㄴ, ㄹ ⑤ ㄷ, ㄹ

21 밑줄 친 '그'에 대한 설명으로 옳은 것은?

> 마케도니아의 왕인 그는 기원전 334년 동방 원정에 나서 유럽, 아시아, 아프리카의 세 대륙에 걸친 거대한 제국을 건설하였다.

① 크리스트교를 공인하였다.
② 도편 추방제를 도입하였다.
③ 왕의 눈이라 불리는 감찰관을 파견하였다.
④ 원로원으로부터 아우구스투스의 칭호를 받았다.
⑤ 정복지 곳곳에 자신의 이름을 딴 도시를 건설하였다.

22 그라쿠스 형제가 다음과 같은 개혁을 추진한 목적으로 가장 적절한 것은?

> • 농민에게 토지 재분배
> • 빈민에게 싼 가격으로 곡물 분배
> • 소수 유력자의 대토지 소유 제한

① 왕정 반대
② 귀족의 권한 강화
③ 민주 정치의 정착
④ 자영농의 몰락 방지
⑤ 지중해의 패권 장악

23 다음과 같이 법률이 발달한 나라에 대한 설명으로 옳은 것은?

관습법 ➡ 12표법 ➡ 시민법 ➡ 만민법

① 왕의 길을 건설하였다.
② 파르티아를 정복하였다.
③ 법가 사상을 토대로 중국을 최초로 통일하였다.
④ 나라가 마케도니아, 시리아, 이집트로 분열하였다.
⑤ 공화정이 발전하여 평민회와 호민관을 설치하였다.

Ⅱ 세계 종교의 확산과 지역 문화의 형성

01 불교 및 힌두교 문화의 형성과 확산

불교문화의 형성

1. 불교의 성립

(1) 배경

① 인도 사회의 변화: 아리아인의 갠지스강 진출 이후 철기 문화 유입 → 정복 전쟁 활발(→ 정치·군사를 담당한 크샤트리아 세력 성장), 농업·상공업 발달(→ 생산을 담당한 바이샤 세력 성장)

② 브라만교에 대한 불만: 크샤트리아와 바이샤 세력을 중심으로 브라만교의 형식화된 제사 의식과 브라만 중심의 카스트 사회 비판

(2) 불교의 등장

① 창시: 기원전 6세기경 고타마 싯다르타(석가모니)가 창시

② 교리: 누구나 올바르게 수행하면 번뇌와 *윤회의 고통에서 벗어나 *해탈할 수 있다고 주장, 자비와 평등 강조(브라만교의 엄격한 권위주의와 카스트에 따른 신분 차별 반대)

③ 발전: 크샤트리아와 바이샤 세력의 지지를 받아 세력 확장

2. 마우리아 왕조의 성립과 발전

(1) 성립: 기원전 4세기 후반 알렉산드로스의 인도 서북부 지역 침입으로 혼란 심화 → 찬드라굽타 마우리아가 최초로 북인도 통일, 왕조 수립

(2) 발전: 아소카왕 시기(전성기) 자료 ①

영토 확장	칼링가 왕국 정복, 남부를 제외한 인도 대부분 지역 통일
중앙 집권화	도로망·관개 시설 정비(지역 간 교역 확대), 전국에 관리 파견
불교 장려	불교 경전 정리, 전국에 사원과 불탑(산치 대탑 등) 건립, 불교 포교(주변 지역에 사절과 승려 파견), 개인의 해탈을 강조하는 상좌부 불교 발전 자료 ②

3. 쿠샨 왕조의 성립과 발전

(1) 성립: 아소카왕 사후 인도 재분열 → 1세기경 이란 계통의 유목 민족이 쿠샨 왕조 건국, 인도 북부 재통일 → 중계 무역으로 번영

(2) 발전: 카니슈카왕 시기(전성기)

영토 확장	북인도에서 중앙아시아에 이르는 영토 확보
불교 장려	사원과 탑 건립, 불경 연구 지원, 많은 사람(중생)의 구제를 강조하는 대승 불교 발달(부처가 신앙의 대상이 됨) 자료 ②

4. 간다라 양식(간다라 미술)의 발달

(1) 초기 불교: 부처의 모습을 보리수, 수레바퀴 등으로 표현함

(2) 간다라 양식 발달 자료 ③ 서술형 단골 간다라 양식이 헬레니즘 문화의 영향을 받은 내용을 묻는 문제가 자주 출제돼.

배경	알렉산드로스의 원정으로 인도 서북부 지방에 헬레니즘 문화 전파
내용	쿠샨 왕조의 간다라 지방에서 인도 문화(인도 불교문화)와 헬레니즘 문화가 융합된 간다라 양식 발달 → 불상 제작
영향	대승 불교와 함께 동아시아에 전파되어 불상 제작에 영향을 줌

생생 자료

자료 ① 아소카왕의 영토 확장과 불교 장려

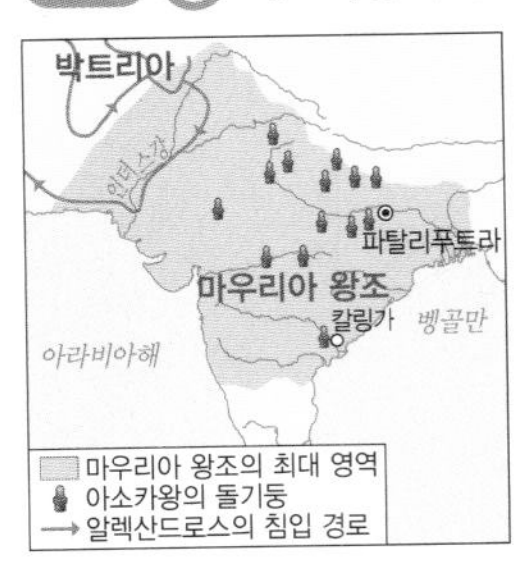

⬆ 마우리아 왕조의 영역

"칼링가를 정복하였다. …… 그들의 영토가 시체로 뒤덮인 처참한 광경을 바라보면서 나의 가슴은 찢어졌다. ……"
– 아소카왕의 돌기둥(석주)에 새겨진 글

통치 방침과 불교의 가르침을 새겼어.

아소카왕은 대제국을 건설하였지만 정복 전쟁의 참혹함을 깨닫고 불교의 가르침에 따라 나라를 다스리려 하였다.

자료 ② 불교의 전파 서술형 단골 상좌부 불교와 대승 불교의 발전 시기와 수행 방법, 전파 지역을 비교하는 문제가 자주 출제돼.

상좌부 불교는 실론과 동남아시아 등지로 전해졌고, 대승 불교는 중국, 한국 등 동아시아에 전파되었다.

자료 ③ 간다라 양식의 발달

⬆ 그리스 신상

⬆ 간다라 불상 – 곱슬머리, 깊은 눈, 오뚝한 코, 섬세한 옷 주름 등이 특징이야.

쿠샨 왕조 시기에는 간다라 지방의 불교 신자들이 그리스 신상을 본떠 간다라 불상을 만들었다.
– 신을 인간의 모습으로 조각하였어.

쏙쏙 용어

* 윤회(輪–바퀴, 廻–돌다) 수레바퀴가 계속 굴러가듯, 생명이 있는 모든 존재는 다시 태어나고 죽기를 반복한다는 사상
* 해탈(解–풀다, 脫–벗다) 몸과 마음의 모든 고뇌로부터 벗어나는 것

힌두 문화의 확산

1. 굽타 왕조의 성립과 발전 자료 ④

(1) 성립: 쿠샨 왕조 멸망 이후 인도 분열 → 4세기경 찬드라굽타 1세가 혼란 수습, 인도 북부 통일, 굽타 왕조 수립

(2) 발전: 찬드라굽타 2세(전성기)가 북인도 대부분 차지, 인도 중부로 세력 확대, 활발한 해상 무역으로 경제적 번영(→ 종교와 문화 발달)

(3) 쇠퇴와 멸망: 5세기 이후 중앙아시아 유목 민족(에프탈)의 침략과 왕위 계승 분쟁으로 혼란을 겪다가 멸망

2. 힌두교의 등장과 발전

구분	내용
성립	굽타 왕조 시기에 브라만교를 바탕으로 인도의 다양한 민간 신앙과 불교가 융합됨 → *힌두교로 발전
특징	특정 창시자나 체계적인 교리가 없음, 다신교 신앙(브라흐마, 비슈누, 시바가 대표적), 카스트제의 신분 차별 인정
발전	복잡한 제사 의식을 요구하지 않고 요가·고행·선행 등을 통해 해탈할 수 있다고 하여 대중화됨, 왕의 권위를 강화하여 굽타 왕조 왕들의 보호를 받으며 성장
영향	카스트제 정착(카스트에 따른 의무 수행 강조), 『*마누 법전』 정비로 인도인의 일상생활에 영향을 줌, 불교 쇠퇴

3. 인도 고전 문화의 발전 인도 고유의 특색이 강조됨

구분	내용
문학	*산스크리트어가 공용어가 되면서 산스크리트 문학 발달 예 서사시인 『마하바라타』와 『라마야나』, 희곡인 『샤쿤탈라』 등
미술	간다라 양식과 인도 고유의 양식이 융합된 굽타 양식 등장 예 아잔타 석굴 사원과 엘로라(엘롤라) 석굴 사원의 불상과 벽화 자료 ⑤
자연 과학	천문학(원주율 계산법으로 지구의 둘레 계산, 지구가 둥글고 자전한다는 사실을 밝힘), 수학(숫자 '0(영)'의 개념 처음 사용, 10진법 사용) 발달 → 이슬람 세계에 전해져 자연 과학 발달에 영향을 줌

4. 동남아시아 여러 나라의 발전

(1) 특징: 인도와 중국을 잇는 중계 무역으로 성장 → 인도 문화(불교, 힌두교 등)와 중국 문화(한자, 유교 등)의 영향을 받음

(2) 발전 자료 ⑥

국가	내용
미얀마	첫 통일 왕조인 파간 왕조가 상좌부 불교 수용, 파간 불탑 등 수많은 불탑을 세워 '불탑 왕조'라 불리기도 함
태국	타이족이 세운 수코타이 왕조가 상좌부 불교 수용, 불교 사원인 왓 마하탓 건립
인도네시아	자와섬에서 번성한 샤일렌드라 왕조가 보로부두르 불탑 건립
캄보디아	12세기경에 앙코르 왕조(크메르 왕국)가 앙코르 와트 건립(힌두교 사원, 훗날 불교 사원으로도 이용)
베트남	11세기경에 유교 사상가인 공자의 위패를 모시기 위해 사당인 문묘를 세움(베트남 최초의 대학, 유학자 양성)

생생 자료

자료 ④ 굽타 왕조의 영역

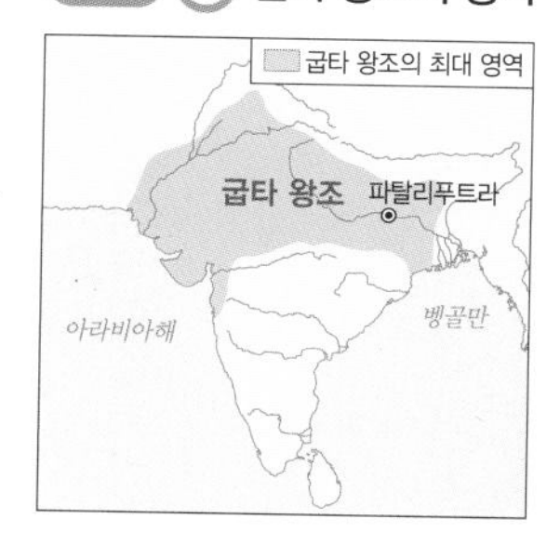

굽타 왕조는 5세기 초 찬드라굽타 2세 때 활발한 정복 사업을 전개하였다. 그리하여 벵골만에서 아라비아해까지 영토를 확장하며 전성기를 누렸다.

자료 ⑤ 굽타 양식의 발달

▲ 아잔타 제1 석굴의 연화수 보살 벽화

▲ 사르나트 지역의 초전 법륜상

굽타 왕조 시기에 미술에서는 굽타 양식이 발달하였다. 굽타 양식은 섬세하게 인체의 윤곽을 그대로 드러냈으며, 얼굴 모습과 옷차림 등에서 인도 고유의 특색을 엿볼 수 있다. 아잔타 석굴의 벽화와 사르나트의 불상이 대표적이다.

자료 ⑥ 보로부두르 불탑과 앙코르와트

▲ 보로부두르 불탑

▲ 앙코르 와트

인도네시아의 보로부두르 불탑은 세계 최대의 대승 불교 유적으로, 인도 굽타 양식의 영향을 받았으며 석가모니의 전생과 현생 이야기가 불상과 조각 등으로 표현되어 있다. 캄보디아의 앙코르 와트는 힌두교의 비슈누 신에게 바친 사원이자 왕의 무덤이다.

쏙쏙 용어

* **힌두교** '힌두'는 인도를 가리키는 페르시아어로, 힌두교는 인도인의 종교를 의미함
* **마누 법전** 인류의 시조라고 여겨지는 마누가 신의 계시를 받아 만들었다고 전하는 법전. 카스트를 비롯하여 힌두교도가 지켜야 할 각종 의례와 관습, 법 등을 기록함
* **산스크리트어** '순수한 언어'라는 뜻으로, 지식 계층이 사용한 인도 고유의 언어

대표 자료 확인하기

◆ 불교의 전파

• (①) 불교 • (②) 불교

◆ 간다라 양식의 발달

▲ 그리스 신상 ▲ 간다라 불상

(③) 왕조의 중심지였던 인도 서북부의 간다라 지방에서는 인도 문화와 (④) 문화가 융합된 간다라 양식이 발달하였고, 불상을 활발하게 제작하였다.

한눈에 정리하기

◆ 마우리아 왕조

성립	기원전 4세기경 북인도 통일
발전	(①) 때 전성기(영토 확장, 중앙 집권 체제 강화, 불교 장려), 상좌부 불교 발전

◆ 쿠샨 왕조

성립	1세기경 쿠샨족이 왕조 수립
발전	(②) 때 전성기(영토 확장, 불교 장려), 대승 불교 발전, (③) 양식 유행

◆ 굽타 왕조

성립	4세기경 북인도에 성립
발전	찬드라굽타 2세 때 전성기, 힌두교 형성, 인도 고전 문화 발전(산스크리트 문학, 굽타 양식 등)

꼼꼼 개념 문제

• 정답과 해설 06쪽

1 **다음 괄호 안의 내용 중 알맞은 말에 ○표를 하시오.**

(1) (불교, 브라만교)는 자비와 평등을 강조하였다.
(2) 불교의 가르침은 크샤트리아와 (바이샤, 브라만)의 지지를 받았다.
(3) 기원전 6세기경 (조로아스터, 고타마 싯다르타)가 불교를 창시하였다.

2 **마우리아 왕조 시기에 해당하면 '마', 쿠샨 왕조 시기에 해당하면 '쿠'라고 쓰시오.**

(1) 중생의 구제를 중시한 대승 불교가 발전하였다. ( )
(2) 찬드라굽타 마우리아가 북인도를 최초로 통일하였다. ( )
(3) 간다라 양식이 발달하여 불상을 활발하게 제작하였다. ( )
(4) 아소카왕이 전국에 돌기둥을 세우고 산치 대탑을 건립하였다. ( )

3 **다음 설명이 맞으면 ○표, 틀리면 ×표를 하시오.**

(1) 힌두교는 카스트제의 신분 차별을 반대하였다. ( )
(2) 찬드라굽타 2세는 활발한 정복 활동을 벌여 굽타 왕조의 전성기를 누렸다. ( )
(3) 마누 법전에는 힌두교도가 지켜야 할 각종 의례와 관습, 법 등이 기록되어 있다. ( )

4 **다음 빈칸에 들어갈 알맞은 말을 쓰시오.**

(1) 굽타 왕조 때에는 간다라 양식과 인도 고유 양식이 융합된 ( ) 양식이 발전하였다.
(2) ( )는 브라만교를 바탕으로 다양한 민간 신앙과 불교가 융합하여 형성된 종교이다.
(3) 굽타 왕조 시대에는 ( ) 문학이 발달하였는데 마하바라타와 라마야나의 작품이 대표적이다.

5 **다음 국가의 문화유산을 옳게 연결하시오.**

(1) 태국 •		• ㉠ 왓 마하탓
(2) 미얀마 •		• ㉡ 파간 불탑
(3) 캄보디아 •		• ㉢ 앙코르 와트
(4) 인도네시아 •		• ㉣ 보로부두르 불탑

탄탄 시험 문제

01 밑줄 친 '이 종교'가 등장할 당시의 인도 사회에 대한 설명으로 옳지 않은 것은?

> 인도 카필라 왕국의 왕자였던 고타마 싯다르타(석가모니)는 출가하여 깨달음을 얻은 후 이 종교를 창시하였다. 그는 인간의 고통은 욕심에서 비롯된다고 보고 누구나 욕심을 버리고 수행하면 해탈에 이를 수 있다고 하였다.

① 크샤트리아와 바이샤 세력이 성장하였다.
② 굽타 왕조가 들어서 인도 북부를 통일하였다.
③ 농업 생산력이 향상하고 상공업이 발달하였다.
④ 철제 무기의 사용으로 정복 전쟁이 활발하였다.
⑤ 브라만 중심의 카스트 사회를 비판하는 목소리가 높아졌다.

02 불교에 대한 설명으로 옳은 것은?

① 불을 숭배하였다.
② 브라만의 지지를 받았다.
③ 자비와 평등을 강조하였다.
④ 카스트에 따른 의무 수행을 주장하였다.
⑤ 특정한 창시자나 체계적인 교리가 없다.

중요해

03 지도의 영역을 차지한 왕조 시기에 대한 설명으로 가장 적절한 것은?

① 대승 불교가 발달하였다.
② 산치 대탑을 건립하였다.
③ 간다라 양식이 유행하였다.
④ 카니슈카왕 때 전성기를 이루었다.
⑤ 동아시아 지역으로 불교를 전파하였다.

이 문제에서 나올 수 있는 선택지는 다~!

04 밑줄 친 '나'에 대한 설명으로 옳지 않은 것은?

○○○왕의 돌기둥

> "칼링가를 정복하면서 나는 결코 돌이킬 수 없는 양심의 가책을 느꼈다. 그들의 영토가 시체로 뒤덮인 처참한 광경을 바라보면서 나의 가슴은 찢어졌다. …… 앞으로 오직 진리에 맞는 법만을 실천하고 가르칠 것이다. ……"

① 도로망과 관개 시설을 정비하였다.
② 전국에 사원과 불탑을 건립하였다.
③ 마우리아 왕조의 전성기를 이끌었다.
④ 대승 불교의 전파를 위해 노력하였다.
⑤ 남부를 제외한 인도 대부분 지역을 통일하였다.
⑥ 전국에 관리를 파견하여 중앙 집권 체제를 강화하였다.

[05~06] 다음을 읽고 물음에 답하시오.

> 1세기경에 이란 계통의 유목 민족이 (㉠)를 세우고 인도 북부를 다시 통일하였다. (㉠)는 중국, 인도, 서아시아를 잇는 동서 무역로를 차지하고 중계 무역으로 번영을 누렸다.

05 ㉠에 들어갈 왕조로 옳은 것은?

① 주 왕조
② 굽타 왕조
③ 쿠샨 왕조
④ 마우리아 왕조
⑤ 아케메네스 왕조 페르시아

06 ㉠ 왕조에 대한 탐구 주제로 가장 적절한 것은?

① 힌두교의 성립 과정
② 상좌부 불교의 발전과 전파
③ 찬드라굽타 마우리아의 업적
④ 에프탈의 침략이 인도에 끼친 영향
⑤ 인도에서 부처를 표현하는 상징물로서 불상을 제작하게 된 배경

07 (가), (나)에 해당하는 불교 종파에 대한 설명으로 옳은 것을 〈보기〉에서 고른 것은?

(가)

(나)

보기
ㄱ. (가) – 카니슈카왕 때 발전하였다.
ㄴ. (가) – 실론과 동남아시아 등지로 전해졌다.
ㄷ. (나) – 마우리아 왕조에서 발달하였다.
ㄹ. (나) – 부처의 자비에 의한 중생의 구제를 강조하였다.

① ㄱ, ㄴ ② ㄱ, ㄷ ③ ㄴ, ㄷ
④ ㄴ, ㄹ ⑤ ㄷ, ㄹ

08 밑줄 친 ㉠, ㉡에 대한 설명으로 가장 적절한 것은?

인도 불교 미술 특별전 초대장
• 전시 안내
– 제1 전시실: ㉠ 초기 불교 미술의 발전
– 제2 전시실: ㉡ 간다라 양식의 발달
……
• 날짜: 20□□년 □월 □일 ~ □월 □일
• 장소: △△ 박물관

① ㉠ – 헬레니즘 문화의 영향을 받았다.
② ㉠ – 그리스 신상을 본떠 불상을 만들었다.
③ ㉡ – 쿠샨 왕조 때 유행하였다.
④ ㉡ – 부처의 모습을 보리수, 수레바퀴, 부처의 발자국 등으로 표현하였다.
⑤ ㉡ – 아잔타 석굴 사원과 엘로라 석굴 사원의 불상과 벽화가 대표적이다.

09 인도에서 있었던 사실을 일어난 순서대로 옳게 나열한 것은?

(가) 불교가 창시되었다.
(나) 간다라 양식이 유행하였다.
(다) 아소카왕이 불경을 정리하였다.
(라) 아리아인이 갠지스강 유역에 진출하였다.

① (가) – (나) – (다) – (라) ② (가) – (다) – (나) – (라)
③ (다) – (라) – (가) – (나) ④ (라) – (가) – (다) – (나)
⑤ (라) – (나) – (다) – (가)

10 (가) 왕조에 대한 설명으로 옳지 않은 것은?

① 아소카왕이 죽은 후 쇠퇴하였다.
② 인도의 고전 문화가 발달하였다.
③ 찬드라굽타 2세 때 전성기를 누렸다.
④ 힌두교가 왕실의 보호를 받아 발전하였다.
⑤ 활발한 해상 무역으로 경제적으로 번영하였다.

11 마인드맵의 (가)~(라)에 들어갈 내용으로 적절하지 않은 것은?

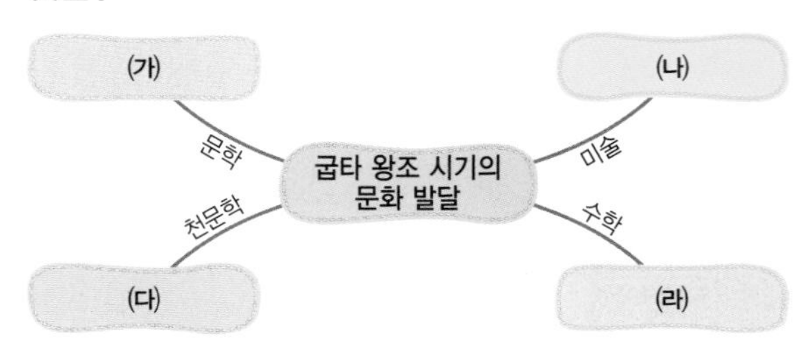

① (가) – 산스크리트 문학 발달
② (나) – 굽타 양식 유행
③ (다) – 원주율을 이용하여 지구 둘레 계산
④ (라) – 60진법 사용
⑤ (라) – 숫자 0(영)의 개념 처음 사용

중요해

12 교사의 질문에 대한 학생의 대답으로 가장 적절한 것은?

① 쿠샨 왕조 시기에 발전하였어요.
② 인도 고유의 특색이 잘 나타나 있어요.
③ 중국 문화의 영향을 받아 발달하였어요.
④ 대승 불교와 함께 동아시아에 전파되었어요.
⑤ 여러 민족의 문화를 받아들여 국제적인 성격을 띠었어요.

13 (가), (나) 문화유산에 대한 설명으로 옳지 않은 것은?

(가)

(나)

① (가) – 세계 최대의 대승 불교 유적이다.
② (가) – 석가모니의 전생과 현생 이야기를 조각한 불상이 있다.
③ (나) – 베트남에서 볼 수 있다.
④ (나) – 힌두교의 비슈누 신에게 바친 사원으로 훗날 불교 사원으로 이용되었다.
⑤ (가), (나) – 인도 문화의 영향을 받았다.

학교 시험에 잘 나오는 서술형 문제

1 지도를 보고 물음에 답하시오.

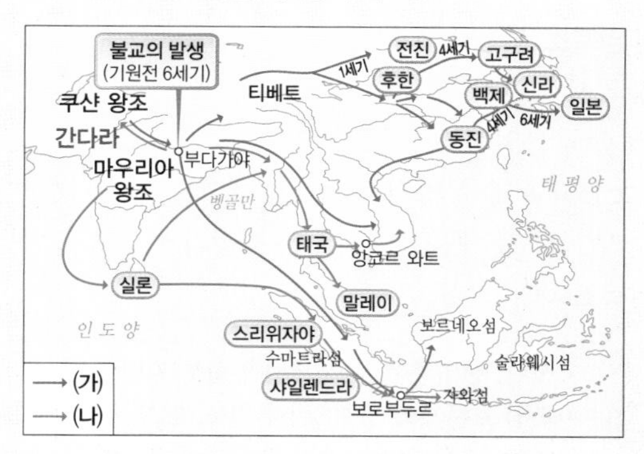

(1) (가), (나)에 해당하는 불교 종파를 각각 쓰시오.

(2) (가), (나)의 수행 방법을 비교하여 서술하시오.

2 다음 내용을 참고하여 힌두교의 특징과 그것이 인도 사회에 끼친 영향을 서술하시오.

> 창조주는 …… 각자의 업을 정하였도다. 브라만에게는 제사 지내는 일을, 크샤트리아에게는 백성을 보호하고 다스릴 것을, 바이샤에게는 농사를 짓고 짐승을 기를 것을 명령하셨다. 마지막으로 수드라에게는 앞선 세 신분의 사람들에게 봉사하는 임무를 명령하셨다. –「마누 법전」

3 (가), (나)의 특징에 대해 각 양식이 발달한 시기를 포함하여 서술하시오.

> (가) 굽타 양식　　(나) 간다라 양식

02 동아시아 문화의 형성과 확산

위진 남북조 시대의 전개

1. 위진 남북조 시대의 전개 자료 ①

(1) 삼국 시대: 후한 멸망 후 중국이 위·촉·오의 삼국으로 분열 → 진(晉)의 삼국 통일(280)

(2) 5호 16국 시대: 북방의 유목 민족(5호)이 화북 지방을 차지하고 여러 나라(16국)를 세움, 한족(진)은 창장강 이남으로 이동하여 동진 건국

(3) 남북조 시대

북조 (화북 지방)	• 성립: 선비족이 세운 북위가 화북 지방 통일 • 북위 효문제의 정책: 뤄양 천도, 한화 정책 추진(선비족의 복장과 언어 금지, 선비족의 성씨를 한족의 성씨로 바꾸게 함, 선비족과 한족의 결혼 장려 → 북방 유목 민족과 한족의 문화 융합)
남조 (강남 지방)	• 성립: 동진 이후 한족 왕조인 송, 제, 양, 진(陳)이 잇따라 건국 • 강남 개발: 화북 지방에서 이주해 온 한족이 앞선 농업 기술을 이용하여 강남 지방 개발 → 농업 생산력 향상, 경제 발전

2. 위진 남북조 시대의 사회와 문화

(1) 문벌 귀족 사회의 형성: *9품중정제 실시 → 지방 호족이 중앙의 관리로 진출 → 대대로 관직을 독차지하며 문벌 귀족으로 성장

(2) 종교와 문화 자료 ②

종교	• 불교: 한대에 전래, 왕실과 귀족의 보호를 받으며 발전, 북조에서 윈강·룽먼 등지에 대규모 석굴 사원 건립, 고구려와 백제에 불교 전파 • 도교: 도가 사상(노장사상), 신선 사상, 민간 신앙이 결합하여 발전
문화	• 청담 사상: 위·진 이래 남조에서 유행, 세속을 떠나 개인의 자유로운 삶 추구, 죽림칠현이 대표적 • 귀족 문화: 남조에서 도연명의 시(「귀거래사」), 고개지의 그림(「여사잠도」), 왕희지의 글씨 유명

수·당의 중국 통일

1. 수의 중국 통일

(1) 수의 통일: 수의 문제(양견)가 분열된 중국 재통일(589)

(2) 발전

문제	토지 제도(*균전제)·군사 제도(부병제) 등 정비, 과거제 처음 실시(시험을 통해 관리 선발), 3성 6부제 도입
양제	• 대운하 건설: 화북 지방과 강남 지방 연결 → 물자 유통 원활, 남북 간의 교류 촉진 자료 ③ • 대외 진출: 안남과 돌궐 제압, 고구려 침략(→ 실패)

(3) 멸망: 대운하 건설 등 대규모 토목 공사에 노동력 자주 동원(→ 백성의 불만을 삼), 여러 차례의 고구려 원정 실패 → 각 지역에서 일어난 농민 반란으로 건국된 지 30여 년 만에 멸망(618)

생생 자료

자료 ① 위진 남북조 시대의 전개

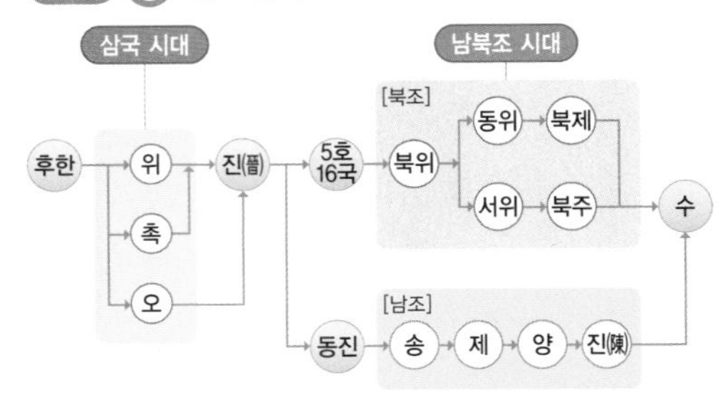

위진 남북조 시대는 후한이 멸망한 후부터 수가 중국을 통일할 때까지의 시기를 가리킨다.

자료 ② 위진 남북조 시대의 문화

↑ 윈강 석굴 ─ 중국 최대 규모의 불교 석굴이야.

↑ 여사잠도

북조에서는 부처의 힘을 빌려 황제의 권위를 높이고자 석굴 사원과 불상을 대규모로 만들었다. 석굴 사원의 불상은 북조 황제들의 모습을 본떠 만들었다고 알려져 있다. 한편, 고개지의 「여사잠도」를 통해 당시 귀족의 생활상을 엿볼 수 있다.

자료 ③ 수의 대운하

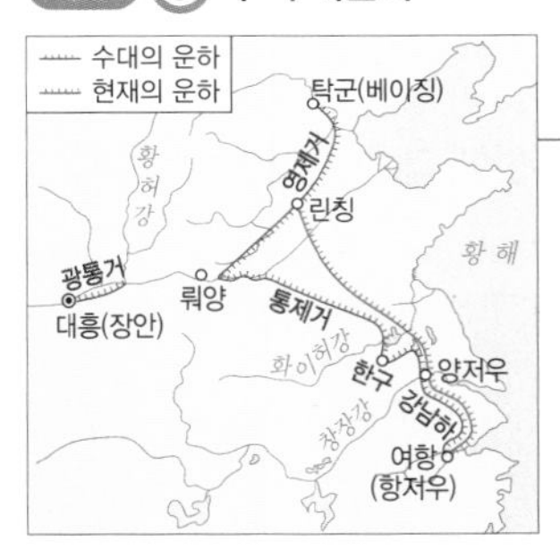

대운하의 총길이는 약 2500km이며 운하를 건설하는 6년 동안 500만 명 이상이 공사에 동원되었어.

수는 대운하를 통해 정치적 중심지인 화북 지방과 경제가 발달한 강남 지방을 연결하여 중앙 집권 체제의 통치 기반을 마련하였다.

쏙쏙 용어

* **9품중정제** 각 지방의 중정관이 자기 지역의 인물을 재능과 인품 등에 따라 등급을 매겨 중앙 정부에 추천하는 제도
* **균전제(均-고르다, 田-밭, 制-제도)** 국가의 토지를 농민에게 나누어 주어 민생을 안정시키고 이들로부터 세금을 거두어 국가의 재정 기반을 강화하려 한 토지 제도

2. 당의 성립과 발전

(1) 당의 건국과 발전 자료 ④

① 건국: 수 멸망 이후 이연(고조)이 장안을 수도로 당 건국(618)

② 발전

태종	*율령 체제 완성, 동돌궐 복속(→ 동서 교역로 확보)
고종	서돌궐 복속, 신라와 연합하여 백제와 고구려를 멸망시킴
현종	인재 등용, 재정 확충, 국방력 강화

③ 쇠퇴: 탈라스 전투에서 이슬람의 아바스 왕조에 패배, *안사의 난(8세기 중반) 이후 지방에서 절도사의 권한 강화, 중앙의 권력 다툼 지속

④ 멸망: 농민 반란인 황소의 난 발생 → 절도사 주전충에게 멸망(907)

(2) 당의 통치 체제: 수의 제도를 계승함, 율령에 기초하여 통치 체제 마련, 자영농을 국가 운영의 기반으로 삼음 자료 ⑤

행정 조직	• 중앙: 3성 6부 운영 • 지방: 주현제 실시(주현을 두어 관리 파견)		
토지 제도	균전제: 성인 남자에게 일정량의 토지 지급		→ 장원제
조세 제도	조용조: 토지를 받은 농민에게 곡물(조), 노동력(용), 직물(조)을 거둠(→ 국가 재정 확보)	안사의 난 이후	→ *양세법
군사 제도	부병제: 토지를 받은 농민을 일정 기간 병사로 복무시킴(→ 군사력 확충)		→ *모병제
관리 임용	과거제: 시험을 통해 관리를 선발함(→ 왕권 강화)		

3. 당의 문화 서술형 단골 당 문화의 특징을 묻는 문제가 자주 출제돼.

(1) 귀족적인 문화: 문학(이백과 두보의 시), 그림(왕유의 산수화), 글씨(구양순) 등 발달

(2) 국제적인 문화 자료 ⑥

발달 배경	대외적으로 개방 정책 추진, 비단길과 바닷길을 통해 서역과 교류 활발 → 수도 장안이 국제도시로 발달(여러 나라의 사신, 상인, 유학생, 유학승 등이 활동)
내용	• 외래 종교의 전래: 조로아스터교·경교(네스토리우스교)·마니교·이슬람교 등 전래, 장안에 여러 종류의 사원 건립 • 서역 문화의 유행: 화려한 색과 무늬를 지닌 당삼채 유행, 호선무(서역의 춤) 등 페르시아의 문화와 풍속 확산

(3) 유학 발달: 훈고학을 집대성한 『오경정의』 편찬(과거 시험의 기준이 됨)

(4) 종교 발달

불교	현장 등의 승려들이 서역과 인도 순례, 불교 경전 번역, 여행기 저술(『대당서역기』 등)
도교	왕실의 보호를 받으며 성장, 각지에 도교 사원 건립

생생 자료

자료 ④ 당의 영역과 탈라스 전투

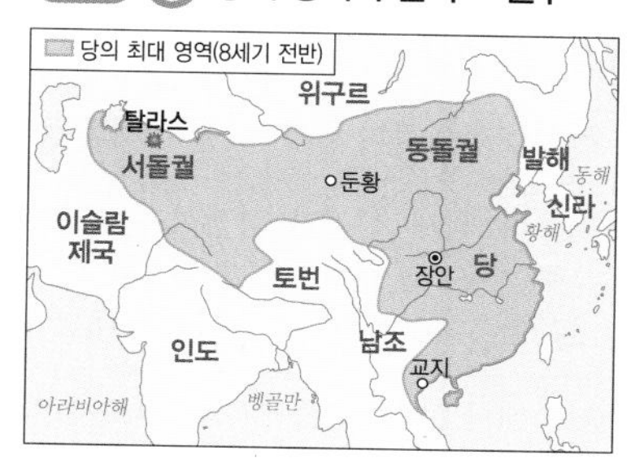

중앙아시아를 차지하고 서쪽으로 세력을 넓혀 가던 당은 동쪽으로 진출하던 아바스 왕조와 탈라스에서 충돌하였다(751). 탈라스 전투의 영향으로 중국의 제지술이 이슬람 세계에 전해지게 되었다.

고구려 유민이었던 고선지가 당의 장군으로 출전하였으나 패배하였어.

자료 ⑤ 당의 통치 체제

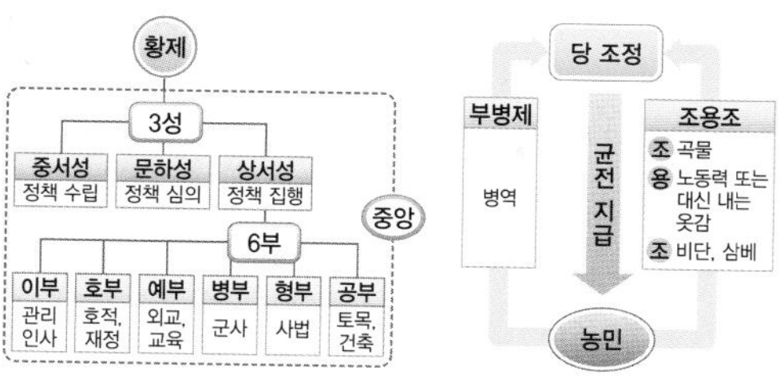

▲ 중앙 행정 조직　▲ 농민 지배

당은 통치 제도를 정비하여 중앙에 3성 6부를 운영하였다. 균전제를 실시하였으며, 그 대가로 조용조의 세금을 거두고 농민을 병사로 복무시켰다.

7세기 말 이후 균전제가 붕괴되고 장원이 증가하면서 농민층이 몰락하자, 이후 모병제와 양세법이 실시되었어.

자료 ⑥ 국제도시로 번성한 장안

당을 왕래한 서역인의 모습을 표현하였어.

▲ 8세기 장안성의 구조

▲ 당삼채

당의 수도 장안은 바둑판 모양으로 도로가 뻗어 있는 계획도시였다. 장안에는 세계 각지의 사람들이 모여들었고, 다양한 종교 사원이 곳곳에 세워졌다.

흰색, 갈색, 녹색 세 가지 색을 주로 사용한 도자기야. 당 문화의 귀족적, 국제적인 성격을 엿볼 수 있어.

쏙쏙 용어

* **율령(律-형법, 令-행정법)** 나라를 다스리는 기본 법령
* **안사의 난** 당 현종 시기 지방의 절도사였던 안녹산과 그의 부하인 사사명이 일으킨 반란
* **양세법(兩-둘, 稅-징수하다, 法-법)** 재산에 따라 1년에 두 번(여름, 가을) 세금을 걷는 제도
* **모병제** 급료를 받고 복무하는 직업 군인을 고용하는 제도

동아시아 문화권의 형성

1. 만주와 한반도의 고대 국가 형성

고조선	청동기 문화를 바탕으로 만주와 한반도에 등장한 최초의 국가, 철기를 받아들여 발전 → 한 무제의 공격으로 멸망(기원전 108)
삼국 시대	고구려·백제·신라가 경쟁하며 중앙 집권 국가로 발전, 중국의 문물 수용 및 일본에 문화 전파 → 신라가 당과 연합하여 백제·고구려를 무너뜨린 후 당을 몰아내고 삼국 통일(676)
남북국 시대	남쪽에서 신라, 북쪽에서 발해(고구려 유민이 만주 지역에 건국) 성장

2. 일본 고대 국가의 형성과 발전 자료 ⑦

(1) 야요이 시대(야요이 문화): 기원전 3세기경 성립, 중국·한반도에서 선진 기술이 전래됨, 벼농사 시작, 청동기와 철기 사용

(2) 야마토 정권

① 통일 국가 수립: 4세기경 야마토 정권이 주변 소국 통합

② *아스카 문화 발전(아스카 시대): 중국과 한반도의 선진 문화 수용, 6세기 말 쇼토쿠 태자가 불교 장려, 불교문화 발달

③ 체제 정비: 견수사·*견당사 파견, 7세기 중반 *다이카 개신(당의 율령 수용, 국왕 중심의 중앙 집권 체제 정비), 7세기 말 '일본' 국호와 '천황' 칭호 사용 시작

(3) 나라 시대(710~794)

① 성립: 8세기 초 나라에 당의 장안성을 본뜬 헤이조쿄 건립 후 천도

② 발전: 불교 융성(도다이사 등 대규모 사찰 건립), 『고사기』·『일본서기』·『만엽집』 등 편찬, 견당사·견신라사 파견

(4) 헤이안 시대(794~1185) 자료 ⑧

① 성립: 왕실과 귀족의 대립 심화 → 8세기 말 헤이안쿄(교토)로 천도

② 정치: 귀족과 외척의 정치 개입으로 왕권 약화 → 귀족과 지방 세력의 대토지(장원) 소유 확대, 무사 고용

③ 문화: 9세기 말 견당사 파견 중단 → 국풍 문화(일본 고유의 문화) 발달

3. 동아시아 문화권 형성 자료 ⑨

(1) 배경: 한반도·일본·베트남 등이 당에 사신과 유학생 파견, 당 문화 수용 → 한자, 율령, 유교, 불교 등을 공유하는 동아시아 문화권 형성

(2) 동아시아 문화권의 공통 문화 요소 **서술형 단골** 동아시아 문화권의 공통 요소와 당 문화가 주변 국가에 전파된 사례를 묻는 문제가 자주 출제돼!

한자	사상과 문화 교류에 중요한 역할을 함 → *이두(한반도), 가나 문자(일본), 쯔놈 문자(베트남) 형성에 영향
율령	당대에 완성, 왕권 강화와 중앙 집권 체제 확립에 기여 → 발해와 일본 등이 당의 3성 6부제를 참고하여 통치 체제 정비, 당의 장안성을 본떠 수도 조성
유교	한대 이후 중국의 통치 이념화, 고구려·백제·신라·일본에서 정치 이념·사회 규범이 됨, 동아시아 각국이 문묘(공자의 사당) 건립
불교	중국을 거쳐 한반도와 일본 등에 전래, 왕실의 보호로 성장, 사찰·석굴 사원 건축, 불상 제작, 학문과 예술 발달에 기여

생생 자료

자료 ⑦ 일본 고대 국가의 성장

↑ 일본 고대 국가의 중심지

야마토 정권은 4세기 통일 국가를 이루었고, 아스카 문화를 발전시켰다. 8세기 초 헤이조쿄로 천도하면서 나라 시대가 전개되었고, 8세기 말에는 수도를 다시 헤이안쿄로 옮기면서 헤이안 시대가 시작되었다.

자료 ⑧ 국풍 문화의 발달

↑ 국풍화된 헤이안 시대 관복

헤이안 시대에는 일본의 고유 문자인 '가나'가 만들어지고, 『겐지 이야기』 등 가나로 쓰인 문학 작품이 귀족들 사이에 유행하였다. 또한 관복과 주택 등에서도 일본의 특색이 나타났다.

자료 ⑨ 동아시아 문화권의 형성

동아시아 국가들은 한자, 율령, 유교, 불교 등 공통된 문화 요소를 공유하였으며, 각국의 상황에 맞게 이를 독자적으로 발전시켰다.

쏙쏙 용어

* **아스카 문화** 아스카 지역을 중심으로 발전한 일본 최초의 불교문화
* **견당사(遣-보내다, 唐-당나라, 使-사신)** 당에 보내던 사신
* **다이카 개신** 야마토 정권 시대에 왕족과 당 유학생 출신이 권력을 잡고 국왕을 중심으로 추진한 정치 개혁
* **이두** 한자의 음과 뜻을 빌려 우리말로 적은 표기법

대표 자료 확인하기

◆ 위진 남북조 시대의 전개

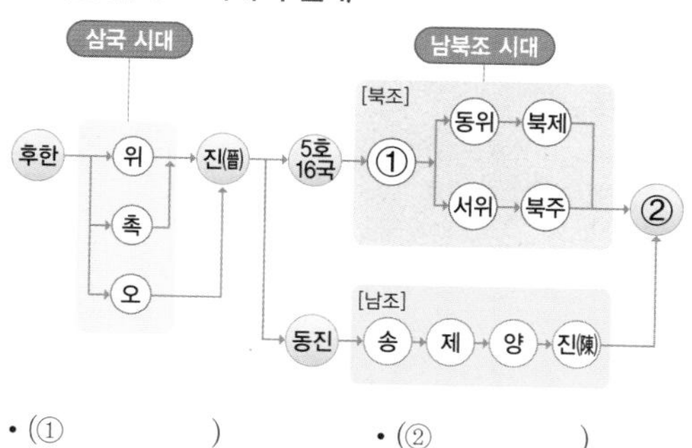

• (①　　　　　)　　　• (②　　　　　)

◆ 당의 통치 체제

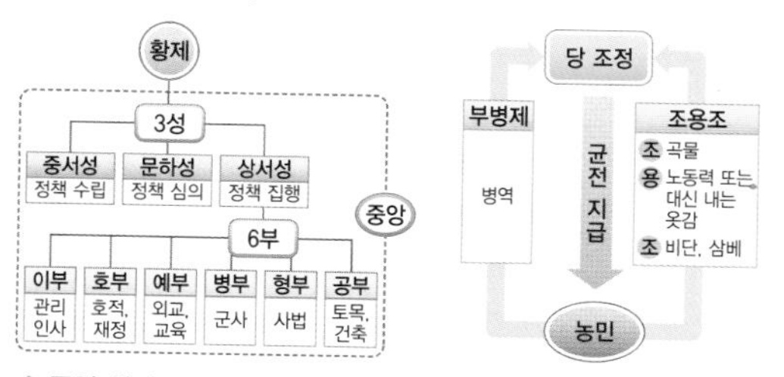

▲ 중앙 행정 조직　　▲ 농민 지배

당은 중앙에 (③　　　　　)를 운영하였다. 또한 농민에게 토지를 나누어 주는 (④　　　　　)를 실시하였으며, 그 대가로 조용조의 세금을 거두고 농민을 병사로 복무시켰다.

한눈에 정리하기

◆ 위진 남북조 시대와 수·당

위진 남북조	삼국 시대 → 진(晉) → 5호 16국, 동진 → 남북조 시대(북위의 한화 정책, 한족 왕조의 강남 개발)
수	문제(과거제 실시), (①　　　　　)(대운하 건설)
당	통치 체제 정비, 귀족적·국제적인 문화 발달

◆ 한국과 일본의 고대 국가

한국	고조선 → 삼국 시대(고구려, 백제, 신라) → 신라의 삼국 통일 → 남북국 시대(통일 신라, 발해)
일본	• 야마토 정권: 아스카 문화 발전, 다이카 개신 • (②　　　　　) 시대: 헤이조쿄 천도, 불교 융성 • 헤이안 시대: 헤이안쿄 천도, 국풍 문화 발달

◆ 동아시아 문화권

형성 배경	당의 제도와 문물이 동아시아 각국에 전파
공통 요소	한자, 율령, (③　　　　　), 불교 등

꼼꼼 개념 문제

정답과 해설 08쪽

1 다음 괄호 안의 내용 중 알맞은 말에 ○표를 하시오.

(1) 위진 남북조 시대에는 추천으로 관리를 선발하는 (과거제, 9품중정제)가 실시되었다.
(2) (남조, 북조)에서는 세속을 떠나 자유로운 정신세계를 추구하는 청담 사상이 유행하였다.
(3) 북조에서는 (불교, 이슬람교)가 확산되어 윈강, 룽먼 등에 대규모 석굴 사원이 조성되었다.
(4) 후한이 멸망한 후부터 수가 중국을 다시 통일할 때까지의 시기를 (춘추 전국 시대, 위진 남북조 시대)라고 한다.

2 수의 문제는 능력에 따른 인재 등용을 위해 (㉠　　　　　)를 실시하였고, 양제는 화북과 강남 지역을 연결하는 (㉡　　　　　)를 건설하였다.

3 다음에서 설명하는 당의 제도를 〈보기〉에서 골라 기호를 쓰시오.

보기
ㄱ. 모병제　　　ㄴ. 양세법

(1) 급료를 받고 복무하는 직업 군인을 고용하는 제도 (　　)
(2) 조용조가 전환된 것으로, 재산에 따라 여름과 가을 두 번에 걸쳐 세금을 걷는 제도 (　　)

4 다음 설명이 맞으면 ○표, 틀리면 ×표를 하시오.

(1) 당의 수도 장안은 국제도시로 번영을 누렸다. (　　)
(2) 당대에는 대당서역기가 편찬되어 과거 시험의 기준이 되었다. (　　)
(3) 당은 절도사 세력이 일으킨 황건적의 난 이후 중앙 정부가 약해졌다. (　　)

5 다음 일본 고대 국가에 해당하는 내용을 옳게 연결하시오.

(1) 나라 시대 •　　　• ㉠ 다이카 개신
(2) 야마토 정권 •　　　• ㉡ 도다이사 건립
(3) 헤이안 시대 •　　　• ㉢ 국풍 문화 발달

6 다음 빈칸에 들어갈 알맞은 말을 쓰시오.

(1) (　　　　)는 한반도의 이두와 일본의 가나 문자에 영향을 주었다.
(2) 신라, 발해, 일본 등은 당의 (　　　　) 체제를 수용하여 통치 체제를 정비하였다.

탄탄 시험 문제

중요해

01 (가), (나)에 해당하는 나라에 대한 설명으로 옳은 것은?

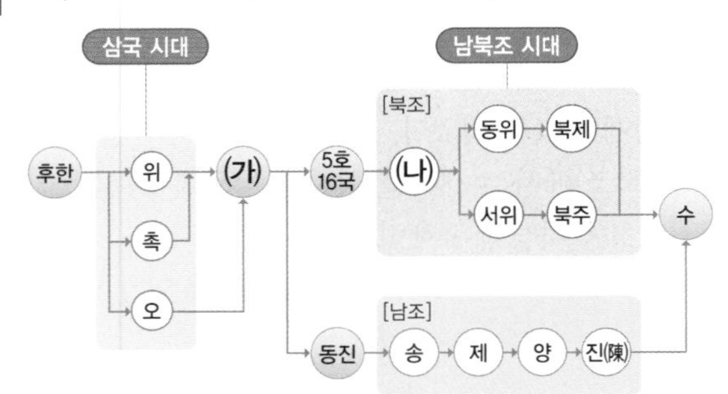

① (가) – 선비족이 세웠다.
② (가) – 최초로 중국을 통일하였다.
③ (나) – 고조선을 멸망시켰다.
④ (나) – 대운하를 건설하였다.
⑤ (나) – 한족의 제도와 문물을 적극 받아들였다.

02 (가) 나라에 대한 학생의 발표 내용으로 적절한 것은?

① 대운하를 건설하였습니다.
② 비단길을 개척하였습니다.
③ 강남 지방을 개발하였습니다.
④ 황제라는 칭호를 처음 사용하였습니다.
⑤ 탈라스 전투에서 아바스 왕조에 패배하였습니다.

03 ㉠에 들어갈 내용으로 옳은 것은?

> 위진 남북조 시대에는 추천으로 관리를 선발하는 9품중정제가 실시되었다. 그 결과 지방 세력이 중앙의 관리로 진출하였고, 대대로 관직을 독차지하면서 (㉠)(으)로 성장하였다.

① 신사 ② 호족 ③ 사대부
④ 절도사 ⑤ 문벌 귀족

이 문제에서 나올 수 있는 선택지는 다~!

04 다음 문화유산이 만들어진 시기의 사회와 문화에 대한 설명으로 적절하지 않은 것은?

① 9품중정제가 실시되었다.
② 이백, 두보와 같은 시인이 활약하였다.
③ 고개지의 그림과 왕희지의 글씨가 유명하였다.
④ 불교가 왕실과 귀족의 보호를 받으며 발전하였다.
⑤ 노장사상, 신선 사상, 민간 신앙이 결합하여 도교가 성립하였다.
⑥ 세속을 떠나 자유로운 정신세계를 추구하는 청담 사상이 유행하였다.

중요해

05 (가)에 들어갈 내용으로 가장 적절한 것은?

> • 탐구 주제: ○○ ○○○ 시대 (가)
> • 수집한 자료
>
> 돌아가련다. …… 관리가 되어도 거기 무슨 구할 것이 있으리오. …… –「귀거래사」
>
> 

① 국풍 문화의 등장 ② 귀족 문화의 발달
③ 서역 문화의 유행 ④ 외래 종교의 전래
⑤ 유교의 통치 이념화

06 ㉠ 인물에 대한 설명으로 옳은 것은?

> (㉠)은/는 돌궐이 분열된 틈을 이용하여 350년 이상 분열되어 있던 중국을 589년에 다시 통일하였다.

① 대운하를 건설하였다.
② 분서갱유를 단행하였다.
③ 과거제를 처음 실시하였다.
④ 백제와 고구려를 멸망시켰다.
⑤ 선비족과 한족의 결혼을 장려하였다.

07 수가 멸망한 원인으로 적절한 것을 〈보기〉에서 고른 것은?

| 보기 |
ㄱ. 황건적의 난이 발생하였다.
ㄴ. 지방에서 절도사의 권한이 강해졌다.
ㄷ. 여러 차례의 고구려 원정에 실패하였다.
ㄹ. 대규모 토목 공사로 백성의 반발을 샀다.

① ㄱ, ㄴ　② ㄱ, ㄷ　③ ㄴ, ㄷ
④ ㄴ, ㄹ　⑤ ㄷ, ㄹ

08 당의 발전 과정에서 있었던 사실을 일어난 순서대로 옳게 나열한 것은?

(가) 황소의 난이 발생하였다.
(나) 이연이 장안을 수도로 삼았다.
(다) 동돌궐을 복속하고 동서 교역로를 확보하였다.
(라) 신라와 연합하여 백제와 고구려를 멸망시켰다.

① (가) – (나) – (라) – (다)
② (나) – (다) – (가) – (라)
③ (나) – (다) – (라) – (가)
④ (다) – (라) – (가) – (나)
⑤ (라) – (다) – (나) – (가)

09 ㉠, ㉡에 들어갈 말을 옳게 짝지은 것은?

8세기 중엽 당은 탈라스 전투에서 이슬람의 아바스 왕조에 패하고 (㉠)을/를 겪으면서 위기를 맞이하였다. 결국 (㉡) 세력에 멸망하였다.

	㉠	㉡
①	황소의 난	호족
②	안사의 난	절도사
③	고구려 원정	호족
④	황건적의 난	절도사
⑤	진승·오광의 난	문벌 귀족

10 그림과 같은 중앙 행정 조직을 확립한 나라에 대한 설명으로 옳지 않은 것은?

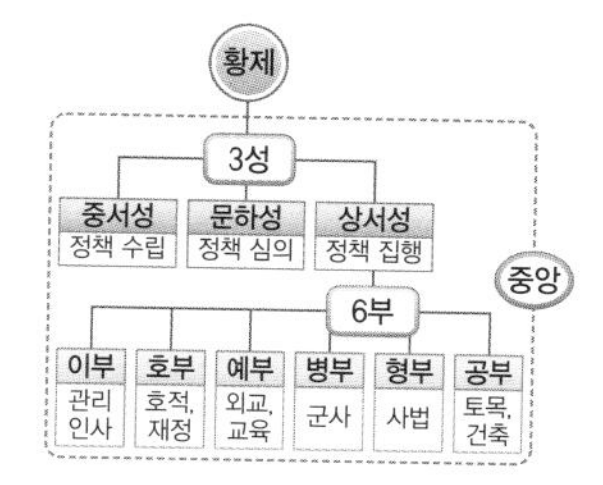

① 율령 체제를 완성하였다.
② 자영농을 국가 운영의 기반으로 삼았다.
③ 지방에 주현을 두어 관리를 파견하였다.
④ 시험을 통해 관리를 뽑는 과거제를 실시하였다.
⑤ 북방 민족과 한족의 문화를 융합하는 한화 정책을 펼쳤다.

중요해

11 ㉠에 들어갈 내용으로 옳은 것은?

① 균전제　② 모병제　③ 부병제
④ 양세법　⑤ 조용조

12 그림은 당의 농민 지배를 보여 준다. (가)에 들어갈 제도에 대한 설명으로 옳은 것을 〈보기〉에서 고른 것은?

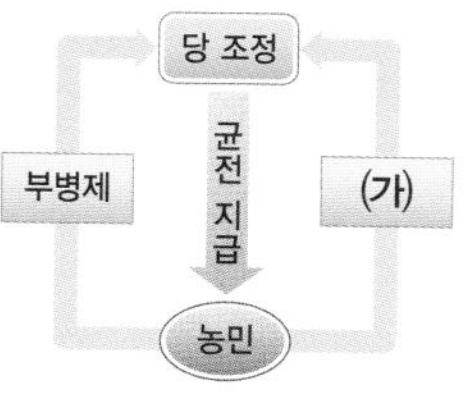

| 보기 |
ㄱ. 안사의 난 이후에 모병제로 바뀌었다.
ㄴ. 국가 재정을 확보하는 데 도움이 되었다.
ㄷ. 농민에게 곡물, 노동력, 직물을 세금으로 걷었다.
ㄹ. 농민이 농한기에 군사 훈련을 받을 수 있도록 하였다.

① ㄱ, ㄴ　② ㄱ, ㄷ　③ ㄴ, ㄷ
④ ㄴ, ㄹ　⑤ ㄷ, ㄹ

13 다음 시가 중국에서 만들어진 시기에 대한 탐구 활동으로 적절하지 않은 것은?

> 무릇 세상이란 만물이 잠깐 들렀다 가는 여관일 뿐이고, 시간이란 긴 세월에 잠깐 지나쳐 가는 나그네일 뿐이라네. / 뜬구름 같은 인생은 꿈과 같으니, 즐거운 날이 얼마나 되겠는가. – 이백, 「춘야연도리원서」

① 오경정의의 내용을 확인한다.
② 대당서역기를 쓴 인물을 조사한다.
③ 제자백가가 등장한 배경을 알아본다.
④ 도교가 성장할 수 있었던 이유를 살펴본다.
⑤ 왕유의 산수화와 구양순의 글씨를 찾아본다.

중요해

14 사진의 도자기를 통해 알 수 있는 당 문화의 특징으로 적절한 것을 〈보기〉에서 고른 것은?

보기
ㄱ. 국제적인 문화
ㄴ. 귀족적인 문화
ㄷ. 도교적인 문화
ㄹ. 서민적인 문화

① ㄱ, ㄴ ② ㄱ, ㄷ ③ ㄴ, ㄷ
④ ㄴ, ㄹ ⑤ ㄷ, ㄹ

15 그림과 같은 구조가 형성된 중국의 도시에서 볼 수 있는 모습으로 적절하지 않은 것은?

① 호선무를 추고 있는 무용수
② 이슬람교 사원을 짓고 있는 장인
③ 9품중정제를 통해 관직에 진출한 호족
④ 비잔티움 금화로 물건을 사는 서역 상인
⑤ 한자와 시리아 문자로 경교(네스토리우스교)의 교리를 기록하는 신자

16 만주와 한반도의 고대 국가에 대한 설명으로 옳지 않은 것은?

① 신라가 삼국을 통일하였다.
② 백제 유민이 옛 백제 땅에 발해를 세웠다.
③ 고구려가 신라와 당의 연합군에게 멸망하였다.
④ 최초의 국가인 고조선이 한의 공격으로 멸망하였다.
⑤ 남북국 시대에 남쪽에서 신라, 북쪽에서 발해가 성장하였다.

17 (가) 시기에 일본에서 있었던 사실로 옳은 것을 〈보기〉에서 고른 것은?

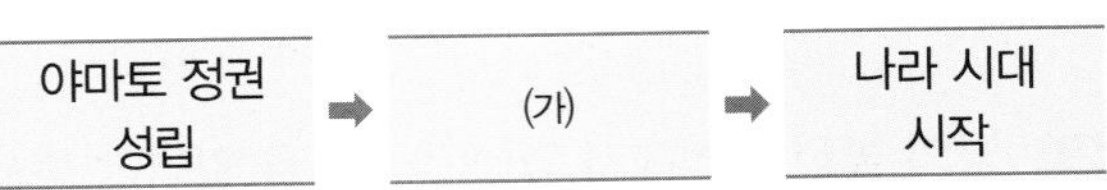

보기
ㄱ. 국풍 문화가 발달하였다.
ㄴ. 아스카 문화가 발전하였다.
ㄷ. 당의 율령 체제를 수용하였다.
ㄹ. 왕권이 약화되고 귀족들이 무사를 고용하였다.

① ㄱ, ㄴ ② ㄱ, ㄷ ③ ㄴ, ㄷ
④ ㄴ, ㄹ ⑤ ㄷ, ㄹ

18 (가)에 들어갈 내용으로 가장 적절한 것은?

① 견수사를 파견하였습니다.
② 쇼토쿠 태자가 불교를 장려하였습니다.
③ 한자를 변형한 가나 문자가 만들어졌습니다.
④ 당의 장안성을 본뜬 헤이조쿄를 수도로 삼았습니다.
⑤ 주택과 관복 등에서 일본 고유의 특색이 나타났습니다.

중요해

19 (가) 시대에 대한 설명으로 옳은 것은?

① 견당사 파견이 중단되었다.
② 다이카 개신이 단행되었다.
③ 야요이 문화가 성립하였다.
④ 고사기와 일본서기가 편찬되었다.
⑤ 일본이라는 국호와 천황이라는 호칭이 처음 사용되었다.

20 (가)에 들어갈 내용의 사례로 적절하지 않은 것은?

> 당이 제국으로 발전하고 주변국과의 교류가 늘어나면서 중국의 제도와 문화가 크게 발달하였다. 이에 당과 지리적으로 가까운 한반도, 일본, 베트남 등은 사신과 유학생을 파견하여 당의 선진 문화를 수용하였고, 그 과정에서 ______(가)______ 등이 동아시아의 공통 문화 요소로 자리 잡았다.

① 한자를 수용하여 발전시켰다.
② 공자를 모시는 사당인 문묘를 세웠다.
③ 조로아스터교를 정치 이념으로 채택하였다.
④ 당의 율령을 기반으로 통치 체제를 정비하였다.
⑤ 대승 불교를 받아들여 다양한 불상을 만들었다.

21 다음 내용을 통해 알 수 있는 사실로 적절한 것은?

> • 한자의 영향으로 한반도의 이두, 일본의 가나 문자, 베트남의 쯔놈 문자가 형성되었다.
> • 발해와 일본은 당의 율령 체제를 수용하였으나, 명칭과 운영 방식 등에서 차이가 있었다.

① 한대에 동아시아 문화권이 형성되었다.
② 도교는 동아시아 문화권의 공통 요소이다.
③ 베트남은 동아시아 문화권에 속하지 않는다.
④ 당의 장안성은 발해의 상경성을 본떠 조성한 것이다.
⑤ 주변국들은 당의 문화를 자국의 상황에 맞게 수용하였다.

학교 시험에 잘 나오는 서술형 문제

1 (가)를 건설한 인물을 쓰고, (가) 건설로 인한 중국의 경제적·정치적 변화를 서술하시오.

2 다음 사건 이후 나타난 당의 통치 체제 변화를 토지, 조세, 군사 제도의 측면에서 각각 서술하시오.

> 8세기 중엽 지방의 절도사였던 안녹산과 그의 부하인 사사명이 반란을 일으켰다.

3 지도와 같이 당 문화가 전파되면서 나타난 결과를 서술하시오.

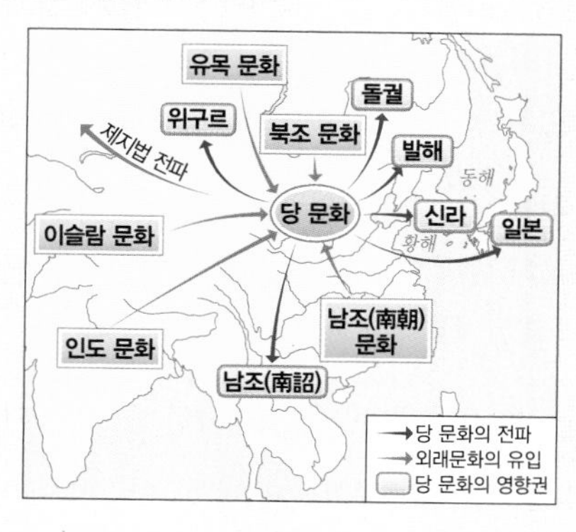

03 이슬람 문화의 형성과 확산

이슬람교와 이슬람 제국의 성립

1. 이슬람교의 성립

(1) 배경: 교역로의 변화, 메카·메디나 번영 → 사회 갈등 심화 자료 ①

(2) 이슬람교의 성립: 7세기 초 메카의 상인 무함마드가 정립

① 특징: 유일신 '알라'에게 절대복종, 우상 숭배 금지, 신 앞에 모든 인간의 평등 강조(→ 하층민의 호응, 다신교를 믿던 메카 귀족들의 반발)

② 발전: 귀족들의 탄압을 피해 메카에서 메디나로 이주(*헤지라, 622) → 메디나에서 이슬람 공동체 조직 → 메카 정복, 아라비아반도 통일

2. 이슬람 제국의 발전 자료 ②

서술형 단골 우마이야 왕조와 아바스 왕조의 민족 정책을 비교하는 문제가 자주 출제돼!

(1) 정통 칼리프 시대(632~661): 무함마드 사후 4대에 걸쳐 *칼리프 선출, 영토 확장(시리아·이집트 점령, 사산 왕조 페르시아 정복), 정복지 주민이 이슬람교로 개종하면 세금 감면(→ 이슬람교가 빠르게 전파)

(2) 우마이야 왕조(661~750): 제4대 칼리프 알리가 살해된 후 우마이야 가문이 칼리프직 세습(→ 이슬람 세력이 *시아파와 수니파로 분열), 아랍인 우대 정책 실시(→ 비아랍인의 불만) → 아바스 왕조에 멸망

(3) 아바스 왕조(750~1258): 이란 지방에서 성장, 아랍인 우대 정책 폐지(비아랍인에 대한 세금 차별 철폐, 비아랍인에게 관직 개방), 당과 벌인 탈라스 전투 승리(→ 중국의 제지술 전래, 동서 교역로 장악), 수도 바그다드가 국제도시로 성장 → 13세기 몽골의 침입으로 멸망

(4) 이슬람 세계 분열: 후우마이야 왕조(이베리아반도), 파티마 왕조(이집트)

이슬람 문화권의 형성

1. 이슬람 사회의 특징

『*쿠란』이 종교 및 일상생활 지배, 이슬람교도의 의무 실천(신앙 고백, 예배, 라마단 기간의 단식, 희사, 성지 순례)

2. 이슬람 세계의 경제 발달

(1) 배경: 상업 활동에 긍정적, 국가가 상업 활동 지원, 주요 교역로에 위치

(2) 상업과 교역 발전: 이슬람 상인이 비단길·바닷길을 통해 아시아와 도자기·향신료·비단 거래, 유럽 및 아프리카와 모피·금·노예 거래

(3) 영향: 바그다드 번성, 금융 산업 발달, 동서 교류 촉진, 이슬람교 확산

3. 이슬람 문화권 형성

(1) 배경: 이슬람교와 함께 아랍어 확산, 이슬람 세계에 다양한 문화 유입

(2) 이슬람 문화의 발달 자료 ③

문학	산문과 설화 문학 발달(『아라비안나이트(천일 야화)』가 유명)
건축	모스크 발달: 돔과 뾰족한 탑(미너렛), 아라베스크와 아랍어로 장식
자연 과학	수학(인도에서 숫자 '0(영)' 수용 → 아라비아 숫자 완성), 화학(연금술 연구), 의학(이븐 시나의 『의학전범』), 지리학(이븐 바투타의 『여행기』), 천문학 발달 → 이슬람의 과학 지식이 중국의 제지법·나침반·화약과 함께 유럽에 전파, 유럽의 근대 과학 발달에 영향

생생 자료

자료 ① 아라비아반도의 변화

6세기경 사산 왕조 페르시아와 비잔티움 제국의 대립으로 기존의 교역로가 막혔어.

↑ 6~7세기 무렵의 아라비아반도

기존의 무역로가 막히자, 상인들은 아라비아반도를 지나는 교역로를 이용하였는데, 소수 귀족이 이익을 독차지하면서 빈부 격차가 커지고, 교역로를 차지하기 위한 전쟁이 자주 일어나 사회적 갈등이 심해졌다.

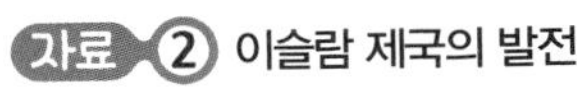

자료 ② 이슬람 제국의 발전

우마이야 왕조는 중앙아시아, 북부아프리카, 유럽의 이베리아반도까지 영토를 넓혔어.

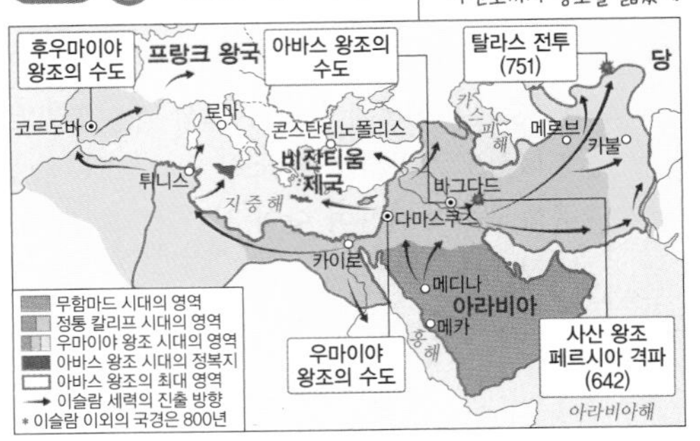

↑ 이슬람 제국의 영역

이슬람 제국은 말과 낙타를 이용한 기동력과 종교적 관용 정책으로 빠르게 성장할 수 있었다.

자료 ③ 이슬람교 예배당인 모스크

↑ 바위의 돔

돔(둥근 지붕)은 평화를 상징하였으며, 우상 숭배를 금지하는 이슬람 교리에 따라 내부는 조각 대신에 덩굴무늬나 기하학적 무늬의 아라베스크로 장식하였다.

서술형 단골 모스크 내부를 아라베스크로 장식한 이유를 묻는 문제가 자주 출제돼!

쏙쏙 용어

* **헤지라** 무함마드가 신자들과 함께 메카에서 메디나로 근거지를 옮긴 사건으로, 이슬람력의 시작 연도로 삼음
* **칼리프** '무함마드의 계승자'라는 의미로, 이슬람 공동체의 최고 권력자이자 종교 지도자
* **시아파와 수니파** 시아파는 무함마드의 혈통을 계승한 후손만이 칼리프가 될 수 있다고 주장하였고, 수니파는 능력과 자질을 갖춘 사람이면 누구나 칼리프가 될 수 있다고 주장함
* **쿠란** 무함마드가 받은 알라의 계시를 아랍어로 기록한 이슬람교의 경전으로, 다른 언어로 번역되는 것이 금지됨

대표 자료 확인하기

◆ 이슬람 제국의 발전

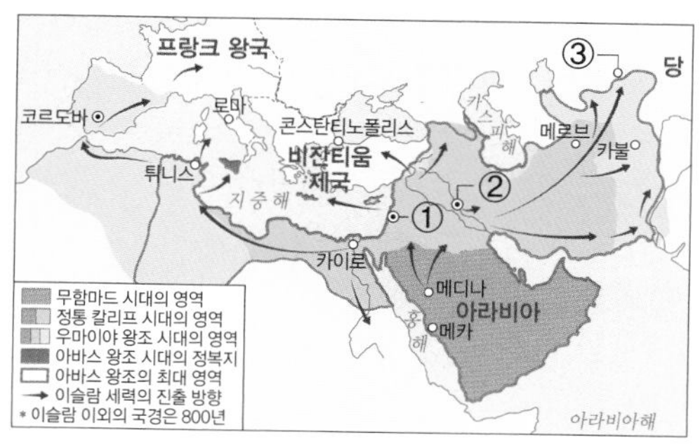

⬆ 이슬람 제국의 영역

- (①   ): 우마이야 왕조의 수도
- (②   ): 아바스 왕조의 수도, 국제도시로 성장
- (③   ): 751년에 아바스 왕조와 당의 전투 전개

◆ 이슬람의 건축 발달

돔(둥근 지붕)과 아치, 미너렛으로 이루어진 (④   ) 가 많이 만들어졌으며, (⑤   ) 무늬가 유행하였다.

한눈에 정리하기

◆ 이슬람 제국의 성립

정통 칼리프 시대

(①   ) 선출, 영토 확장

↓

우마이야 왕조

우마이야 가문이 칼리프 세습, (②   ) 우대 정책 실시

↓

(③   ) 왕조

아랍인 중심의 민족 차별 정책 폐지, 수도 바그다드 성장

◆ 이슬람 문화권의 형성

배경	이슬람교와 아랍어를 바탕으로 다양한 문화 발전
내용	산문과 설화 문학 발달, 모스크 건축, 자연 과학 발전

꼼꼼 개념 문제

정답과 해설 09쪽

1 다음 괄호 안의 내용 중 이슬람교에 대해 알맞은 말에 ○표를 하시오.

(1) 우상 숭배를 (금지, 허용)하였다.

(2) 무함마드가 (메카, 바그다드)에서 정립하였다.

(3) (헤지라, 탈라스 전투)가 일어난 때를 원년으로 삼았다.

2 다음 내용을 일어난 순서대로 옳게 나열하시오.

(가) 헤지라	(나) 아바스 왕조 수립
(다) 정통 칼리프 시대	(라) 우마이야 왕조 수립

3 우마이야 왕조에 해당하면 '우', 아바스 왕조에 해당하면 '아'라고 쓰시오.

(1) 당과의 탈라스 전투에서 승리하였다. (　　)

(2) 아랍인이 아닌 이슬람교도를 차별하였다. (　　)

4 이슬람의 사회와 문화에 대한 설명이 맞으면 ○표, 틀리면 ×표를 하시오.

(1) 상업 활동을 통해 이익을 얻는 것을 긍정적으로 여겼다. (　　)

(2) 아랍어로 기록된 쿠란은 다른 언어로 번역되는 것이 금지되었다. (　　)

(3) 탈라스 전투를 계기로 이슬람 세계에서 중국으로 제지술이 전해졌다. (　　)

5 이슬람 문화에 해당하는 내용만을 〈보기〉에서 있는 대로 골라 기호를 쓰시오.

보기

ㄱ. 나침반 발명	ㄴ. 모스크 건축
ㄷ. 연금술 발달	ㄹ. 굽타 양식 등장
ㅁ. 아라비안나이트 유명	ㅂ. 최초로 숫자 0(영) 개발

6 다음 내용에 해당하는 용어를 〈보기〉에서 골라 기호를 쓰시오.

보기

ㄱ. 쿠란　ㄴ. 칼리프　ㄷ. 헤지라　ㄹ. 아라베스크

(1) 무함마드가 메카에서 메디나로 이주한 사건 (　　)

(2) 알라의 계시 내용을 정리한 이슬람교의 경전 (　　)

(3) 모스크를 장식하는 덩굴무늬나 기하학적 무늬 (　　)

(4) 이슬람 공동체의 최고 권력자이자 종교 지도자 (　　)

탄탄 시험 문제

01 지도와 같이 교통로가 변화한 시기의 상황과 거리가 <u>먼</u> 것은?

① 메카와 메디나가 쇠퇴하였다.
② 아라비아반도에서 사회적 갈등이 심해졌다.
③ 여러 부족이 교역로를 차지하려고 전쟁을 벌였다.
④ 사산 왕조 페르시아와 비잔티움 제국이 대립하였다.
⑤ 소수의 귀족들이 이익을 독차지하면서 빈부 격차가 커졌다.

중요해

02 밑줄 친 '이 종교'에 대한 설명으로 옳은 것을 〈보기〉에서 고른 것은?

> 메카의 상인이었던 무함마드는 메카 근처 히라 동굴에서 명상을 하던 중 천사 가브리엘로부터 계시를 받아 <u>이 종교</u>를 정립하였다.

보기
ㄱ. 우상 숭배를 허용하였다.
ㄴ. 알라를 유일신으로 하였다.
ㄷ. 당시 메카 귀족들의 지지를 받았다.
ㄹ. 신 앞에서 모든 인간이 평등하다고 주장하였다.

① ㄱ, ㄴ ② ㄱ, ㄷ ③ ㄴ, ㄷ
④ ㄴ, ㄹ ⑤ ㄷ, ㄹ

03 (가) 시기에 있었던 사실로 옳은 것은?

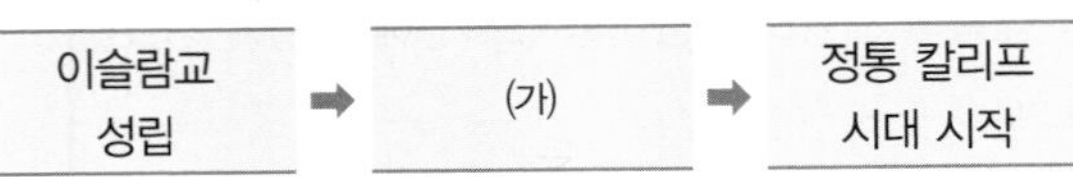

① 파티마 왕조가 성장하였다.
② 후우마이야 왕조가 세워졌다.
③ 제4대 칼리프인 알리가 암살당하였다.
④ 이슬람 세력이 시리아와 이집트를 점령하였다.
⑤ 무함마드가 메카에서 메디나로 근거지를 옮겼다.

04 다음에서 설명하는 이슬람 왕조로 옳은 것은?

> 무함마드가 죽은 후 이슬람 공동체는 이슬람 세계의 새로운 지도자로 칼리프를 선출하였다. 네 명의 칼리프가 차례로 선출되어 이슬람 공동체를 이끌었다.

① 아바스 왕조 ② 파티마 왕조
③ 우마이야 왕조 ④ 후우마이야 왕조
⑤ 정통 칼리프 시대

05 그림과 관련된 탐구 주제로 가장 적절한 것은?

① 헤지라가 일어난 배경
② 메카 귀족들의 이슬람교 탄압
③ 정통 칼리프 시대의 칼리프 선출
④ 우마이야 왕조의 정통성을 둘러싼 대립
⑤ 아랍인 우대 정책에 대한 비아랍인의 반발

중요해

06 지도의 영역을 차지한 왕조에 대한 설명으로 옳은 것은?

① 몽골의 침입으로 멸망하였다.
② 아랍인 우대 정책을 실시하였다.
③ 사산 왕조 페르시아를 정복하였다.
④ 당과 벌인 탈라스 전투에서 승리하였다.
⑤ 무함마드의 후계자로 칼리프를 선출하였다.

이 문제에서 나올 수 있는 선택지는 다~!

07 밑줄 친 부분에 해당하지 않는 것은?

> 이슬람 사회에서 『쿠란』은 종교뿐만 아니라 일상생활의 기본 규범이 되었다. 이슬람교도는 『쿠란』에 적힌 다섯 가지 의무(5행)를 충실히 실천한다.

① 매일 메카를 향해 다섯 번씩 예배를 드린다.
② 평생에 한 번 이상 성지인 메카를 순례한다.
③ 브라흐마, 비슈누, 시바 등 다양한 신을 숭배하며 모신다.
④ 라마단 기간에는 한 달간 해가 떠 있는 동안 음식을 먹지 않는다.
⑤ 자기 재산의 일부를 기부하여 가난한 사람을 돕는 희사를 행한다.
⑥ 알라 외의 신이 없고, 무함마드는 알라의 사도라고 신앙 고백을 한다.

08 다음과 같은 이슬람 상인의 활동이 가져온 결과로 적절하지 않은 것은?

> 이슬람 상인들은 비단길과 바닷길을 이용하여 인도, 동남아시아, 중국, 한반도에 진출하여 도자기, 향신료, 비단 등을 거래하였다. 유럽과 아프리카에서는 모피, 금, 노예 등을 거래하여 이익을 얻었다.

① 동서 문화 교류가 촉진되었다.
② 이슬람교가 빠르게 확산되었다.
③ 이슬람 세계에서 금융 산업이 발전하였다.
④ 유럽으로부터 제지법, 나침반, 화약이 전해 들어왔다.
⑤ 이슬람 제국의 교역로를 중심으로 도시가 성장하였다.

09 ㉠에 들어갈 도시로 옳은 것은?

↑도시(㉠)를 묘사한 그림

(㉠)는 아바스 왕조의 수도로, 아바스 왕조 시기에 세계적인 교역과 학문의 중심지가 되었다. 10세기 무렵에는 인구 100만 명 이상이 거주하는 거대 도시로 성장하였다.

① 메카　② 메디나　③ 탈라스
④ 바그다드　⑤ 다마스쿠스

중요해

10 (가)에 들어갈 내용으로 옳은 것을 〈보기〉에서 고른 것은?

> **이슬람 문화의 발달**
> • 화학 – 연금술 연구, 알콜과 알칼리 등의 화학 용어 정립
> • 천문학 – 메카 방향과 기도 시간을 연구하는 과정에서 천문학 발달, 경도와 위도 측정 및 지구 구형설 증명
> • ____(가)____

보기
ㄱ. 미술 – 간다라 양식 발달
ㄴ. 지리학 – 이븐 바투타가 여행기 저술
ㄷ. 수학 – 숫자 0(영)을 받아들여 아라비아 숫자 완성
ㄹ. 문학 – 마하바라타, 라마야나 등 산스크리트 문학 발전

① ㄱ, ㄴ　② ㄱ, ㄷ　③ ㄴ, ㄷ
④ ㄴ, ㄹ　⑤ ㄷ, ㄹ

학교 시험에 잘 나오는 서술형 문제

1 다음을 보고 물음에 답하시오.

(가)

(나)
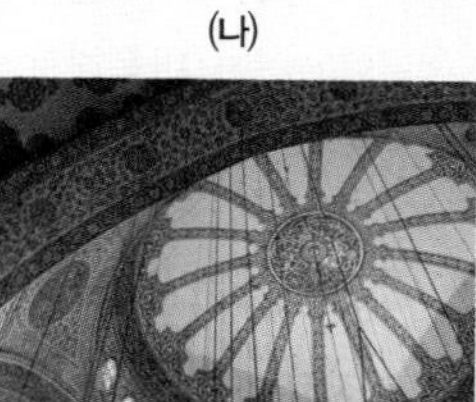

(1) (가)와 같은 이슬람 건축물을 가리키는 말을 쓰시오.

(2) (1)의 내부를 장식한 (나) 무늬의 명칭을 쓰고, 이것이 발달한 이유를 서술하시오.

04 크리스트교 문화의 형성과 확산(1)

서유럽의 봉건 사회 형성

1. 게르만족의 이동 4세기 말 *훈족의 압박을 받아 로마 영토로 대규모 이동 → 서로마 제국 곳곳에 나라를 세움, 서로마 제국 멸망(476) 자료 ①

2. 프랑크 왕국의 발전

(1) 성장: 일찍부터 크리스트교 수용, 로마 교회의 협력을 얻어 발전

카롤루스 마르텔	이베리아반도를 넘어 침입한 이슬람 세력 격퇴(크리스트교 세계 보호)
피핀	군사적으로 교황 보호, 이탈리아 중부 지역을 교황에게 넘겨줌
카롤루스 대제 (전성기)	• 영토 확장: 옛 서로마 제국 영토의 대부분 정복, 정복한 지역에 교회를 세워 크리스트교 전파 → 로마 교황에게서 서로마 제국 황제의 관을 받음(800) • 학문과 문예 부흥: 궁정과 *수도원에 학교 설립 → 게르만 문화, 로마 문화, 크리스트교가 융합된 서유럽 문화의 기틀 마련

(2) 분열: 카롤루스 대제 사후 내부 분열 → 서프랑크, 중프랑크, 동프랑크로 분열(오늘날 프랑스, 이탈리아, 독일의 기원)

3. 봉건제의 성립 서술형 단골 서유럽 봉건제의 특징을 묻는 문제가 자주 출제돼!

(1) 배경: 프랑크 왕국의 분열, 이민족의 침입(바이킹, 마자르족, 이슬람 세력 등) → 힘을 가진 사람들이 기사로 무장, 외적의 침입에 대비

(2) 성립: 주종 관계와 장원제를 바탕으로 봉건 사회 성립 자료 ②

주종 관계	• 특징: 서로의 의무를 성실히 지킬 것을 약속한 쌍무적 계약 관계 • 주군: 충성을 맹세한 기사에게 땅(봉토)을 주어 봉신으로 삼음 • 봉신: 주군에게 받은 땅을 장원의 형태로 운영(장원의 영주가 됨)
장원제	• 장원의 특징: 자급자족의 농촌 공동체(방앗간·대장간 등을 갖춘 촌락, 경작지 등이 있음), 장원의 농민은 대부분 농노 • 영주: 주군의 간섭 없이 장원을 다스림(재판권, 세금 징수권 행사) • 농노: 영주의 토지 경작, 영주에게 각종 세금 납부(시설물 사용료 등), 마음대로 이사할 수 없음, 약간의 재산 소유 및 결혼 가능

크리스트교 중심의 서유럽 문화

1. 크리스트교의 확산

(1) 로마 교회의 성장: 로마 교회의 대주교가 스스로를 교황이라 칭함, 프랑크 왕국과 신성 로마 제국의 보호 아래 세력 확장

(2) 교회의 세속화: 교회가 왕이나 봉건 제후로부터 토지를 받음(→ 장원으로 경영), 왕과 제후가 성직자 임명권 차지 → 교회의 권력과 부가 늘어나면서 부패와 타락 발생(성직자의 혼인, 성직 매매)

(3) 교회 개혁 운동: 10세기 초 클뤼니 수도원을 중심으로 개혁 운동 전개

(4) 교황권의 성장: 성직자 임명권을 둘러싸고 교황과 신성 로마 제국 황제가 대립 → 교황이 황제를 *파문 → 황제가 교황에게 굴복(카노사의 굴욕, 1077) → 교황의 권위 강화(13세기에 절정) 자료 ③

생생 자료

자료 ① 게르만족의 이동

원래 거주지에서 멀지 않은 갈리아 지방에 자리 잡았어.

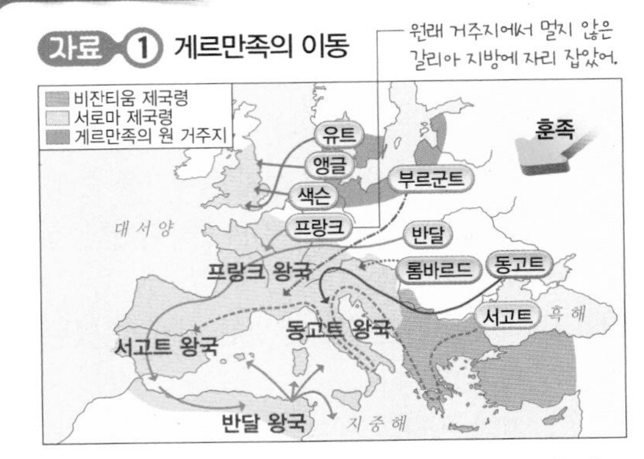

게르만족은 약 200여 년에 걸쳐 로마 제국의 영토 안으로 이동하였다. 이 과정에서 서로마 제국은 게르만족 출신 용병 대장에게 멸망하였다.

자료 ② 봉건 사회의 구조

봉건제가 발전하면서 왕권이 약화되고 지방 분권적인 정치 체제가 확립되었어.

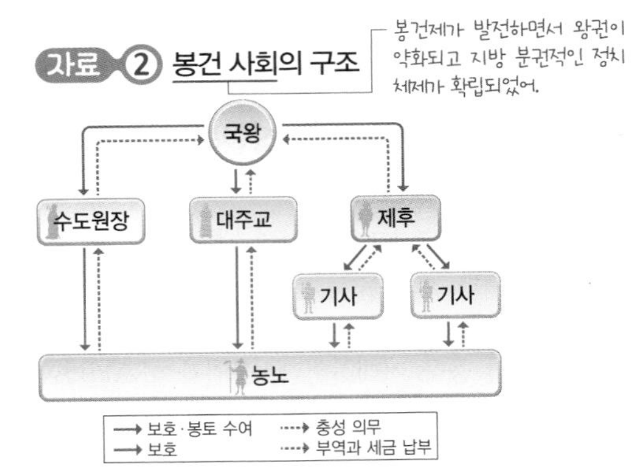

중세 서유럽의 봉건 사회에서 세력이 강한 기사는 주군이 되고, 약한 기사는 봉신이 되었다. 주군과 봉신의 주종 관계는 왕과 제후, 하급 기사 사이에 여러 겹으로 맺어져 피라미드 형태를 이루었다.

어느 한쪽이 의무를 지키지 않으면 계약은 깨질 수 있었어.

자료 ③ 카노사의 굴욕

▲ 카노사의 굴욕

11세기 후반 교황 그레고리우스 7세와 신성 로마 제국 황제 하인리히 4세가 성직자 임명권을 둘러싸고 대립하였다. 하인리히 4세는 교회로부터 파문당하자, 카노사성에 가서 교황과의 화해를 간청하였다.

황제 하인리히 4세가 클뤼니 수도원장과 카노사성의 성주인 마틸다 백작 부인에게 교황과의 만남을 주선해 달라고 부탁하는 모습이야.

쏙쏙 용어

* **훈족** 중앙아시아에 살던 유목 민족. 흉노의 한 종족으로 보기도 함
* **수도원** 수도사들이 공동생활을 하는 곳. 수도사들은 기도, 고전 연구, 노동 속에서 청빈한 생활을 함
* **파문** 신도의 자격을 빼앗고 본래 소속된 종교에서 쫓아냄

2. 중세 서유럽 문화

(1) 일상생활: 크리스트교가 사람들의 정신과 일상생활에 영향을 줌 → 교회 규율에 따라 생활, 삶의 주요 과정을 교회와 함께 함(세례, 결혼 등)

(2) 건축

① 로마네스크 양식: 돔과 반원의 아치가 특징임 예 피사 대성당 등

② 고딕 양식: 뾰족한 탑(첨탑)과 스테인드글라스(색유리그림)가 특징임 예 쾰른 대성당, 노트르담 대성당, 샤르트르 대성당 등 자료 4

(3) 문학: 기사들의 영웅담이나 사랑을 소재로 한 기사도 문학이 유행 예 『아서왕 이야기』, 『롤랑의 노래』, 『니벨룽겐의 노래』 등

(4) 학문: 라틴어를 공용어로 사용, 신학 중심, 스콜라 철학 유행(신앙과 이성의 조화를 강조함, 토마스 아퀴나스가 『신학대전』으로 집대성), 12세기부터 유럽 각지에 대학 설립

비잔티움 제국의 번영

1. 비잔티움 제국의 성립과 발전

(1) 특징

정치	황제 중심의 중앙 집권 체제 구축(정치적·군사적 통치권과 종교적 권한 행사), 신분보다 능력 있는 인재를 선발하는 관료 체제 정비
경제	수도 콘스탄티노폴리스가 세계 최대의 도시로 성장(유럽과 아시아를 잇는 교역로에 위치 → 동서 무역 활발), 자영농 성장

(2) 전성기: 6세기 유스티니아누스 황제 시기

영토 확장	옛 로마 제국 영토의 상당 부분 회복 자료 5
문화 발달	『유스티니아누스 법전』 편찬, 성 소피아 대성당 완성

(3) 동서 교회의 분열: 비잔티움 제국의 황제 레오 3세가 성상 숭배 금지령(성상 파괴령)을 내림(726) → 로마 교황의 거부 → 서유럽의 로마 가톨릭교회와 비잔티움 제국의 *그리스 정교로 분리(1054)

(4) 쇠퇴와 멸망: 11세기 이후 자영 농민의 몰락으로 군사력 약화, 십자군 전쟁으로 쇠퇴 → 오스만 제국의 공격으로 멸망(1453)

2. 비잔티움 제국의 문화

(1) 특징: 그리스 정교를 바탕으로 고대 그리스·로마의 문화와 헬레니즘 문화가 융합

(2) 건축: 비잔티움 양식 발달(돔, 모자이크 벽화가 특징임) 자료 6

(3) 법률: 『유스티니아누스 법전』 편찬(로마법을 집대성함)

(4) 학문: 그리스어를 공용어로 사용, 그리스·로마의 고전 연구 활발

3. 슬라브 문화권의 형성

(1) 형성: 6세기 무렵 슬라브족이 동유럽 지역에 정착, 비잔티움 문화의 영향을 받아 슬라브 문화권 형성 → 동유럽 문화의 바탕이 됨

(2) 키예프 공국: 9세기 말 슬라브족이 노르만족과 함께 건국(러시아의 기원), 흑해를 통해 비잔티움 제국과 교역, 비잔티움 문화 적극 수용(그리스 정교 수용, 성 소피아 성당 건설, *키릴 문자 사용)

생생 자료

자료 4 고딕 양식 서술형 단골 고딕 양식의 특징을 묻는 문제가 자주 출제돼.

↑ 샤르트르 대성당

↑ 스테인드글라스

뾰족한 첨탑은 신과 가까워지고자 하는 소망을 상징한다. 스테인드글라스(색유리 그림)에는 크리스트교의 교리가 묘사되어 있어 글을 모르는 사람들에게 성경의 내용을 알려 주는 역할을 하였다.

자료 5 비잔티움 제국의 영역

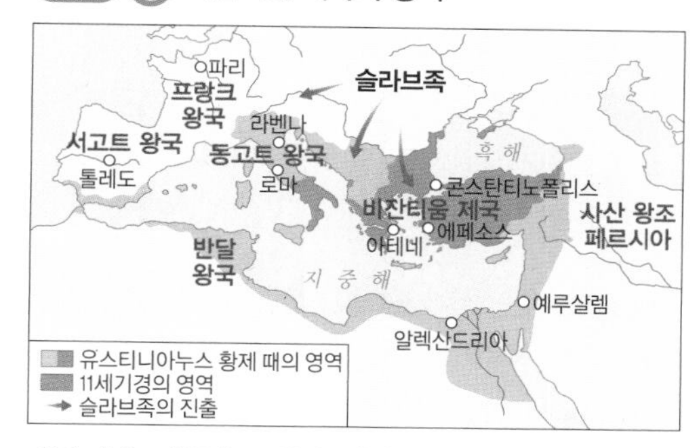

비잔티움 제국은 6세기 전반 유스티니아누스 황제 때 최대 영역을 확보하였으나 11세기 중반 이후 이슬람 세력인 셀주크 튀르크의 침입으로 소아시아 지역을 빼앗겼다.

자료 6 비잔티움 양식 비잔티움 제국 멸망 후 오스만 제국이 이슬람 사원으로 사용하였어.

↑ 성 소피아 대성당

↑ 모자이크 벽화

유스티니아누스 황제 때 완성된 성 소피아 대성당은 비잔티움 양식을 대표하는 건축물이다. 벽 위에 거대한 돔을 올리고 내부를 모자이크 벽화로 장식하였다.

쏙쏙 용어

* **그리스 정교** 동유럽을 중심으로 한 크리스트교의 일파. 정교라는 말은 비잔티움 제국의 크리스트교가 정통성을 가졌다는 것을 의미함. 정교회라고도 부름
* **키릴 문자** 슬라브 계열 언어 표기에 사용하는 문자. 비잔티움 제국의 그리스 정교 선교사 키릴 형제가 그리스어를 바탕으로 만든 문자에서 기원함

대표 자료 확인하기

◆ 봉건 사회의 구조

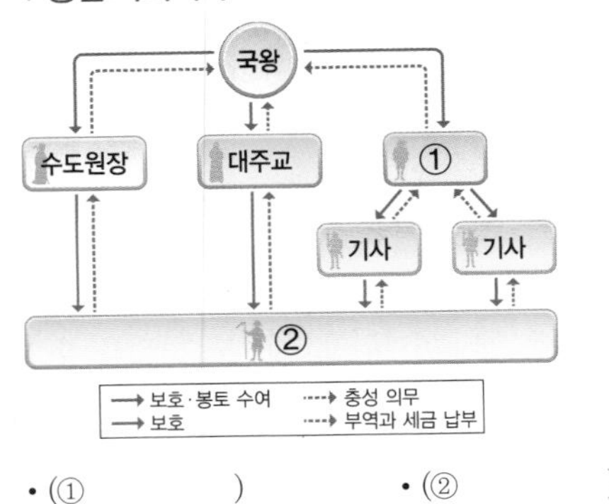

• (①　　　　　)　　　　• (②　　　　　)

◆ 중세 유럽의 건축 양식

(③　　　　　) 양식	비잔티움 양식
⬆샤르트르 대성당	⬆성 소피아 대성당
뾰족한 탑(첨탑)과 화려한 스테인드글라스(색유리그림)를 특징으로 함	벽 위에 거대한 돔을 올림, 건물 내부를 모자이크 벽화로 장식함

한눈에 정리하기

◆ 중세 서유럽의 형성

프랑크 왕국의 성장	(①　　　　　) 대제 때 전성기 → 서프랑크, 중프랑크, 동프랑크로 분열
봉건 사회의 형성	주군과 봉신 간에 (②　　　　　) 관계 형성, 장원 발달(자급자족의 농촌 공동체)
교황권의 강화	성직자 임명권을 두고 교황과 황제의 대립 → 카노사의 굴욕 발생 → 교황의 권위 강화
문화 발달	스콜라 철학 유행, 고딕 양식 발달, 기사도 문학 유행, 대학 설립 등

◆ 비잔티움 제국의 번영

정치	(③　　　　　) 황제 때 전성기를 맞이함, 황제 중심의 중앙 집권 체제 구축
경제	수도인 (④　　　　　)가 세계적인 도시로 성장
문화	『유스티니아누스 법전』, 비잔티움 양식, 그리스·로마의 고전 연구 등 → 슬라브족의 문화에 영향

꼼꼼 개념 문제

● 정답과 해설 10쪽

1 **다음 괄호 안의 내용 중 알맞은 말에 ○표를 하시오.**

(1) 로마 교황은 프랑크 왕국의 (피핀, 카롤루스 대제)에게 서로마 황제의 관을 주었다.

(2) 게르만족이 세운 (서고트 왕국, 프랑크 왕국)은 일찍부터 크리스트교를 받아들여 성장하였다.

(3) (바이킹, 게르만족)이 이동하여 로마 영토 곳곳에 국가를 건설하면서 서로마 제국이 멸망하였다.

2 **다음 설명이 맞으면 ○표, 틀리면 ×표를 하시오.**

(1) 중세 서유럽의 봉건제는 주군과 봉신의 주종 관계로 형성되었다. (　　)

(2) 장원에서 농민의 대부분을 차지하는 농노는 재산 소유 및 결혼이 불가능하였다. (　　)

3 **다음 빈칸에 들어갈 알맞은 내용을 쓰시오.**

(1) 중세 서유럽에서는 기사들의 영웅담이나 사랑을 소재로 한 (　　　　　) 문학이 유행하였다.

(2) 신성 로마 제국의 황제가 교황에게 굴복한 (　　　　　)의 굴욕이 발생하면서 교황의 권위는 점차 강화되었다.

4 **다음 인물과 관련된 내용을 옳게 연결하시오.**

(1) 레오 3세 •　　　　• ㉠ 신학대전 저술
(2) 토마스 아퀴나스 •　　　　• ㉡ 성상 숭배 금지령 발표
(3) 유스티니아누스 황제 •　　　　• ㉢ 성 소피아 대성당 완성

5 **동서 교회는 성상 숭배 문제로 대립하면서 서유럽의 로마 가톨릭 교회와 비잔티움 제국의 (　　　　　)로 분열되었다.**

6 **서유럽 세계에 해당하면 '서', 비잔티움 제국에 해당하면 '비'라고 쓰시오.**

(1) 로마 가톨릭교회가 종교의 중심이었다. (　　)

(2) 황제 중심의 중앙 집권 체제를 갖추었다. (　　)

(3) 건물 내부를 모자이크 벽화로 장식하였다. (　　)

(4) 장원 중심의 자급자족적 농업이 발달하였다. (　　)

시험 문제

01 지도와 같은 민족 이동의 결과로 적절한 것은?

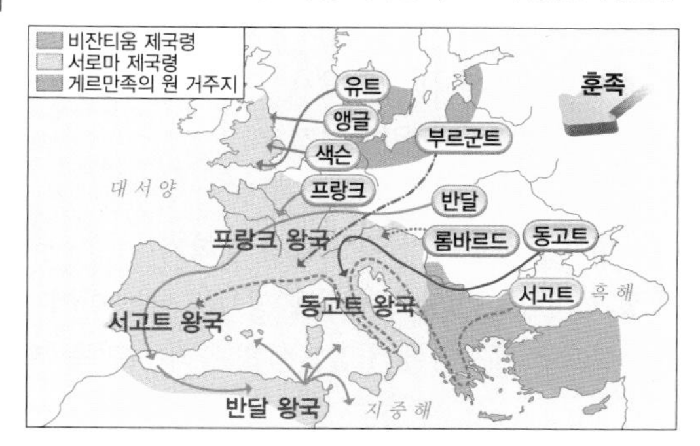

① 로마가 동서로 분열되었다.
② 서로마 제국이 멸망하였다.
③ 포에니 전쟁이 시작되었다.
④ 프랑크 왕국이 분열하였다.
⑤ 헬레니즘 문화가 발전하였다.

중요해

02 밑줄 친 '이 왕국'에 대한 설명으로 옳은 것은?

① 크리스트교를 탄압하였다.
② 수도를 콘스탄티노폴리스로 옮겼다.
③ 유스티니아누스 황제 때 전성기를 맞았다.
④ 유럽의 이베리아반도까지 영토를 확장하였다.
⑤ 서유럽을 침입해 온 이슬람 세력을 격퇴하였다.

03 다음 인물 카드에서 (가)에 해당하는 왕으로 옳은 것은?

(앞면)

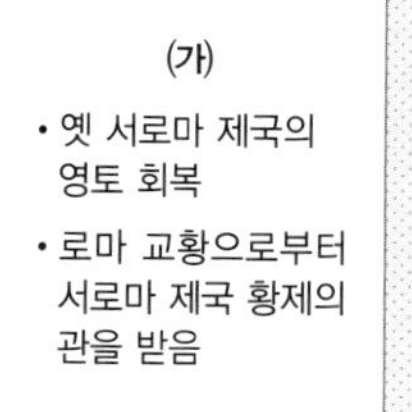

(뒷면)

① 피핀
② 하인리히 4세
③ 카롤루스 대제
④ 그레고리우스 7세
⑤ 유스티니아누스 황제

04 그림에서 나타내는 제도가 형성된 배경으로 옳은 것을 〈보기〉에서 고른 것은?

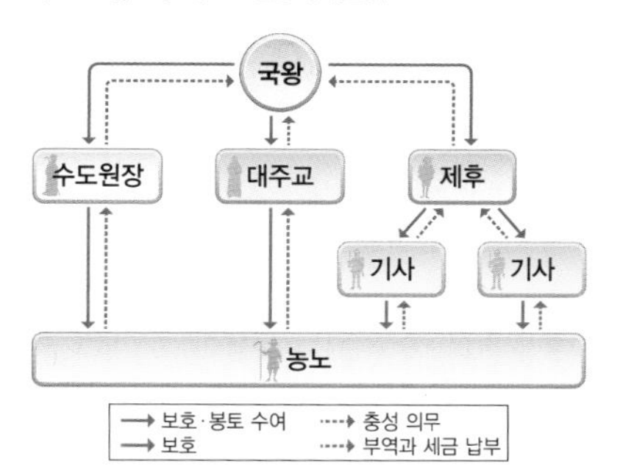

| 보기 |
ㄱ. 동서 교회가 분리하였다.
ㄴ. 프랑크 왕국이 분열하였다.
ㄷ. 소수의 귀족이 라티푼디움을 경영하였다.
ㄹ. 서유럽이 이민족의 침입으로 혼란에 빠졌다.

① ㄱ, ㄴ
② ㄱ, ㄷ
③ ㄴ, ㄷ
④ ㄴ, ㄹ
⑤ ㄷ, ㄹ

중요해

05 중세 서유럽의 주군과 봉신의 관계에 대한 설명으로 옳지 않은 것은?

① 왕실과의 혈연관계를 바탕으로 하였다.
② 서로의 의무를 성실히 지킬 것을 약속하였다.
③ 지방 분권적인 봉건 사회가 성립하는 바탕이 되었다.
④ 봉신이 주군에게 받은 땅은 장원의 형태로 운영되었다.
⑤ 주군은 충성을 맹세한 기사에게 땅을 주어 봉신으로 삼았다.

06 그림은 중세 서유럽의 장원을 보여 준다. 이에 대한 학생들의 대화 내용으로 적절하지 않은 것은?

① 농노는 영주의 땅을 경작하였어.
② 자급자족을 하는 농촌 공동체였어.
③ 사람들은 교회가 정한 달력에 맞추어 일하였어.
④ 영주는 재판을 진행할 때 주군의 간섭을 받았어.
⑤ 농노는 방앗간, 대장간 등의 시설물을 이용하고 영주에게 사용료를 냈지.

07 밑줄 친 '개혁'의 배경에 대한 설명으로 옳지 않은 것은?

> 서유럽에서는 10세기 초 클뤼니 수도원 등 일부 수도원을 중심으로 교회를 개혁하려는 운동이 일어났다.

① 교회가 점차 세속화되었다.
② 교황이 하인리히 4세를 파문하였다.
③ 왕과 제후가 성직자 임명권을 차지하였다.
④ 교회에서 성직 매매 등의 부패가 발생하였다.
⑤ 교회가 왕이나 봉건 제후로부터 토지를 받아 이를 장원으로 경영하였다.

08 ㉠에 들어갈 사건으로 옳은 것은?

> **역사 동아리 발표회**
> • 주제: (㉠)
> • 발표 순서
> – 하인리히 4세의 즉위
> – 11세기 교황과 황제의 대립
> – 성직자 임명권을 둘러싼 갈등

① 헤지라 ② 다이카 개신
③ 카노사의 굴욕 ④ 게르만족의 이동
⑤ 동서 교회의 분열

이 문제에서 나올 수 있는 선택지는 다~!

09 중세 서유럽 사회를 배경으로 한 시나리오를 쓸 때 등장인물로 적절하지 않은 것은?

① 스테인드글라스 제작자
② 롤랑의 노래에 심취한 기사
③ 피사 대성당에 방문한 성직자
④ 대학에서 신학을 공부하는 학생
⑤ 신학대전을 읽고 있는 스콜라 철학자
⑥ 성 소피아 대성당에서 세례 성사를 받는 아기
⑦ 샤르트르 대성당에서 결혼식을 올리는 귀족 부부

중요해

10 (가) 황제의 업적에 대한 설명으로 옳은 것은?

① 서유럽 문화의 기틀을 마련하였다.
② 유스티니아누스 법전을 편찬하였다.
③ 교황에게서 서로마 황제의 관을 받았다.
④ 이탈리아 중부 지역을 교황에게 넘겨주었다.
⑤ 성직자 임명권 문제를 놓고 교황 그레고리우스 7세와 대립하였다.

중요해

11 밑줄 친 부분의 영향으로 가장 적절한 것은?

> 서유럽의 가톨릭교회는 게르만족에게 쉽게 크리스트교를 전파하기 위해 성상을 사용하고 있었다. 그러나 비잔티움 제국의 황제는 이러한 성상 숭배를 금지하였다. 동서 교회는 성상 숭배 문제를 두고 오랫동안 대립하였다.

① 로마가 동서로 분열되었다.
② 비잔티움 제국이 멸망하였다.
③ 성 소피아 대성당이 완성되었다.
④ 수도원을 중심으로 교회 개혁 운동이 일어났다.
⑤ 크리스트교 세계가 로마 가톨릭교회와 그리스 정교로 분리되었다.

12 비잔티움 제국에 대한 설명으로 옳지 않은 것은?

① 그리스어가 공용어로 사용되었다.
② 오스만 제국의 공격으로 멸망하였다.
③ 황제 중심의 중앙 집권 체제가 구축되었다.
④ 그리스 정교를 바탕으로 문화를 발전시켰다.
⑤ 로마 교황이 교회의 우두머리 역할을 맡았다.

중요해

13 다음 건축물에 대한 설명으로 옳은 것을 〈보기〉에서 고른 것은?

비잔티움 제국의 유스티니아누스 황제 때 완성된 성당이다. 비잔티움 제국 멸망 후 오스만 제국 지배하에서 이슬람 사원으로 사용되었다.

| 보기 |

ㄱ. 벽 위에 거대한 돔을 올렸다.
ㄴ. 내부는 모자이크 벽화로 장식하였다.
ㄷ. 로마네스크 양식의 대표적인 건축물이다.
ㄹ. 스테인드글라스에 크리스트교 교리를 묘사하였다.

① ㄱ, ㄴ ② ㄱ, ㄷ ③ ㄴ, ㄷ
④ ㄴ, ㄹ ⑤ ㄷ, ㄹ

14 ㉠에 들어갈 국가에 대한 설명으로 옳지 않은 것은?

슬라브족이 노르만족과 함께 세운 (㉠)은/는 흑해를 통해 비잔티움 제국과 교역하였다.

① 키릴 문자를 사용하였다.
② 성 소피아 성당을 세웠다.
③ 그리스 정교를 수용하였다.
④ 오늘날 러시아의 기원이 되었다.
⑤ 서로마 제국의 계승자로 인정받았다.

학교 시험에 잘 나오는 서술형 문제

1 밑줄 친 ㉠, ㉡에 해당하는 내용을 각각 서술하시오.

서유럽 세계의 ㉠ 정치적 통일과 ㉡ 문화적 통합을 이룬 카롤루스 대제의 정신은 오늘날에도 유럽 사회에 계승되었다. 프랑크 왕국의 수도였던 아헨시에서는 1950년부터 매년 유럽의 통합과 발전에 기여한 인물에게 카롤루스 대제상(샤를마뉴 상)을 수여하고 있다.

2 중세 봉건 사회의 농노의 특징을 세 가지 서술하시오.

3 (가), (나)는 중세 서유럽의 대표적인 건축물이다. 이를 보고 물음에 답하시오.

(가)

(나)

(1) (가), (나)에 나타난 건축 양식을 각각 쓰시오.

(2) (1)의 특징을 비교하여 서술하시오.

05 크리스트교 문화의 형성과 확산(2)

중세 유럽 사회의 변화

1. 십자군 전쟁 자료 ①

서술형 단골 십자군 전쟁의 영향을 묻는 문제가 자주 출제돼!

배경 및 전개	셀주크 튀르크가 예루살렘 점령 → 교황이 성지 회복 호소, 전쟁 시작 → 점차 상업적 이익 중시 → 성지 회복 실패
영향	교황의 권위 하락 및 제후와 기사의 세력 약화, 지중해 무역 활성화(→ 도시 발전), 비잔티움과 이슬람 문화의 서유럽 전파

2. 도시의 발달과 장원의 해체

도시 발달	지중해 연안, 북유럽에서 도시 발달(자치권 획득, *길드 조직)
장원 해체	화폐 사용 증가(→ 화폐로 지대 등의 세금 납부), 흑사병 유행으로 인구 감소(→ 노동력 부족, 농노의 처우 개선), 농민 봉기 발생 → 장원 해체, 중세 봉건 사회 동요

3. 교황권의 쇠퇴와 중앙 집권 국가의 등장

(1) 교황권 쇠퇴: 성직자에 대한 과세 문제로 교황과 프랑스 국왕이 대립 → 교황청이 아비뇽으로 옮겨져 왕의 통제를 받음(아비뇽 유수)

(2) 중앙 집권 국가의 등장: *백년 전쟁 전개(영국, 프랑스), 영국 내에서 *장미 전쟁 발발 → 프랑스와 영국이 중앙 집권 국가로 성장

르네상스와 종교 개혁

1. 르네상스 고대 그리스·로마 문화의 부활을 내세운 문예 부흥 운동

이탈리아의 르네상스 (14~16세기) 자료 ②	• 배경: 고대 로마의 문화유산 보존, 지중해 무역 발달, 고전 문화 연구 활발(비잔티움 제국의 학자가 이주해 옴) • 특징: 인간의 개성과 능력 중시(인문주의 발달) • 내용: 페트라르카의 서정시, 『데카메론』(보카치오), 「모나리자」(레오나르도 다빈치), 성 베드로 대성당 등
알프스 이북의 르네상스 (16세기 이후)	• 특징: 현실 사회와 교회의 부패 비판, 사회 개혁적 성격 • 내용: 『우신예찬』(에라스뮈스), 『유토피아』(토머스 모어), 『돈키호테』(세르반테스) 등
과학 기술의 발달	코페르니쿠스·갈릴레이의 지동설 주장(→ 중세의 우주관 탈피), 구텐베르크의 활판 인쇄술 발명, 화약·나침반 개량 등

2. 종교 개혁과 종교 전쟁 자료 ③

(1) 종교 개혁: 크리스트교 세계가 로마 가톨릭교회(구교)와 신교로 분열

독일	교황의 면벌부 판매 → 루터의 「95개조 반박문」 발표 → 제후와 농민이 지지 → 아우크스부르크 화의에서 루터파 인정(1555)
스위스	칼뱅이 예정설 주장, 근면과 절약 강조 → 상공업자들의 지지
영국	헨리 8세가 국왕이 교회의 수장임을 선포 → 영국 국교회 성립

(2) 종교 전쟁: 독일에서 30년 전쟁 발발 → *베스트팔렌 조약 체결(1648)

생생 자료

자료 ① 십자군 전쟁(십자군 원정, 1096~1270)

십자군 전쟁은 200여 년에 걸쳐 여러 차례 이루어졌다. 한때 성지 예루살렘을 점령하기도 하였지만 결국 전쟁은 성지를 회복하지 못하고 실패로 끝났다.

비잔티움 제국 황제가 로마 교황에게 도움을 요청하자, 로마 교황 우르바누스 2세가 클레르몽 공의회를 개최하였고 이를 계기로 시작되었어.

자료 ② 이탈리아의 르네상스 전개

모나리자

르네상스 시기 미술에서는 레오나르도 다빈치, 미켈란젤로, 라파엘로 등이 인체의 아름다움과 사물을 사실적으로 표현하였다. 건축에서는 르네상스 양식이 발전하였는데, 성 베드로 대성당이 대표적이다.

증축에 필요한 비용을 마련하려고 교황이 면벌부를 판매하였어.

자료 ③ 루터와 칼뱅의 종교 개혁

> • 진실로 회개하는 크리스트교도는 면벌부가 없어도 벌이나 죄에서 완전히 해방된다. – 루터의 주장
> • 모든 사람은 동일한 상태로 창조된 것이 아니며, 어떤 사람에게는 영원한 삶이, 또 어떤 사람에게는 영원한 벌이 예정되어 있다. – 칼뱅의 주장

독일의 성직자 루터는 교황의 면벌부 판매를 비판하였다. 스위스에서는 칼뱅이 인간의 구원은 신에 의해 정해져 있다는 예정설을 주장하였다.

인간의 구원은 오직 믿음과 은총에 의해서만 가능하고, 신앙의 근거는 『성서』뿐이라고 주장하였어.

쏙쏙 용어

* **길드** 도시의 상인과 수공자들이 자신들의 이익을 추구하여 조직한 동업 조합
* **백년 전쟁** 플랑드르 지방의 지배권 문제로 영국과 프랑스가 벌인 전쟁. 잔 다르크의 활약으로 프랑스가 승리함
* **장미 전쟁** 왕위 계승을 둘러싸고 일어난 영국 내 귀족 간의 전쟁. 전쟁에 참여한 귀족 가문들이 장미를 문장으로 사용함
* **베스트팔렌 조약** 30년 전쟁을 끝내기 위해 맺은 조약. 제후가 가톨릭, 루터파, 칼뱅파 중 하나를 선택하는 것이 허용되어 칼뱅파가 공식적으로 인정받게 됨

대표 자료 확인하기

◆ 십자군 전쟁(십자군 원정)

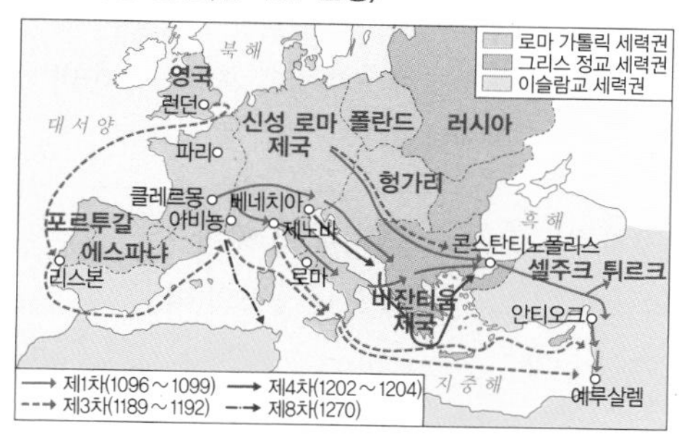

십자군 전쟁은 200여 년에 걸쳐 여러 차례 이루어졌다. 한때 성지인 (①   )을 점령하기도 하였지만 결국 전쟁은 성지를 회복하지 못하고 실패로 끝났다.

◆ 루터와 칼뱅의 종교 개혁

- 진실로 회개하는 크리스트교도는 면벌부가 없어도 벌이나 죄에서 완전히 해방된다. – 루터의 주장
- 모든 사람은 동일한 상태로 창조된 것이 아니며, 어떤 사람에게는 영원한 삶이, 또 어떤 사람에게는 영원한 벌이 예정되어 있다. – 칼뱅의 주장

독일의 성직자 (②   )는 교황의 면벌부 판매를 비판하였다. 스위스에서는 칼뱅이 인간의 구원은 신에 의해 정해져 있다는 (③   )을 주장하였다.

한눈에 정리하기

◆ 중세 유럽 사회의 변화

(①) 전쟁	교황의 권위 하락·제후와 기사 세력 약화, 지중해 무역 활성화(→ 도시 발달) 등
도시의 발달과 장원의 해체	지중해 연안·북유럽 등지에서 도시 발달, 화폐 사용 증가, (②)의 유행으로 인구 감소, 농민 봉기 발생 → 장원 해체, 중세 봉건 사회 동요
중앙 집권 국가의 등장	교황권의 쇠퇴, 왕권의 강화 → 프랑스와 영국이 중앙 집권 국가로 성장

◆ 르네상스와 종교 개혁

르네상스	• 이탈리아: 인간의 개성과 능력을 중시하는 인문주의 발달 • (③) 이북: 현실 사회와 교회의 부패 비판, 사회 개혁적인 성격
종교 개혁	루터의 「95개조 반박문」 발표, 칼뱅의 예정설 주장, 종교 전쟁(30년 전쟁) 발발

꼼꼼 개념 문제

• 정답과 해설 12쪽

1 다음 설명이 맞으면 ○표, 틀리면 ×표를 하시오.

(1) 십자군 전쟁의 결과 전쟁을 주도한 교황의 권위는 크게 강화되었다. (   )

(2) 십자군 전쟁을 계기로 지중해 무역이 활발해져 유럽의 도시가 발전하였다. (   )

(3) 셀주크 튀르크가 예루살렘을 점령하자 교황이 성지의 회복을 호소하면서 십자군 전쟁이 시작되었다. (   )

2 다음 괄호 안의 내용 중 알맞은 말에 ○표를 하시오.

(1) 유럽의 수공업자와 상인들은 동업 조합인 (길드, 장원)을/를 만들어 도시를 운영하였다.

(2) (백년 전쟁, 장미 전쟁)에서 승리한 프랑스는 왕권이 강화되어 중앙 집권 국가로 성장할 수 있었다.

(3) 성직자에 대한 과세 문제로 교황이 프랑스 국왕과 대립하다가 굴복하여 교황청이 (파리, 아비뇽)(으)로 옮겨졌다.

3 다음 빈칸에 들어갈 알맞은 내용을 쓰시오.

(1) (   )는 고대 그리스·로마 문화의 부활을 내세운 문예 부흥 운동이다.

(2) 르네상스는 고대 로마의 문화유산이 많이 남아 있고 지중해 무역으로 경제적 번영을 이룬 (   )에서 시작되었다.

4 다음 인물과 그 작품을 옳게 연결하시오.

(1) 세르반테스 •   • ㉠ 돈키호테

(2) 에라스뮈스 •   • ㉡ 우신예찬

(3) 토머스 모어 •   • ㉢ 유토피아

5 르네상스 시기에 (   )는 활판 인쇄술을 발명하였다.

6 다음에서 설명하는 인물을 〈보기〉에서 골라 기호를 쓰시오.

보기
ㄱ. 루터   ㄴ. 칼뱅   ㄷ. 헨리 8세

(1) 예정설을 주장하였다. (   )

(2) 95개조 반박문을 발표하였다. (   )

(3) 국왕이 영국 교회의 수장임을 선포하였다. (   )

탄탄 시험 문제

01 지도와 같이 전개된 전쟁의 영향으로 옳지 않은 것은?

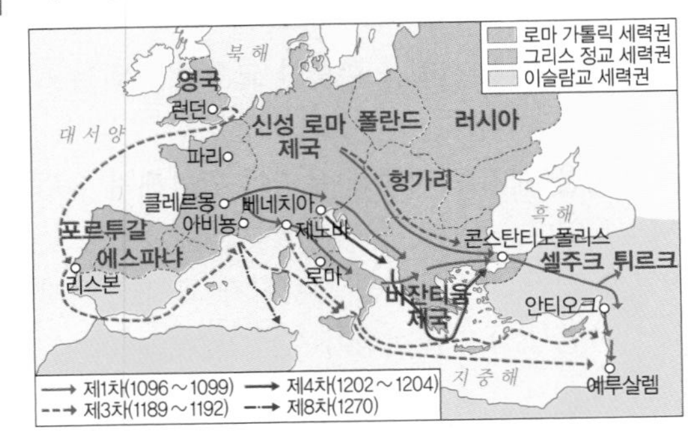

① 교황의 권위가 떨어졌다.
② 지중해 무역이 활발해졌다.
③ 제후와 기사의 세력이 약화되었다.
④ 서유럽에서 봉건 사회가 성립되었다.
⑤ 비잔티움과 이슬람 문화가 서유럽에 전파되었다.

02 ㉠에 들어갈 내용으로 옳은 것은?

> 11세기부터 유럽에서는 도시가 발달하였다. 도시의 상인과 수공업자들은 동업 조합인 (㉠)을/를 만들어 자신들의 이익을 추구하며 도시를 운영하였다.

① 교회 ② 길드
③ 시장 ④ 장원
⑤ 수도원

03 (가)에 들어갈 내용으로 적절한 것은?

> 상업과 도시의 발달로 화폐 사용이 증가하자 영주들은 농노에게 화폐로 지대를 받았으며, 돈을 받고 농노를 해방하여 주기도 하였다. 한편, 흑사병이 유행하면서 노동력이 부족해지자 영주들은 농노의 처우를 개선해 주었다. 이러한 상황 속에서 ______(가)______

① 장원이 해체되었다.
② 자영 농민이 줄어들었다.
③ 농민의 지위가 점차 낮아졌다.
④ 봉건 영주의 세력이 강화되었다.
⑤ 지방 분권적인 정치 체제가 확립되었다.

04 다음 내용의 주제로 가장 적절한 것은?

> 14세기 초에는 로마 교황이 성직자의 과세 문제를 두고 프랑스 국왕과 대립하였다. 이에 프랑스 국왕은 강력해진 왕권을 바탕으로 로마 교황청을 프랑스의 아비뇽으로 옮기는 일이 발생하였다.

① 도시의 성장 ② 장원의 해체
③ 교황권의 쇠퇴 ④ 르네상스의 확산
⑤ 종교 개혁의 전개

05 밑줄 친 ㉠, ㉡에 대한 설명으로 옳지 않은 것은?

> 14세기 초에는 영국과 프랑스 사이에서 ㉠ 백년 전쟁이 일어났다. 백년 전쟁이 끝난 뒤에는 ㉡ 장미 전쟁이 일어났다.

① ㉠ – 잔 다르크가 활약하였다.
② ㉠ – 프랑스가 전쟁에서 승리하였다.
③ ㉡ – 영국 내 귀족 간에 일어난 전쟁이다.
④ ㉡ – 영국이 중앙 집권 국가로 성장하는 기반을 마련하게 되었다.
⑤ ㉡ – 시간이 갈수록 성지 회복보다 상업적 이익을 중시하는 모습을 보였다.

중요해

06 교사의 질문에 대한 학생의 대답으로 적절하지 않은 것은?

① 이탈리아에서 고전 문화 연구가 활발하였어요.
② 지중해 무역으로 이탈리아가 경제적 번영을 이루었어요.
③ 이탈리아에 고대 로마의 문화유산이 많이 남아 있었어요.
④ 알렉산드로스의 동방 원정으로 그리스 문화가 확산되었어요.
⑤ 비잔티움 제국의 멸망 이후에 많은 학자가 이탈리아로 이주해 왔어요.

정답과 해설
12쪽

이 문제에서 나올 수 있는 선택지는 다~!

07 이탈리아의 르네상스에 대한 설명으로 옳지 않은 것은?

① 페트라르카가 서정시를 남겼다.
② 보카치오가 데카메론을 저술하였다.
③ 에라스뮈스가 우신예찬을 저술하였다.
④ 건축에서 르네상스 양식이 발전하였다.
⑤ 레오나르도 다빈치가 모나리자를 그렸다.
⑥ 미켈란젤로, 라파엘로 등이 인체의 아름다움을 사실적으로 표현하였다.

08 다음 내용에 해당하는 사례로 적절한 것을 〈보기〉에서 고른 것은?

> 르네상스 시기에는 세계와 자연에 대한 관심이 커지면서 과학이 발달하였다.

보기
ㄱ. 해시계와 지진계 등이 발명되었다.
ㄴ. 최초로 0(영)이라는 숫자를 만들었다.
ㄷ. 코페르니쿠스가 지동설을 주장하였다.
ㄹ. 구텐베르크가 활판 인쇄술을 발명하였다.

① ㄱ, ㄴ ② ㄱ, ㄷ ③ ㄴ, ㄷ
④ ㄴ, ㄹ ⑤ ㄷ, ㄹ

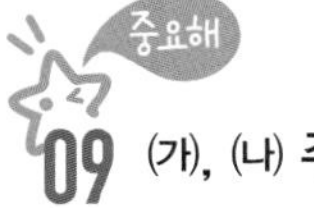

09 (가), (나) 주장에 대한 설명으로 옳은 것은?

> (가) 진실로 회개하는 크리스트교도는 면벌부가 없어도 벌이나 죄에서 완전히 해방된다.
> (나) 모든 사람은 동일한 상태로 창조된 것이 아니며, 어떤 사람에게는 영원한 삶이, 또 어떤 사람에게는 영원한 벌이 예정되어 있다.

① (가) – 칼뱅이 주장하였다.
② (가) – 30년 전쟁 이후에 인정받았다.
③ (가) – 영국 국교회가 성립되는 계기가 되었다.
④ (나) – 도시 상공업자들의 환영을 받았다.
⑤ (나) – 아우크스부르크 화의에서 공식적으로 인정받았다.

중요해

10 ㉠에 들어갈 전쟁에 대한 설명으로 옳은 것은?

> **역사 신문**
>
> **독일에서 일어난 종교 전쟁, 국제 전쟁으로 확대**
>
> 
>
> 종교 개혁이 확산되면서 크리스트교 세계가 구교와 신교로 분열되었고 유럽 곳곳에서 종교 전쟁이 일어났다. 그중 독일에서 일어난 (㉠)은/는 덴마크, 스웨덴, 프랑스, 에스파냐 등 여러 나라가 참여하면서 국제 전쟁으로 확대되었다.

① 베스트팔렌 조약이 체결되면서 끝났다.
② 아비뇽 유수가 일어나는 배경이 되었다.
③ 200여 년에 걸쳐 여러 차례 발생하였다.
④ 아우크스부르크 화의를 맺는 계기가 되었다.
⑤ 성지를 회복하자는 교황의 호소로 시작되었다.

학교 시험에 잘 나오는 서술형 문제

1 다음을 읽고 물음에 답하시오.

> (㉠)은/는 페스트균이 일으키는 전염병으로, 사망 직전에 피부가 흑색으로 변하여 붙여진 이름이다. 14세기에 유럽에서 크게 유행하여 유럽 인구의 약 3분의 1이 줄어들었다.

(1) ㉠에 들어갈 내용을 쓰시오.

(2) (1)이 농민의 지위 변화에 끼친 영향을 서술하시오.

연표와 표로 정리하는 대단원

중국	서양	주요 사건
춘추 전국	고대 사회	기원전 6세기경 불교 성립
춘추 전국	고대 사회	기원전 317 마우리아 왕조 성립
진(秦)	고대 사회	
한	고대 사회	기원전 108 고조선 멸망
한	고대 사회	45 쿠샨 왕조 성립
위진 남북조	고대 사회	220 후한 멸망, 삼국 시대 시작
위진 남북조	고대 사회	280 진(晉), 삼국 통일
위진 남북조	고대 사회	320 굽타 왕조 성립
위진 남북조	고대 사회	439 북위, 화북 지방 통일
위진 남북조	중세 사회	476 서로마 제국 멸망
위진 남북조	중세 사회	481 프랑크 왕국 건국
위진 남북조	중세 사회	527 유스티니아누스 황제 즉위
위진 남북조	중세 사회	550 굽타 왕조 멸망
수	중세 사회	589 수, 중국 통일
당	중세 사회	618 당 건국
당	중세 사회	622 헤지라
당	중세 사회	645 일본, 다이카 개신
당	중세 사회	661 우마이야 왕조 성립
당	중세 사회	676 신라, 삼국 통일
당	중세 사회	726 성상 숭배 금지령 반포

01 불교 및 힌두교 문화의 형성과 확산

불교문화의 형성

불교의 성립	고타마 싯다르타가 불교 창시, 자비와 평등 강조
마우리아 왕조	북인도 통일, (①) 때 전성기(산치 대탑 건립), 상좌부 불교 발달(개인의 해탈 강조, 동남아시아에 전파)
쿠샨 왕조	인도 북부 재통일, 카니슈카왕 때 전성기, 대승 불교 발달(중생의 구제 강조, 동아시아에 전파), 간다라 양식 유행

힌두 문화의 확산

굽타 왕조	찬드라굽타 2세 때 전성기(경제적 번영, 종교·문화 발달)
힌두교 발전	브라만교, 다양한 민간 신앙, 불교가 융합하여 힌두교로 발전(카스트에 따른 신분 차별 인정, 『마누 법전』 정비)
인도의 고전 문화 발달	산스크리트 문학 발달(『마하바라타』), (②) 양식 등장(아잔타 석굴 사원의 벽화), 천문학·수학 등 자연 과학 발달(숫자 '0'의 개념 처음 사용)

02 동아시아 문화의 형성과 확산

위진 남북조 시대와 수·당

위진 남북조 시대	• 전개: 삼국 시대(위·촉·오) → 진(晉)의 통일 → 5호 16국 시대 → 남북조 시대(북위의 한화 정책, 남조에서의 강남 개발) • 사회: (③) 실시 → 문벌 귀족 사회 형성 • 문화: 불교 발달(대규모 석굴 사원 건립), 도교 성립, 청담 사상 유행, 귀족 문화 발전
수	문제의 과거제 실시 → 양제의 (④) 건설, 대규모 토목 공사와 고구려 원정 실패·농민 반란으로 멸망
당	• 정치: 태종의 율령 체제 완성(3성 6부 운영, 균전제·조용조·부병제 실시), 동돌궐 복속 → 고종의 서돌궐 복속 • 문화: 귀족적·국제적 문화 발달(당삼채 유행, 수도 장안이 국제도시로 발전, 외래 종교 전래), 유학과 불교·도교 발전

한국과 일본의 고대 국가

한국	고조선 → 삼국 시대 → 남북국 시대(신라, (⑤))
일본	야마토 정권(아스카 문화, 다이카 개신) → 나라 시대(헤이조쿄 천도, 불교 융성) → 헤이안 시대(헤이안쿄 천도, 국풍 문화 발달)

동아시아 문화권의 형성

배경	당의 제도와 문물이 동아시아 각국에 전파
내용	(⑥), 율령, 유교, 불교 등의 문화 요소 공유

답 | ① 아소카왕 ② 굽타 ③ 9품중정제 ④ 대운하 ⑤ 발해 ⑥ 한자

03 이슬람 문화의 형성과 확산

이슬람교와 이슬람 제국의 성립

이슬람교 성립	(⑦)가 정립, 유일신 '알라' 숭배, 인간 평등 강조, 헤지라 이후 교세 확장·메카 정복
정통 칼리프 시대	칼리프 선출, 이슬람교로 개종하면 세금 감면
우마이야 왕조	칼리프 세습, 아랍인 우대 정책 실시
아바스 왕조	아랍인 우대 정책 폐지, 탈라스 전투 승리

이슬람 문화권의 형성

사회와 경제	이슬람교의 경전인 (⑧)이 종교 및 일상생활 지배, 상업과 교역 발전, 아바스 왕조의 수도 바그다드 번성
문화	이슬람교 확산, 『아라비안나이트』 유명, 모스크 건축(아라베스크로 장식), 아라비아 숫자 완성·연금술 등 자연 과학 발달

04~05 크리스트교 문화의 형성과 확산

유럽 사회의 형성

서유럽	• 프랑크 왕국 발전: 카롤루스 대제 때 전성기 • 봉건 사회 형성: 주종 관계와 장원제 바탕, 지방 분권적 • 교황권 강화: 성직자 임명권 갈등 → 카노사의 굴욕 • 크리스트교 중심의 문화: 스콜라 철학 유행(토마스 아퀴나스), (⑨) 양식 발달(첨탑, 스테인드글라스)
비잔티움 제국	• 발전: (⑩) 황제 때 전성기(『유스티니아누스 법전』 편찬), 황제 교황주의, 수도 콘스탄티노폴리스 번영 • 교회 분열: 성상 숭배 금지 → 로마 가톨릭, 그리스 정교로 분리 • 문화: 그리스 정교 바탕, 비잔티움 양식(성 소피아 대성당)

중세 유럽 사회의 변화

십자군 전쟁	셀주크 튀르크의 (⑪) 점령, 비잔티움 제국 위협으로 발발 → 성지 회복 실패 → 교황권 쇠퇴
도시 성장과 장원의 해체	상공업 발달로 도시의 자치권 획득, 화폐 사용 증가, 흑사병 유행으로 농민의 지위 상승 → 장원 해체
중앙 집권 국가	백년 전쟁, 장미 전쟁 → 중앙 집권 국가의 등장

르네상스와 종교 개혁

르네상스	• 이탈리아 르네상스: 인문주의 발달(보카치오, 미켈란젤로) • 알프스 이북 르네상스: 사회 개혁적 성격(『우신예찬』, 『유토피아』)
종교 개혁	루터의 「95개조 반박문」 발표, 칼뱅의 (⑫) 주장, 영국 국교회 성립, 30년 전쟁 발발 → 베스트팔렌 조약 체결

답 | ⑦ 무함마드 ⑧ 쿠란 ⑨ 고딕 ⑩ 유스티니아누스 ⑪ 예루살렘 ⑫ 예정설

중국	서양	주요 사건
당		750 아바스 왕조 성립
		751 탈라스 전투
		755 당, 안사의 난(~763)
		800 카롤루스 대제, 서로마 황제 대관
		907 당 멸망
북송	중세 사회	1054 크리스트교, 동서 교회 분열
		1077 카노사의 굴욕
		1096 십자군 전쟁(~1270)
남송		
원		1337 백년 전쟁(~1453)
		1450 구텐베르크, 활판 인쇄술 발명
		1453 비잔티움 제국 멸망
		1455 영국, 장미 전쟁(~1485)
명	근대 사회	1517 루터, 「95개조 반박문」 발표
		1536 칼뱅, 예정설 주장
		1618 30년 전쟁(~1648)

쑥쑥 마무리 문제

01 불교 및 힌두교 문화의 형성과 확산

01 ㉠, ㉡에 들어갈 내용을 옳게 짝지은 것은?

> 불교는 (㉠)의 권위주의와 신분 차별에 반대하고 자비와 평등을 강조하였다. 불교의 가르침은 (㉡)에 불만을 가지고 있던 사람들의 지지를 받았다.

	㉠	㉡
①	힌두교	이슬람 사회
②	힌두교	카스트 사회
③	브라만교	봉건 사회
④	브라만교	이슬람 사회
⑤	브라만교	카스트 사회

02 ㉠ 왕조 시기에 있었던 사실로 옳은 것은?

> **문화유산 카드**
>
> - 명칭: 산치 대탑
> - 제작: (㉠) 시기
> - 특징: 현존하는 가장 오래된 불탑으로, 석가모니의 행적과 아소카왕의 순례 장면이 새겨져 있음

① 굽타 양식이 유행하였다.
② 유목 민족인 에프탈의 침략을 받았다.
③ 카니슈카왕이 최대 영토를 확보하였다.
④ 왕실이 왕권을 높이기 위해 힌두교를 후원하였다.
⑤ 불교의 가르침을 새긴 돌기둥이 각지에 세워졌다.

03 밑줄 친 ㉠~㉤ 중 옳은 것은?

구분	상좌부 불교	대승 불교
발전 시기	마우리아 왕조	㉠ 굽타 왕조
후원	㉡ 카니슈카왕	㉢ 아소카왕
수행 방법	㉣ 개인의 해탈 강조	중생의 구제 강조
전파 지역	동남아시아	㉤ 서아시아

① ㉠ ② ㉡ ③ ㉢ ④ ㉣ ⑤ ㉤

04 ㉠ 불상에 대한 설명으로 옳지 않은 것은?

> **역사 조사 보고서**
>
> - 조사 주제: (㉠)의 발달
> - 조사 결과
>
> 
> ↑그리스 신상
>
> 
> ↑(㉠)
>
> 
> ↑룽먼 석굴 불상
>
> 그리스 신상은 (㉠) 제작에 영향을 주었다. 그리고 (㉠)은 동아시아에 전해져 중국에서 룽먼 석굴 불상이 만들어졌다.

① 쿠샨 왕조 시기에 발달하였다.
② 부처를 인간의 모습으로 조각하였다.
③ 섬세하게 인체의 윤곽을 그대로 드러냈다.
④ 대승 불교와 함께 비단길을 통해 중국, 한국 등에 전파되었다.
⑤ 그리스인의 헬레니즘 문화와 인도의 불교문화가 융합한 것이다.

05 ㉠ 왕조 시기에 볼 수 있는 모습으로 적절하지 않은 것은?

① 시바신 앞에서 기도하는 힌두교도
② 산스크리트어로 문학 작품을 쓰는 작가
③ 10진법을 사용하여 가격을 표시하는 상인
④ 아라베스크로 장식한 건축물을 짓는 노동자
⑤ 마누 법전에 규정된 규범을 아이에게 가르치는 아버지

02 동아시아 문화의 형성과 확산

06 위진 남북조 시대에 대한 설명으로 옳지 않은 것은?

① 한족이 강남 지방을 개발하였다.
② 진(晉)이 북방 민족을 피해 창장강 이남으로 이주하였다.
③ 후한 멸망 후 중국이 위·촉·오의 세 나라로 분열되었다.
④ 선비족이 세운 북위는 한족의 복장과 언어를 금지하였다.
⑤ 북방 민족이 화북 지방을 차지하면서 5호 16국 시대가 시작되었다.

07 다음에서 설명하는 제도로 옳은 것은?

> 각 지방의 중정관이 자기 지역의 인물을 재능과 인품 등에 따라 등급을 매겨 중앙 정부에 추천하는 제도로, 위진 남북조 시대에 실시되었다.

① 과거제 ② 군현제
③ 봉건제 ④ 카스트제
⑤ 9품중정제

08 (가)에 대한 설명으로 가장 적절한 것은?

① 당이 멸망하는 원인이 되었다.
② 수의 양제가 건설한 대운하이다.
③ 진시황제 때부터 쌓은 만리장성이다.
④ 장건의 서역 파견으로 개척된 비단길이다.
⑤ 중국의 화북 지방과 강남 지방의 교류가 단절되는 결과를 가져왔다.

09 밑줄 친 ㉠~㉤에 해당하는 내용으로 적절하지 않은 것은?

> 당은 통치 제도를 정비하여 ㉠ 중앙과 ㉡ 지방을 다스렸다. 또한 ㉢ 농민에게 일정량의 토지를 나누어 주었다. 그 대가로 농민들에게 ㉣ 곡물, 노동력, 직물 등 세금을 거두었으며, ㉤ 농한기에 군사 훈련을 받고 전쟁이 나면 병사로 복무하게 하였다.

① ㉠ – 3성 6부 운영 ② ㉡ – 주현제 실시
③ ㉢ – 균전제 실시 ④ ㉣ – 조용조 실시
⑤ ㉤ – 모병제 실시

10 지도의 영역을 차지한 왕조 시기에 있었던 사실로 옳은 것은?

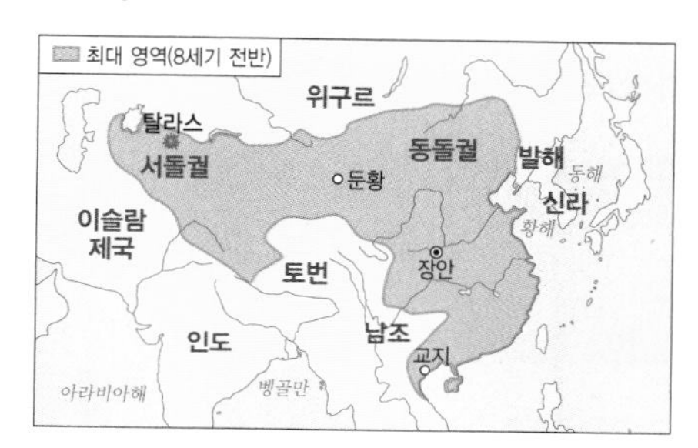

① 고개지가 여사잠도를 그렸다.
② 과거제가 처음으로 실시되었다.
③ 당삼채라는 도자기가 유행하였다.
④ 흉노를 막기 위해 만리장성을 쌓았다.
⑤ 윈강, 룽먼에 대규모 석굴 사원을 조성하였다.

11 일본의 고대 국가 발전 과정을 순서대로 옳게 나열한 것은?

> (가) 국풍 문화가 발달하였다.
> (나) 야요이 문화가 성립하였다.
> (다) 헤이조쿄(나라)로 천도하였다.
> (라) 쇼토쿠 태자가 중국과 한반도의 불교문화를 받아들였다.

① (가) – (나) – (라) – (다) ② (나) – (다) – (가) – (라)
③ (나) – (라) – (다) – (가) ④ (다) – (라) – (나) – (가)
⑤ (라) – (다) – (가) – (나)

12 다음 내용의 제목으로 가장 적절한 것은?

> 한자, 율령, 유교와 함께 불교는 동아시아 문화권의 공통 요소 중 하나이다. 불교는 중국에 전래된 후 중국 문화와 혼합되면서 인도 불교와는 다른 성격을 띠었다. 우리나라와 일본도 불교를 자국의 상황에 맞게 수용하여 독자적으로 발전시켰다. 불교는 동아시아 왕실의 권위를 높이고 학문과 예술이 발달하는 데 크게 기여하였다.

① 불교를 통해 본 동아시아 문화권
② 동남아시아 국가들의 문화적 차이
③ 힌두교의 영향을 받은 인도의 문화
④ 상좌부 불교와 대승 불교의 탄생 배경
⑤ 한자, 율령, 유교로 살펴본 동아시아 문화권

03 이슬람 문화의 형성과 확산

13 (가) 왕조가 쇠퇴한 이유로 적절한 것은?

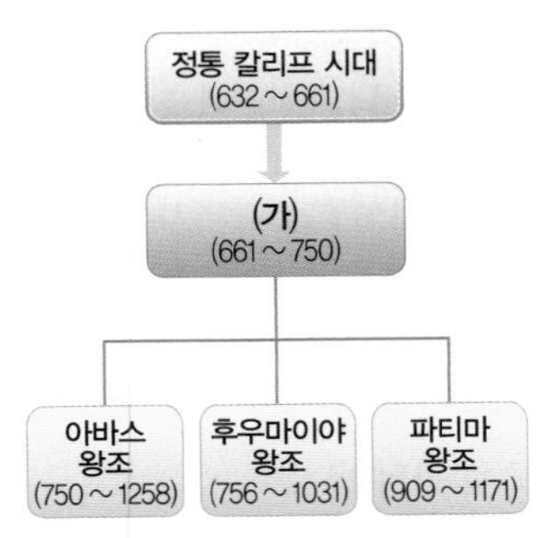

① 몽골의 침입을 받았다.
② 탈라스 전투에서 패배하였다.
③ 이슬람 공동체에서 칼리프를 선출하였다.
④ 아랍인을 우대하는 민족 차별 정책을 폈다.
⑤ 대운하 건설 등 대규모 토목 공사를 추진하였다.

14 다음 내용에 해당하는 이슬람 왕조에 대한 설명으로 옳은 것은?

> • 성립: 이란 지방에서 성장, 수도 바그다드
> • 민족 정책: 아랍인 중심의 민족 차별 정책 폐지

① 탈라스 전투에서 승리하였다.
② 비아랍인에게 세금을 거두었다.
③ 시리아와 이집트를 점령하였다.
④ 사산 왕조 페르시아를 정복하였다.
⑤ 우마이야 가문이 칼리프직을 세습하였다.

15 지도와 같이 이슬람 상인이 교역 활동을 할 수 있었던 배경으로 적절한 것을 〈보기〉에서 고른 것은?

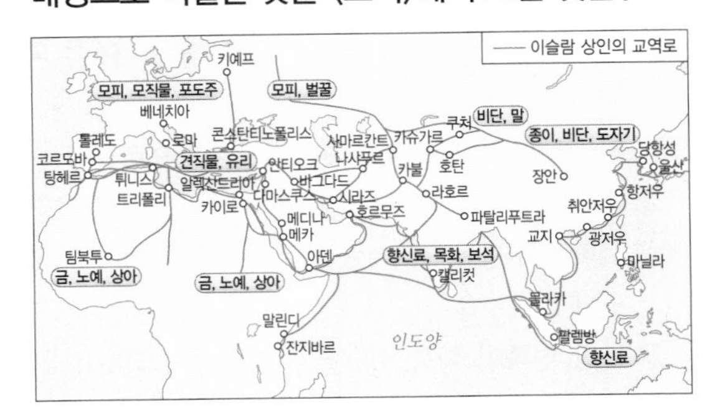

보기
ㄱ. 이슬람 사회가 상업 활동에 부정적이었다.
ㄴ. 이슬람 왕조가 상인들의 상업 활동을 지원하였다.
ㄷ. 헤지라를 계기로 이슬람 제국이 동서 교역로를 장악하였다.
ㄹ. 이슬람 제국이 아시아, 아프리카, 유럽이 만나는 지리적 요충지에 있었다.

① ㄱ, ㄴ ② ㄱ, ㄷ ③ ㄴ, ㄷ
④ ㄴ, ㄹ ⑤ ㄷ, ㄹ

16 다음 종교와 관련된 문화권에 대한 설명으로 옳지 않은 것은?

> 신도들은 이슬람력 12월에 성지인 메카를 순례한다. 그들은 메카의 카바 신전을 일곱 바퀴 돌고 신성한 돌에 입을 맞추는 의식을 치른다.

① 아랍어를 널리 사용하였다.
② 아라비아 숫자를 완성하였다.
③ 설화를 모은 아라비안나이트가 널리 읽혔다.
④ 연금술의 연구 과정에서 화학이 발달하였다.
⑤ 모스크 내부를 주로 무함마드의 모습을 그린 벽화로 장식하였다.

04 크리스트교 문화의 형성과 확산(1)

17 카롤루스 대제의 업적으로 옳은 것은?

① 크리스트교를 공인하였다.
② 로마 제국의 제정 시대를 열었다.
③ 유스티니아누스 법전을 편찬하였다.
④ 비잔티움 제국의 전성기를 이끌었다.
⑤ 로마 교황에게서 서로마 황제의 관을 받았다.

18 ㉠에 들어갈 계층으로 옳은 것은?

> 장원의 농민은 대부분 (㉠)였다. 이들은 마음대로 이사할 수 없었고, 영주에게 각종 세금을 바쳐야 했다. 다만 결혼하여 가정을 꾸리고 약간의 재산을 가질 수 있었다.

① 기사 ② 노예 ③ 농노
④ 무사 ⑤ 절도사

19 다음 사건이 일어난 배경으로 가장 적절한 것은?

> 사진은 황제 하인리히 4세가 클뤼니 수도원장과 카노사의 성주 마틸다 백작 부인에게 교황과의 화해를 주선해 달라고 요청하는 모습이다. 결국 황제는 교황에게 무릎을 꿇고 용서를 빌었다.

① 황제가 성상 숭배 금지령을 내렸다.
② 수도원을 중심으로 교회 개혁 운동이 일어났다.
③ 교황과 황제가 성직자 임명권을 두고 대립하였다.
④ 교황이 성직자 과세 문제로 프랑스 국왕과 대립하였다.
⑤ 동서 교회가 로마 가톨릭교회와 그리스 정교로 나뉘었다.

20 밑줄 친 '이 나라'의 문화에 대한 설명으로 옳은 것은?

> 이 나라는 유스티니아누스 황제 때 전성기를 맞았다. 수도 콘스탄티노폴리스가 당시 세계 최대의 도시로 성장하였으나, 15세기 중엽 오스만 제국에 멸망하였다.

① 기사도 문학이 유행하였다.
② 라틴어를 공용어로 사용하였다.
③ 토마스 아퀴나스가 스콜라 철학을 집대성하였다.
④ 내부를 모자이크 벽화로 장식한 성 소피아 대성당을 세웠다.
⑤ 스테인드글라스를 특징으로 하는 샤르트르 대성당을 만들었다.

05 크리스트교 문화의 형성과 확산(2)

21 (가), (나) 전쟁에 대한 설명으로 옳지 않은 것은?

> (가) 프랑스의 왕위 계승 문제로 영국과 프랑스가 전쟁을 벌였다.
> (나) 셀주크 튀르크가 예루살렘을 점령하자 로마 교황 우르바누스 2세의 호소에 따라 성지 탈환을 위한 전쟁이 시작되었다.

① (가) – 잔 다르크의 활약으로 프랑스가 승리하였다.
② (가) – 프랑스가 중앙 집권 국가로 성장하는 데 영향을 주었다.
③ (나) – 전쟁의 결과 교황의 권위가 크게 떨어졌다.
④ (나) – 오랜 전쟁으로 서유럽의 문화가 쇠퇴하였다.
⑤ (나) – 전쟁 후 유럽에서 상공업이 발달하고 도시가 성장하였다.

22 르네상스의 근본정신으로 옳은 것은?

① 금욕주의 ② 인문주의
③ 전체주의 ④ 쾌락주의
⑤ 세계 시민주의

23 다음 두 사건 사이에 일어난 사실로 옳은 것은?

> • 루터가 「95개조 반박문」을 발표하였다.
> • 베스트팔렌 조약이 맺어져 제후가 가톨릭, 루터파, 칼뱅파 중에 선택하는 것이 허용되었다.

① 유럽에서 흑사병이 유행하였다.
② 카노사의 굴욕 사건이 발생하였다.
③ 독일에서 30년 전쟁이 발발하였다.
④ 이탈리아에서 르네상스가 일어났다.
⑤ 로마 교황청이 아비뇽으로 옮겨져 프랑스 국왕의 통제를 받았다.

Ⅲ 지역 세계의 교류와 변화

01 몽골 제국과 문화 교류

송의 발전과 북방 민족의 성장

1. 송의 건국과 변천 조광윤이 송 건국(960) → *5대 10국의 혼란 수습

(1) 태조의 중앙 집권 강화

① 문치주의 정책: 절도사 세력 약화, 문인 관료 우대 → *사대부 형성

② 황제권 강화: 군대의 황제 직속화, 과거제 개혁(황제가 시험 주관)

(2) 왕안석의 개혁: 북방 민족들의 송 압박 → 송이 북방 민족에게 비단과 은 제공 → 송의 재정 악화 → 왕안석의 개혁 시도 → 실패

(3) 송의 쇠퇴: 금의 공격으로 천도(남송, 1127) → 원에 멸망(1279)

2. 송의 경제와 문화

경제	• 농업: 창장강 하류 지역 개간, 농업 기술 발달(모내기법 보편화 등) • 상공업: 동업 조합(행·작) 조직, 동전과 지폐(교자·회자) 사용 • 해상 무역: 조선술과 항해술 발전(정크선 제작, 나침반 사용) → 바다를 통해 각국과 교류, 주요 항구에 시박사 설치(대외 무역 관리)
문화	• 학문: 남송의 주희가 성리학 완성(우주의 원리와 인간의 본성 탐구) • 과학 기술 발달: 화약 무기, 나침반, 활판 인쇄술 발전 및 실용화 • 서민 문화 발달: 상업의 발달로 도시 성장, 서민들의 사회·경제적 지위와 생활 수준 향상 → 대도시에 공연장 발달, 서민 오락 성행

3. 북방 민족의 성장 자료 ①

(1) 거란족: 야율아보기가 거란(요) 건국, 화북 지방 진출, 고려 침략

(2) 탕구트족: 서하 건국, 동서 무역로(비단길) 장악, 송 압박

(3) 여진족: 금 건국, 송과 연합하여 요 멸망, 송을 남쪽으로 몰아냄

몽골 제국의 성립과 동서 문화 교류의 확대

1. 몽골 제국의 성립과 변천 자료 ② 서술형 단골 원대의 신분 구성과 민족 차별 정책에 대해 묻는 문제가 자주 출제돼!

몽골 제국	테무친이 몽골 부족 통일 후 칭기즈 칸으로 추대(1206) → 서하·금·아바스 왕조 등 정복, 대제국 건설 → 여러 울루스(한국)로 분할
원	• 성립: 쿠빌라이 칸이 수도를 대도(베이징)로 옮김, 나라 이름을 원으로 변경(1271) → 남송을 멸망시키고 중국 전역 지배 • 통치: 몽골 제일주의로 통치, 파스파 문자(몽골 문자) 사용 • 쇠퇴: 한족들의 반란(홍건적의 난) → 원이 북쪽으로 쫓겨남

2. 원의 경제와 문화 자료 ③

경제	목화 재배 확대, 교통로 발달(주요 교통로에 역참 설치·운영, 대운하 정비 등), 물자 교류 왕성, 화폐 사용 증가 및 지폐(교초) 사용
문화	• 서민 문화: 구어체 소설 인기, 노래·연극이 어우러진 잡극 유행 • 인적 교류: 외국인의 중국 방문(마르코 폴로, 이븐 바투타 등) • 문화 수용: 다양한 종교 공존(이슬람교, 티베트 불교 등), 곽수경의 천문대 건설·수시력 제작, 청화 백자(청화 자기) 제작 등 • 문화 전파: 화약 무기, 나침반, 활판 인쇄술 등이 유럽에 전파

생생 자료

자료 ① 북방 민족의 성장

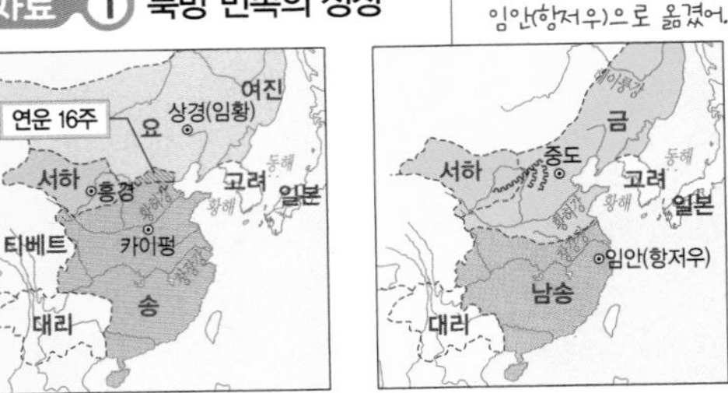

↑ 11세기 정세도 ↑ 12세기 정세도

요와 서하, 금의 군주는 모두 스스로 황제라고 칭하였으며, 자신들만의 문자를 만들었다. 또한 요와 금은 한족을 효율적으로 다스리기 위해 이중적인 통치 방식을 사용하였다.

자신의 부족은 고유의 부족제로 다스리고, 한족은 중국의 통치 방식인 군현제로 다스렸어.

자료 ② 원대의 신분 구성

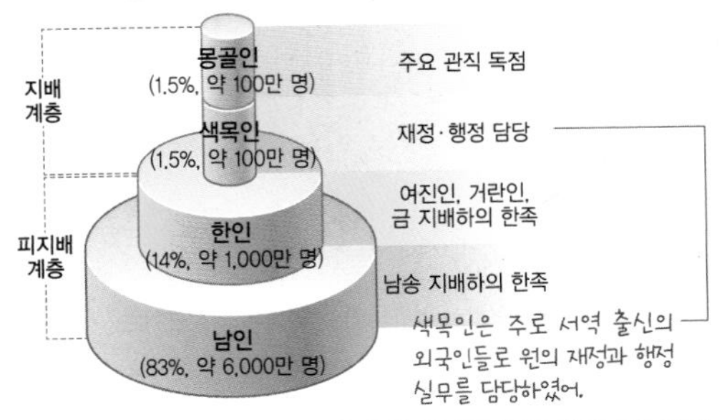

원은 몽골 제일주의를 내세워 몽골인을 가장 우대하였고 서역 출신의 색목인이 그다음이었다. 한인과 남인은 피지배 계층을 이루었는데 과중한 세금을 부담하고 관직 등용에서 불이익을 받는 등 차별받았다.

몽골의 침입 때 가장 저항이 컸기 때문에 가장 심한 차별을 받았어.

자료 ③ 몽골 제국의 주요 교통로

몽골 제국 시기에는 초원길, 비단길, 바닷길이 연결되어 유라시아 대륙이 하나의 교역권으로 통합되었다.

마르코 폴로가 여행에서 보고 들은 것을 바탕으로 『동방견문록』이 만들어졌어.

쏙쏙 용어

* **5대 10국** 당 멸망 이후 송이 중국을 통일하기까지 흥망성쇠를 거듭한 다섯 왕조와 열 개의 나라
* **사대부** 유교적 지식과 소양을 갖춘 지배층. 송대에 과거제가 정비되면서 새로운 지배층이 됨

대표 자료 확인하기

◆ 북방 민족의 성장

⬆ 11세기 정세도

• (①　　　　　)

⬆ 12세기 정세도

• (②　　　　　)

◆ 원대의 신분 구성

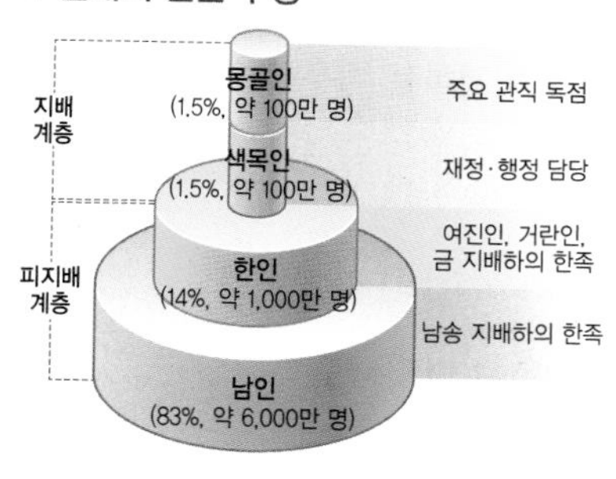

원은 몽골 제일주의를 내세워 몽골인과 (③　　　　　)을 우대하였다. 반면, 한인과 남인은 피지배 계층을 이루었는데 과중한 세금을 부과하고 관직 등용에서 불이익을 받는 등 차별받았다.

한눈에 정리하기

◆ 송의 발전

정치	(①　　　　　) 실시(문신 우대) → 군사력 약화 → 북방 민족의 송 압박 → (②　　　　　)의 개혁(실패) → 금의 공격으로 천도(남송) → 원에 멸망
경제	강남 지방을 중심으로 농업과 상공업 발달(모내기법 보편화, 지폐인 교자 사용 등), 해상 무역 확대
문화	성리학 발전, 화약 무기·나침반·활판 인쇄술 발전, 서민 문화 발달(전문 공연장 발달, 서민 오락 성행)

◆ 몽골 제국의 발전

정치	칭기즈 칸과 후손들이 대제국 건설 → 여러 울루스로 분열 → (③　　　　　)이 국호를 원으로 변경 → 원이 중국 전역 지배(몽골 제일주의로 통치)
경제	목화 재배 확대, 교통로 정비(역참제 실시, 대운하 정비 등), 물자 교류 왕성, 지폐인 교초 사용 등
문화	서민 문화 발달(구어체 소설 인기, 잡극 유행), 동서 교류 확대(마르코 폴로의 중국 방문 등)

꼼꼼 개념 문제

● 정답과 해설 14쪽

1 다음 괄호 안의 내용 중 알맞은 말에 ○표를 하시오.

(1) 송대에 과거제가 정비되면서 (호족, 사대부) 계층이 형성되었다.

(2) 송 태조는 문치주의를 실시하여 (황제, 절도사)의 권한을 강화하였다.

(3) 송은 (금, 요)의 공격을 받아 남쪽으로 수도를 옮겼는데, 이 시기를 남송이라 한다.

2 송의 경제에 대한 설명이 맞으면 ○표, 틀리면 ×표를 하시오.

(1) 창장강 하류 지역이 개간되었고 모내기법 등 농업 기술이 발달하였다. (　　)

(2) 상거래가 많아지면서 동전이 널리 유통되었고 교초라는 지폐도 만들어졌다. (　　)

(3) 주요 항구에 무역 사무를 맡아보던 시박사가 설치되어 대외 무역을 관리하였다. (　　)

3 남송의 주희는 우주의 원리와 인간의 본성을 탐구하는 학문인 (　　　　)을 완성하였다.

4 송대의 북방 민족과 그 특징을 옳게 연결하시오.

(1) 거란족 •　　　　• ㉠ 동서 무역로를 장악함

(2) 여진족 •　　　　• ㉡ 야율아보기가 국가를 세움

(3) 탕구트족 •　　　　• ㉢ 송과 연합하여 요를 멸망시킴

5 (가)~(라)를 일어난 순서대로 옳게 나열하시오.

> (가) 남송이 멸망하였다.
> (나) 테무친이 칭기즈 칸으로 추대되었다.
> (다) 한족들의 반란으로 원이 북쪽으로 쫓겨났다.
> (라) 쿠빌라이 칸이 나라 이름을 원으로 바꾸었다.

6 다음 빈칸에 들어갈 알맞은 내용을 쓰시오.

(1) 몽골 제국은 주요 교통로에 (　　　　)을 세워 운영하는 역참제를 실시하였다.

(2) 몽골 제국 시기에 중국을 여행하였던 (　　　　)가 보고 들은 것을 바탕으로 동방견문록이 만들어졌다.

탄탄 시험 문제

01 송이 다음 정책을 실시한 결과로 옳지 않은 것은?

> 중앙군을 강화하고 황제 직속으로 두어 황제가 군사권을 장악하였고, 과거제를 개혁하여 황제가 직접 시험을 주관하였다.

① 사대부 계층이 형성되었다.
② 송의 군사력이 약화되었다.
③ 송의 황제권이 강화되었다.
④ 북방 민족들이 송을 압박하였다.
⑤ 지방에서 절도사의 권한이 강해졌다.

02 다음 두 사건 사이에 있었던 사실로 옳은 것을 〈보기〉에서 고른 것은?

> • 조광윤이 송을 건국하였다.
> • 송이 금의 공격을 받아 천도하였다.

보기
ㄱ. 요가 멸망하였다.
ㄴ. 왕안석이 개혁을 시도하였다.
ㄷ. 주희가 성리학을 완성하였다.
ㄹ. 남송이 원의 공격을 받아 멸망하였다.

① ㄱ, ㄴ ② ㄱ, ㄷ ③ ㄴ, ㄷ
④ ㄴ, ㄹ ⑤ ㄷ, ㄹ

03 ㉠에 들어갈 내용으로 옳은 것은?

① 호족 ② 사대부
③ 시박사 ④ 절도사
⑤ 중정관

04 ㉠에 들어갈 나라의 경제 상황으로 옳지 않은 것은?

나침반

> 사진은 나침반을 복원한 모형으로 비단실에 바늘을 매달아 남북을 가리키도록 제작되었다. (㉠)대에 실용화된 나침반은 자석의 원리를 이용해 방향을 알려 주는 도구이다. 나침반은 중국의 해상 무역 확대에 기여하였고, 이슬람 상인에 의해 유럽에 전해졌다.

① 교자라는 지폐가 만들어졌다.
② 창장강 하류 지역이 개간되었다.
③ 행, 작의 동업 조합이 만들어졌다.
④ 모내기법 등의 농업 기술이 발달하였다.
⑤ 화북과 강남 지방을 연결하는 대운하가 완성되었다.

[05~06] 지도를 보고 물음에 답하시오.

11세기 정세도

12세기 정세도

05 (가) 나라에 대한 설명으로 옳은 것은?

① 원에 멸망하였다.
② 고려를 침략하였다.
③ 탕구트족이 건국하였다.
④ 송과 연합하여 요를 멸망시켰다.
⑤ 동아시아 최초로 유목 제국을 건설하였다.

06 (가), (나) 나라의 공통점으로 적절하지 않은 것은?

① 문치주의 정책을 실시하였다.
② 자신들만의 문자를 만들었다.
③ 군주가 스스로 황제라고 칭하였다.
④ 이중적인 통치 방식을 사용하였다.
⑤ 강력한 군사력으로 송을 압박하였다.

중요해

07 다음에서 설명하는 인물의 활동으로 옳은 것은?

① 남송을 멸망시켰다.
② 몽골 부족을 통일하였다.
③ 나라 이름을 원으로 바꾸었다.
④ 수도를 대도(베이징)로 옮겼다.
⑤ 거란족을 통합하여 거란(요)을 건국하였다.

중요해

08 (가)에 들어갈 내용으로 가장 적절한 것은?

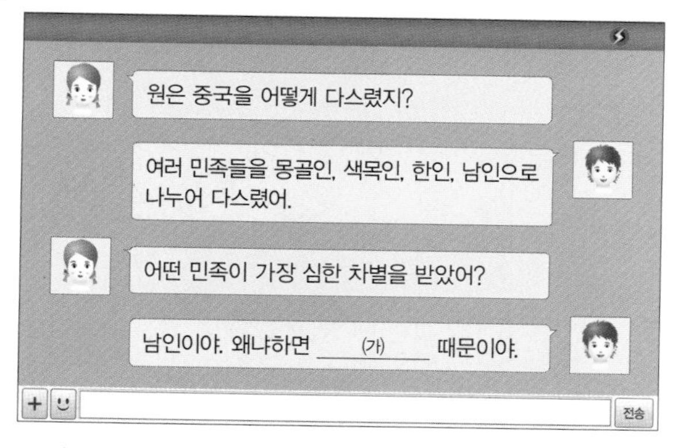

① 송과 연합하여 요를 멸망시켰기
② 몽골의 침입 때 가장 저항이 컸기
③ 제국을 여러 개의 울루스로 분할하였기
④ 화북 지역에서 요와 금의 지배를 받았기
⑤ 서아시아, 중앙아시아, 유럽 등지에서 왔기

09 밑줄 친 '이 시기' 중국의 경제와 문화에 대한 설명으로 옳지 <u>않은</u> 것은?

> <u>이 시기</u>에는 교통로의 발달로 서역 상인이 자주 왕래하여 물자의 교류도 왕성하였다. 화폐의 사용이 늘었고 지폐인 교초도 사용되었다.

① 잡극이 유행하였다.
② 목화 재배가 확대되었다.
③ 구어체로 쓴 소설이 인기를 얻었다.
④ 서역과의 교류로 당삼채가 만들어졌다.
⑤ 이슬람교, 티베트 불교 등 다양한 종교가 공존하였다.

이 문제에서 나올 수 있는 선택지는 다~!

10 지도에 해당하는 시기의 사실로 옳지 <u>않은</u> 것은?

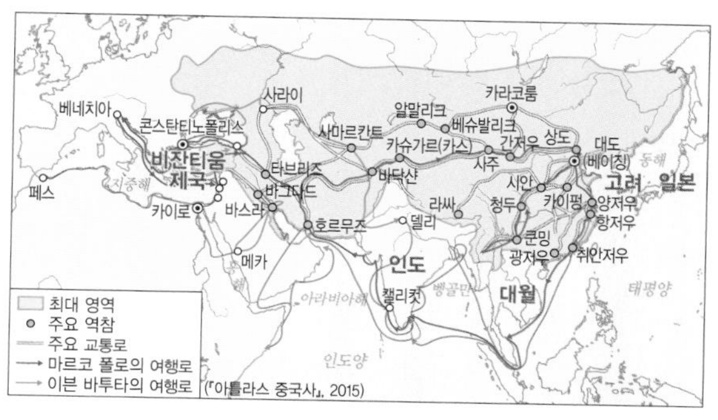

① 청화 백자가 제작되었다.
② 곽수경이 천문대를 세웠다.
③ 주희가 성리학을 완성하였다.
④ 마르코 폴로가 중국을 방문하였다.
⑤ 수시력이라 불리는 달력이 만들어졌다.
⑥ 유라시아 대륙이 하나의 교역권으로 통합되었다.

학교 시험에 잘 나오는 서술형 문제

1 그림은 원의 신분 구성을 보여 준다. 다음을 보고 물음에 답하시오.

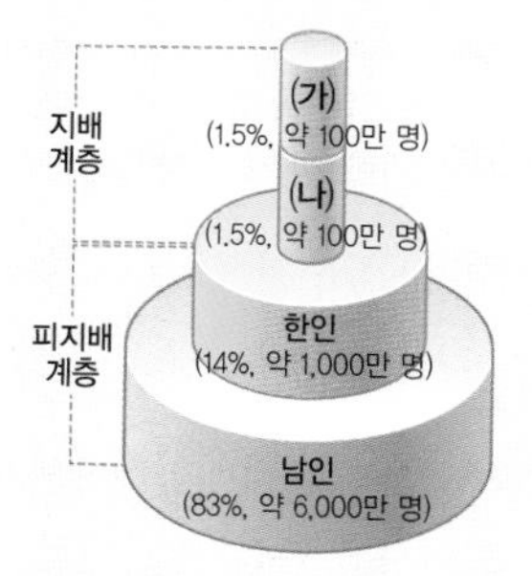

(1) (가), (나)에 해당하는 민족을 각각 쓰시오.

(2) (나) 민족의 출신과 (나) 민족이 원에서 주로 담당하였던 일을 서술하시오.

02 동아시아 지역 질서의 변화

명·청의 성립과 발전

1. 명의 성립과 발전

(1) 성립: 홍건적 출신의 주원장(홍무제)이 금릉(난징)을 수도로 건국(1368) → 원을 만리장성 북쪽으로 몰아냄(한족 왕조 부활)

(2) 발전

홍무제(태조)	재상제 폐지(→ 황제권 강화), 토지 대장(어린도책)과 호적 대장 작성, *이갑제 실시, 한족의 전통 회복 노력(몽골 풍습 금지, 과거제 정비, 학교 교육 중시, *육유를 반포하여 백성 교화)
영락제	베이징 천도(자금성 건설), 대외 팽창(몽골 공격, 베트남 정복), 정화의 함대 파견(→ 여러 나라와 조공 관계 체결) 자료 ①

(3) 쇠퇴: 환관들의 권력 다툼, 몽골과 왜구의 침입, 임진왜란 때 조선에 군대 파견, 여진족과 전쟁(→ 재정 악화) → 무리한 세금 징수로 농민 봉기 발생 → 이자성의 농민군에 의해 멸망(1644)

2. 청의 성립과 발전

(1) 성립: 누르하치(태조)가 여진 부족을 통합하고 후금 건국(1616) → 홍타이지(태종)가 국호를 청으로 바꾸고 몽골과 조선 침략 → 명 멸망 후 *팔기군을 이끌고 베이징 점령(1644)

(2) 발전: 3대 130여 년간 전성기

강희제	반청 세력 진압, 러시아와 네르친스크 조약 체결(→ 국경 확정)
옹정제	군기처 설치, 새로운 화이사상 제시(→ 청의 통치 정당화)
건륭제	『사고전서』 편찬, 활발한 정복 활동(→ 최대 영토 확보) 자료 ②

(3) 청의 중국 통치: 소수의 만주족이 다수의 한족을 다스리기 위해 회유책과 강압책을 함께 실시, 몽골 등 주변부는 간접적으로 지배

회유책	과거제 실시, 고위 관직에 만주족과 한족을 함께 등용(만한 병용제), 대규모 서적 편찬 사업에 한인 학자 동원
강압책	변발·호복 강요, 청을 비판하는 서적 금지, 한족의 중화사상 탄압

(4) 동아시아 각국의 세계관 변화

① 배경: 명·청 교체로 이민족이 한족을 지배하게 됨

② 내용: 청에서 혈통 중심의 화이사상 부정, 조선에서 소중화 의식 강화, 일본에서 일본형 화이사상 등장 자료 ③

3. 명·청대의 경제와 사회

경제	• 농업: 창장강 하류 지역에서 상품 작물 재배 활발(→ 쌀의 주산지가 창장강 중·상류 지역으로 이동) • 수공업: 면직물, 비단, 도자기 등을 생산하는 공장(공방) 운영 • 상업: 대상인 집단 성장(산시, 휘저우), 상업 도시 번영(쑤저우)
사회	*신사가 사회 주도(중앙에 관리로 진출, 향촌 질서 유지)

생생 자료

자료 ① 정화의 항해 서술형 단골 정화의 항해가 명에 끼친 영향에 대해 묻는 문제가 자주 출제돼.

명은 동남아시아, 인도, 아프리카에 이르는 정화의 항해를 통해 명 중심의 국제 질서를 확대할 수 있었다.

자료 ② 청의 최대 영역 – 오늘날 중국의 영토와 거의 일치해.

청은 건륭제 때 몽골, 만주, 신장, 티베트, 타이완을 포함하는 넓은 영토를 차지하였다.

자료 ③ 명·청 교체 이후 세계관의 변화

> 한족과 이민족은 모두 한 가족이 되었다. 한족을 '화', 이민족을 '이'라고 하였던 화이관(화이사상)은 더 이상 의미가 없다. – 옹정제, 『대의각미록』

청의 옹정제는 태어난 곳이 변방이더라도 도덕성만 갖추고 있으면 중화라고 주장하며 청의 지배를 정당화하였다.

쏙쏙 용어

* **이갑제** 농민이 직접 조세 징수와 치안 유지를 담당하게 한 제도. 110호(1리) 중 부유한 10호를 이장호로, 나머지를 갑수호로 편성함
* **육유** '부모에게 효도하라, 웃어른을 공경하라, 이웃과 화목하라, 자손을 잘 교육하라, 자신의 일에 최선을 다하라, 나쁜 짓을 하지 마라'는 여섯 조항의 유교 윤리
* **팔기군** 누르하치가 조직한 군사 조직이자 행정 조직. 8개의 집단이 서로 다른 깃발을 사용함
* **신사** 학생, 과거 합격자 등 유교적 소양을 갖춘 지식인

4. 명·청대의 문화

(1) 학문: 명대에 양명학 등장(성리학 비판, 올바른 지식과 행동의 일치 강조) → 청대에 고증학 발달(경전을 실증적으로 연구)

(2) 서민 문화: 소설 유행(『삼국지연의』, 『수호전』, 『서유기』, 『홍루몽』 등), 연극 발달(청대에 노래와 춤, 연극이 어우러진 경극 등장)

5. 명·청대의 대외 교류

대외 정책	• 명: *해금 정책 실시, 주변국과 조공·책봉을 통한 교류만 허용 → 16세기 후반에 민간 무역 허용 • 청: 해금 정책 실시, 조공·책봉 유지(조선·베트남 등) → 17세기 후반에 일부 항구 개항 → 18세기에 광저우만 개방, *공행을 통해서만 외국 상인과 무역 허용
은 유통	• 배경: 유럽 상인들이 중국에 은으로 대금 지불 • 결과: 대량의 은이 중국에 유입 → 은이 화폐로 사용됨, 세금을 은으로 납부(명의 일조편법, 청의 지정은제) 자료 4
문화 교류	• 문화 수용: 명 말부터 선교사들이 서양 학문 소개 자료 5 • 문화 전파: 상인과 선교사들을 통해 중국 문화가 유럽에 알려짐

동아시아 지역의 질서 변화

1. 한반도의 고려와 조선 10세기 초 왕건이 고려 건국(거란·여진·몽골의 침략을 물리침) → 14세기 말 이성계가 조선 건국(성리학의 통치 이념화)

2. 일본 무사 정권의 성립과 변화 자료 6

(1) 가마쿠라 *막부: 12세기 말 미나모토노 요리토모가 수립(1185), 봉건제 시행, 원의 침략을 막아낸 후 재정 부담으로 쇠퇴

(2) 무로마치 막부: 14세기에 실권 장악, 중국(명)과 외교 관계 회복

(3) 전국 시대: 15세기 중엽 쇼군(장군)의 승계를 둘러싼 다이묘(영주)들의 세력 다툼으로 혼란 지속 → 도요토미 히데요시가 일본 통일, 조선 침략(임진왜란) → 도요토미 히데요시 사후 정권 붕괴

3. 임진왜란 이후 동아시아 질서의 변화 일본에서 도쿠가와 이에야스가 에도 막부 수립(1603), 명의 국력 쇠퇴, 만주 지방에서 여진족이 성장하여 후금 건국, 조선이 명과 후금 사이에서 외교적 갈등을 겪음

4. 에도 막부의 성장과 대외 교류

(1) 에도 막부의 성장

정치	쇼군은 직할지 지배·다이묘에게 영지(번)에 대한 지배권을 인정해 줌(막번 체제), 엄격한 법률과 *산킨코타이 제도로 지방 다이묘에 대한 통제력 강화(→ 중앙 집권적 봉건 체제 확립)
경제 및 문화	농업 생산량 증가, 수공업·광업 발전 → 도시 상공업자(조닌) 성장 → 조닌 문화 발달(가부키, *우키요에 유행)

(2) 에도 막부 시기의 대외 교류: 17세기 초 크리스트교 금지, 해금 정책 실시 → 통신사를 통해 조선과 교류, 나가사키의 데지마에서 중국·네덜란드 상인에게 무역 허락(→ *난학 발달)

생생 자료

자료 4 16~17세기 은 유통 아메리카와 일본에서 생산된 은이 바다를 통해 유통되었어.

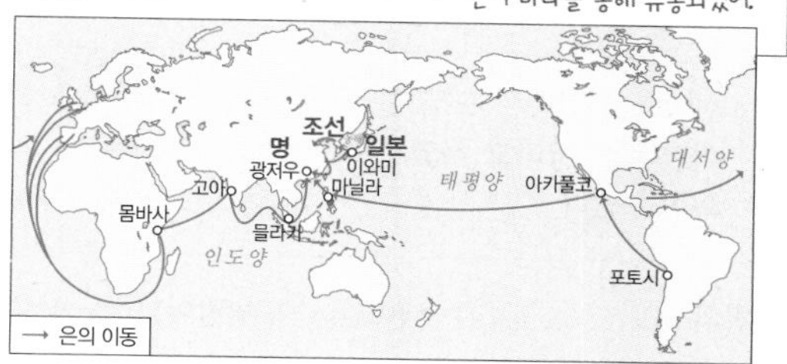

중국에 들어온 유럽 상인들은 비단, 도자기 등 중국산 상품의 결제 대금을 은으로 지불하였다. 그 결과 중국에 대량의 은이 들어왔다. 중국에서 은이 화폐로 널리 사용되었고 명은 일조편법, 청은 지정은제를 시행하여 세금을 은으로 받았다.

- 일조편법: 여러 세금을 토지세와 인두세로 단순화하여 은으로 내게 하였어.
- 지정은제: 인두세를 토지세에 포함시켜 은으로 내게 하였어.

자료 5 유럽 선교사들의 서양 학문 전래

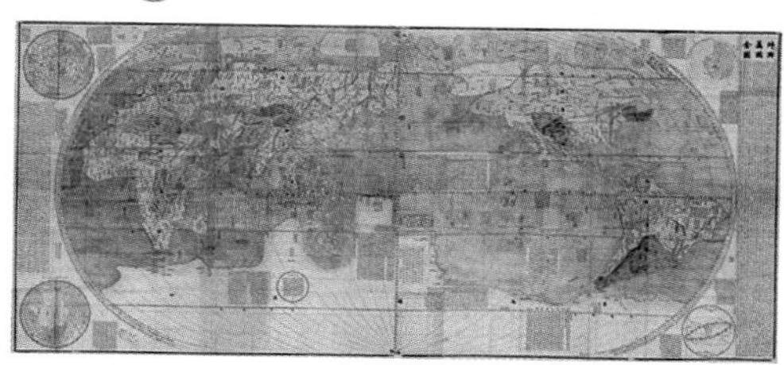

▲ 곤여만국전도 – 자신들이 세계의 중심이라고 믿었던 중국인의 세계관에 큰 변화를 주었어.

명대에 선교사 마테오 리치는 「곤여만국전도」를 만들었으며 『천주실의』를 저술하고 유클리드의 『기하학 원론』을 번역하였다. 청대에 선교사 아담 샬은 역법과 대포 제작 기술 등을 전하였다.

자료 6 일본의 봉건제

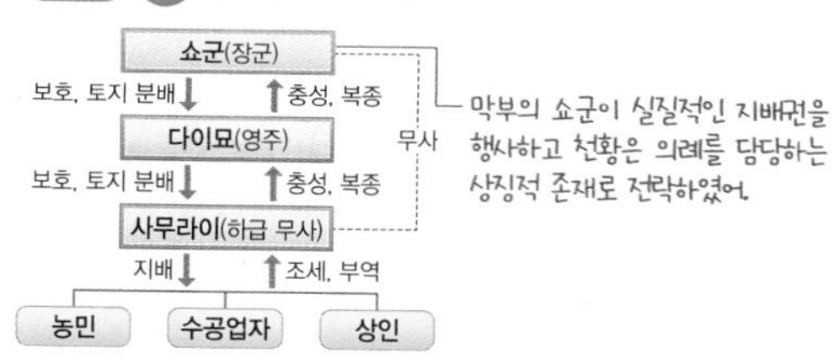

막부의 쇼군은 다이묘에게 토지를 나누어 주고 다이묘는 토지의 일부를 하급 무사들에게 분배하였다. 하급 무사는 토지를 받은 대가로 다이묘에게 충성과 복종을 맹세하였다.

쏙쏙 용어

* **해금 정책** 사적인 해상 무역을 제한하는 정책
* **공행** 청 정부로부터 허가를 받은 특허 상인
* **막부** 원래는 전쟁터에서 장막을 치고 군무를 보던 곳이었지만 점차 쇼군을 중심으로 한 무사 정권을 이르게 됨
* **산킨코타이 제도** 다이묘의 가족을 에도에 인질로 두고, 다이묘가 영지와 에도를 번갈아 가며 근무하게 한 제도
* **우키요에** 일상생활, 풍경, 인물 등을 중심 소재로 한 판화
* **난학** 네덜란드를 통해 일본에 들어온 서양 학문

대표 자료 확인하기

◆ 명·청 교체 이후 세계관의 변화

> 한족과 이민족은 모두 한 가족이 되었다. 한족을 '화', 이민족을 '이'라고 하였던 화이관(화이사상)은 더 이상 의미가 없다.
> – 『대의각미록』

청의 (①　　　　　)는 태어난 곳이 변방이더라도 도덕성만 갖추고 있으면 (②　　　　　)라고 주장하여 청의 지배를 정당화하였다.

◆ 유럽 선교사들의 서양 학문 전래

↑ 곤여만국전도

중국에 들어온 유럽 선교사들 중 (③　　　　　)는 「곤여만국전도」를 만들었는데 이는 자신들이 세계의 중심이라 믿었던 중국인의 세계관에 큰 변화를 주었다.

한눈에 정리하기

◆ 명·청의 발전

구분	명	청
정치	• (①　　　　　): 명 건국, 재상제 폐지, 이갑제 실시, 육유 반포 • 영락제: 베이징 천도, 정화의 함대 파견	• 강희제: 러시아와 네르친스크 조약 체결 • 옹정제: 군기처 설치 • (②　　　　　): 청의 최대 영토 확보
경제	농업과 상공업 발달, 대상인 집단 성장	
사회	(③　　　　　)가 지배층으로 성장	
문화	• 학문: 양명학 등장(명), 고증학 발달(청) • 서민 문화: 소설 유행, 청대에 경극 등장 • 문화 교류: 선교사들이 중국에 서양 학문 소개	

◆ 동아시아 지역의 질서 변화

한반도	10세기 초 고려 건국 → 14세기 말 조선 건국
일본	12세기 말 (④　　　　　) 막부 수립 → 14세기에 무로마치 막부 수립 → 15세기 중엽 전국 시대 전개 → 17세기 초 (⑤　　　　　) 막부 수립

꼼꼼 개념 문제

● 정답과 해설 15쪽

1 다음 빈칸에 들어갈 알맞은 내용을 쓰시오.

(1) 홍무제는 농민이 향촌 사회의 세금 징수와 치안 유지를 담당하게 한 (　　　　　)를 실시하였다.
(2) 영락제는 (　　　　　)의 함대를 해외로 파견하여 국력을 과시하고 여러 나라와 조공 관계를 맺었다.

2 다음 인물과 그 업적을 옳게 연결하시오.

(1) 강희제 •　　　　• ㉠ 청의 최대 영토 확보
(2) 건륭제 •　　　　• ㉡ 새로운 화이사상 제시
(3) 옹정제 •　　　　• ㉢ 러시아와 네르친스크 조약 체결

3 청이 한족에게 실시한 회유책에 해당하면 '회', 강압책에 해당하면 '강'이라고 쓰시오.

(1) 한족에게 변발, 호복을 강요하였다. (　　)
(2) 한족 중심의 중화사상을 탄압하였다. (　　)
(3) 서적 편찬에 한족 지식인들을 참여시켰다. (　　)
(4) 고위 관직에 만주족과 한족을 함께 등용하였다. (　　)

4 다음 괄호 안의 내용 중 알맞은 말에 ○표를 하시오.

(1) 명·청대에는 창장강 (하류, 중·상류) 지역이 쌀의 주산지가 되었다.
(2) (고증학, 양명학)은 경전을 실증적으로 연구하는 학문으로 청대에 발달하였다.
(3) 대량의 은이 중국에 유입되면서 청 정부는 인두세를 토지세에 포함시킨 (일조편법, 지정은제)을/를 실시하였다.

5 일본의 무사 정권에 대한 설명이 맞으면 ○표, 틀리면 ×표를 하시오.

(1) 미나모토노 요리토모가 가마쿠라 막부를 열었다. (　　)
(2) 무사 정권이 성립된 이후 일본에서는 막부의 쇼군이 실질적인 지배권을 행사하였다. (　　)
(3) 임진왜란 이후 일본에서는 도요토미 히데요시 정권이 무너지고 무로마치 막부가 성립하였다. (　　)

6 에도 막부는 다이묘의 가족을 인질로 두고, 다이묘들을 일정 기간 동안 에도에 머무르게 하는 (　　　　　) 제도를 실시하였다.

탄탄 시험 문제

이 문제에서 나올 수 있는 선택지는 다~!

01 밑줄 친 '그'의 활동으로 옳지 않은 것은?

> 그는 농민이 직접 조세 징수와 치안 유지를 담당하게 하였다. 110호를 1리로 하고, 그 중에서 부유한 10호를 이장호로, 나머지를 갑수호로 편성하였다.

① 명을 건국하였다.
② 육유를 반포하였다.
③ 재상제를 폐지하였다.
④ 원을 만리장성 북쪽으로 몰아냈다.
⑤ 토지 대장과 호적 대장을 만들었다.
⑥ 과거제를 정비하고 학교 교육을 중시하였다.
⑦ 수도를 베이징으로 옮기고 자금성을 건설하였다.

중요해

02 지도의 항해에 대한 설명으로 옳은 것을 〈보기〉에서 고른 것은?

보기
ㄱ. 장건이 주도하였다.
ㄴ. 명의 영락제 때 시작되었다.
ㄷ. 명의 조공국을 확대하는 계기가 되었다.
ㄹ. 나침반이 유럽에 전해지는 배경이 되었다.

① ㄱ, ㄴ ② ㄱ, ㄷ ③ ㄴ, ㄷ
④ ㄴ, ㄹ ⑤ ㄷ, ㄹ

03 명이 쇠퇴한 원인으로 옳지 않은 것은?

① 환관들의 권력 다툼이 일어났다.
② 홍건적의 난 등 한족의 반란이 일어났다.
③ 몽골과 왜구의 침입으로 국력이 약화되었다.
④ 정부가 무리하게 세금을 거두자 농민들이 봉기를 일으켰다.
⑤ 임진왜란 때 조선에 군대를 파견하면서 국가 재정이 어려워졌다.

04 다음 주장을 한 인물에 대한 설명으로 옳은 것은?

① 군기처를 설치하였다.
② 사고전서를 편찬하였다.
③ 정화의 함대를 파견하였다.
④ 청의 최대 영토를 확보하였다.
⑤ 러시아와 네르친스크 조약을 체결하였다.

중요해

05 (가)에 들어갈 내용으로 가장 적절한 것은?

> 청은 ____(가)____ 위한 목적으로 한족에게 회유책과 강압책을 함께 실시하였다. 청은 고위 관직에 만주족과 한족을 함께 등용한 반면, 한족에게 만주족의 풍습인 변발과 호복을 강요하였다.

① 한족의 전통을 회복하기
② 자국의 국력을 과시하기
③ 국가 재정이 어려워지자 이를 보충하기
④ 소수의 만주족으로 다수의 한족을 다스리기
⑤ 국력을 과시하고 여러 나라와 조공 관계를 맺기

06 밑줄 친 '변화'가 일어나게 된 배경으로 옳은 것은?

> 17세기 이후 동아시아의 세계관에 큰 변화가 일어났다. 조선에서는 조선이 중화 문명의 계승자라는 소중화 의식이 널리 퍼졌고, 일본에서는 자국을 세계의 중심에 두는 일본형 화이사상이 등장하였다.

① 이성계가 조선을 건국하였다.
② 일본에서 무사 정권이 성립하였다.
③ 명이 멸망하고 청이 중국을 지배하였다.
④ 가마쿠라 막부가 원의 침략을 막아냈다.
⑤ 명이 원을 만리장성 북쪽으로 몰아냈다.

07 명·청대의 경제에 대한 설명으로 옳은 것을 <보기>에서 고른 것은?

보기
ㄱ. 교자라는 지폐를 사용하였다.
ㄴ. 쑤저우 등의 상업 도시가 번영하였다.
ㄷ. 상공업 발달에 힘입어 대상인 집단이 성장하였다.
ㄹ. 초원길, 비단길, 바닷길이 연결되어 물자의 교류가 왕성하였다.

① ㄱ, ㄴ ② ㄱ, ㄷ ③ ㄴ, ㄷ
④ ㄴ, ㄹ ⑤ ㄷ, ㄹ

중요해
08 다음 설명에 해당하는 사회 계층으로 옳은 것은?

명대에 등장한 이들은 학생, 과거 합격자 등 유교적 소양을 갖춘 지식인이자 지주였다. 이들은 중앙에 관리로 진출하거나 향촌 질서를 유지하였으며, 명 멸망 이후에도 사회의 중심 세력을 이루었다.

① 무사 ② 신사
③ 호족 ④ 사대부
⑤ 문벌 귀족

09 ㉠, ㉡에 들어갈 내용을 옳게 짝지은 것은?

명대에는 이론과 현실에 치우친 성리학을 비판하고 올바른 지식과 행동의 일치를 강조하는 (㉠)이 등장하였다. 한편, 청대에는 정부가 사상을 통제하면서 현실 정치를 멀리하고 경전을 실증적으로 연구하는 (㉡)이 유행하였다.

	㉠	㉡
①	고증학	양명학
②	고증학	훈고학
③	양명학	고증학
④	양명학	훈고학
⑤	훈고학	양명학

10 (가)에 들어갈 내용으로 적절한 것은?

▶ 지식 Q&A
청대의 문화에 대해서 알려 주세요.
▶ 답변하기
↳ 갑: 명대에 이어서 서민 문화가 발전하였어요.
↳ 을: (가)

① 경극이 등장하였어요.
② 훈고학이 발달하였어요.
③ 오경정의가 편찬되었어요.
④ 화약과 나침반이 실용화되었어요.
⑤ 마르코 폴로가 중국을 방문하였어요.

11 (가) 국가에 대한 설명으로 옳지 않은 것은?

① 해금 정책을 실시하기도 하였다.
② 교초를 발행하여 교역에 사용하였다.
③ 외국 상인에게 공행을 통한 무역만 허용하였다.
④ 18세기 중반 이후 광저우만 외국에 개방하였다.
⑤ 조선, 베트남 등과 조공·책봉 관계를 유지하였다.

12 다음 지도에 대한 설명으로 옳은 것은?

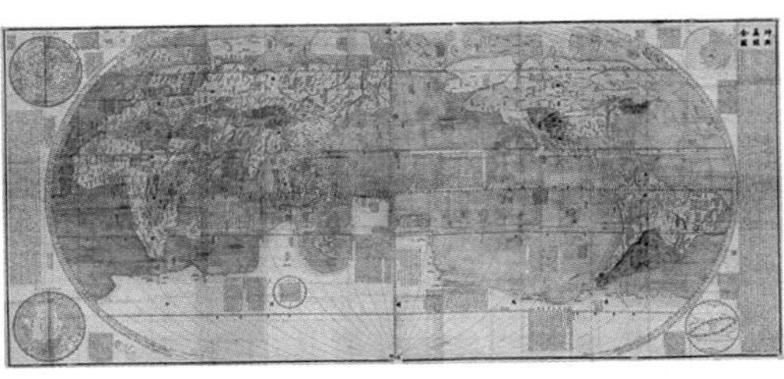

① 아담 샬이 중국에 전하였다.
② 정화의 항해 때 사용되었다.
③ 홍무제의 지시로 만들어졌다.
④ 세금을 걷는 용도로 이용되었다.
⑤ 중국인의 세계관에 큰 변화를 주었다.

13 밑줄 친 '이 막부' 시기 일본에서 있었던 사실로 옳은 것은?

① 원의 침략을 받았다.
② 가부키가 유행하였다.
③ 산킨코타이 제도가 실시되었다.
④ 명과의 외교 관계를 회복하였다.
⑤ 도요토미 히데요시가 조선을 침략하였다.

중요해

14 그림의 정치 체제에 대한 설명으로 옳지 않은 것은?

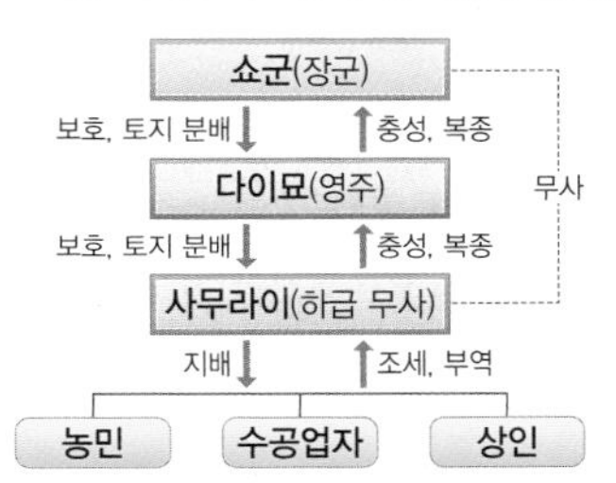

① 막부의 쇼군이 실권을 행사하였다.
② 혈연관계를 바탕으로 통치력이 유지되었다.
③ 하급 무사는 다이묘에게 충성과 복종을 맹세하였다.
④ 천황은 의례를 담당하는 상징적 존재로 전락하였다.
⑤ 다이묘는 쇼군에게 받은 토지 중 일부를 하급 무사에게 분배하였다.

15 에도 막부 시기의 문화에 대한 설명으로 옳은 것을 〈보기〉에서 고른 것은?

보기
ㄱ. 국풍 문화가 발달하였다. ㄴ. 서양 학문인 난학이 발달하였다. ㄷ. 한자를 변형한 가나 문자가 만들어졌다. ㄹ. 도시 상공업자인 조닌이 우키요에를 즐겼다.

① ㄱ, ㄴ ② ㄱ, ㄷ ③ ㄴ, ㄷ
④ ㄴ, ㄹ ⑤ ㄷ, ㄹ

학교 시험에 잘 나오는 서술형 문제

1 밑줄 친 ㉠의 내용을 두 가지 서술하시오.

> 소수의 만주족이 세운 청은 다수의 한족을 다스리기 위하여 회유책과 ㉠ 강압책을 함께 실시하였다.

2 지도를 보고 물음에 답하시오.

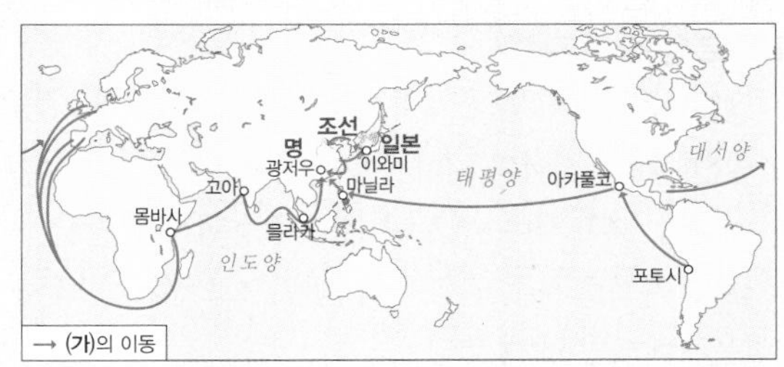

(1) (가)에 해당하는 교역 물품을 쓰시오.

(2) 16~17세기 (1)의 세계적인 유통이 중국에 끼친 영향을 두 가지 서술하시오.

3 에도 막부 시기에 자료와 같은 문화가 발달한 배경을 서술하시오.

▲ 에도 시대의 가부키 극장

▲ 후지산을 표현한 우키요에

03 서아시아와 북아프리카 지역 질서의 변화

서아시아의 이슬람 왕조 발전

1. 셀주크 *튀르크

(1) 성장: 11세기경 중앙아시아에서 성장 → 바그다드 정복 후 아바스 왕조의 칼리프로부터 *술탄의 칭호 획득 자료 ①

(2) 발전: 상업과 학문 장려(→ 이슬람 문화 발전), 예루살렘 장악, 비잔티움 제국 공격(→ 십자군 전쟁 발발)

(3) 쇠퇴: 13세기 중엽 몽골군의 공격으로 쇠퇴

2. 훌라구 울루스(일 한국)

(1) 성립: 13세기 칭기즈 칸의 손자 훌라구가 몽골군을 이끌고 서아시아로 진격 → 아바스 왕조를 무너뜨린 후 건국

(2) 발전: 이슬람교를 국교로 삼음, 이슬람 문화 발전

(3) 쇠퇴: 14세기에 내부 분열로 쇠퇴

3. 티무르 왕조 자료 ②

(1) 성립: 티무르가 몽골 제국의 부활을 내걸고 건국(1370)

(2) 발전: 중앙아시아와 서아시아에 이르는 제국 건설, 중계 무역으로 번영, 이슬람·페르시아·튀르크 문화가 융합하여 발달

(3) 멸망: 티무르 사후 권력 다툼·반란으로 점차 쇠퇴 → 16세기 초 이민족(우즈베크인)에게 멸망

4. 사파비 왕조 자료 ②

(1) 성립: 이스마일 1세가 페르시아의 부활을 내세우며 건국(1501)

(2) 발전: 시아파 이슬람교를 국교로 함, 오늘날 이란 전역 정복, 이란인의 민족의식을 일깨움(페르시아의 전통적 군주 칭호인 '샤'를 사용함), 아바스 1세 때 전성기를 맞음(이스파한을 수도로 삼음)

(3) 멸망: 내부 분열과 이민족의 잦은 침입으로 멸망(1736)

오스만 제국의 이슬람 세계 지배

1. 오스만 제국의 성립과 발전

(1) 성립: 오스만 세력이 소아시아의 튀르크족을 통합하여 건국(1299)

(2) 발전 자료 ③

영토 확장	메흐메트 2세(메메트 2세) 때 비잔티움 제국 정복, 콘스탄티노폴리스(이스탄불)를 수도로 삼음(1453) → 16세기 초 이집트, 시리아, 메카, 메디나 차지
술탄 칼리프 제도 확립	셀림 1세 때 이집트 정복 후 술탄이 칼리프의 칭호 계승 → 술탄이 이슬람 세계의 정치와 종교를 아우르는 지배자가 됨
전성기	술레이만 1세 때 헝가리 정복, 오스트리아의 수도 빈 공격, 유럽의 연합 함대 격파(→ 지중해 해상권 장악)

(3) 쇠퇴: 술레이만 1세 사후 정치 불안정 → 17세기 이후 서양 세력의 침략으로 국력 약화

생생 자료

자료 ① 셀주크 튀르크의 영역

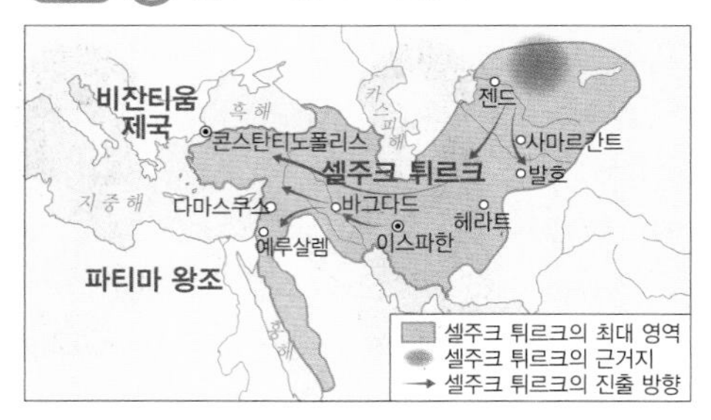

셀주크 튀르크는 중앙아시아에서 서아시아 일대까지 영토를 확장하였고, 비잔티움 제국을 위협하였다.

서술형 단골 셀주크 튀르크가 유럽과 십자군 전쟁을 하게 된 배경을 묻는 문제가 자주 출제돼!

자료 ② 티무르 왕조와 사파비 왕조

티무르 왕조의 수도 사마르칸트와 사파비 왕조의 수도 이스파한은 동서 교역로에 위치하여 중계 무역으로 번영하였다.

└ 티무르 왕조가 이곳에 레기스탄 광장을 조성하였어.

└ 사파비 왕조가 이곳에 이맘 광장을 만들었어.

자료 ③ 오스만 제국의 영역

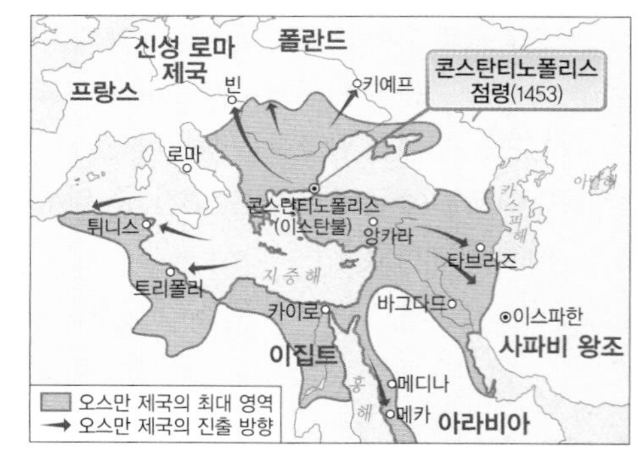

술레이만 1세는 유럽 연합 함대를 무찔러 지중해를 장악한 후 북아프리카에도 세력을 확대하였다. 이로써 오스만 제국은 아시아, 유럽, 아프리카 세 대륙에 걸친 넓은 영토를 지배하게 되었다.

쏙쏙 용어

* **튀르크** 6, 7세기 중국 북쪽에 살던 민족으로 돌궐을 뜻함. 일부는 중국에 흡수되고 나머지는 서쪽으로 이동함
* **술탄** 이슬람 세계의 정치적 지배자를 뜻하는 칭호. 술탄이 등장한 이후 칼리프는 종교적 지도자만을 뜻하는 칭호가 됨

2. 오스만 제국의 통치 정책

관용 정책	이슬람교도가 아니어도 인두세(지즈야)만 내면 종교를 인정하고 자치 공동체(밀레트)를 이루는 것을 허용함, 공식 문서에는 튀르크어를 사용하였으나 일상생활에서는 각 민족의 언어 사용 가능
분할 통치	넓은 영토를 술탄이 직접 통치하는 지역과 총독을 통해 간접 통치하는 지역으로 나누어 관리함(티마르 제도 실시)
인재 등용 자료 ④	능력에 따른 인재 등용, 정복지의 크리스트교도 소년들을 이슬람교로 개종시킨 후 예니체리로 육성(데브시르메 제도)

3. 오스만 제국의 경제 교류와 문화

(1) 경제 교류: 오스만 제국이 동서 교역로 장악 → 홍해와 지중해를 통해 아라비아 및 유럽과 교역 → 담배, 커피 등 각 지역의 산물 유입, 수도 이스탄불이 국제도시로 성장, 시장(그랜드 바자르) 발달

(2) 문화: 이슬람 문화를 바탕으로 페르시아·비잔티움·튀르크 문화 융합

① 건축: 성 소피아 대성당을 이슬람 사원으로 활용(네 개의 첨탑 추가), *술탄 아흐메트 사원 건설(비잔티움 양식의 영향을 받음)

② 미술: 아라베스크 무늬 발달, 페르시아의 영향을 받은 세밀화 유행

③ 학문: 천문학, 수학, 지리학 등 실용적인 학문 발달

인도에서 발전한 이슬람 왕조

1. 이슬람 세력의 확대 8세기 이후 이슬람 세력의 인도 침략 → 13세기에 이슬람 왕조인 *델리 술탄 왕조 성립

2. 무굴 제국의 성립과 발전

(1) 성립: 16세기 초 바부르가 델리 술탄 왕조를 정복하고 건국

(2) 발전 자료 ⑤

아크바르 황제	• 영토 확장: 북인도에서 아프가니스탄에 이르는 제국 건설 • 체제 정비: 아그라를 수도로 삼음, 행정 제도 정비 • 종교 정책: 이슬람교 외의 다른 종교도 존중하는 관용 정책 실시 → 힌두교도에게 부과된 인두세(지즈야) 폐지, 군대·관직 개방, 힌두교도를 왕비로 맞아들임
아우랑제브 황제	• 영토 확장: 인도 남부까지 정복(최대 영토 확보) • 종교 정책: 이슬람 제일주의를 내세움 → 인두세(지즈야) 부활, 힌두교와 *시크교 등을 탄압함(→ 각지에서 반란 발생)

(3) 쇠퇴: 17세기 이후 유럽 세력이 인도에 진출하면서 급속히 쇠퇴

3. 무굴 제국의 경제와 문화

(1) 경제: 상공업 발달(인도양 무역 주도, 면직물 수출 활발) → 17세기 이후 서양 세력의 침투로 경제 약화

(2) 문화: 인도(힌두)·이슬람 문화 발전(인도 고유문화와 이슬람 문화 융합)

① 건축: 인도(힌두)·이슬람 양식 발전 예 타지마할 자료 ⑥

② 미술: 페르시아의 세밀화와 인도 미술이 어우러진 무굴 회화 발달

③ 언어: 페르시아어를 공용어로 함, *우르두어를 널리 사용

④ 종교: 힌두교와 이슬람교를 절충한 시크교 발전

생생 자료

자료 ④ 오스만 제국의 인재 등용

↑ 예니체리

오스만 제국은 신분이나 출신보다 능력에 따라 인재를 뽑아 중요한 관직에 임명하였다. 특히 예니체리는 술탄의 친위 부대이자 최정예군으로 오스만 제국의 정복 전쟁에서 크게 활약하였다. 이들은 특별한 대우와 지위를 보장받았다.

자료 ⑤ 무굴 제국의 영역

티무르의 후손으로 델리를 정복하고 무굴 제국을 세웠어.

무굴 제국은 아크바르 황제 때 북인도에서 아프가니스탄에 이르는 제국을 건설하였으며, 아우랑제브 황제 때 데칸고원을 넘어 인도 남부를 정복하여 최대 영토를 차지하였다.

자료 ⑥ 타지마할

흰색 대리석 벽, 연꽃 문양, 격자무늬 창, 돔 옆의 작은 탑(차도리)이 해당돼.

무굴 제국의 황제 샤자한이 황후 뭄타즈 마할의 넋을 기리기 위해 수도 아그라에 만든 무덤이다. 인도(힌두) 양식과 이슬람 양식이 조화를 이루고 있다.

돔형 지붕, 아치 입구, 뾰족한 탑(미너렛), 벽면의 쿠란 구절, 아라베스크가 해당돼.

쏙쏙 용어

* **술탄 아흐메트 사원** 오스만 제국이 성 소피아 대성당의 맞은 편에 세운 이슬람 사원. 내부를 2만여 개의 푸른색 타일로 장식하여 '블루 모스크'라고도 불림
* **델리 술탄 왕조** 13세기에 델리에서 성립되어 약 300년 동안 흥망을 거듭하며 인도 북부를 통치한 이슬람계의 다섯 왕조. 델리 술탄 시대라고도 부름
* **시크교** 힌두교와 이슬람교를 절충한 종교. 유일신을 섬기고 평등의 교리를 주장하며 카스트제를 부정함
* **우르두어** 힌두어, 페르시아어, 아랍어가 혼합된 언어

대표 자료 확인하기

◆ 티무르 왕조와 사파비 왕조

• (①　　　　　　)　　　• (②　　　　　　)

◆ 타지마할의 건축 양식

인도(힌두) 양식	흰색 대리석 벽, 연꽃 문양, 격자무늬 창, 돔 옆의 작은 탑(차도리)
(③　　　　) 양식	돔형 지붕, 아치 입구, 뾰족한 탑(미너렛), 벽면의 쿠란 구절, 아라베스크

한눈에 정리하기

◆ 서아시아의 이슬람 왕조와 오스만 제국

서아시아	셀주크 튀르크 → 훌라구 울루스 → 티무르 왕조 → 사파비 왕조
오스만 제국	• 정치: 비잔티움 제국 정복, 술탄 칼리프 제도 확립, (①　　　　) 때 전성기 이룩(아시아, 유럽, 아프리카에 걸친 영토 지배) • 통치 제도: 다양한 민족의 문화와 종교 포용, 자치 공동체인 밀레트 인정, 술탄의 친위 부대인 (②　　　　) 육성 • 문화: 이슬람 문화를 바탕으로 페르시아, 비잔티움, 튀르크 문화가 융합된 새로운 문화 발달

◆ 인도에서 발전한 이슬람 왕조

이슬람 세력의 확대	8세기부터 이슬람 세력의 인도 침략 → 13세기에 이슬람 왕조인 델리 술탄 왕조 성립
(③　　　　) 제국의 발전	바부르가 델리 술탄 왕조를 무너뜨리고 건국 → 아크바르 황제가 관용 정책 실시(인두세 폐지) → 아우랑제브 황제가 최대 영토 확보

꼼꼼 개념 문제

• 정답과 해설 16쪽

1 다음 설명이 맞으면 ○표, 틀리면 ×표를 하시오.

(1) 사파비 왕조는 시아파 이슬람교를 국교로 삼았다. (　　)

(2) 셀주크 튀르크는 아바스 왕조의 술탄으로부터 칼리프의 칭호를 얻었다. (　　)

(3) 훌라구 울루스는 이슬람교를 국교로 정하였으며 이슬람 문화를 발전시켰다. (　　)

(4) 티무르 왕조의 수도인 이스파한은 동서 교역로에 위치하여 중계 무역으로 번영하였다. (　　)

2 (가)~(다)를 일어난 순서대로 옳게 나열하시오.

> (가) 술레이만 1세가 헝가리를 정복하였다.
> (나) 메흐메트 2세가 비잔티움 제국을 정복하였다.
> (다) 오스만 제국에서 술탄 칼리프 제도가 확립되었다.

3 다음에서 설명하는 내용을 〈보기〉에서 골라 기호를 쓰시오.

> 보기
> ㄱ. 밀레트　　　　　　ㄴ. 예니체리

(1) 오스만 제국 술탄의 친위 부대이다. (　　)

(2) 인두세(지즈야)를 내면 자신들의 종교와, 언어, 풍습을 유지할 수 있도록 한 자치 공동체이다. (　　)

4 다음 괄호 안의 내용 중 알맞은 말에 ○표를 하시오.

(1) 오스만 제국에서는 (이슬람, 페르시아) 문화의 영향으로 세밀화가 발달하였다.

(2) 오스만 제국은 (성 소피아 대성당, 술탄 아흐메트 사원)에 네 개의 첨탑을 추가하여 이슬람 사원으로 활용하였다.

5 무굴 제국의 (　　　　) 황제는 힌두교도에게 거두던 인두세인 지즈야를 없앴다.

6 무굴 제국에 해당하는 내용만을 〈보기〉에서 있는 대로 골라 기호를 쓰시오.

> 보기
> ㄱ. 시크교 발전　　　　ㄴ. 우르두어 사용
> ㄷ. 타지마할 건립　　　ㄹ. 그랜드 바자르 조성

탄탄 시험 문제

01 (가) 나라에 대한 설명으로 옳지 않은 것은?

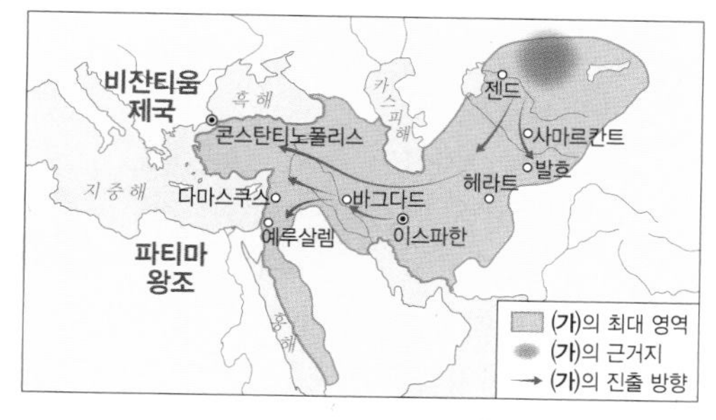

① 티무르가 건국하였다.
② 상업과 학문을 장려하였다.
③ 비잔티움 제국을 공격하였다.
④ 몽골군의 침입으로 쇠퇴하였다.
⑤ 아바스 왕조로부터 술탄의 칭호를 얻었다.

02 훌라구 울루스에 대한 설명으로 옳은 것을 <보기>에서 고른 것은?

보기
ㄱ. 이스파한을 수도로 삼았다.
ㄴ. 이슬람교를 국교로 정하였다.
ㄷ. 십자군 전쟁으로 국력이 약화되었다.
ㄹ. 훌라구가 아바스 왕조를 무너뜨린 후 건국하였다.

① ㄱ, ㄴ ② ㄱ, ㄷ ③ ㄴ, ㄷ
④ ㄴ, ㄹ ⑤ ㄷ, ㄹ

03 밑줄 친 '이 국가'에 대한 설명으로 옳지 않은 것은?

14세기 후반 칭기즈 칸의 후예를 자처한 티무르는 몽골 제국의 부흥을 내세우며 이 국가를 건설하였다. 모든 삶을 전쟁터에서 지냈던 그는 명을 마지막 원정 목표로 삼았으나 중국 원정을 떠난 이듬해에 병사하였다.

↑ 티무르

① 우즈베크인에게 멸망하였다.
② 사마르칸트를 수도로 삼았다.
③ 시아파 이슬람교를 국교로 삼았다.
④ 영토가 중앙아시아와 서아시아에 이르렀다.
⑤ 이슬람, 페르시아, 튀르크 문화가 융합되어 발달하였다.

04 사파비 왕조에 대한 설명으로 옳은 것은?

① 몽골 제국의 일부였다.
② 오스만 세력이 건국하였다.
③ 11세기 중엽 중앙아시아에서 성장하였다.
④ 데칸고원을 넘어 인도 남부를 정복하였다.
⑤ 페르시아의 전통적 군주 칭호를 사용하였다.

05 다음 두 도시의 공통점으로 옳은 것은?

• 이스파한 • 사마르칸트

① 난학이 발달하였다.
② 중계 무역으로 번영하였다.
③ 사파비 왕조가 수도로 삼았다.
④ 인도(힌두)·이슬람 문화의 중심지였다.
⑤ 유럽의 십자군에게 일시적으로 점령되었다.

이 문제에서 나올 수 있는 선택지는 다~!

06 지도의 영역을 지배한 국가에 대한 설명으로 옳지 않은 것은?

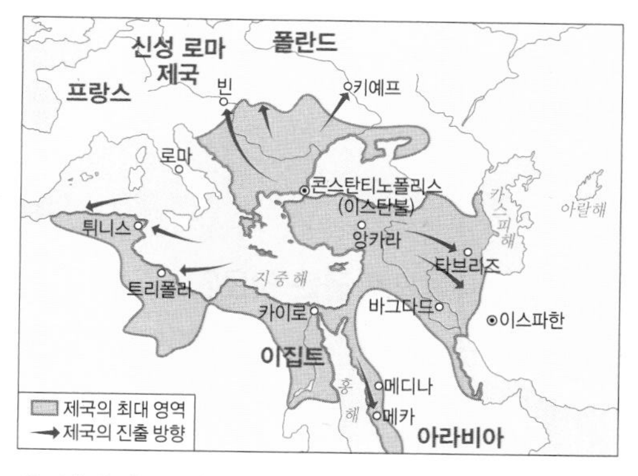

① 헝가리를 정복하였다.
② 비잔티움 제국을 멸망시켰다.
③ 페르시아 제국의 부활을 내세웠다.
④ 술레이만 1세 때 전성기를 이루었다.
⑤ 술탄이 칼리프의 칭호까지 이어받았다.
⑥ 아시아, 유럽, 아프리카 세 대륙에 걸친 영토를 지배하였다.

07 (가), (나)에서 설명하는 인물을 옳게 짝지은 것은?

> (가) 헝가리를 정복하고 유럽 연합 함대를 무찔렀다.
> (나) 비잔티움 제국을 정복하고 콘스탄티노폴리스를 오스만 제국의 수도로 삼았다.

	(가)	(나)
①	메흐메트 2세	술레이만 1세
②	메흐메트 2세	이스마일 1세
③	술레이만 1세	메흐메트 2세
④	술레이만 1세	이스마일 1세
⑤	이스마일 1세	술레이만 1세

중요해

08 오스만 제국의 통치 정책에 대한 설명으로 옳은 것을 〈보기〉에서 고른 것은?

보기
ㄱ. 아랍인 우대 정책을 펼쳤다.
ㄴ. 인두세인 지즈야를 폐지하였다.
ㄷ. 총독을 통해 간접 통치하는 지역을 두었다.
ㄹ. 능력에 따라 인재를 뽑아 중요한 관직에 임명하였다.

① ㄱ, ㄴ　② ㄱ, ㄷ　③ ㄴ, ㄷ
④ ㄴ, ㄹ　⑤ ㄷ, ㄹ

09 ㉠에 들어갈 내용으로 옳은 것은?

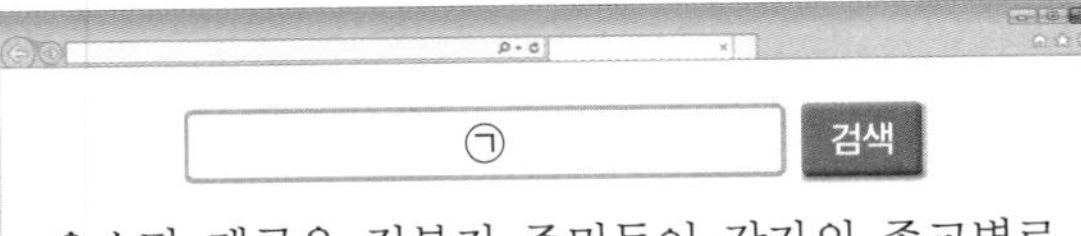

오스만 제국은 정복지 주민들이 각자의 종교별로 공동체를 형성하고 그 안에서 자치를 누릴 수 있게 하였다. 각 종교 공동체들은 종교적인 자유를 얻는 대신 세금인 지즈야를 납부해야 했다.

① 라마단　② 밀레트
③ 티마르　④ 예니체리
⑤ 데브시르메

10 밑줄 친 '이 국가'의 경제 교류에 대한 설명으로 옳지 않은 것은?

커피를 통해 보는 역사

커피는 15세기 무렵 이 국가에서 음료로 널리 마시기 시작하였다. 유럽에서는 오스트리아의 수도 빈을 공격하였던 이 국가의 군대가 커피 자루를 남겨 놓고 퇴각한 것을 계기로 커피가 음료로 전파되었다고 한다.

↑ 커피를 마시는 사람들의 모습

① 동서 교역로를 장악하였다.
② 수도 이스탄불이 국제도시로 성장하였다.
③ 홍해와 지중해를 통해 아라비아 및 유럽과 교역하였다.
④ 인도양의 무역을 주도하였으며, 면직물 수출이 활발하였다.
⑤ 그랜드 바자르에서 담배 등 세계 각 지역의 산물이 거래되었다.

중요해

11 다음 건축물을 세운 국가의 문화에 대한 설명으로 옳지 않은 것은?

① 아라베스크 무늬가 발달하였다.
② 페르시아 영향을 받은 세밀화가 유행하였다.
③ 천문학, 수학 등 실용적인 학문이 발전하였다.
④ 성 소피아 대성당이 이슬람 사원으로 활용되었다.
⑤ 힌두어, 페르시아어, 아랍어가 혼합된 우르두어가 널리 사용되었다.

12 ㉠에 들어갈 국가로 옳은 것은?

> 16세기 초 티무르의 후손 바부르는 인도에 침입하여 델리 술탄 왕조를 무너뜨리고 (㉠)을/를 세웠다.

① 무굴 제국 ② 사파비 왕조
③ 오스만 제국 ④ 티무르 왕조
⑤ 훌라구 울루스

중요해

13 지도의 영역을 차지한 인물의 활동으로 옳은 것은?

① 아그라를 수도로 삼았다.
② 힌두교도를 왕비로 맞아들였다.
③ 시크교 등 비이슬람교를 탄압하였다.
④ 힌두교도에게 군대와 관직을 개방하였다.
⑤ 힌두교도에게 부과된 인두세를 폐지하였다.

14 다음 내용을 통해 알 수 있는 무굴 제국의 특징으로 가장 적절한 것은?

> 무굴 제국에서는 힌두교와 이슬람교를 절충한 시크교가 발전하였다. 또한 페르시아의 세밀화와 인도 미술이 어우러진 무굴 회화가 발달하였다.

① 인도 고유의 특색이 강조되었다.
② 이란인의 민족의식을 일깨우고자 노력하였다.
③ 인도 고유의 문화와 이슬람 문화가 융합되어 발전하였다.
④ 인도 문화와 헬레니즘 문화가 융합된 간다라 양식이 발달하였다.
⑤ 이슬람 문화를 바탕으로 페르시아, 비잔티움, 튀르크 문화가 어우러졌다.

학교 시험에 잘 나오는 서술형 문제

1 ㉠에 들어갈 나라를 쓰고, 밑줄 친 부분의 배경을 서술하시오.

> 중앙아시아의 유목 민족인 (㉠)은/는 크리스트교 세계와 마찰을 빚었다. 이로 인해 유럽의 십자군과 전쟁을 벌여 국력이 약해졌다.

2 밑줄 친 '이 부대'의 특징을 서술하시오.

> 이 부대는 '새로운 군대'라는 뜻으로, 술탄의 친위 부대이자 정예 부대를 일컫는다. 이 부대는 오스만 제국의 팽창에 기여하였다.

3 다음 건축물에 나타난 인도(힌두) 양식과 이슬람 양식의 사례를 두 가지씩 서술하시오.

▲ 타지마할

04 신항로 개척과 유럽 지역 질서의 변화

새로운 항로 개척

1. 신항로 개척의 배경

(1) 동방에 대한 호기심 증가: 마르코 폴로의 『동방견문록』 출간, 십자군 전쟁 이후 동방의 산물(향료, 비단 등)이 유럽에 전래

(2) 새로운 교역로 필요: 오스만 제국이 지중해 무역 장악, 이슬람과 이탈리아 상인이 동방 물품 독점 → 유럽인이 직접 동방과 교역하기 위한 새로운 항로 탐색

(3) 과학 기술 발달: 지리학·천문학 발달, 선박 제작 기술 발전(카라벨선 제작, 배에 대포 장착), 항해술 발달(먼 거리 항해에 나침반 이용)

2. 신항로 개척의 전개 자료 ①

포르투갈의 지원	• 엔히크 왕자: 서아프리카 해안 지역을 탐험함 • 바르톨로메우 디아스: 아프리카 남쪽의 희망봉 도착 • 바스쿠 다 가마: 희망봉을 거쳐 인도로 가는 항로 개척
에스파냐의 지원	• 콜럼버스: 대서양을 건너 서인도 제도에 도착(1492) • 마젤란 함대: 최초로 세계 일주에 성공(1522)

3. 신항로 개척 이후의 변화

(1) 아메리카와 아프리카의 변화 **서술형 단골** 신항로 개척 이후 아메리카, 아프리카, 유럽 지역에서 일어난 변화를 묻는 문제가 자주 출제돼.

아메리카 자료 ②	• 신항로 개척 이전: 멕시코고원에 아스테카 제국, 안데스고원에 잉카 제국 등 독자적 문명 존재 • 신항로 개척 이후: 유럽인이 아메리카 문명 파괴, 원주민을 동원하여 금·은 채굴, 대농장(*플랜테이션) 경영 → 노동력 착취와 유럽에서 전파된 전염병(천연두, 홍역)의 유행으로 아메리카 원주민의 인구 감소
아프리카	아메리카 원주민의 인구 감소로 아메리카에서 노동력 부족 → 유럽인들이 아프리카 원주민을 노예로 동원(노예 무역) → 아프리카의 인구 감소, 남녀 성 비율 불균형, 부족 간 갈등 심화

(2) 유럽의 변화

① 무역의 중심지 변화: 지중해를 대신하여 대서양이 무역의 중심지가 됨 → 지중해 주변 국가 쇠퇴, 대서양 연안 국가 번영 → 유럽, 아메리카, 아프리카를 잇는 삼각 무역 전개 자료 ③

② 새로운 문물 전래: 아메리카 대륙에서 감자·담배·코코아·옥수수 등 전래, 동방의 차·면직물 등 유입

③ 가격 혁명: 아메리카 대륙에서 유럽으로 많은 양의 금과 은 유입으로 유럽의 물가 상승

④ 상업 혁명: 넓은 해외 시장을 바탕으로 상업과 제조업 발전, 근대적 기업 등장(주식회사 등), 금융 제도 발달(어음·보험 등)

(3) 세계적 교역망의 형성: 에스파냐와 포르투갈이 새로운 항로를 따라 아시아와 교역, 네덜란드·영국·프랑스 등이 *동인도 회사를 세워 아시아 시장에 진출 → 은을 매개로 세계적 교역망 형성

생생 자료

자료 ① 신항로 개척의 전개

대서양 연안에 있어 지중해 무역에 불리하였던 에스파냐와 포르투갈이 신항로 개척을 주도하였다.

코르테스와 피사로가 이끄는 에스파냐군이 각각 아스테카 제국, 잉카 제국을 정복하였어.

자료 ② 신항로 개척 이후 아메리카의 변화

▲ 아메리카 문명의 파괴

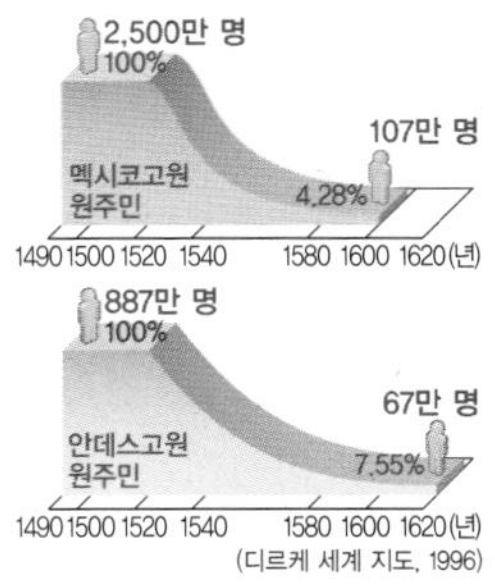

▲ 원주민 인구 변화

아메리카 대륙에는 아스테카 제국, 잉카 제국이 있었으나 이들은 신항로 개척 이후 유럽인에게 정복되었다. 이후 노동력 착취와 유럽에서 전파된 전염병으로 아메리카 원주민의 인구가 감소하였다.

아스테카 제국은 그림 문자와 달력을 사용하였고, 거대한 피라미드 신전을 지었어. 잉카 제국은 뛰어난 건축 기술을 보여 주는 마추픽추를 세웠어.

자료 ③ 신항로 개척 이후의 무역

신항로 개척 이후 대서양에서는 유럽, 아프리카, 아메리카를 잇는 삼각 무역이 전개되었다.

유럽 상인들은 총과 옷감 등을 아프리카 노예와 교환하여 아메리카 농장에 팔았고, 아메리카 농장에서 재배된 작물을 유럽에 가져가 팔았어.

쏙쏙 용어

* **플랜테이션** 한 작물을 대규모로 재배하여 수출하는 농업
* **동인도 회사** 네덜란드, 영국, 프랑스 등이 아시아(동인도) 지역과의 무역을 위해 만든 회사. 군대를 보유하고 조약 체결 권한이 있었음

절대 왕정의 등장

1. 절대 왕정의 성립과 특징

(1) 절대 왕정의 성립: 16~18세기 유럽에서 중앙 집권적인 통일 국가 등장
→ 국왕이 강력한 권한을 행사하는 절대 왕정 성립

(2) 절대 왕정의 기반 자료 ④

① 왕권신수설: 왕권은 신에게서 받은 것이라고 주장(왕권을 정당화함)

② 관료제: 관료가 국왕의 명령을 효율적으로 시행

③ 상비군: 국왕이 언제든 동원할 수 있는 군대 육성

④ 중상주의 정책 자료 ⑤

배경	관료제와 상비군을 유지하기 위해 막대한 비용이 필요함
내용	수입 억제(수입하는 물품에 관세 부과), 수출 증가(국내 산업의 보호·육성), 해외 팽창·식민지 건설 지원(→ 넓은 시장, 원료 공급지 확보)

2. 유럽 각국의 절대 왕정

(1) 서유럽: 16세기부터 절대 왕정이 발달

에스파냐 (펠리페 2세)	서유럽에서 가장 먼저 절대 왕정 확립, 무적함대를 만들어 지중해 해상권 장악, *레판토 해전 승리
영국 (엘리자베스 1세)	무적함대 격파(→ 해상권 장악), 모직물 등 국내 산업 육성, 인도에 동인도 회사 설립, 영국 국교회 확립
프랑스 (루이 14세)	스스로 태양왕이라 칭함, 콜베르를 등용하여 중상주의 정책 추진, 관료제·상비군 정비, 베르사유 궁전 완성

(2) 동유럽: 도시와 상공업 발달이 늦어 상공 시민 계층이 성장하지 못함
→ 17세기 중엽 절대 왕정 발달, 계몽 군주 등장

러시아 (표트르 대제)	서유럽의 문화와 제도를 적극 수용, 스웨덴과의 전쟁에서 승리하여 발트해 확보, 상트페테르부르크를 건설하여 수도로 삼음
프로이센 (프리드리히 2세)	국가 제일의 심부름꾼을 자처함, 오스트리아와 전쟁을 벌여 슐레지엔 지방 차지, 상수시 궁전 건립
오스트리아 (마리아 테레지아)	중앙 집권화 추진, 근대적 산업 육성, 국가 재정 확충 등 노력

17~18세기 유럽의 문화

1. 과학 뉴턴의 만유인력 법칙 발견 등 과학 발달(*과학 혁명) → 과학적 사고방식 확립에 기여

2. 철학 데카르트가 근대 철학의 기초 마련(인간의 이성 강조), 로크가 사회 계약설 주장, 몽테스키외·루소 등이 계몽사상 주장(무지와 미신 타파, 불합리한 제도와 전통의 개혁 주장) 자료 ⑥

3. 예술 화려하고 웅장한 바로크 양식 유행(예 베르사유 궁전) → 경쾌하고 사치스러운 로코코 양식 등장(예 상수시 궁전)

생생 자료

자료 ④ 절대 왕정의 구조

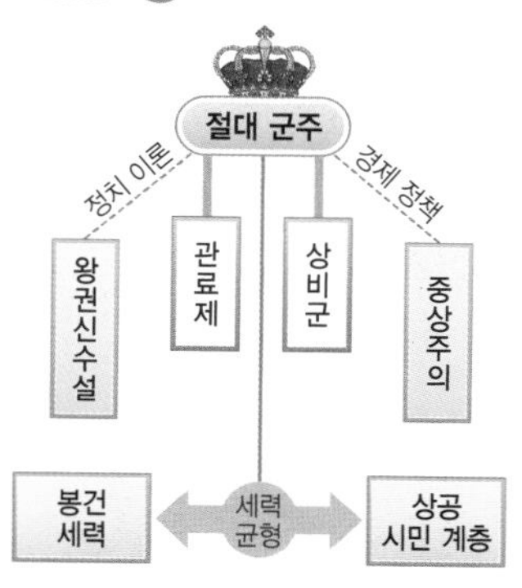

절대 군주들은 왕권신수설을 정치 이론으로 삼아 권력을 정당화하였다. 또한 관료제와 상비군을 유지할 비용을 마련하기 위해 상공 시민 계층의 상공업 활동을 보호해 주는 대신 이들에게 재정 지원을 받았으며, 중상주의 정책을 실시하였다.

자료 ⑤ 중상주의 정책

서술형 단골 중상주의 정책의 주요 내용과 실시 목적을 묻는 문제가 자주 출제돼!

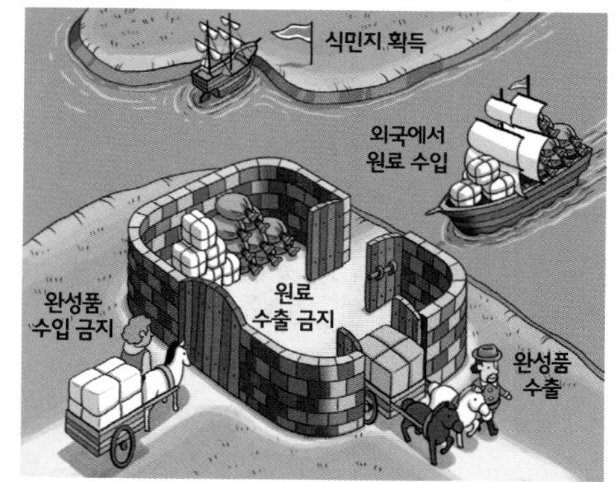

절대 왕정은 국가의 부를 증대시키기 위해 관세를 높여 수입을 억제하고, 국내 산업을 보호·육성하여 수출을 늘리는 등 경제 활동에 적극 개입하였다.

자료 ⑥ 계몽사상

- 국가 권력을 입법, 사법, 행정의 셋으로 나누어야 한다. – 몽테스키외
- 국가는 사회 계약을 통해 만들어졌다. 따라서 정부는 모든 사람이 보편적으로 원하는 것을 실천해야 한다. – 루소

몽테스키외, 루소 등 계몽사상가들의 주장은 미국 혁명과 프랑스 혁명의 사상적 기반이 되었다.

쏙쏙 용어

* **레판토 해전** 1571년에 에스파냐 등 크리스트교 연합 함대가 오스만 제국의 해군을 격파한 해전

* **과학 혁명** 17세기 유럽에서 일어난 과학 분야의 획기적인 변화

대표 자료 확인하기

◆ 신항로 개척 이후의 무역

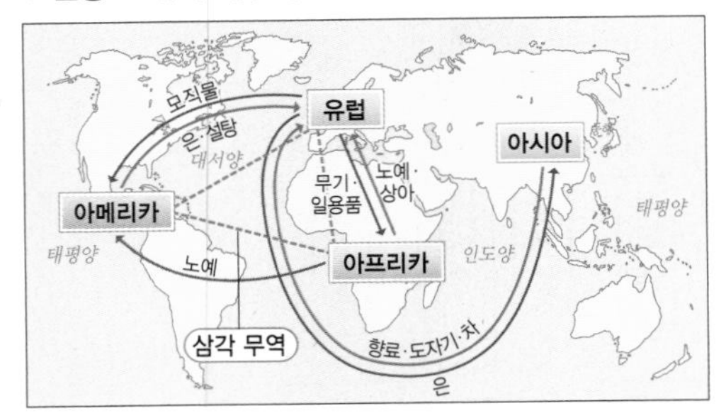

유럽인은 총과 옷감 등을 아프리카에서 (①   )와 교환하였고, 이들을 아메리카 농장에 팔았다. 그리고 아메리카 농장에서 재배된 작물을 유럽에 가져가 이익을 남겼다.

◆ 절대 왕정의 구조

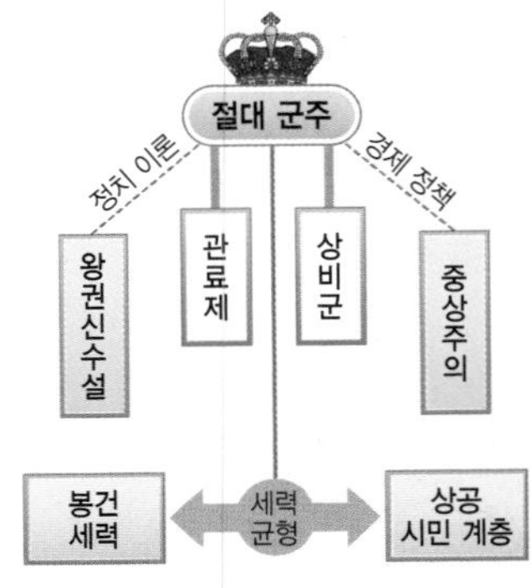

절대 군주들은 (②   )을 정치 이론으로 삼았으며 자신의 명령을 효율적으로 시행할 수 있는 관료제와 언제든 동원할 수 있는 군대인 (③   )을 통해 국가를 다스렸다.

한눈에 정리하기

◆ 신항로 개척

배경	동방에 대한 유럽의 관심 증가, 과학 기술의 발달
전개	콜럼버스, 바스쿠 다 가마, 마젤란 등이 신항로 개척
영향	유럽의 아메리카·아프리카 침략, 무역의 중심지가 지중해에서 (①)으로 이동, 삼각 무역 발달, 유럽에서 가격 혁명과 상업 혁명 발생 등

◆ 유럽의 절대 왕정

성립 기반	왕권신수설, 관료제, 상비군, 중상주의 정책
유럽 각국의 절대 왕정	• 서유럽: 에스파냐의 (②), 영국의 엘리자베스 1세, 프랑스의 루이 14세 • 동유럽: 러시아의 (③), 프로이센의 프리드리히 2세 등

꼼꼼 개념 문제

● 정답과 해설 18쪽

1 다음 설명이 맞으면 ○표, 틀리면 ×표를 하시오.

(1) 신항로 개척 이전에는 포르투갈과 에스파냐 상인들이 동방의 물품을 독점하였다. (   )

(2) 유럽에서 먼 거리 항해에 나침반이 이용되면서 신항로 개척이 더욱 활기를 띠었다. (   )

(3) 유럽인들은 마르코 폴로의 동방견문록 같은 책을 접하며 동방에 대한 호기심을 가지게 되었다. (   )

2 다음에서 설명하는 인물을 〈보기〉에서 골라 기호를 쓰시오.

보기
ㄱ. 콜럼버스　　　　ㄴ. 바스쿠 다 가마

(1) 희망봉을 거쳐 인도로 가는 항로를 개척하였다. (   )

(2) 대서양을 건너 서인도 제도에 최초로 도착하였다. (   )

3 다음 괄호 안의 내용 중 알맞은 말에 ○표를 하시오.

(1) 멕시코고원의 (잉카 제국, 아스테카 제국)은 신항로 개척 이후 유럽인에게 정복당하였다.

(2) 신항로 개척 이후 (아메리카, 아프리카)에서 담배, 감자, 옥수수 등의 작물이 유럽에 전래되었다.

(3) 유럽에서는 아메리카 대륙에서 금, 은이 유입되어 물가가 상승하는 (가격 혁명, 상업 혁명)이 일어났다.

4 절대 군주는 관료제와 상비군을 유지하기 위해 수출을 장려하고 관세를 높여 수입을 줄이는 (   ) 정책을 실시하였다.

5 다음 절대 군주와 그 활동을 옳게 연결하시오.

(1) 루이 14세 •　　　• ㉠ 콜베르 등용
(2) 표트르 대제 •　　　• ㉡ 무적함대 격파
(3) 엘리자베스 1세 •　　　• ㉢ 상수시 궁전 건립
(4) 프리드리히 2세 •　　　• ㉣ 상트페테르부르크 건설

6 불합리한 제도와 전통을 개혁해야 한다는 주장인 (   )은 미국 혁명과 프랑스 혁명의 사상적 기반이 되었다.

[01~02] 다음을 보고 물음에 답하시오.

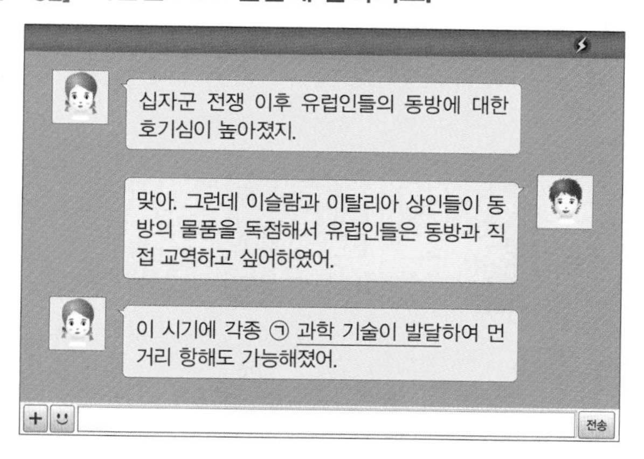

01 위의 대화 주제로 가장 적절한 것은?

① 삼각 무역의 형태
② 절대 왕정의 성립
③ 신항로 개척의 배경
④ 아메리카 문명의 파괴
⑤ 중상주의 정책의 실시

02 밑줄 친 ㉠의 내용으로 옳지 않은 것은?

① 카라벨선이 제작되었다.
② 배에 대포가 장착되었다.
③ 항해에 나침반을 이용하였다.
④ 만유인력의 법칙이 발견되었다.
⑤ 지리학과 천문학이 발달하였다.

중요해

03 (가)~(다)에 해당하는 인물을 옳게 짝지은 것은?

	(가)	(나)	(다)
①	엔히크 왕자	마르코 폴로	마젤란
②	엔히크 왕자	마르코 폴로	이븐 바투타
③	콜럼버스	마르코 폴로	이븐 바투타
④	콜럼버스	바스쿠 다 가마	마젤란
⑤	콜럼버스	바스쿠 다 가마	이븐 바투타

04 ㉠에 들어갈 나라에 대한 설명으로 옳은 것은?

사진은 (㉠)의 유적지인 마추픽추이다. 해발 2,430m의 험난한 요새에 있어 파괴되지 않았다.

① 유럽인에게 정복되었다.
② 멕시코고원에 위치하였다.
③ 인도양 무역을 주도하였다.
④ 거대한 피라미드 신전을 지었다.
⑤ 그림 문자와 달력을 사용하였다.

중요해

05 (가)에 들어갈 내용으로 가장 적절한 것은?

신항로 개척 이후 아메리카 원주민의 인구가 감소하자 광산 개발과 대농장 경영에 필요한 노동력이 부족해졌어요. 이에 유럽인들은 (가)

① 많은 양의 은을 유럽으로 가져갔어요.
② 아프리카 원주민을 노예로 동원하였어요.
③ 아메리카 문명을 정복하여 식민지로 만들었어요.
④ 유럽에서 아시아로 가는 동쪽 항로를 개척하였어요.
⑤ 대농장에서 한 가지 작물만을 집중적으로 재배하게 하였어요.

이 문제에서 나올 수 있는 선택지는 다~!

06 신항로 개척 이후 유럽의 변화에 대한 설명으로 옳지 않은 것은?

① 삼각 무역이 발전하였다.
② 동방에서 차, 면직물이 유입되었다.
③ 대서양이 무역의 중심지로 떠올랐다.
④ 지중해 주변 국가들이 번영을 누렸다.
⑤ 금, 은이 많이 유입되어 물가가 크게 올랐다.
⑥ 아메리카 대륙에서 감자, 옥수수가 전래되었다.
⑦ 금융 제도가 발달하고 근대적 기업이 등장하였다.

07 (가)에 해당하는 무역에 대한 설명으로 옳은 것을 〈보기〉에서 고른 것은?

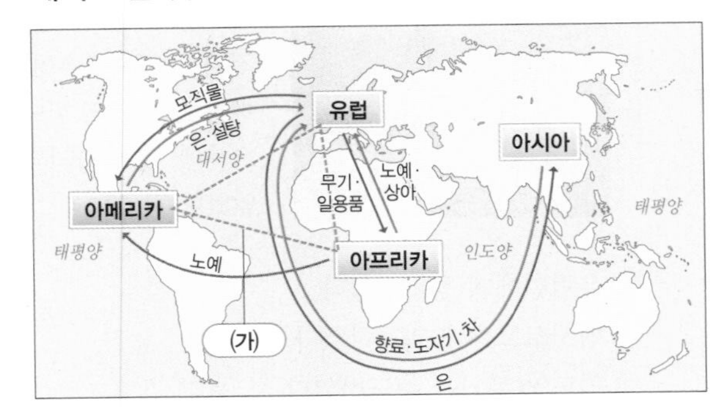

보기
ㄱ. 오스만 제국이 장악하였다.
ㄴ. 지중해를 중심으로 전개되었다.
ㄷ. 신항로가 개척된 이후에 형성되었다.
ㄹ. 유럽, 아메리카, 아프리카를 잇는 형태로 발전하였다.

① ㄱ, ㄴ ② ㄱ, ㄷ ③ ㄴ, ㄷ
④ ㄴ, ㄹ ⑤ ㄷ, ㄹ

08 유럽의 상업 혁명에 대한 설명으로 옳지 않은 것은?
① 보험 등의 금융 제도가 발달하였다.
② 주식회사 등의 근대적 기업이 등장하였다.
③ 도시의 상인과 수공업자들이 길드를 만들었다.
④ 상인들이 교역 활동에 어음을 사용하기 시작하였다.
⑤ 넓은 해외 시장을 바탕으로 유럽의 상공업이 크게 발전하였다.

09 ㉠에 들어갈 내용으로 적절한 것은?

① 공행 ② 길드
③ 역참 ④ 무적함대
⑤ 동인도 회사

중요해

10 그림은 절대 왕정의 구조를 보여 준다. (가), (나)에 대한 설명으로 옳은 것을 〈보기〉에서 고른 것은?

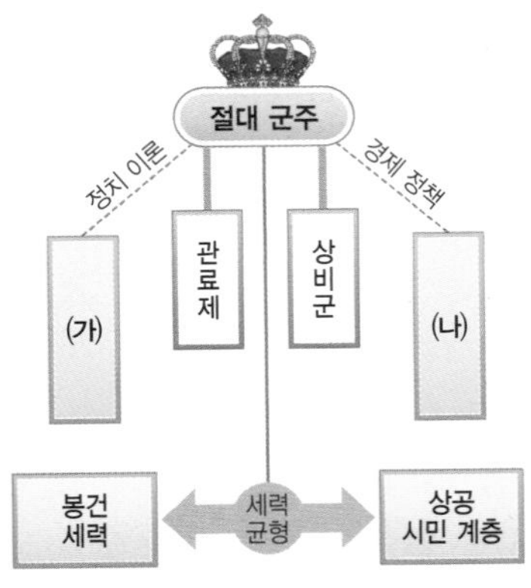

보기
ㄱ. (가) – 왕권을 정당화하였다.
ㄴ. (가) – 몽테스키외, 루소 등이 주장하였다.
ㄷ. (나) – 해외 팽창과 식민지 건설을 지원하였다.
ㄹ. (나) – 수입하는 물품에 관세를 폐지하여 수입을 증가시켰다.

① ㄱ, ㄴ ② ㄱ, ㄷ ③ ㄴ, ㄷ
④ ㄴ, ㄹ ⑤ ㄷ, ㄹ

11 다음 가상 인터뷰에서 (가)에 들어갈 내용으로 가장 적절한 것은?

① 베르사유 궁전을 세웠습니다.
② 레판토 해전에서 승리하였습니다.
③ 에스파냐의 무적함대를 물리쳤습니다.
④ 재무 장관으로 콜베르를 등용하였습니다.
⑤ 슐레지엔 지방을 차지하여 영토를 늘렸습니다.

12 밑줄 친 '이 군주'에 대한 설명으로 옳은 것은?

> 러시아의 이 군주는 스웨덴과의 전쟁에서 승리하여 발트해를 확보하였다. 서유럽의 문화와 제도를 적극 수용하였으며, 모든 귀족에게 서구화 정책의 하나로 귀족의 상징인 긴 수염을 자르라고 명령하기도 하였다.

① 상수시 궁전을 지었다.
② 상트페테르부르크를 건설하였다.
③ 인도에 동인도 회사를 설립하였다.
④ 국가 제일의 심부름꾼을 자처하였다.
⑤ 무적함대를 만들어 해상권을 장악하였다.

13 다음 주장에 대한 탐구 활동으로 가장 적절한 것은?

> • 국가 권력을 입법, 사법, 행정의 셋으로 나누어야 한다.
> – 몽테스키외
> • 국가는 사회 계약을 통해 만들어졌다. 따라서 정부는 모든 사람이 보편적으로 원하는 것을 실천해야 한다.
> – 루소

① 바로크 양식의 특징을 알아본다.
② 데카르트 철학의 의의를 살펴본다.
③ 중상주의 정책의 사례를 정리한다.
④ 미국 혁명의 사상적 기반을 조사한다.
⑤ 아메리카 원주민의 인구가 감소한 배경을 찾아본다.

14 ㉠, ㉡에 들어갈 인물을 옳게 짝지은 것은?

> 절대 왕정 시기 유럽에서는 화려하고 웅장한 바로크 양식이 유행하였는데 (㉠)가 건설한 베르사유 궁전이 대표적이다. 이후에는 경쾌하고 사치스러운 로코코 양식이 등장하였다. (㉡)가 건설한 상수시 궁전은 로코코 양식을 대표하는 건축물이다.

	㉠	㉡
①	루이 14세	펠리페 2세
②	루이 14세	프리드리히 2세
③	펠리페 2세	루이 14세
④	펠리페 2세	프리드리히 2세
⑤	프리드리히 2세	루이 14세

학교 시험에 잘 나오는 서술형 문제

1 다음 인물들의 신항로 개척 내용을 각각 서술하시오.

> • 콜럼버스 • 바스쿠 다 가마 • 마젤란

2 ㉠에 들어갈 무역을 쓰고, ㉠ 무역이 아프리카에 끼친 영향을 서술하시오.

> 유럽인들은 아메리카의 대농장에 필요한 노동력을 얻기 위해 흑인 노예를 활용하였다. 그 결과 (㉠)이 성행하여 19세기까지 약 200만 명 정도의 아프리카인이 노예로 아메리카에 팔려 갔다.

3 그림을 보고 물음에 답하시오.

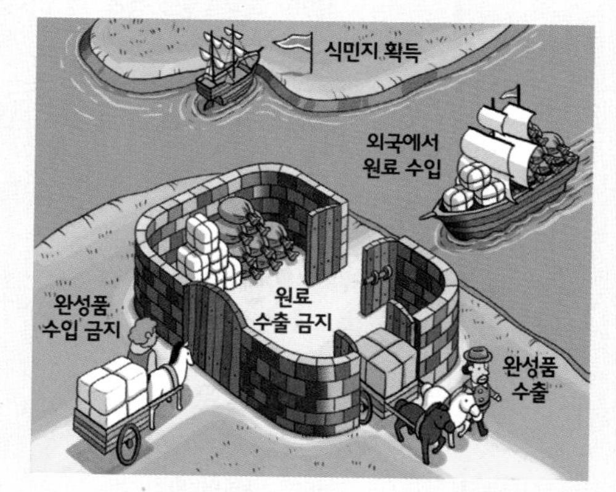

(1) 그림이 나타내는 절대 왕정의 경제 정책을 쓰시오.

(2) (1)의 내용을 두 가지 서술하시오.

연표와 표로 정리하는 **대단원**

중국	서양	주요 사건
북송		960 송 건국
		1037 셀주크 튀르크 건국
		1069 왕안석, 개혁 실시
		1127 북송 멸망, 남송 시작
남송	중세 사회	1185 일본, 가마쿠라 막부 성립
		1206 몽골 제국 성립
		1258 훌라구 울루스(일 한국) 건국
원		1271 원 성립
		1299 오스만 제국 건국
명		1368 명 건국
		1370 티무르 왕조 성립
		1405 정화의 항해(~1433)
	근대 사회	1492 콜럼버스, 아메리카 항로 발견
		1498 바스쿠 다 가마, 인도 항로 발견
		1501 사파비 왕조 성립
		1519 마젤란, 세계 일주 항해 시작

01 몽골 제국과 문화 교류

송의 발전과 북방 민족의 성장

송의 정치	(①) 정책 실시(절도사 세력 약화, 과거제 개혁) → 사대부 성장, 군사력 약화, 재정 악화 → 왕안석의 개혁(실패)	
송의 경제	• 농업: 창장강 하류 지역 개간, 농업 기술 발달(모내기법) • 상공업: 동업 조합(행·작) 결성, 지폐(교자·회자) 사용 • 해상 무역: 정크선 제작, 나침반 사용, 주요 항구에 시박사 설치	
송의 문화	주희가 (②) 완성, 과학 기술 발달(화약 무기, 나침반, 활판 인쇄술 발전), 서민 문화 발달	
북방 민족의 성장	거란족	거란(요) 건국, 화북 지방 진출(→ 송과 대립)
	탕구트족	(③) 건국, 동서 무역로 장악, 송 압박
	여진족	금 건국, 송과 연합하여 요를 멸망시킴

몽골 제국의 성립과 동서 문화 교류의 확대

몽골 제국의 성립	몽골 제국	칭기즈 칸이 몽골 부족 통합, 몽골 제국 수립 → 영토 확장 → 여러 울루스(한국)로 분할
	원	• 성립: (④)이 국호를 원으로 변경 • 통치: 민족 차별 정책 실시(몽골 제일주의)
동서 문화 교류의 확대	• 배경: 역참제 실시, 대운하 정비 등 → 유라시아 대륙이 하나의 교역권으로 통합 • 내용: 마르코 폴로의 중국 방문, 이슬람의 문화가 중국에 전래, 중국의 과학 기술이 유럽에 전파	

02 동아시아 지역 질서의 변화

명·청의 성립과 발전

구분	명	청
정치	• 홍무제: 재상제 폐지, 이갑제 실시, 육유 반포 등 • 영락제: (⑤)의 함대 파견	• 강희제: 러시아와 네르친스크 조약 체결 • 옹정제: 군기처 설치 • 건륭제: 최대 영토 확보
경제	대상인 집단 성장(산시, 휘저우 등), 상업 도시 번영(쑤저우 등)	
사회	신사가 지배층으로 등장(중앙 관리로 진출, 향촌 질서 유지)	
문화	• 학문: 명대에 양명학 등장, 청대에 (⑥) 발달 • 서민 문화: 『삼국지연의』 등 소설 유행, 청대에 경극 등장	
대외 교류	• 은 유통: 유럽 상인들이 은으로 대금 지불 → 대량의 은이 중국에 유입 → 중국에서 은을 화폐로 사용, 세금을 은으로 납부 • 문물 교류: 유럽 선교사가 서양 학문 소개(마테오 리치, 아담 샬)	

답 | ① 문치주의 ② 성리학 ③ 서하 ④ 쿠빌라이 칸 ⑤ 정화 ⑥ 고증학

동아시아 지역의 질서 변화

한반도	10세기 초 왕건이 고려 건국 → 14세기 말 이성계가 조선 건국
일본	가마쿠라 막부(봉건제 시행, 원의 침입 후 쇠퇴) → 무로마치 막부(중국과 외교 관계 회복) → 전국 시대(다이묘들의 세력 다툼) → (⑦) 막부(산킨코타이 제도 실시, 조닌 문화와 난학 발달)

03 서아시아와 북아프리카 지역 질서의 변화

서아시아의 이슬람 왕조와 오스만 제국

서아시아	셀주크 튀르크 → 훌라구 울루스 → 티무르 왕조 → 사파비 왕조	
오스만 제국	정치	비잔티움 제국 정복, 술탄 칼리프 제도 확립
	통치 제도	술탄의 친위 부대인 (⑧) 육성
	문화	술탄 아흐메트 사원 건립, 실용적인 학문 발달

인도에서 발전한 이슬람 왕조

배경	8세기부터 이슬람 세력의 인도 침략 → 13세기에 이슬람 왕조인 델리 술탄 왕조 성립
무굴 제국	바부르가 건국 → (⑨) 황제가 관용 정책 실시 → 아우랑제브 황제가 최대 영토 확보

04 신항로 개척과 유럽 지역 질서의 변화

새로운 항로 개척

배경	동방에 대한 유럽인의 관심 증대, 과학 기술의 발달 등
전개	• (⑩): 대서양을 건너 서인도 제도에 도착 • 바스쿠 다 가마: 희망봉을 거쳐 인도로 가는 항로 개척 • 마젤란 일행: 최초로 세계 일주에 성공
영향	아메리카 원주민의 인구 감소, 아프리카에서 노예 무역 성행, 대서양이 무역 중심지가 됨, 삼각 무역 발전, 가격 혁명·상업 혁명 발생

절대 왕정의 등장

서유럽	• 펠리페 2세(에스파냐): 무적함대로 지중해 해상권 장악 • 엘리자베스 1세(영국): 무적함대 격파, 동인도 회사 설립 • (⑪)(프랑스): 콜베르 등용, 베르사유 궁전 건축
동유럽	• 표트르 대제(러시아): 서구화 정책, 상트페테르부르크 건설 • (⑫)(프로이센): 슐레지엔 확보, 상수시 궁전 건축 • 마리아 테레지아(오스트리아): 근대 산업 육성, 국가 재정 확충

답 | ⑦ 에도 ⑧ 예니체리 ⑨ 아크바르 ⑩ 콜럼버스 ⑪ 루이 14세 ⑫ 프리드리히 2세

중국	서양	주요 사건
명	근대 사회	1526 인도, 무굴 제국 성립
		1556 에스파냐, 펠리페 2세 즉위
		1558 영국, 엘리자베스 1세 즉위
		1588 영국, 무적함대 격파
		1590 도요토미 히데요시, 전국 시대 통일
		1592 임진왜란 발발
		1600 영국, 동인도 회사 설립
		1603 일본, 에도 막부 수립
		1616 후금 건국
		1643 프랑스, 루이 14세 즉위
		1644 명 멸망, 청의 중국 정복
청		1682 러시아, 표트르 대제 즉위
		1740 프로이센, 프리드리히 2세 즉위 오스트리아, 마리아 테레지아 즉위

쑥쑥 마무리 문제

01 몽골 제국과 문화 교류

01 ㉠에 들어갈 인물에 대한 설명으로 옳은 것은?

역사 신문

(㉠), 과거제를 대대적으로 개혁하다

수·당의 과거제	송의 과거제
1차 시험을 거쳐 2차 면접을 치르게 하고 관리로 선발하였다. 2차 면접은 귀족 출신자에게 매우 유리 하였다.	시험의 공정성을 높였고, 1, 2차 시험을 거쳐 황제 앞에서 최종 시험인 전시를 치르게 하고 관리로 선발하였다.

새롭게 개편되는 과거 시험에서는 최종 단계인 3차 시험에 황제가 직접 시험관으로 참여하여 합격자의 순위를 결정한다.

① 동돌궐을 정복하였다.
② 몽골 제일주의를 내세웠다.
③ 절도사 세력을 약화시켰다.
④ 일본의 전국 시대를 통일하였다.
⑤ 토지 대장으로 어린도책을 만들었다.

02 밑줄 친 '이 국가'의 문화에 대한 설명으로 옳은 것은?

그림은 장택단의 「청명상하도」로 청명절 때 이 국가의 수도 카이펑의 번화한 모습을 나타내고 있다.

① 경극이 공연되었다.
② 당삼채가 유행하였다.
③ 청화 백자가 제작되었다.
④ 활판 인쇄술이 발전하였다.
⑤ 이슬람교, 티베트 불교 등이 성행하였다.

03 교사의 질문에 대한 학생의 대답으로 적절하지 않은 것은?

① 송과 연합하여 요를 멸망시켰어요.
② 여러 개의 울루스가 분할 통치하였어요.
③ 칭기즈 칸이 몽골 부족을 통일한 후 세웠어요.
④ 몽골 제일주의를 내세워 몽골인과 색목인을 우대하였어요.
⑤ 쿠빌라이 칸 시기에 남송을 멸망시키고 중국 전역을 지배하였어요.

04 원의 경제와 문화에 대한 설명으로 옳지 않은 것은?

① 목화 재배가 확대되었다.
② 은이 화폐로서 널리 사용되었다.
③ 구어체로 쓴 소설과 희곡이 인기를 얻었다.
④ 화폐 사용이 늘었고 지폐인 교초도 사용되었다.
⑤ 노래와 연극이 어우러진 형태의 잡극이 크게 유행하였다.

05 다음은 마르코 폴로가 중국을 여행하였던 기록이다. ㉠에 들어갈 내용으로 옳은 것은?

수도(베이징)로부터 각 지방으로 많은 도로가 나 있다. 각 도로에는 행선지의 이름을 따서 명칭이 붙어 있다. 주요 도로에는 약 40km 간격으로 (㉠)이/가 있다. 여기에는 넓고 근사한 침대가 있어 칸의 사신이 숙박할 때 제공된다. …… 또한 각 (㉠)에는 300~400마리의 말이 사신을 위해 준비되어 있다.

– 마르코 폴로, 『동방견문록』

① 역참 ② 대운하
③ 비단길 ④ 초원길
⑤ 왕의 길

02 동아시아 지역 질서의 변화

06 밑줄 친 '이 황제'에 대한 설명으로 옳은 것은?

① 육유를 반포하였다.
② 군기처를 설치하였다.
③ 사고전서를 편찬하였다.
④ 정화의 함대를 해외로 파견하였다.
⑤ 재상제를 폐지하고 황제권을 강화하였다.

07 지도의 영역을 차지한 국가에 대한 설명으로 옳은 것을 〈보기〉에서 고른 것은?

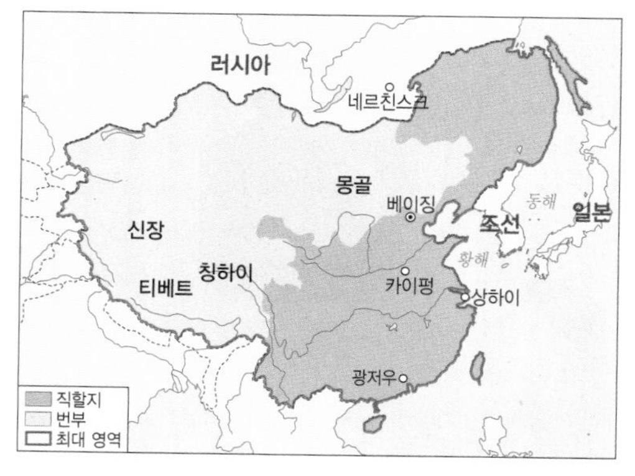

보기
ㄱ. 고증학이 발달하였다. ㄴ. 야율아보기가 건국하였다. ㄷ. 소수의 만주족이 한족을 다스렸다. ㄹ. 동서 교역로를 장악하고 송을 압박하였다.

① ㄱ, ㄴ ② ㄱ, ㄷ ③ ㄴ, ㄷ
④ ㄴ, ㄹ ⑤ ㄷ, ㄹ

08 다음은 청의 대외 관계를 나타낸 것이다. ㉠~㉢에 대한 설명으로 옳지 않은 것은?

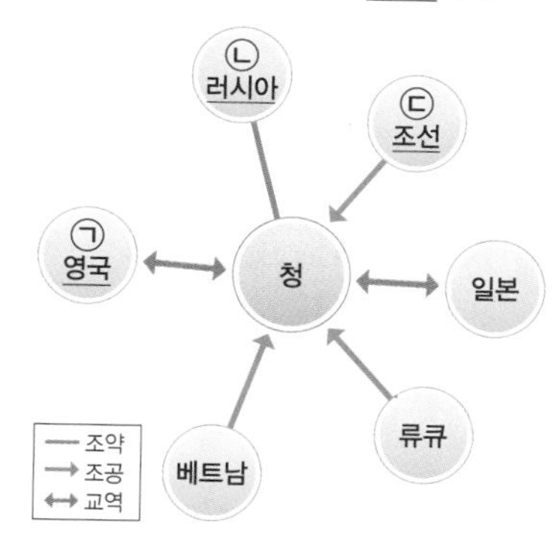

① ㉠ – 공행이라는 특허 상인과 무역하였다.
② ㉠ – 18세기 중반 이후 광저우에서 무역하였다.
③ ㉡ – 네르친스크 조약을 맺어 청과의 국경을 확정하였다.
④ ㉢ – 홍타이지 때 청의 침략을 받았다.
⑤ ㉢ – 청이 토착 지배자를 통해 간접 지배하였다.

09 (가) 시기 동아시아에서 있었던 사실로 옳지 않은 것은?

1185 (가) 1603
▲ 가마쿠라 막부 수립 ▲ 에도 막부 수립

① 고려가 건국되었다.
② 이성계가 조선을 건국하였다.
③ 원이 중국 전역을 지배하였다.
④ 도요토미 히데요시가 조선을 침략하였다.
⑤ 일본에서 무로마치 막부가 실권을 장악하였다.

10 ㉠에 들어갈 막부에 대한 설명으로 옳은 것은?

(㉠)은/는 서양 상인과 선교사가 전래한 크리스트교를 금지하고, 무역을 통제하였다. 하지만 조선 통신사를 통해 조선과 교류하고, 중국과 네덜란드 상인에게는 나가사키를 개항하여 무역을 허락하였다.

① 아스카 문화를 발전시켰다.
② 원의 침략 이후 쇠퇴하였다.
③ 명과 외교 관계를 회복하였다.
④ 산킨코타이 제도를 실시하였다.
⑤ 미나모토노 요리토모가 수립하였다.

03 서아시아와 북아프리카 지역 질서의 변화

11 ㉠에 들어갈 나라에 대한 설명으로 옳은 것은?

(㉠)은/는 바그다드를 정복하고, 아바스 왕조의 칼리프로부터 정치적 지배자를 뜻하는 술탄의 칭호를 얻어 이슬람 세계의 실질적인 지배자가 되었다.

① 예루살렘을 장악하였다.
② 오스만 제국에 멸망하였다.
③ 칭기즈 칸의 후예를 자처하였다.
④ 유스티니아누스 황제 때 전성기를 누렸다.
⑤ 유럽의 이베리아반도까지 영역을 확대하였다.

12 (가), (나) 국가에 대한 설명으로 옳은 것은?

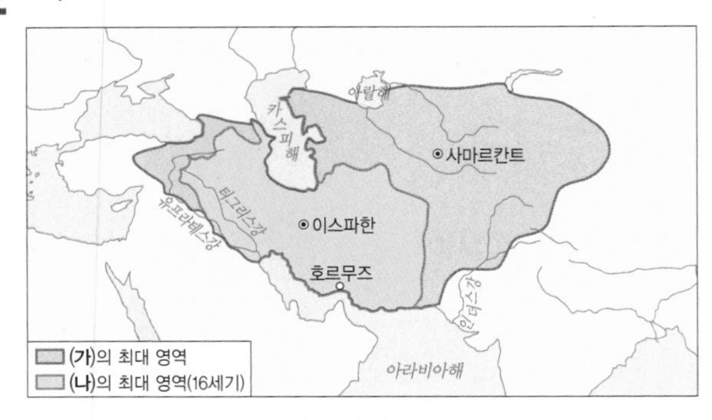

① (가) – 시크교가 발전하였다.
② (가) – 몽골 제국의 부흥을 내세웠다.
③ (나) – 수니파 이슬람교를 국교로 삼았다.
④ (나) – 자치적인 공동체인 밀레트를 인정하였다.
⑤ (나) – 몽골 제국의 일부였으나 이슬람교를 국교로 정하였다.

13 밑줄 친 '이 국가'에 대한 설명으로 옳은 것은?

사진은 이 국가의 전성기를 이룩하였던 술레이만 1세의 서명이다. 이는 글자를 그림으로 나타낸 인장으로 이 국가의 공식 문서에서 사용하였다.

① 델리 술탄 왕조를 무너뜨렸다.
② 몽골군의 침입으로 쇠퇴하였다.
③ 술탄 칼리프 제도가 확립되었다.
④ 유럽의 십자군과 전쟁을 전개하였다.
⑤ 페르시아의 전통적 군주 칭호를 사용하였다.

14 밑줄 친 '이 도시'의 문화유산으로 옳은 것을 〈보기〉에서 고른 것은?

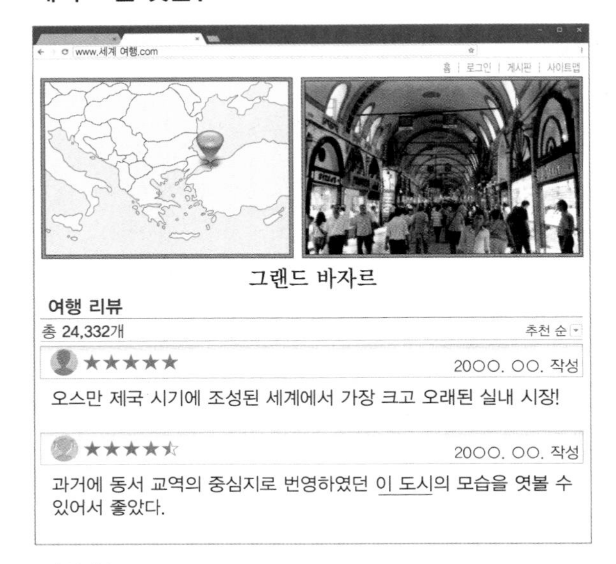

| 보기 |

ㄱ. 타지마할　　ㄴ. 레기스탄 광장
ㄷ. 성 소피아 대성당　　ㄹ. 술탄 아흐메트 사원

① ㄱ, ㄴ　② ㄱ, ㄷ　③ ㄴ, ㄷ
④ ㄴ, ㄹ　⑤ ㄷ, ㄹ

15 ㉠에 들어갈 인물에 대한 설명으로 옳은 것은?

① 아바스 왕조를 무너뜨렸다.
② 수도를 이스파한으로 옮겼다.
③ 무굴 제국의 최대 영역을 확보하였다.
④ 힌두교도에게 부과하는 인두세를 폐지하였다.
⑤ 유럽의 연합 함대를 무찔러 지중해의 해상권을 장악하였다.

04 신항로 개척과 유럽 지역 질서의 변화

16 밑줄 친 '그'에 해당하는 인물로 옳은 것은?

> 그는 에스파냐의 지원으로 아메리카 남단을 돌아 태평양을 가로질러 필리핀에 도착하였다. <u>그</u>는 이곳에서 원주민에 의해 목숨을 잃었으나, 살아남은 일행들은 인도양을 거쳐 에스파냐로 귀환하여 최초로 세계 일주에 성공하였다.

① 마젤란　② 콜럼버스
③ 엔히크 왕자　④ 바스쿠 다 가마
⑤ 바르톨로메우 디아스

17 다음과 같이 인구가 감소한 배경으로 적절한 것을 〈보기〉에서 고른 것은?

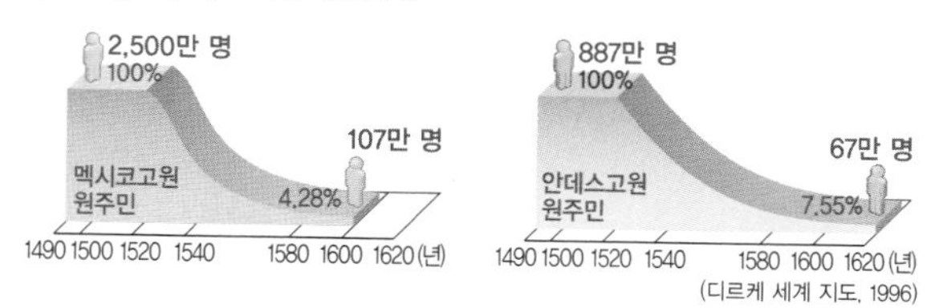

(디르케 세계 지도, 1996)

보기
ㄱ. 십자군 전쟁이 발생하였다. ㄴ. 몽골이 정복 활동을 벌였다. ㄷ. 원주민이 노동력을 착취당하였다. ㄹ. 천연두, 홍역 등의 전염병이 확산되었다.

① ㄱ, ㄴ　② ㄱ, ㄷ　③ ㄴ, ㄷ
④ ㄴ, ㄹ　⑤ ㄷ, ㄹ

18 (가)에 들어갈 내용으로 적절하지 않은 것은?

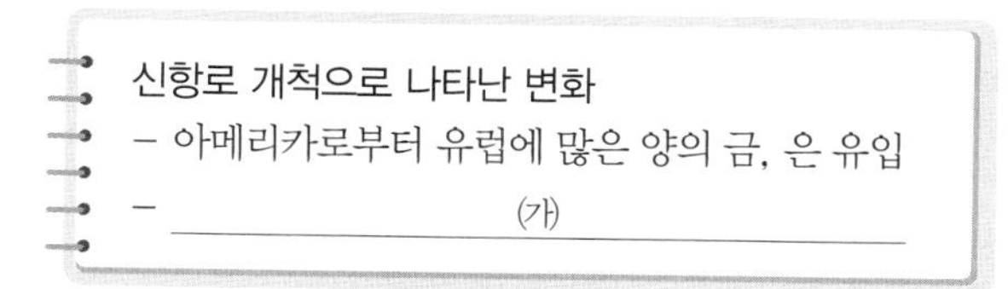

① 무역의 중심지가 대서양으로 이동
② 이탈리아 상인들이 동방 물품 독점
③ 은을 매개로 한 세계적 교역망 형성
④ 담배, 감자, 옥수수 등의 작물이 유럽에 전래
⑤ 유럽, 아메리카, 아프리카를 잇는 삼각 무역 발전

19 밑줄 친 ㉠~㉤ 중 옳지 않은 것은?

> 절대 군주들은 왕권은 신이 내려 준 것이므로 절대복종해야 한다는 ㉠ <u>왕권신수설</u>을 정치 이론으로 삼았다. 또한 자신의 명령을 효율적으로 시행할 수 있는 행정 조직인 ㉡ <u>관료제</u>와 언제든 동원할 수 있는 군사 조직인 ㉢ <u>상비군</u>을 통해 국가를 다스렸다. 이를 유지하기 위해 수출을 장려하고 수입을 줄이는 ㉣ <u>중상주의</u> 정책을 실시하였다. 한편, 절대 군주는 ㉤ <u>봉건 귀족</u>의 상공업 활동을 보호해주는 대신에 이들로부터 국가 운영에 필요한 재정을 지원받았다.

① ㉠　② ㉡　③ ㉢　④ ㉣　⑤ ㉤

20 밑줄 친 '이 군주'가 통치한 시기 프로이센에 대한 설명으로 옳은 것은?

① 슐레지엔 지방을 차지하였다.
② 인도에 동인도 회사를 세웠다.
③ 상트페테르부르크를 건설하였다.
④ 스웨덴과의 전쟁에서 승리하였다.
⑤ 에스파냐의 무적함대를 격파하였다.

MEMO

한권으로 끝내기!

필수 개념과 시험 대비를 한 권으로 끝!

역사 공부의 진리입니다.

한끝과 함께 언제, 어디서든 즐겁게 공부해!

한끝으로 끝내고, 이제부터 활짝 웃는 거야!

15개정 교육과정

한끝

정답과 해설

중등 역사

1·1

visang

정답과 해설

I 문명의 발생과 고대 세계의 형성

01 역사의 의미와 역사 학습의 목적 ~ 세계의 선사 문화와 고대 문명

꼼꼼 개념 문제 13쪽

대표 자료 확인하기 ① 구석기 ② 신석기 ③ 이집트 ④ 메소포타미아 ⑤ 인도 ⑥ 중국

한눈에 정리하기 ① 농경 ② 카스트 ③ 갑골

1 ㉠ 사실 ㉡ 기록 **2** (1) 뗀석기 (2) 평등 사회 (3) 신석기 시대 (4) 호모 사피엔스 **3** ㄱ, ㄷ, ㄹ **4** (1) × (2) ○ (3) ○ **5** (1) 브라만교 (2) 봉건제 **6** (1) ㄱ (2) ㄴ (3) ㄹ (4) ㄷ

탄탄 시험 문제 14~17쪽

01 ② **02** ① **03** ④ **04** ⑤ **05** ⑥ **06** ① **07** ⑤ **08** ① **09** ⑤ **10** ② **11** ② **12** ⑤ **13** ⑤ **14** ③ **15** ④ **16** ⑤ **17** ② **18** ④ **19** ④ **20** ③

01 밑줄 친 부분은 과거에 일어난 사실 그 자체로 객관적인 '사실로서의 역사'에 해당한다. ①, ③, ④, ⑤는 역사가의 사상이나 의견이 반영된 '기록으로서의 역사'에 해당한다.

02 ㉠은 사료에 해당한다. 사료에는 문서·일기 등의 기록물, 유물, 유적, 구전 설화 등이 포함되며, 역사가의 주관이 반영되어 과장되거나 잘못된 내용이 들어갈 수 있다. ① 사료가 모두 진실한 것은 아니기 때문에 역사가는 사료에 나오는 내용을 철저하게 검증하는 사료 비판의 과정을 거쳐야 한다.

03 우리는 역사를 배우면서 현재를 올바르게 이해하고 삶의 지혜와 교훈을 얻을 수 있다. 또한 역사 자료를 탐구하는 과정에서 역사적 사고력과 비판력을 기를 수 있으며, 세계사 학습을 통해 세계 여러 나라의 고유한 역사와 다양한 문화를 이해할 수 있다. ④ 우리는 역사 학습을 통해 부끄러운 과거를 반성함으로써 더 나은 미래로 나아갈 수 있다.

04 제시된 내용은 오스트랄로피테쿠스 아파렌시스에 대한 설명이다. 아프리카의 에티오피아에서는 최초의 인류인 오스트랄로피테쿠스 아파렌시스의 화석이 발견되었다. 호모 하빌리스는 약 250만 년 전, 호모 에렉투스는 약 180만 년 전, 호모 네안데르탈렌시스는 약 40만 년 전, 호모 사피엔스는 약 20만 년 전에 출현하였다.

05 인류는 동물과 달리 두 발로 서서 걸었다. 또한 불과 언어를 사용하였고, 사람이 죽으면 매장을 하였으며 동굴 벽화를 제작하였다. ⑥은 동물과 구별되는 인류의 특징으로 보기 어렵다.

06 제시된 내용은 구석기 시대에 대한 설명이다. 구석기 시대 사람들은 먹을 것을 찾아 자주 이동하였기 때문에 일정한 거주지 없이 동굴이나 막집 등에서 생활하였다. ②, ③, ④, ⑤는 신석기 시대 사람들의 생활 모습과 관련이 있다.

07 신석기 시대에 농경과 목축이 시작되면서 사람들은 자연을 이용하여 식량을 생산하였고, 먹을 것을 찾아 이동하지 않아도 되어 정착 생활을 하게 되었다. 신석기 시대의 농경과 목축 생활이 가져온 인류 생활의 큰 변화를 신석기 혁명이라고 한다.

08 신석기 시대 사람들은 돌을 갈아서 만든 간석기를 사용하였다. ②는 청동기 시대, ③, ④, ⑤는 구석기 시대와 관련된 탐구 활동이다.

09 농경과 목축의 시작, 태양·특정 동물·영혼 숭배를 통해 제시된 내용이 신석기 시대에 대한 설명임을 알 수 있다. 신석기 시대 사람들은 ㄷ. 토기를 만들어 곡식을 저장하는 데 사용하였고, ㄹ. 가락바퀴를 이용하여 옷을 만들었다. 한편, 구석기 시대에는 ㄱ. 주먹도끼 등 뗀석기를 사용하였고, ㄴ. 빌렌도르프의 비너스와 같은 조각상을 만들어 다산과 풍요를 기원하기도 하였다.

10 청동기 사용, 문자 사용, 계급 발생, 도시 국가 출현은 모두 고대 문명이 발생한 지역의 공통점에 해당한다.

11 수메르인이 인류 최초로 문명을 일으켰다는 내용을 통해 제시문이 메소포타미아 문명에 대한 것임을 알 수 있다. 따라서 밑줄 친 '이곳'은 메소포타미아 문명이 일어난 티그리스강과 유프라테스강 사이인 (나)이다. ① (가)는 이집트 문명, ③ (다)는 인도 문명의 발상지이다. ④ (라)는 기원전 1000년경 아리아인이 진출한 갠지스강 유역이다. ⑤ (마)는 중국 문명의 발상지이다.

12 제시된 내용은 수메르인의 도시 국가가 쇠퇴한 후 아무르인이 메소포타미아 지방에 세운 바빌로니아 왕국에 대한 설명이다. 바빌로니아 왕국의 함무라비왕은 메소포타미아 지방을 통일하고 함무라비 법전을 만드는 등 전성기를 이루었다.

13 지구라트는 수메르인이 도시의 중심에 지은 신전으로, 밑줄 친 '이 문명'은 메소포타미아 문명이다. 메소포타미아 문명을 일으킨 수메르인은 쐐기 문자를 만들어 신에 대한 제사, 왕의 업적, 교역 내용을 점토판에 기록하였다. 메소포타미아 문명에서는 태음력을 만들고 60진법을 사용하였으며, 점성술이 발달하였다. ⑤는 이집트 문명에 대한 설명이다.

14 (가)에는 이집트 문명에 대한 내용이 들어가야 한다. 이집트인들은 사람이 죽은 후에도 영혼이 남는다고 믿어 죽은 사람을 미라로 만들었다. ①은 중국 문명인 주, ②는 인도 문명, ④는 메소포타미아 문명, ⑤는 페니키아와 관련이 있다.

15 이집트의 왕 파라오는 종교와 정치를 결합한 신권 정치로 절대적인 왕권을 누렸다. 또한 이집트에서는 태양력과 10진법을 사용하였고, 사물의 모양을 본뜬 상형(그림) 문자를 만들어 파피루스에 기록하였다. ④는 인도 문명과 관련된 내용이다.

16 팔레스타인 지방에 정착, 유대교 창시 등의 내용을 통해 밑줄 친 '이들'이 헤브라이인임을 알 수 있다.

17 모헨조다로 건설 등의 내용을 통해 밑줄 친 '이 문명'이 인도 문명임을 알 수 있다. 인도 문명이 일어난 지역의 사람들은 청동기와 그림 문자를 사용하였다. ①은 중국 문명인 상, ③은 이집트 문명, ④, ⑤는 메소포타미아 문명에 해당하는 내용이다.

18 그림은 아리아인이 원주민을 지배하기 위해 만든 카스트제(바르나)를 보여 준다. 카스트제는 엄격한 신분 제도로, 지배층인 브라만과 크샤트리아, 피지배층인 바이샤와 수드라로 구성되었다. ④ ㉣에 해당하는 수드라는 정복당한 민족이었다. 제사 의식을 담당하면서 특권을 누린 것은 브라만에 해당한다.

19 사진은 상의 왕이 점을 친 내용과 결과를 기록한 갑골 문자(갑골문)를 보여 준다. 따라서 제시된 내용은 중국 문명인 상에 해당한다. 상은 해와 달의 움직임을 관찰하여 태음력을 만들었는데, 이는 제사와 농사에 도움이 되었다. ①, ③은 인도 문명, ②는 중국 문명인 하, ⑤는 중국 문명인 주와 관련이 있다.

20 그림은 주의 봉건제를 보여 준다. 주는 넓어진 영토를 효과적으로 다스리기 위해 수도 부근은 왕이 직접 다스리고, 나머지 지역은 혈연관계로 맺어진 왕족이나 공신을 제후로 삼아 땅을 주어 다스리게 하는 봉건제를 실시하였다. 봉건제는 지방 분권적인 성격을 가졌다. ③ 봉건제 실시 이후 시간이 지남에 따라 주 왕실과 제후 간의 혈연관계가 느슨해지고, 왕실의 권위가 약해지면서 제후들이 점차 독자적인 세력으로 성장하였다.

학교 시험에 잘 나오는 서술형 문제

1 예시답안 신석기 시대에는 조, 기장 등을 재배하는 농경 생활이 시작되었고, 가축을 기르는 목축이 이루어졌다.

구분	채점 기준
상	농경과 목축의 시작을 모두 서술한 경우
하	농경과 목축 중 한 가지만 서술한 경우

2 예시답안 함무라비 법전. 법전을 통해 당시 바빌로니아 왕국은 귀족, 평민, 노예의 계급이 있는 신분제 사회였고, 신분에 따라 형벌이 다르게 적용되었음을 알 수 있다. 또한 화폐를 사용하였고, 사유 재산이 인정되었음을 확인할 수 있다.

구분	채점 기준
상	함무라비 법전을 쓰고, 당시 사회 모습을 세 가지 서술한 경우
중	함무라비 법전을 쓰고, 당시 사회 모습을 두 가지 서술한 경우
하	함무라비 법전만 쓰거나 당시 사회 모습만 서술한 경우

3 예시답안 갑골 문자(갑골문). 상은 왕이 제사와 정치를 함께 주관하는 제정일치의 신권 정치를 실시하였다.

구분	채점 기준
상	갑골 문자를 쓰고, 상의 정치적 특징을 서술한 경우
하	갑골 문자만 쓴 경우

02 고대 제국들의 특성과 주변 세계의 성장(1)

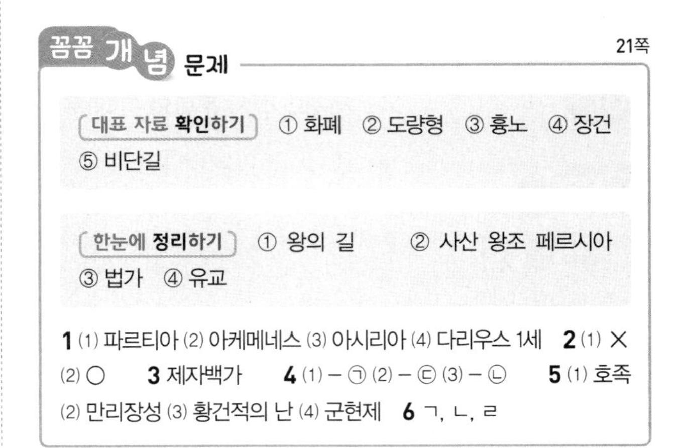
꼼꼼 개념 문제

21쪽

대표 자료 확인하기 ① 화폐 ② 도량형 ③ 흉노 ④ 장건 ⑤ 비단길

한눈에 정리하기 ① 왕의 길 ② 사산 왕조 페르시아 ③ 법가 ④ 유교

1 (1) 파르티아 (2) 아케메네스 (3) 아시리아 (4) 다리우스 1세 **2** (1) × (2) ○ **3** 제자백가 **4** (1) – ㉠ (2) – ㉢ (3) – ㉡ **5** (1) 호족 (2) 만리장성 (3) 황건적의 난 (4) 군현제 **6** ㄱ, ㄴ, ㄹ

탄탄 시험 문제

22~25쪽

01 ③ **02** ⑤ **03** ⑤ **04** ③ **05** ④ **06** ③ **07** ④ **08** ⑤ **09** ⑤ **10** ④ **11** ④ **12** ③ **13** ⑤ **14** ③ **15** ④ **16** ① **17** ② **18** ① **19** ③

01 제시된 자료에서 이스라엘, 바빌로니아, 이집트 등을 정복한 것을 통해 ㉠ 나라가 아시리아임을 알 수 있다. 따라서 (가)에는 아시리아에 대한 내용이 들어가야 한다. 아시리아는 우수한 기마 전술과 철제 무기, 전차를 앞세워 서아시아 지역을 최초로 통일하였으며, 정복지에 총독을 파견하고 법률과 도로를 정비하였다. 그러나 가혹한 통치로 피지배 민족이 반란을 일으켜 아시리아는 통일한 지 60여 년 만에 멸망하였다. ③ 아시리아는 피지배 민족을 가혹하게 통치하였다.

02 지도의 최대 영역을 차지한 나라는 아케메네스 왕조 페르시아이다. 아케메네스 왕조 페르시아는 피정복민에게 세금을 걷는 대신 그들의 종교와 관습을 존중하는 관용 정책을 펼쳐 오랫동안 통일 왕조를 유지하였다. ①, ③은 사산 왕조 페르시아, ②, ④는 아시리아에 대한 설명이다.

03 다리우스 1세는 전국을 20여 개의 주로 나누어 총독을 파견하였으며 '왕의 눈', '왕의 귀'라고 불리는 감찰관을 보내 총독을 감시하였다. '왕의 길'이라는 도로를 건설하였고, 화폐와 도량형도 통일하였다. ⑤ 다리우스 1세는 아케메네스 왕조 페르시아의 전성기를 이끌었다.

04 아케메네스 왕조 페르시아가 멸망한 후 이란계 유목 민족이 건국, 사산 왕조 페르시아에 멸망 등의 내용을 통해 밑줄 친 '이 나라'가 파르티아임을 알 수 있다.

05 지도의 (가)는 사산 왕조 페르시아에 해당한다. 사산 왕조 페르시아는 아케메네스 왕조 페르시아의 부흥을 내걸고 메소포타미아 지역에서 인더스강에 이르는 제국을 건설하였으나, 이슬람 세력에 멸망하였다. ① 사산 왕조 페르시아는 조로아스터교를 국교로 삼았다. ②, ③, ⑤는 아케메네스 왕조 페르시아에 대한 설명이다.

06 페르시아의 문화유산은 ㄴ. 날개 달린 사자 장식 뿔잔과 ㄷ. 페르세폴리스 궁전으로 들어가는 만국의 문이다. 아케메네스 왕조 페르시아의 수도였던 페르세폴리스에 남아 있는 궁전은 다양한 문화가 조화를 이루고 있고, 사산 왕조 페르시아의 공예품은 유럽과 이슬람 세계, 동아시아에까지 전파되었다. ㄱ은 흉노의 금관, ㄹ은 중국 진(秦)대의 장성이다.

07 밑줄 친 '이 종교'는 조로아스터교이다. 페르시아인들은 조로아스터교를 널리 믿었고, 선한 신의 상징인 불을 소중하게 여겼다. 조로아스터교는 다리우스 1세의 후원으로 널리 퍼졌고, 사산 왕조 페르시아는 조로아스터교를 국교로 삼았다. ④ 최후의 심판, 천국과 지옥, 구세주 출현 등 조로아스터교의 교리는 크리스트교, 이슬람교 등에 영향을 주었다.

08 첫 번째 글은 기원전 8세기 초, 두 번째 글은 기원전 221년으로 이 사이 시기에 중국에서는 춘추 전국 시대가 전개되었다. 춘추 전국 시대에는 철기가 보급되어 철제 농기구와 소를 이용한 농경이 이루어졌으며, 철제 무기가 사용되면서 전쟁이 더욱 치열해졌다. ㄱ. 춘추 전국 시대에는 제자백가가 출현하는 등 학문과 사상이 발달하였다. ㄴ. 주 왕실이 수도를 낙읍(뤄양)으로 옮긴 이후 주 왕실의 권위가 약해졌다.

09 (가)는 공자와 맹자가 발전시킨 유가, (나)는 한비자가 완성한 법가, (다)는 노자와 장자에서 비롯된 도가에 해당한다. 이러한 제자백가의 사상가와 학파들은 춘추 전국 시대에 등장하였다.

10 춘추 전국 시대에 제후국들이 경쟁에서 살아남기 위해 유능한 인재를 등용하여 부국강병을 추진하는 과정에서 제자백가가 나타났다. ①, ③, ⑤는 진(秦)대, ②는 한대와 관련이 있다.

11 밑줄 친 '황제'는 진시황제로, 진시황제는 법가 사상을 채택하여 분서갱유를 단행하였다. 진시황제는 중국을 최초로 통일한 후 왕의 칭호를 황제로 바꾸었다. 또한 군현제를 실시하고, 도로망을 정비하였으며 지역마다 달랐던 화폐, 도량형, 문자 등을 통일하였다. ④는 한 고조에 대한 설명이다. 진시황제는 흉노를 몰아내고 북쪽 국경에 만리장성을 쌓았다.

12 진시황제는 늘어난 영토와 백성을 효과적으로 다스리기 위해 각지에서 다양하게 사용되던 화폐, 도량형, 문자를 통일하는 등 중앙 집권 정책을 추진하였다.

13 진(秦)은 만리장성 등 대규모 토목 공사에 백성을 자주 동원하였고, 법가 사상을 바탕으로 백성을 가혹하게 통치하여 백성의 불만을 샀다. 결국 진은 시황제 사후 진승·오광의 난 등 농민 반란이 일어나 중국을 통일한 지 15년 만에 멸망하였다. ㄱ은 한대, ㄴ은 춘추 전국 시대와 관련된 내용이다.

14 한은 무제 때 전성기를 맞이하였다. 무제는 군현제를 전국적으로 실시하였고 유가 사상을 통치 이념으로 정하였다.

15 한 무제는 잦은 대외 원정으로 국가의 재정이 부족해지자 소금과 철, 술을 국가가 독점하여 생산, 판매하는 전매 제도를 실시하여 재정을 확보하였다. ①은 주, ②는 진시황제, ③은 한 고조, ⑤는 춘추 전국 시대와 관련이 있으며, (가)에 들어갈 내용으로 적절하지 않다.

16 고조가 한을 세우고 장안을 수도로 삼았다. 이후 무제가 고조선을 멸망시켰다. 무제가 죽은 후 외척과 환관들의 다툼으로 한의 힘이 약해지자 외척인 왕망이 한을 멸망시키고 신을 세웠다. 신은 얼마 못 가 멸망하였고, 유수(광무제)가 후한을 건국하였다. 후한 말에는 황건적의 난 등 농민 반란이 일어났다. ① 호족은 한대에 성장하였다.

17 중국 문화의 기틀이 마련되고, 유학 교육 기관인 태학을 설치한 시대는 한대에 해당한다. 한대에는 훈고학이 발달하였고 사마천이 편찬한 『사기』가 이후 중국 역사 서술의 모범이 되었다. 과학 기술도 발달하여 채륜이 제지술을 개량하였다. 한편, 한대에는 비단길을 따라 인도의 불교가 중국으로 전해 들어왔다. ② 제자백가는 춘추 전국 시대에 등장하였다.

18 기원전 3세기 무렵 유목 제국을 세우고 중국의 진(秦), 한과 대립하였던 민족은 흉노에 해당한다.

19 진시황제는 북쪽 국경을 따라 만리장성을 쌓아 흉노의 침입을 막고자 하였다. 한 고조는 군대를 이끌고 흉노를 먼저 공격하였으나 패배하였다. ㄱ은 파르티아와 관련이 있다. 흉노는 한 무제의 대대적인 공격으로 세력이 크게 약화되어 얼마 후 남북으로 분열되었다. ㄹ은 대월지(월지)에 해당한다.

학교 시험에 잘 나오는 서술형 문제

1 예시답안 아케메네스 왕조 페르시아. 아케메네스 왕조 페르시아는 정복한 지역 주민의 협조를 얻기 위해 그들에게 세금을 거두는 대신 그들의 고유한 풍습을 존중하는 관용 정책을 펼쳤다.

구분	채점 기준
상	아케메네스 왕조 페르시아를 쓰고, 관용 정책에 대해 서술한 경우
하	아케메네스 왕조 페르시아만 쓴 경우

2 예시답안 진시황제는 북방 유목 민족인 흉노의 침입을 막기 위해 북쪽에 만리장성을 쌓고 남쪽으로 베트남 북부까지 영토를 확장하였다.

구분	채점 기준
상	흉노의 침입을 막기 위한 만리장성 건설, 베트남 북부까지 영토 확장 등 진시황제의 대외 정책을 두 가지 서술한 경우
하	진시황제의 대외 정책을 한 가지만 서술한 경우

3 예시답안 한 무제는 서역의 대월지(월지)와 동맹을 맺어 흉노를 함께 공격하기 위해 장건을 서역에 파견하였다. 대월지의 동맹 거부로 뜻을 이루지 못하였으나 그 과정에서 비단길이 개척되어 동서 교역로를 확보하였다.

구분	채점 기준
상	한 무제가 장건을 서역으로 파견한 목적과 그 결과를 모두 서술한 경우
하	한 무제가 장건을 서역으로 파견한 목적과 결과 중 한 가지만 서술한 경우

03 고대 제국들의 특성과 주변 세계의 성장(2)

꼼꼼 개념 문제

28쪽

대표 자료 확인하기 ① 알렉산드로스 ② 그리스 ③ 헬레니즘 ④ 로마

한눈에 정리하기 ① 아테네 ② 그라쿠스 형제

1 (1) × (2) ○ (3) ○ (4) × 2 (1) 스토아학파 (2) 소크라테스 (3) 세계 시민주의 3 (1) ㄴ (2) ㄱ (3) ㄷ 4 (다) – (나) – (바) – (가) – (라) – (마) 5 ㄱ, ㄷ

탄탄 시험 문제

29~31쪽

01 ① 02 ② 03 ⑤ 04 ② 05 ② 06 ⑤ 07 ⑤ 08 ④ 09 ② 10 ⑤ 11 ④ 12 ① 13 ④ 14 ④

01 밑줄 친 '이 문명'은 에게 문명이다. 에게 문명은 지중해 동부의 에게해 일대에서 발달하였다.

02 ㉠은 고대 그리스의 폴리스에 해당한다. 폴리스는 아크로폴리스와 아고라로 구성되어 있었고, 아테네와 스파르타가 대표적이다. 수많은 폴리스에 나뉘어 살던 그리스인들은 동일한 언어를 사용하고 같은 신들을 믿었으며, 4년마다 올림피아 제전을 열어 동족 의식을 강화하였다. ② 각각의 폴리스들은 정치적으로 독립되어 있었다.

03 아테네 민주 정치는 페리클레스 때 황금기를 맞이하였다. 페리클레스 시기에는 장군직을 제외한 모든 공직자와 배심원을 추첨으로 뽑았고, 이들에게 공무 수당을 지급하여 가난한 시민의 정치 참여를 보장하였다. ①은 클레이스테네스, ②는 페리클레스, ③은 솔론과 관련이 있다. ④ 아테네에서 여성, 노예, 외국인은 정치에 참여할 수 없었다.

04 스파르타는 강력한 군사 통치를 실시하였다. 스파르타에서는 왕과 귀족들이 정치를 담당하였으나, 국가의 중대사는 민회에서 결정하였다. ㄴ. 펠로폰네소스 동맹을 주도하던 스파르타는 펠로폰네소스 전쟁에서 승리하였다. ㄹ. 스파르타는 소수의 시민이 다수의 피지배층을 다스렸다.

05 마라톤 전투, 살라미스 해전 등을 통해 지도가 기원전 5세기경에 일어난 그리스·페르시아 전쟁(페르시아 전쟁)을 나타낸다는 것을 알 수 있다. 전쟁 이후 아테네는 지중해 무역의 주도권을 차지하고 민주 정치를 발전시키며 전성기를 누렸다. ①, ③, ④, ⑤는 펠로폰네소스 전쟁에 대한 설명이다.

06 고대 그리스에서는 문학에서 호메로스, 역사에서 헤로도토스와 투키디데스, 수학에서 피타고라스가 업적을 남겼다. 또한 기원전 5세기경에 철학자 집단인 소피스트들이 등장하여 진리의 상대성과 주관성을 주장하였다. ⑤는 로마 문화에 대한 설명이다.

07 지도는 알렉산드로스 제국의 영역을 보여 준다. 알렉산드로스가 죽은 후 알렉산드로스 제국은 마케도니아, 시리아, 이집트로 분열되었고, 이후 로마 제국에 흡수되었다. ①, ②는 로마 제국, ③은 아테네, ④는 스파르타와 관련이 있다.

08 검색어는 헬레니즘 문화의 발달이고, 제시된 조각은 「라오콘 군상(라오콘상)」이다. 따라서 (가)에는 헬레니즘 문화에 대한 내용이 들어가야 한다. 헬레니즘 시대에는 개인의 행복을 추구하는 개인주의와 제국 아래 모두 같은 시민이라는 세계 시민주의가 발달하였다. 철학에서는 스토아학파와 에피쿠로스학파가 등장하였고, 자연 과학이 발달하여 아르키메데스 등이 활약하였으며 미술 분야에서는 「밀로의 비너스상」 등의 조각이 만들어졌다. ④는 고대 그리스 문화와 관련이 있다.

09 로마는 기원전 6세기 말에 공화정이 수립되었다. 공화정 초기에는 귀족들이 원로원과 집정관을 독점하였으나, 평민들이 세력을 키우면서 평민회가 만들어지고 호민관을 선출하게 되었다. 이 시기에는 12표법이 제정되었다. ② 참주는 고대 그리스에서 비합법적인 방법으로 정권을 장악한 지배자를 말한다. 공화정은 왕이 없고 개인이나 집단이 국가를 통치하는 정치 형태로, 로마 공화정은 집정관, 원로원, 민회들로 구성되었다.

10 (가) 전쟁은 포에니 전쟁이다. 로마는 카르타고와의 포에니 전쟁에서 승리하였고, 이후 지중해 일대를 장악하였다. 그러나 소수 귀족이 노예를 이용한 대농장(라티푼디움)을 경영하면서 자영농이 토지를 잃고 몰락하였다. 호민관인 그라쿠스 형제는 자영농의 몰락을 막기 위한 개혁을 시도하였으나 귀족들의 반대로 실패하였고, 공화정이 쇠퇴하였다.

11 첫 번째 글은 기원전 1세기의 사실로, 정권을 장악한 카이사르가 독재에 반대한 반대파에게 암살당하였다. 두 번째 글은 3세기 말의 사실로, 디오클레티아누스는 넓은 영토를 효율적으로 통치하기 위해 제국을 4분할하여 통치하였다. 이 사이 시기에는 카이사르의 뒤를 이은 옥타비아누스가 혼란을 수습하여 로마의 권력을 장악함으로써 사실상 황제가 되었고, 로마에서 제정이 시작되었다(기원전 27). ①, ③은 첫 번째 글 이전, ②, ⑤는 두 번째 글 이후에 있었던 사실이다.

12 수도교와 아피우스 가도를 통해 ㉠이 로마임을 알 수 있다. 로마에서는 넓은 제국을 다스리는 데 도움이 되는 실용적인 문화가 발달하였다. ②, ③은 고대 그리스 문화, ④, ⑤는 헬레니즘 문화의 특징이다.

13 카이사르는 독재에 반대한 반대파에게 암살당하였다. 콘스탄티누스 대제는 제국의 중흥을 위해 수도를 콘스탄티노폴리스(비잔티움)로 옮겼으나 제국은 동서로 분리되었고, 게르만족의 침입으로 서로마 제국이 멸망하였다. 한편, 로마의 시민법은 포에니 전쟁 후 제국이 확대되면서 만민법으로 발전하였다. ④는 알렉산드로스 제국과 관련이 있다.

14 ④ 밀라노 칙령을 내려 크리스트교를 공인한 것은 콘스탄티누스 대제에 해당한다. 디오클레티아누스는 넓은 영토를 효율적으로 통치하기 위해 제국을 4분할하여 네 명의 통치자가 공동으로 다스리게 하였다.

학교 시험에 잘 나오는 서술형 문제

1 예시답안 페리클레스. 민회가 실질적인 입법권을 행사하였으며, 대부분의 공직자와 배심원을 추첨으로 뽑았고 이들에게 공무 수당을 지급하였다.

구분	채점 기준
상	페리클레스를 쓰고, 공직자와 배심원 추첨제, 공무 수당제를 서술한 경우
중	페리클레스를 쓰고, 그가 실시한 제도를 서술하였으나 미흡한 경우
하	페리클레스만 쓴 경우

2 예시답안 알렉산드리아라는 도시를 세워 그리스인을 이주시키고 그리스어를 공용어로 삼아 그리스 문화를 여러 지역에 전파하였다. 또한 동방의 군주정을 계승하였고, 정복지의 사람을 관리로 등용하여 동서 융합을 꾀하였다.

구분	채점 기준
상	알렉산드로스의 동서 융합 정책을 세 가지 서술한 경우
중	알렉산드로스의 동서 융합 정책을 두 가지 서술한 경우
하	알렉산드로스의 동서 융합 정책을 한 가지만 서술한 경우

3 예시답안 포에니 전쟁. 포에니 전쟁 후 정복지의 값싼 곡물이 대량으로 로마에 들어오고, 소수의 귀족이 노예를 이용한 대농장(라티푼디움)을 경영하면서 자영농이 몰락하자 그라쿠스 형제가 개혁을 실시하였다.

구분	채점 기준
상	포에니 전쟁을 쓰고, 로마에 값싼 곡물 유입, 대농장 경영으로 자영농 몰락을 서술한 경우
중	포에니 전쟁을 쓰고, 개혁 실시 배경을 서술하였으나 미흡한 경우
하	포에니 전쟁만 쓴 경우

쑥쑥 마무리 문제 34~37쪽

01 ③ 02 ③ 03 ② 04 ③ 05 ② 06 ③ 07 ③ 08 ④
09 ⑤ 10 ⑤ 11 ④ 12 ⑤ 13 ② 14 ⑤ 15 ② 16 ②
17 ③ 18 ② 19 ④ 20 ① 21 ⑤ 22 ④ 23 ⑤

01 자료는 진시황제에 대해 두 역사가가 쓴 기록으로, 역사가가 과거 사실 중 의미 있다고 판단한 것을 선택하고 자신의 관점과 해석을 반영하여 기록한 '기록으로서의 역사'를 보여 준다. 이를 통해 같은 인물도 보는 관점과 시대에 따라 다르게 해석될 수 있음을 알 수 있다. ③은 '사실로서의 역사'와 관련이 있다.

02 사료에는 기록물, 유물, 유적, 구전 설화 등이 포함된다. ③ 라스코 동굴 벽화는 형태가 크고 무거워 옮길 수 없는 것으로 유적에 해당한다.

03 인류는 (가) 오스트랄로피테쿠스 아파렌시스(직립 보행) – (다) 호모 에렉투스(불과 언어 사용) – (라) 호모 네안데르탈렌시스(시체 매장) – (나) 호모 사피엔스(동굴 벽화 제작)의 순으로 진화하였다.

04 사진은 빌렌도르프의 비너스로, 밑줄 친 '이 시대'는 구석기 시대에 해당한다. 구석기 시대에는 주먹도끼 등 뗀석기를 사용하였다. ①, ②, ④, ⑤는 신석기 시대에 볼 수 있는 모습이다.

05 신석기 시대에는 돌괭이와 돌낫, 갈돌과 갈판, 가락바퀴와 뼈바늘, 토기 등을 사용하였다. ② 철제 무기는 철기 시대부터 사용하였다.

06 제시된 법전은 메소포타미아 지방에 건설된 바빌로니아 왕국의 함무라비왕이 만든 함무라비 법전이다. 함무라비 법전은 보복주의적인 성격을 가졌다. 법전의 내용을 통해 당시에 사유 재산이 있었고, 은화를 화폐로 사용하였음을 알 수 있다. ③ 함무라비 법전은 신분에 따라 형벌을 다르게 적용하였다.

07 지도의 (가)~(라) 지역은 4대 문명의 발상지이다. 4대 문명은 큰 강 유역에서 발생하였고, 계급 사회, 청동기와 문자 사용, 도시 국가 발전 등의 공통점이 있다.

08 ㉠은 인도 문명, ㉡은 이집트 문명에 해당한다. 인도 문명은 지도의 (다) 지역, 이집트 문명은 (가) 지역에서 발생하였다. 한편, (나)는 메소포타미아 문명, (라)는 중국 문명의 발상지이다.

09 (라) 지역에서는 중국 문명이 발달하였다. 중국 문명인 상의 왕은 나라에 중요한 일이 있을 때 점을 쳐서 결정하였는데, 점을 친 내용과 결과를 거북의 배딱지나 동물의 뼈에 갑골 문자(갑골문)로 기록하였다. ①, ④는 인도 문명, ②는 이집트 문명, ③은 메소포타미아 문명과 관련이 있다.

10 (가)는 아시리아, (나)는 아케메네스 왕조 페르시아이다. 아시리아는 기원전 7세기경에 서아시아 세계를 최초로 통일하였고, 이후 아케메네스 왕조 페르시아가 기원전 6세기경에 분열된 서아시아 세계를 재통일하였다. ①, ②는 아케메네스 왕조 페르시아, ③은 사산 왕조 페르시아, ④는 아시리아에 대한 설명이다.

11 ㉠에 들어갈 나라는 사산 왕조 페르시아이다. 사산 왕조 페르시아는 페르시아어를 공용어로 사용하였고, 동서 교통의 중심지를 차지하여 동서 무역을 독점하였다. 그러나 비잔티움 제국과의 잦은 전쟁으로 쇠약해져 7세기경 이슬람 세력에 멸망하였다. ④는 아케메네스 왕조 페르시아에 대한 설명이다.

12 왼쪽은 사산 왕조 페르시아의 주전자이고, 오른쪽은 신라에서 발견된 것으로 페르시아의 주전자와 비슷한 모양의 유리병이다. 국제적인 성격을 띤 페르시아 문화는 활발한 교역 과정에서 중국을 거쳐 우리나라에 들어왔다.

13 제시된 내용은 춘추 전국 시대에 철기가 보급되면서 나타난 사회 변화에 해당한다. 춘추 전국 시대에는 철제 농기구의 사용으로 농업 생산력이 늘었고, 철제 무기의 사용으로 전쟁의 규모가 커졌다.

14 (가)는 법가 사상, (나)는 유가 사상이다. 춘추 전국 시대에는 제자백가가 등장하여 현실 문제를 해결하기 위해 다양한 정치사상을 제시하였는데, 유가, 묵가, 법가, 도가 등이 대표적이다. ①, ④ 진시황제는 법가 사상을 토대로 부국강병을 이루어 중국을 통일하였고, 법가 사상 이외의 사상을 탄압하였다. ②는 유가 사상, ③은 도가 사상에 대한 설명이다.

15 황제 칭호 사용, 군현제 실시, 화폐·도량형·문자·수레바퀴의 폭 통일, 만리장성 축조는 진시황제의 정책에 해당한다. ② 중국을 통일한 진시황제는 법가 사상을 채택하였다.

16 장건을 서역으로 보내는 내용을 통해 밑줄 친 '황제'가 한 무제임을 알 수 있다. 한 무제는 흉노를 정벌하고 고조선을 멸망시켰다. ①은 아케메네스 왕조 페르시아의 다리우스 1세, ③은 진시황제, ④, ⑤는 한 고조에 대한 설명이다.

17 후한대에 종이를 만드는 기술을 개량한 인물은 채륜이다. ① 반고는 『한서』를 저술하였다. ② 장건은 한 무제 때 서역에 파견되었다. ④ 동중서는 한 무제에게 유교를 통치 이념으로 삼을 것을 건의하였다. ⑤ 사마천은 『사기』를 저술하였다.

18 (나) 솔론의 재산 정도에 따른 참정권 부여 – (가) 클레이스테네스의 도편 추방제 마련 – (다) 페리클레스의 공무 수당제 실시의 순으로 전개되었다.

19 델로스 동맹의 대표였던 아테네가 세력을 확장하면서 주변의 폴리스들을 압박하자, 스파르타를 중심으로 한 펠로폰네소스 동맹이 불만을 품게 되었고, 두 세력 사이의 대립으로 펠로폰네소스 전쟁이 일어났다. 이 전쟁에서 펠로폰네소스 동맹이 승리하였으나 오랜 전쟁 때문에 그리스의 폴리스들은 쇠퇴하였다. ①, ②, ③, ⑤는 그리스·페르시아 전쟁(페르시아 전쟁)에 대한 설명이다.

20 헤로도토스는 고대 그리스의 역사가이다. 고대 그리스에서는 합리적이면서 인간 중심적인 문화가 발전하였고, 철학이 크게 발달하여 철학자 집단인 소피스트와 소크라테스 등의 철학자가 활동하였다. ㄷ은 로마 문화, ㄹ은 헬레니즘 문화에 대한 설명이다.

21 밑줄 친 '그'는 알렉산드로스이다. 알렉산드로스는 대제국을 건설하고 정복지 곳곳에 자신의 이름을 딴 알렉산드리아라는 도시를 세워 그리스인을 이주시켰다. ①은 로마 제국의 콘스탄티누스 대제, ②는 아테네의 클레이스테네스, ③은 아케메네스 왕조 페르시아의 다리우스 1세, ④는 로마 제국의 옥타비아누스에 대한 설명이다.

22 그라쿠스 형제는 포에니 전쟁 이후 몰락한 자영농을 일으키기 위해 사회 개혁을 추진하였다. 그러나 개혁은 원로원을 중심으로 한 귀족들의 반대로 실패하였다.

23 제시된 내용은 로마 법률의 발전 과정에 해당한다. 로마 공화정 시기에는 평민회와 호민관이 설치되어 평민의 정치 참여 기회가 확대되었다. ①은 아케메네스 왕조 페르시아, ②는 사산 왕조 페르시아, ③은 중국의 진(秦), ④는 알렉산드로스 제국에 대한 설명이다.

Ⅱ 세계 종교의 확산과 지역 문화의 형성

01 불교 및 힌두교 문화의 형성과 확산

꼼꼼 개념 문제

42쪽

대표 자료 확인하기 ① 대승 ② 상좌부 ③ 쿠샨 ④ 헬레니즘

한눈에 정리하기 ① 아소카왕 ② 카니슈카왕 ③ 간다라

1 (1) 불교 (2) 바이샤 (3) 고타마 싯다르타 **2** (1) 쿠 (2) 마 (3) 쿠 (4) 마
3 (1) × (2) ○ (3) ○ **4** (1) 굽타 (2) 힌두교 (3) 산스크리트
5 (1) – ㉠ (2) – ㉡ (3) – ㉢ (4) – ㉣

탄탄 시험 문제

43~45쪽

01 ② **02** ③ **03** ② **04** ④ **05** ③ **06** ⑤ **07** ④ **08** ③
09 ④ **10** ① **11** ④ **12** ② **13** ③

01 고타마 싯다르타(석가모니)가 창시하였다는 내용 등을 통해 밑줄 친 '이 종교'가 불교임을 알 수 있다. 불교가 등장한 시기에 인도에서는 철기 문화의 보급으로 국가 사이에 전쟁이 잦아지면서 크샤트리아의 지위가 올라갔다. 또한 농업 생산력이 향상하고 상업과 수공업이 발달하면서 바이샤 세력이 성장하였다. 크샤트리아와 바이샤 세력은 브라만 중심의 카스트 사회를 비판하였다. 이러한 상황에서 기원전 6세기경 불교가 창시되었다. ② 굽타 왕조는 4세기경에 세워졌다.

02 고타마 싯다르타(석가모니)가 창시한 불교는 카스트에 따른 신분 차별에 반대하고 자비와 평등을 강조하였다. ①은 조로아스터교와 관련이 있다. ② 불교는 크샤트리아와 바이샤 세력의 지지를 받아 성장하였다. ④, ⑤는 힌두교와 관련이 있다.

03 지도는 마우리아 왕조의 영역이다. 마우리아 왕조의 아소카왕은 불교 경전을 정리하고 산치 대탑을 비롯한 수많은 불탑과 사원을 축조하는 등 불교의 보호와 포교에 힘썼다. ①, ③, ④, ⑤는 쿠샨 왕조와 관련이 있다.

04 제시된 사진은 아소카왕의 돌기둥(석주)이고 글은 돌기둥에 새겨진 포고문으로, 밑줄 친 '나'는 아소카왕이다. 마우리아 왕조의 전성기를 이끌었던 아소카왕은 남부를 제외한 인도 대부분 지역을 통일하였다. 도로망과 관개 시설을 정비하고 전국에 관리를 파견하였으며, 곳곳에 사원과 불탑을 건립하였다. 이 시기에는 개인의 해탈을 강조하는 상좌부 불교가 발전하여 실론과 동남아시아 등지로 전파되었다. ④는 쿠샨 왕조의 카니슈카왕과 관련이 있다.

05 ㉠에 들어갈 왕조는 쿠샨 왕조이다. 1세기경에 성립된 쿠샨 왕조는 비단길과 바닷길을 장악하여 후한과 로마를 연결하는 중계 무역으로 번영하였다.

06 쿠샨 왕조의 중심지였던 서북 인도의 간다라 지방에서는 헬레니즘 문화의 영향으로 간다라 양식이 발달하여 불상을 활발하게 제작하였다. ①, ④는 굽타 왕조, ②, ③은 마우리아 왕조와 관련된 탐구 주제이다.

07 (가)는 개인의 해탈을 강조하는 상좌부 불교, (나)는 많은 사람(중생)의 구제를 강조하는 대승 불교이다. 상좌부 불교는 실론과 동남아시아 등지로 전파되었고, 대승 불교는 중앙아시아를 거쳐, 중국, 한국, 일본 등 동아시아 지역에 전해졌다. ㄱ. 상좌부 불교는 마우리아 왕조의 아소카왕 때 발전하였다. ㄷ. 대승 불교는 쿠샨 왕조의 카니슈카왕 때 발달하였다.

08 초기 불교도는 부처의 모습을 직접 표현하지 않고 보리수, 수레바퀴 등으로 표현하였다. 그러나 알렉산드로스의 원정 이후 인도인들도 불상을 만들기 시작하였고, 쿠샨 왕조의 중심지였던 간다라 지방에서 간다라 양식이 발달하였다. ①, ②는 간다라 양식, ④는 초기 불교 미술, ⑤는 굽타 왕조의 굽타 양식에 대한 설명이다.

09 (라) 기원전 1000년경에 아리아인의 갠지스강 유역 진출 – (가) 기원전 6세기경에 고타마 싯다르타(석가모니)의 불교 창시 – (다) 기원전 3세기경에 마우리아 왕조 아소카왕의 불경 정리 – (나) 1세기경 쿠샨 왕조 때 헬레니즘 문화와 인도 문화(인도 불교문화)가 융합된 간다라 양식 유행의 순으로 일어났다.

10 지도의 영역을 차지한 (가)는 굽타 왕조이다. 굽타 왕조는 5세기 초 찬드라굽타 2세 때 영토를 확장하며 전성기를 누렸다. 활발한 해상 무역으로 경제적으로 번영하였으나, 이민족의 침략과 왕위 계승 분쟁으로 혼란을 겪다가 멸망하였다. 굽타 왕조 시기에는 힌두교가 왕실의 보호를 받아 성장하였고, 정치적 안정과 경제적 발달을 바탕으로 인도의 고전 문화가 발달하였다. ①은 마우리아 왕조에 대한 설명이다.

11 굽타 왕조 시대에는 인도의 고전 문화가 확립되었다. 문학에서는 산스크리트어가 공용어로 사용되면서 산스크리트 문학이 발달하였고, 미술에서는 인도 고유의 특색을 강조한 굽타 양식이 나타났다. 굽타 왕조 시기에 인도인이 숫자 '0(영)'의 개념을 처음 사용하여 아라비아 숫자 형성에 기여하였고, 원주율을 이용하여 지구의 둘레를 계산하였다. ④ 굽타 왕조 시기에는 10진법을 사용하였다.

12 제시된 사진은 아잔타 석굴의 연화수 보살 벽화로, 이는 굽타 양식에 해당한다. 굽타 왕조 시기에 발전한 굽타 양식은 인물의 생김새나 옷차림 등에서 인도 고유의 특징을 잘 표현하였다. ①, ④는 간다라 양식과 관련이 있다. ③ 굽타 양식은 간다라 양식과 인도 고유의 양식이 융합된 것으로, 인도 고유의 색채가 강조되었다. ⑤는 페르시아 문화와 관련이 있다.

13 인도네시아의 보로부두르 불탑은 샤일렌드라 왕조가 세운 세계 최대의 대승 불교 유적으로, 여기에는 석가모니의 전생과 현생의 이야기를 조각한 불상이 있다. 캄보디아 지역에 있는 앙코르 와트는 12세기경 앙코르 왕조 때 세워진 힌두교 사원으로, 14세기 이후 상좌부 불교 사원으로 이용되었다. 이들은 불교, 힌두교 등 인도 문화의 영향을 받았다.

학교 시험에 잘 나오는 서술형 문제

1 (1) (가) 대승 불교, (나) 상좌부 불교

(2) 예시답안 (가) 대승 불교는 많은 사람(중생)의 구제를 강조한 반면, (나) 상좌부 불교는 개인의 해탈을 강조하였다.

구분	채점 기준
상	대승 불교와 상좌부 불교의 수행 방법을 비교하여 서술한 경우
하	대승 불교와 상좌부 불교의 수행 방법 중 한 가지만 서술한 경우

2 예시답안 힌두교는 카스트제의 신분 차별을 인정하였고, 자신의 카스트에 따라 의무를 성실히 수행하면 더 나은 카스트로 태어날 수 있다고 하였다. 이는 인도 사회에 카스트제가 정착되는 데 큰 영향을 주었다.

구분	채점 기준
상	힌두교의 특징(카스트제의 신분 차별 인정, 카스트에 따른 의무 수행 강조)과 인도 사회에 끼친 영향(인도에 카스트제 정착)을 모두 서술한 경우
하	힌두교와 특징과 인도 사회에 끼친 영향 중 한 가지만 서술한 경우

3 예시답안 (가) 굽타 왕조 시기에 발달한 굽타 양식은 인체의 윤곽을 그대로 드러냈으며 얼굴 모습과 옷차림에서도 인도 고유의 특색이 나타난다. (나) 쿠샨 왕조 시기에 유행한 간다라 양식은 곱슬머리, 깊은 눈, 오뚝한 콧날, 섬세한 옷 주름 등을 특징으로 한다.

구분	채점 기준
상	굽타 양식과 간다라 양식의 특징과 발달 시기를 모두 서술한 경우
중	굽타 양식과 간다라 양식의 특징만 서술한 경우
하	굽타 양식과 간다라 양식이 발달한 시기만 서술한 경우

02 동아시아 문화의 형성과 확산

꼼꼼 개념 문제

49쪽

[대표 자료 확인하기] ① 북위 ② 수 ③ 3성 6부 ④ 균전제

[한눈에 정리하기] ① 양제 ② 나라 ③ 유교

1 (1) 9품중정제 (2) 남조 (3) 불교 (4) 위진 남북조 시대 **2** ㉠ 과거제 ㉡ 대운하 **3** (1) ㄱ (2) ㄴ **4** (1) ○ (2) × (3) × **5** (1) – ㉡ (2) – ㉠ (3) – ㉢ **6** (1) 한자 (2) 율령

탄탄 시험 문제

50~53쪽

01 ⑤ **02** ③ **03** ⑤ **04** ② **05** ② **06** ③ **07** ⑤ **08** ③
09 ② **10** ⑤ **11** ① **12** ③ **13** ③ **14** ① **15** ③ **16** ②
17 ③ **18** ④ **19** ① **20** ③ **21** ⑤

01 (가)는 진(晉), (나)는 북위이다. 북위는 북방 민족과 한족의 갈등을 해소하고, 한족을 효과적으로 다스리기 위해 한족의 제도와 문물을 적극적으로 받아들였다. ①은 북위, ②는 진(秦), ③은 한, ④는 수에 대한 설명이다.

02 (가)는 송(남조)에 해당한다. 남조에서는 화북 지방에서 이주해 온 한족이 앞선 농업 기술을 이용하여 강남 지방을 개발하였다. ①은 수, ②는 한, ④는 진(秦), ⑤는 당에 해당한다.

03 9품중정제를 실시하면서 지방의 호족이 중앙의 관리로 진출하였고, 문벌 귀족으로 성장하였다. 문벌 귀족은 비슷한 가문끼리 결혼하여 자신의 지위를 강화하였다.

04 제시된 문화유산은 위진 남북조 시대에 북위가 만든 윈강 석굴이다. 위진 남북조 시대에는 9품중정제가 실시되었다. 또한 이 시기에는 한대에 들어온 불교가 왕실과 귀족의 보호를 받으며 크게 발전하였고, 도교가 성립되어 유행하였다. 이 시기에 남조에서는 청담 사상이 유행하였고, 시(도연명), 그림(고개지), 글씨(왕희지) 등에서 화려한 귀족 문화가 발전하였다. ②는 당대와 관련이 있다.

05 왼쪽은 도연명의 「귀거래사」, 오른쪽은 고개지의 「여사잠도」로 위진 남북조 시대에 남조의 문화와 관련이 있다. 남조에서는 화려한 귀족 문화가 발전하였다. ①은 일본 헤이안 시대의 문화, ③, ④는 당의 문화, ⑤는 한과 관련이 있다.

06 ㉠은 수 문제이다. 수 문제는 시험으로 관리를 선발하는 과거제를 처음 실시하였다. ①은 수 양제, ②는 진시황제, ④는 당 고종, ⑤는 북위 효문제에 대한 설명이다.

07 수는 대운하 건설 등의 대규모 토목 공사에 노동력을 자주 동원하여 백성의 불만을 샀고, 여러 차례에 걸쳐 시도된 고구려 원정이 실패하면서 쇠퇴하였다. 결국 각 지역에서 반란이 일어나 멸망하였다. ㄱ은 한, ㄴ은 당과 관련이 있다.

08 (나) 고조(이연)가 장안을 수도로 당 건국 – (다) 태종이 동돌궐을 정벌하여 동서 교역로 확보 – (라) 고종이 신라와 연합하여 백제와 고구려를 멸망시킴 – (가) 황소의 난 발생의 순으로 일어났다.

09 당에서는 절도사였던 안녹산과 그의 부하인 사사명이 일으킨 안사의 난(755~763)을 계기로 각 지역에서 절도사의 권한이 강해졌다. 그 뒤 당은 농민 반란인 황소의 난으로 급격히 쇠퇴하다가 절도사 주전충에게 멸망하였다.

10 3성 6부의 중앙 행정 조직을 확립한 나라는 당이다. 당은 과거제 등 수의 제도를 이어받아 율령 체제를 완성하였다. 지방에 주현을 두었으며, 자영농을 국가 운영의 기반으로 삼아 균전제, 조용조, 부병제를 실시하였다. ⑤는 북위에 대한 설명이다.

11 ㉠은 균전제이다. 당은 균전제를 실시하여 농민에게 토지를 지급하였으며, 그 대가로 조용조의 세금을 거두었고 농민을 병사로 복무시키는 부병제를 실시하였다. 모병제와 양세법은 안사의 난 이후 당의 통치 체제와 관련이 있다.

12 (가)는 조용조에 해당한다. 조용조는 농민에게 곡물, 노동력, 직물을 거두는 것으로, 이는 국가 재정을 확보하는 데 도움이 되었다. ㄱ, ㄹ은 부병제에 대한 설명이다.

13 이백은 당대에 활약한 시인이다. 당대에는 왕유의 산수화, 구양순의 글씨 등 귀족적인 문화가 발달하였으며, 한대 이래의 훈고학을 집대성한 『오경정의』가 편찬되었다. 또한 불교가 발전하여 승려인 현장은 인도를 다녀와 『대당서역기』라는 여행기를 남겼고, 도교가 왕실의 보호를 받으며 성장하였다. ③ 제자백가는 춘추 전국 시대에 등장하였다.

14 사진은 당대에 제작된 대표적인 도자기인 당삼채이다. 당삼채의 화려한 색과 무늬는 당 문화의 귀족적인 성격을 보여 준다. 또한 인물의 모습과 낙타, 서역 악기 등을 통해 서역 문화의 영향을 받은 당 문화의 국제적인 성격도 엿볼 수 있다.

15 그림은 당의 수도였던 장안성의 구조와 종교 시설을 보여 준다. 당은 대외적으로 개방 정책을 펼쳐 주변국은 물론, 서역의 여러 나라와도 문물을 교류하였다. 당대에는 경교(네스토리우스교), 이슬람교 등 다양한 종교가 전래되었고 장안에 여러 종류의 사원이 세워졌다. 서역과의 교류로 호선무도 인기를 끌었다. ③ 9품중정제는 위진 남북조 시대에 실시되었다.

16 고조선이 한의 공격으로 멸망한 이후 고구려, 백제, 신라가 한강 유역의 지배권을 둘러싸고 경쟁하며 발전하였다. 신라는 당과 연합하여 백제와 고구려를 무너뜨리고 삼국을 통일하였다. 이후 신라와 발해가 성장하는 남북국 시대가 전개되었다. ② 발해는 고구려 유민이 고구려의 옛 땅에 건국한 나라이다.

17 일본에 세워진 여러 소국들은 4세기경 야마토 정권을 중심으로 통일 국가를 이루었다. 6세기 무렵에 아스카 문화가 발전하였고, 7세기 중반에는 당의 율령 체제를 본떠 중앙 집권 체제의 토대가 마련되었다(다이카 개신). 이후 8세기 초에 나라 시대가 시작되었다. ㄱ, ㄹ은 헤이안 시대에 있었던 사실이다.

18 도다이사는 나라 시대에 세워진 사찰이다. 8세기 초 일본은 당의 장안성을 본뜬 헤이조쿄(나라)를 세우고 이곳으로 수도를 옮겼다(나라 시대). ①, ②는 야마토 정권 시기이다. 나라 시대에는 견당사를 파견하였다. ③, ⑤는 헤이안 시대의 사실이다.

19 (가) 시대는 헤이안 시대(794~1185)에 해당한다. 헤이안 시대인 9세기 말에는 견당사가 폐지되면서 사실상 당과의 교류가 단절되었다. ②는 7세기 중반, ③은 야요이 시대, ④는 나라 시대(710~794), ⑤는 7세기 말에 해당한다.

20 동아시아 문화권은 한자, 율령, 유교, 불교 등의 공통된 문화 요소를 공유하였다. ③ 조로아스터교는 동아시아 문화권의 공통 문화 요소에 해당하지 않는다. 고구려, 백제, 신라, 일본 등은 유교를 정치 이념이자 사회 규범으로 삼았다.

21 동아시아 문화권의 각국은 한자, 율령, 유교, 불교 등의 공통된 문화 요소를 공유하였으며, 각국의 상황에 맞게 이를 독자적으로 발전시켰다. ① 당대에 동아시아 문화권이 형성되었다. ② 도교는 동아시아 문화권의 공통 요소로 보기 어렵다. ③ 베트남은 지리적으로 동남아시아에 속하지만 문화적으로는 중국의 영향을 받아 동아시아 세계로 분류한다. ④ 발해의 상경성이 당의 장안성을 본떠 조성되었다.

학교 시험에 잘 나오는 서술형 문제

1 예시답안 수 양제. 남북 간의 물자 유통을 원활하게 하여 남북 간의 교류를 촉진하였으며, 이를 통해 중앙 집권 체제의 통치 기반을 마련하였다.

구분	채점 기준
상	수 양제를 쓰고, 경제적·정치적 변화를 모두 서술한 경우
중	수 양제를 쓰고, 경제적·정치적 변화 중 한 가지만 서술한 경우
하	수 양제만 쓴 경우

2 예시답안 균전제가 점차 붕괴되어 안사의 난 이후에는 장원제가 성행하였고, 농민들의 재산 정도에 따라 봄, 가을에 세금을 걷는 양세법이 실시되었으며 급료를 받고 복무하는 직업 군인을 고용하는 모병제가 시행되었다.

구분	채점 기준
상	당의 통치 체제 변화를 장원제, 양세법, 모병제를 포함하여 서술한 경우
중	토지, 조세, 군사 제도 중 두 가지를 서술한 경우
하	토지, 조세, 군사 제도 중 한 가지만 서술한 경우

3 예시답안 한자, 율령, 유교, 불교를 공통 요소로 하는 동아시아 문화권이 형성되었다.

구분	채점 기준
상	동아시아 문화권의 형성을 한자, 율령, 유교, 불교를 모두 포함하여 서술한 경우
중	동아시아 문화권을 형성을 한자, 율령, 유교, 불교 중 세 가지를 포함하여 서술한 경우
하	동아시아 문화권의 형성을 한자, 율령, 유교, 불교 중 두 가지만 포함하여 서술한 경우

03 이슬람 문화의 형성과 확산

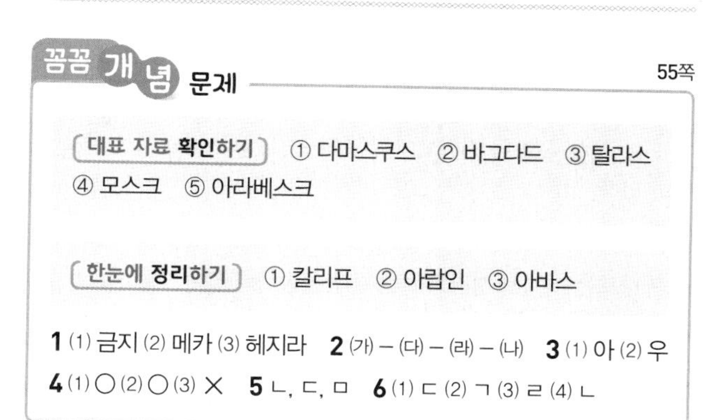
꼼꼼 개념 문제 55쪽

대표 자료 확인하기 ① 다마스쿠스 ② 바그다드 ③ 탈라스 ④ 모스크 ⑤ 아라베스크

한눈에 정리하기 ① 칼리프 ② 아랍인 ③ 아바스

1 (1) 금지 (2) 메카 (3) 헤지라 **2** (가) – (다) – (라) – (나) **3** (1) 아 (2) 우
4 (1) ○ (2) ○ (3) × **5** ㄴ, ㄷ, ㅁ **6** (1) ㄷ (2) ㄱ (3) ㄹ (4) ㄴ

탄탄 시험 문제 56~57쪽

01 ① **02** ④ **03** ⑤ **04** ⑤ **05** ④ **06** ② **07** ③ **08** ④ **09** ④ **10** ③

01 지도는 6~7세기 무렵의 아라비아반도를 보여 준다. 6세기경 사산 왕조 페르시아와 비잔티움 제국의 대립으로 기존의 동서 무역로가 막히자 상인들은 아라비아반도를 지나는 교역로를 이용하였다. 그러나 소수 귀족들이 무역의 이익을 독차지하면서 빈부의 차가 커졌고, 여러 부족이 교역로를 차지하려고 전쟁을 자주 벌이면서 아라비아반도에 사회적 갈등이 심해졌다. ① 6세기경에는 메카와 메디나가 무역의 중심지로 떠올랐다.

02 밑줄 친 '이 종교'는 이슬람교이다. 이슬람교는 '알라'를 유일신으로 하였고, 알라 앞에 모든 사람이 평등한 존재라고 강조하였다. ㄱ, ㄷ. 이슬람교는 우상 숭배를 금지하였고, 정립 당시에 메카 귀족들의 탄압을 받았다.

03 이슬람교 성립 후 메카 귀족들의 탄압을 받은 무함마드는 메카에서 메디나로 근거지를 옮겼다(헤지라, 622). 무함마드가 죽은 후 칼리프를 선출하는 정통 칼리프 시대가 시작되었다. ①, ②, ③, ④는 정통 칼리프 시대 시작 이후에 있었던 사실이다.

04 제시된 내용은 정통 칼리프 시대에 대한 설명이다. 이 시기에는 '무함마드의 계승자'를 의미하는 칼리프를 선출하였다.

05 왼쪽은 시아파, 오른쪽은 수니파이다. 무함마드의 사촌이자 사위였던 제4대 칼리프 알리가 내분으로 암살당하자 우마이야 가문이 칼리프 자리를 차지하고 자손에게 세습하면서 우마이야 왕조가 성립되었다. 그러자 이슬람교도들은 우마이야 왕조의 정통성을 두고 시아파와 수니파로 나뉘어 대립하였다.

06 지도는 우마이야 왕조의 최대 영역이다. 우마이야 왕조는 아랍인 우대 정책을 실시하여 아랍인을 우대하고 아랍인이 아닌 이슬람교도를 차별하여 사람들의 불만을 샀다. ①, ④는 아바스 왕조, ③, ⑤는 정통 칼리프 시대에 대한 설명이다.

07 ①은 예배, ②는 성지 순례, ④는 단식, ⑤는 희사, ⑥은 신앙 고백으로 이슬람교도가 지켜야 할 다섯 가지 의무에 해당한다. ③은 힌두교와 관련이 있다.

08 이슬람 상인들은 거래를 위해 금, 은을 화폐로 사용하였고, 어음, 수표를 거래에 이용하면서 금융 산업이 발달하였다. 이슬람 상인들의 무역 활동으로 동서 문화 교류가 촉진되었고 이슬람교가 빠르게 확산되었으며, 바그다드 등 도시들이 성장하였다. ④ 이슬람의 과학 지식은 중국의 제지법, 나침반, 화약과 함께 유럽에 전파되어 유럽의 근대 과학 발달에 영향을 주었다.

09 ㉠에 들어갈 도시는 바그다드이다. 아바스 왕조의 수도 바그다드는 세계의 시장으로 불릴 만큼 번성하였다.

10 이슬람 세계에서는 메카 순례와 상업 활동을 위해 지리학이 발달하였는데, 이븐 바투타는 『여행기』를 저술하였다. 또한 인도의 영향을 받아 아라비아 숫자를 완성하는 등 수학도 발달하였다. ㄱ. 간다라 양식은 인도 쿠샨 왕조 시기에 유행하였고, 동아시아에 전파되었다. ㄹ. 산스크리트 문학은 인도 굽타 왕조 시기에 발달한 것으로 힌두 문화에 해당한다.

학교 시험에 잘 나오는 서술형 문제

1 (1) 모스크

(2) 예시답안 아라베스크, 이슬람의 교리에서 우상 숭배를 금지하였기 때문에 모스크의 내부를 덩굴무늬나 기하학적인 무늬가 특징인 아라베스크로 장식하였다.

구분	채점 기준
상	아라베스크를 쓰고, 발달 이유를 서술한 경우
중	아라베스크를 쓰고, 발달 이유를 서술하였으나 미흡한 경우
하	아라베스크만 쓴 경우

04 크리스트교 문화의 형성과 확산(1)

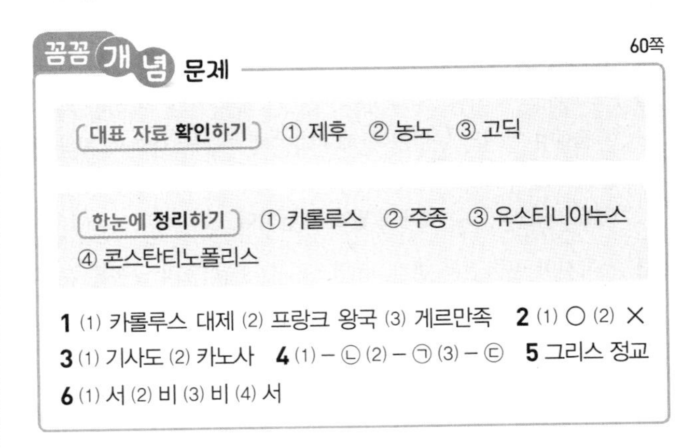
꼼꼼 개념 문제

60쪽

대표 자료 확인하기 ① 제후 ② 농노 ③ 고딕

한눈에 정리하기 ① 카롤루스 ② 주종 ③ 유스티니아누스 ④ 콘스탄티노폴리스

1 (1) 카롤루스 대제 (2) 프랑크 왕국 (3) 게르만족 **2** (1) ○ (2) ✕ **3** (1) 기사도 (2) 카노사 **4** (1) – ㉡ (2) – ㉠ (3) – ㉢ **5** 그리스 정교 **6** (1) 서 (2) 비 (3) 비 (4) 서

탄탄 시험 문제

61~63쪽

01 ② 02 ⑤ 03 ③ 04 ④ 05 ① 06 ④ 07 ② 08 ③ 09 ⑥ 10 ② 11 ⑤ 12 ⑤ 13 ① 14 ⑤

01 제시된 지도는 게르만족의 이동을 보여 준다. 게르만족은 약 200여 년에 걸쳐 로마 제국의 영토 안으로 이동하면서 서로마 제국 곳곳에 나라를 세웠다. 이 과정에서 서로마 제국은 게르만족 출신 용병 대장에게 멸망하였다.

02 밑줄 친 '이 왕국'은 프랑크 왕국이다. 8세기 초 이슬람 세력이 이베리아반도를 넘어 서유럽에 침입해 오자 프랑크 왕국은 카롤루스 마르텔을 보내 이들을 격퇴하였다. ① 프랑크 왕국은 크리스트교를 받아들였다. ②, ③은 비잔티움 제국, ④는 우마이야 왕조에 대한 설명이다.

03 (가)에 해당하는 왕은 카롤루스 대제이다. 그는 옛 서로마 제국 영토의 많은 부분을 정복하였고, 정복한 지역에 교회를 세워 크리스트교를 전파하였다. 이에 로마 교황은 카롤루스 대제를 서로마 황제로 임명하고 관을 주었다.

04 그림은 서유럽 봉건제의 구조를 나타낸다. 프랑크 왕국의 분열 이후 바이킹 등의 이민족이 침입하자 서유럽에서는 기사 세력이 성장하면서 봉건제가 형성되었다. ㄱ, ㄷ은 봉건제의 형성 배경과 관련이 없다.

05 주군과 봉신의 주종 관계는 서로의 의무를 성실히 지킬 것을 약속한 계약 관계이다. 주군은 충성을 맹세한 기사에게 땅(봉토)을 주어 봉신으로 삼았다. 봉신은 주군에게 받은 땅을 장원의 형태로 운영하였다. 중세 서유럽에서는 주종 관계와 장원제를 바탕으로 하여 봉건 사회가 성립되었다. ①은 중국 주의 봉건제에 대한 설명이다.

06 중세 서유럽의 장원은 자급자족의 농촌 공동체였다. 농노들은 영주의 땅을 경작해야 했으며, 방앗간, 대장간 등의 시설물을 사용하고 영주에게 이에 대한 사용료를 지불하였다. 한편, 이 시기 사람들은 교회에서 정한 달력에 맞추어 일하였다. ④ 영주는 주군의 간섭 없이 장원을 다스리며 재판을 하였다.

07 9세기부터 서유럽에 봉건제가 확대되면서 교회는 왕과 봉건 제후들로부터 땅을 받아 이를 장원으로 경영하였으며, 성직자 임명권도 왕과 제후가 차지하는 일이 많아졌다. 교회의 권력과 부가 늘면서 교회는 점차 세속화되었고, 성직자가 혼인을 하거나 성직을 매매하는 등 부패한 모습이 나타났다. 이는 10세기 초 클뤼니 수도원 등이 교회 개혁 운동을 전개하는 배경이 되었다. ②는 카노사의 굴욕에 대한 설명이다.

08 ㉠에 들어갈 사건은 카노사의 굴욕이다. 카노사의 굴욕은 교황 그레고리우스 7세와 신성 로마 제국 황제 하인리히 4세가 성직자 임명권을 둘러싸고 대립하였던 사건이다.

09 중세 서유럽 사회에서는 피사 대성당으로 대표되는 로마네스크 양식과 샤르트르 대성당으로 대표되는 고딕 양식이 유행하였다. 그중 고딕 양식은 뾰족한 탑과 스테인드글라스를 특징으로 한다. 또한 『롤랑의 노래』 등의 기사도 문학이 유행하였다. 학문의 중심은 신학이었으며, 토마스 아퀴나스가 『신학대전』으로 집대성한 스콜라 철학이 유행하였다. 12세기부터는 유럽 각지에서 대학이 설립되었다. 중세 서유럽 사회에서는 크리스트교가 사람들의 일상생활에 많은 영향을 주었는데 사람들은 일요일마다 교회의 예배에 참석하였으며, 교회에서 세례, 결혼 등의 일곱 가지 성사를 받았다. ⑥ 성 소피아 대성당은 비잔티움 제국의 건축물이다.

10 ㈎는 유스티니아누스 황제이다. 그는 로마의 법률을 집대성하여 『유스티니아누스 법전』을 편찬하였다. ①, ③은 카롤루스 대제에 대한 설명이다. 카롤루스 대제는 학문과 문예를 부흥하여 서유럽 문화의 기틀을 마련하였다. ④는 피핀, ⑤는 하인리히 4세에 대한 설명이다.

11 비잔티움 제국의 황제인 레오 3세는 726년 성상 숭배 금지령을 내렸으나 로마 교회가 이를 거부하였다. 동서 교회는 성상 숭배 문제를 두고 오랫동안 논쟁을 벌이다가 11세기에 이르러 로마 가톨릭교회와 그리스 정교로 분리되었다. ①은 4세기, ②는 15세기, ③은 6세기, ④는 10세기의 일로 밑줄 친 부분의 영향으로 적절하지 않다.

12 비잔티움 제국은 황제 중심의 중앙 집권 체제를 구축하였으며, 그리스어를 공용어로 사용하고 그리스 정교를 바탕으로 독자적인 문화를 발전시켰다. 15세기 중엽 비잔티움 제국은 오스만 제국에 멸망하였다. ⑤ 비잔티움 제국은 황제가 교회의 우두머리 역할도 담당하였다.

13 제시된 사진은 성 소피아 대성당이다. 성 소피아 대성당은 벽 위에 거대한 돔을 올리고 내부를 모자이크 벽화로 장식하였다. ㄷ. 성 소피아 대성당은 비잔티움 양식의 대표적인 건축물이다. ㄹ은 고딕 양식의 특징이다.

14 ㉠에 들어갈 국가는 키예프 공국이다. 오늘날 러시아의 기원이 된 키예프 공국은 키릴 문자를 사용하고 그리스 정교를 수용하였으며 성 소피아 성당을 세우는 등 비잔티움 제국의 문화를 적극 받아들였다. ⑤는 프랑크 왕국에 대한 설명이다.

학교 시험에 잘 나오는 서술형 문제

1 예시답안 카롤루스 대제는 정치적으로 영토 확장을 통해 옛 서로마 제국의 영토를 대부분을 정복하였다. 문화적으로는 궁정과 수도원에 학교를 설립하는 등 학문과 문예를 부흥하여 서유럽 문화의 기틀을 마련하였다.

구분	채점 기준
상	옛 서로마 제국 영토의 대부분 정복, 서유럽 문화의 기틀 마련을 모두 서술한 경우
하	카롤루스 대제의 정치적·문화적 업적 중 한 가지만 서술한 경우

2 예시답안 농노는 약간의 재산을 소유할 수 있었으며, 결혼하여 가정을 꾸릴 수 있었다. 그러나 영주의 허락 없이는 마음대로 이사할 수 없었다.

구분	채점 기준
상	농노의 특징을 세 가지 서술한 경우
중	농노의 특징을 두 가지 서술한 경우
하	농노의 특징을 한 가지만 서술한 경우

3 (1) ㈎ 비잔티움 양식, ㈏ 고딕 양식
(2) 예시답안 ㈎ 비잔티움 양식은 벽 위의 거대한 돔과 내부의 모자이크 벽화가 특징이다. 반면, ㈏ 고딕 양식은 뾰족한 탑과 내부의 스테인드글라스(색유리그림)가 특징이다.

구분	채점 기준
상	비잔티움 양식의 특징(거대한 돔, 모자이크 벽화)과 고딕 양식의 특징(뾰족한 탑, 스테인드글라스)을 비교하여 서술한 경우
하	비잔티움 양식과 고딕 양식의 특징 중 한 가지만 서술한 경우

05 크리스트교 문화의 형성과 확산(2)

꼼꼼 개념 문제 65쪽

대표 자료 확인하기 ① 예루살렘 ② 루터 ③ 예정설

한눈에 정리하기 ① 십자군 ② 흑사병 ③ 알프스

1 (1) × (2) ○ (3) ○ 2 (1) 길드 (2) 백년 전쟁 (3) 아비뇽 3 (1) 르네상스 (2) 이탈리아 4 (1) – ㉠ (2) – ㉡ (3) – ㉢ 5 구텐베르크 6 (1) ㄴ (2) ㄱ (3) ㄷ

탄탄 시험 문제 66~67쪽

01 ④ 02 ② 03 ① 04 ③ 05 ⑤ 06 ④ 07 ③ 08 ⑤ 09 ④ 10 ①

01 지도와 같이 전개된 전쟁은 십자군 전쟁(1096~1270)이다. 십자군 전쟁의 영향으로 교황의 권위가 떨어지고 제후와 기사의 세력도 약화되었다. 또한 지중해 무역이 활발해졌고, 지중해 연안에서 도시가 발달하였다. ④ 9세기에 프랑크 왕국이 분열된 이후 서유럽에서 봉건 사회가 성립되었다.

02 11세기부터 발달한 중세 유럽의 도시에서 상인과 수공업자들은 동업 조합인 길드를 만들어 도시를 운영하였다.

03 상업과 도시의 발달로 화폐 사용이 늘어나면서 영주는 농노에게 화폐로 지대를 받았다. 한편, 흑사병의 유행으로 인구가 감소하여 노동력이 부족해지자 영주들은 농노의 처우를 개선해 주었다. 이러한 상황 속에서 장원은 해체되었다.

04 제시된 내용은 아비뇽 유수에 대한 것이다. 아비뇽 유수는 교황권의 쇠퇴를 보여 주는 대표적인 사건이다.

05 잔 다르크의 활약으로 프랑스는 백년 전쟁에서 승리하였다. 이후 영국 내에서 귀족 간에 장미 전쟁이 일어났다. 두 전쟁을 통해 영국과 프랑스는 중앙 집권 국가로 성장하는 기반을 마련하였다. ⑤는 십자군 전쟁에 대한 설명이다.

06 르네상스는 고대 로마의 문화유산이 많이 남아 있고, 지중해 무역으로 경제적 번영을 이루었던 이탈리아에서 시작되었다. 특히 비잔티움 제국 멸망 이후 많은 학자가 이주해 오면서 이탈리아에서는 고전 문화 연구가 더욱 활발해졌다. ④는 헬레니즘 문화의 성립 배경이다.

07 르네상스는 이탈리아에서 먼저 시작되었다. 문학에서는 보카치오가 『데카메론』을 저술하였으며, 페트라르카는 서정시를 남겼다. 미술에서는 레오나르도 다빈치가 「모나리자」, 미켈란젤로가 「다비드상」, 라파엘로가 「아테네 학당」 등의 작품을 그려 인체의 아름다움을 사실적으로 표현하였다. 건축에서는 르네상스 양식이 발전하였다. ③은 알프스 이북의 르네상스에 대한 설명이다.

08 르네상스 시기에는 코페르니쿠스와 갈릴레이 등이 지동설을 주장하였으며, 구텐베르크가 활판 인쇄술을 발명하였다. ㄱ은 중국의 한대, ㄴ은 인도의 굽타 왕조 시기의 과학 발달에 해당한다.

09 (가)는 루터, (나)는 칼뱅의 주장이다. 칼뱅의 주장은 도시 상공업자들의 환영을 받았다. ①, ② 루터의 주장은 아우크스부르크 화의에서 인정받았다. ③은 영국의 헨리 8세와 관련이 있다. ⑤ 칼뱅의 주장은 베스트팔렌 조약 체결 이후에 인정받았다.

10 ㉠은 30년 전쟁이다. 30년 전쟁은 베스트팔렌 조약이 체결되면서 끝났다. ②의 아비뇽 유수, ④의 아우크스부르크 화의는 30년 전쟁 이전의 일이다. ③, ⑤는 십자군 전쟁에 대한 설명이다.

학교 시험에 잘 나오는 서술형 문제

1 (1) 흑사병

(2) 예시답안 흑사병이 유행하면서 노동력이 부족해지자 영주들은 농노의 처우를 개선해 주었고, 그 결과 농노의 신분에서 벗어나는 사람들이 늘어나 농민의 지위가 향상되었다.

구분	채점 기준
상	노동력 부족, 농노의 처우 개선, 농민의 지위 향상을 서술한 경우
하	농민의 지위 향상만 서술한 경우

쑥쑥 마무리 문제 70~73쪽

01 ⑤ 02 ⑤ 03 ④ 04 ③ 05 ④ 06 ④ 07 ⑤ 08 ② 09 ⑤ 10 ③ 11 ③ 12 ① 13 ④ 14 ① 15 ④ 16 ⑤ 17 ⑤ 18 ③ 19 ③ 20 ④ 21 ④ 22 ② 23 ③

01 불교를 창시한 석가모니는 브라만교의 엄격한 권위주의와 카스트에 따른 신분 차별에 반대하였다. 이러한 불교의 가르침은 브라만 중심의 카스트 사회에 불만을 품고 있던 크샤트리아와 바이샤 세력에게 환영을 받았다.

02 산치 대탑은 아소카왕이 건립한 것으로, ㉠은 마우리아 왕조에 해당한다. 아소카왕은 자신의 통치 방침과 불교의 가르침을 전국 각지의 돌기둥(석주)에 새겨 백성에게 널리 알렸다. ①, ②, ④는 굽타 왕조, ③은 쿠샨 왕조 시기에 있었던 사실이다.

03 마우리아 왕조의 아소카왕 때에는 개인의 해탈을 강조하는 상좌부 불교가 발전하여 실론과 동남아시아에 전파되었다. ① ㉠은 쿠샨 왕조, ② ㉡은 아소카왕, ③ ㉢은 카니슈카왕, ⑤ ㉤은 동아시아에 해당한다.

04 ㉠은 간다라 불상이다. 쿠샨 왕조의 중심지였던 간다라 지방에서는 인도 문화와 헬레니즘 문화가 융합된 간다라 양식이 발달하였다. 간다라 양식은 부처를 인간의 모습으로 조각한 것으로, 대승 불교와 함께 동아시아에 전파되어 불상 제작에 영향을 주었다. ③은 굽타 양식에 대한 설명이다. 간다라 불상은 곱슬머리, 깊은 눈, 오뚝한 코, 섬세한 옷 주름 등이 특징이다.

05 ㉠은 굽타 왕조이다. 굽타 왕조 시대에는 힌두교가 발전하였고, 『마누 법전』이 정비되는 등 힌두 문화가 확산되었다. 문학에서는 산스크리트 문학이 발달하였고, 수학도 발달하여 10진법을 사용하였다. ④는 이슬람 문화권의 건축과 관련이 있다.

06 후한이 멸망한 뒤 위·촉·오로 분열되었던 중국은 진(晉)에 의해 다시 통일되었다. 그러나 혼란한 틈을 타 북방의 유목 민족이 화북 일대에 여러 나라를 세우고 세력을 다투었다(5호 16국). 이에 진은 창장강 이남으로 이주하였고 강남 지방이 개발되었다. ④ 북위의 효문제는 선비족의 복장과 언어를 금지하고 한족과의 결혼을 장려하는 등 적극적인 한화 정책을 펼쳤다.

07 위진 남북조 시대에는 추천으로 관리를 선발하는 9품중정제가 실시되었고, 그 결과 문벌 귀족 사회가 형성되었다. ① 과거제는 수대에 처음 실시되었다. ② 군현제는 진(秦) 등, ③ 봉건제는 주, ④ 카스트제는 인도와 관련이 있다.

08 (가)는 수대에 건설된 대운하이다. 수 양제는 화북 지방과 강남 지방을 연결하는 대운하를 건설하였다. ① 당은 안사의 난과 황소의 난으로 쇠퇴하였고, 절도사 세력에 멸망하였다. ③은 진(秦), ④는 한과 관련이 있다. ⑤ 수대에 건설된 대운하는 물자 유통을 원활하게 하여 남북 간의 교류를 촉진하였다.

09 당은 율령에 기초하여 중앙은 3성 6부를 중심으로 행정 조직을 갖추었고, 지방에서는 주현제를 실시하였다. 또한 정부는 농민에게 토지를 지급하고(균전제), 조용조와 군역(부병제)을 부과하였다. ⑤ ㉤은 부병제에 해당한다. 8세기 중후반에 이르러 부병제는 군인을 모집하는 모병제로 바뀌었다.

10 지도는 당의 최대 영역을 보여 준다. 당대에는 서역과의 교류로 화려한 색과 무늬를 지닌 당삼채가 유행하였다. ①은 남조, ②는 수, ④는 진(秦), ⑤는 북위와 관련이 있다.

11 일본의 고대 국가는 (나) 야요이 시대 – (라) 쇼토쿠 태자의 개혁(아스카 시대) – (다) 나라 시대 – (가) 헤이안 시대의 순으로 발전하였다.

12 제시된 내용은 불교라는 문화 요소를 공유하는 동아시아 문화권에 대한 것이다.

13 (가)는 우마이야 왕조이다. 우마이야 왕조는 아랍인 우대 정책을 실시하여 비아랍인들의 불만을 샀고, 내부 분열을 겪다가 결국 아바스 왕조에 멸망하였다. ①은 아바스 왕조 등, ②는 당, ③은 정통 칼리프 시대, ⑤는 수와 관련된 내용이다.

14 제시된 내용은 아바스 왕조에 해당한다. 아바스 왕조는 당과 벌인 탈라스 전투에서 승리하였다. ②, ⑤는 우마이야 왕조, ③, ④는 정통 칼리프 시대에 대한 설명이다.

15 이슬람 왕조들이 도로망을 정비하는 등 상인들의 상업 활동을 지원하였고, 이슬람 제국이 유럽과 아프리카, 아시아를 잇는 통로에 자리하고 있어 육로와 해로를 통한 무역이 활발하였다. 이에 이슬람 세계에서는 상업과 교역이 크게 발전하였고, 이슬람 상인들이 활발하게 교역 활동을 할 수 있었다. ㄱ. 이슬람 사회에서는 상업 활동을 긍정적으로 여겼다. ㄷ. 이슬람 제국은 탈라스 전투를 계기로 동서 교역로를 장악하였다.

16 제시된 내용은 이슬람교도가 지켜야 할 의무 중 하나인 성지 순례에 대한 것이다. 따라서 이슬람 문화권에 해당한다. 이슬람교의 경전인 『쿠란』은 다른 언어로 번역하는 것이 금지되었기 때문에 이슬람 문화권에서는 이슬람교의 확산과 함께 아랍어가 널리 퍼졌다. 이슬람 세계의 문학에서는 『아라비안나이트』가 유명하며, 자연 과학도 발전하여 아라비아 숫자를 만들었고 연금술의 연구 과정에서 화학이 발달하였다. ⑤ 우상 숭배를 금지하는 이슬람 교리에 따라 모스크 내부는 아라베스크와 아랍어 글씨로 장식하였다.

17 프랑크 왕국의 카롤루스 대제는 영토를 크게 확장하고 정복한 지역에 크리스트교를 전파하여 로마 교황에게서 서로마 황제의 관을 받았다. ①은 콘스탄티누스 대제, ②는 옥타비아누스, ③, ④는 유스티니아누스 황제의 업적에 해당한다.

18 ㉠은 농노에 해당한다. 농노는 노예와 달리 결혼과 재산 소유가 가능하였다.

19 제시된 사건은 카노사의 굴욕이다. 교황은 군주가 가지고 있던 성직자 임명권을 교회가 가져야 한다고 주장하였고, 신성 로마 제국 황제가 이에 반발하였다. 결국 교황은 황제를 파문하였고 곤경에 처한 황제는 카노사성에 머물고 있던 교황에게 찾아가 용서를 구하였다(카노사의 굴욕). ①, ⑤는 동서 교회의 분열, ②는 교회 개혁 운동, ④는 아비뇽 유수와 관련이 있다.

20 밑줄 친 '이 나라'는 비잔티움 제국이다. 비잔티움 제국에서는 비잔티움 문화가 발전하였다. 성 소피아 대성당은 비잔티움 양식을 대표하는 건축물이다. ①, ②, ③, ⑤는 중세 서유럽 문화에 대한 설명이다.

21 (가)는 백년 전쟁, (나)는 십자군 전쟁에 해당한다. 프랑스는 잔 다르크의 활약으로 백년 전쟁에서 영국에 승리하여 중앙 집권 국가로 발전하는 기틀을 마련하였다. 십자군 전쟁이 성지를 회복하지 못하고 실패로 끝나자 전쟁을 주도한 교황의 권위가 떨어진 한편, 십자군 전쟁을 계기로 지중해 무역이 활발해져 유럽에서 상공업이 발달하고 도시가 번성하였다. ④ 십자군 원정 과정에서 비잔티움과 이슬람의 문화가 전해져 서유럽의 문화가 발전하는 계기가 마련되었다.

22 르네상스의 근본정신은 인문주의이다. 인문주의는 그리스·로마 문화를 본받아 인간의 개성과 능력을 중시하였다.

23 첫 번째 글의 루터의 종교 개혁은 1517년, 두 번째 글의 베스트팔렌 조약 체결은 1648년의 일이다. 16세기경 유럽에서 일어난 종교 개혁으로 크리스트교 세계는 로마 가톨릭교회(구교)와 신교로 분열되었고, 곳곳에서 종교 전쟁이 일어났다. 그중 1618년 독일에서 일어난 30년 전쟁은 국제 전쟁으로 확대되었고, 베스트팔렌 조약이 체결되면서 끝이 났다. ①, ②, ④, ⑤는 모두 종교 개혁 이전에 일어난 사실이다.

Ⅲ 지역 세계의 교류와 변화

01 몽골 제국과 문화 교류

꼼꼼 개념 문제 77쪽

대표 자료 확인하기 ① 서하 ② 금 ③ 색목인

한눈에 정리하기 ① 문치주의 ② 왕안석 ③ 쿠빌라이 칸

1 (1) 사대부 (2) 황제 (3) 금 **2** (1) ○ (2) × (3) ○ **3** 성리학 **4** (1) – ㉡ (2) – ㉢ (3) – ㉠ **5** ㈏ – ㈑ – ㈎ – ㈐ **6** (1) 역참 (2) 마르코 폴로

탄탄 시험 문제 78~79쪽

01 ⑤ **02** ① **03** ③ **04** ⑤ **05** ② **06** ① **07** ② **08** ② **09** ④ **10** ③

01 제시된 내용은 송 태조의 정책에 해당한다. 송 태조가 실시한 정책의 결과 송의 황제권이 강화되었으며 사대부 계층이 형성되었다. 한편, 송의 군사력이 약화되어 북방 민족들이 송을 압박하였다. ⑤는 당대에 있었던 일이다.

02 조광윤은 5대 10국의 혼란 속에서 960년에 송을 건국하였다. 이후 송은 금의 공격을 받아 1127년에 천도하였는데 이 시기를 남송이라 한다. 이 사이 시기에 송은 금과 연합하여 요를 멸망시켰지만 이후 금의 공격을 받아 천도하였다. 한편, 송이 지나친 문치주의로 군사력이 약화되고 재정이 악화되자 왕안석이 민생 안정과 부국강병을 목표로 개혁을 시도하였다. ㄷ, ㄹ은 남송 시기에 있었던 사실이다.

03 송은 취안저우, 광저우 등의 항구에 무역 사무를 맡아보던 시박사를 두어 대외 무역을 관리하였다. ①, ②, ④, ⑤는 제시된 내용과 관련이 없다.

04 ㉠에 들어갈 국가는 송이다. 송대에는 교자라는 지폐가 만들어졌다. 또한 상인과 수공업자들은 행, 작 등의 동업 조합을 만들었다. 한편, 창장강 하류 지역이 개간되었으며 모내기법 등의 농업 기술이 발달하였다. ⑤ 대운하는 수대에 완성되었다.

05 ㈎는 거란(요)이다. 거란은 고려를 침략하였다. ①은 남송과 관련이 있다. ③은 서하, ④는 금, ⑤는 흉노에 대한 설명이다.

06 ㈎는 거란(요), ㈏는 금이다. 요, 금의 군주는 스스로 황제라고 칭하였으며, 강력한 군사력을 앞세워 중국을 압박하였다. 또한 요, 금은 한족을 효율적으로 다스리기 위해 이중적인 통치 방식을 사용하였으며, 자신들만의 문자를 만들었다. ①은 송에 해당한다.

07 칭기즈 칸은 몽골 부족을 통일한 후 몽골 제국을 세웠다. ①, ③, ④는 쿠빌라이 칸의 활동이다. ⑤ 거란(요)은 야율아보기가 건국하였다.

08 원의 민족 차별 정책에 따라 몽골의 침입 때 가장 저항이 컸던 남인은 가장 심한 차별을 받았다. ①은 금, ③은 몽골 제국과 관련이 있다. ④는 한인, ⑤는 색목인에 해당한다.

09 밑줄 친 '이 시기'는 원대이다. 원대에는 목화 재배가 확대되는 등 농업이 발전하였다. 서민 문화도 발달하였는데, 구어체로 쓴 소설이 인기를 얻었으며, 노래와 연극이 어우러진 잡극이 유행하였다. 또한 원대에는 티베트 불교를 비롯한 다양한 종교가 공존하였다. ④ 당삼채는 당대에 만들어졌다.

10 지도는 원대의 교통로를 보여 준다. 원대에 유라시아 대륙이 하나의 교역권으로 통합되면서 동서 문화의 교류가 더욱 활발해졌다. 마르코 폴로가 중국을 방문하였으며, 이슬람 과학의 영향을 받아 곽수경이 천문대를 세우고 수시력을 제작하였다. 또한 이슬람의 코발트 염료를 사용하여 청화 백자가 만들어졌다. ③은 송대에 해당하는 사실이다.

학교 시험에 잘 나오는 서술형 문제

1 (1) ㈎ 몽골인, ㈏ 색목인

(2) 예시답안 색목인은 주로 서역 출신의 외국인들이며, 원에서 주로 재정과 행정 실무를 담당하였다.

구분	채점 기준
상	서역 출신의 외국인, 재정과 행정 실무 담당을 모두 서술한 경우
하	색목인의 출신만 서술한 경우

02 동아시아 지역 질서의 변화

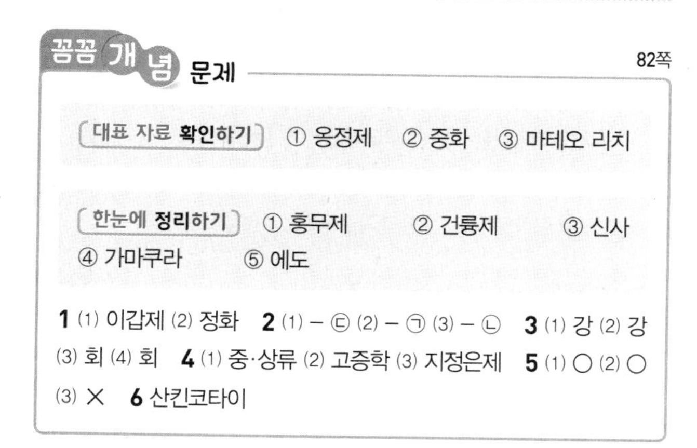

꼼꼼 개념 문제 82쪽

대표 자료 확인하기 ① 옹정제 ② 중화 ③ 마테오 리치

한눈에 정리하기 ① 홍무제 ② 건륭제 ③ 신사 ④ 가마쿠라 ⑤ 에도

1 (1) 이갑제 (2) 정화 **2** (1) – ㉢ (2) – ㉠ (3) – ㉡ **3** (1) 강 (2) 강 (3) 회 (4) 회 **4** (1) 중·상류 (2) 고증학 (3) 지정은제 **5** (1) ○ (2) ○ (3) × **6** 산킨코타이

탄탄 시험 문제 83~85쪽

01 ⑦ **02** ③ **03** ② **04** ① **05** ④ **06** ③ **07** ③ **08** ② **09** ③ **10** ① **11** ② **12** ⑤ **13** ① **14** ② **15** ④

01 밑줄 친 '그'는 명의 홍무제이다. 명을 건국한 홍무제는 원을 만리장성 북쪽으로 몰아내고 통치 체제를 정비하였다. 재상제를 폐지하고 토지 대장과 호적 대장을 만들었으며, 백성들에게 육유를 반포하였다. 또한 과거제를 정비하고 학교 교육을 중시하였다. ⑦은 명의 영락제의 활동이다.

02 제시된 지도는 명대 정화의 항해를 나타낸 것이다. 명의 영락제 때 시작된 정화의 항해는 명이 조공국을 확대하는 계기가 되었다. ㄱ. 장건은 한 무제 때 서역에 파견되었다. ㄹ. 나침반이 유럽에 전해진 시기는 원대이다.

03 명은 중기 이후부터 환관들의 권력 다툼이 일어났으며, 몽골과 왜구의 침입으로 국력이 약화되었다. 또한 임진왜란 때 조선에 군대를 파견하면서 국가 재정이 어려워졌고, 정부가 이를 보충하기 위해 무리하게 세금을 거두자 각지에서 농민 봉기가 일어났다. ②는 원이 쇠퇴한 원인에 해당한다.

04 제시된 주장을 한 인물은 청의 옹정제이다. 그는 『대의각미록』에서 혈통 중심의 화이사상을 부정하여 태어난 곳이 변방이더라도 도덕성만 갖추고 있으면 중화라고 주장하며 청의 지배를 정당화하였다. 또한 군기처를 설치하여 황제권을 강화하였다. ②, ④는 청의 건륭제, ③은 명의 영락제, ⑤는 청의 강희제에 대한 설명이다.

05 소수의 만주족이 세운 국가인 청은 다수의 한족을 다스리기 위해 한족에게 회유책과 강압책을 함께 실시하였다.

06 명이 멸망하고 청이 중국을 지배하는 새로운 정복 왕조가 되면서 오랑캐라 여겨왔던 이민족이 문명 수준이 높다고 자부하여 오던 중화의 한족을 지배하는 상황이 나타났다. 이에 동아시아 각국에서 중국 중심의 세계관에 변화가 생겼다. ①, ②, ④, ⑤는 명·청 교체 이전에 일어난 일로 제시된 내용과 직접적인 관련이 없다.

07 명·청대에는 농업과 상공업의 발전으로 쑤저우 등의 상업 도시가 번영하였으며, 산시, 휘저우 등지에서 대상인 집단이 성장하였다. ㄱ은 송대, ㄹ은 원대의 경제에 대한 설명이다.

08 제시된 내용은 신사에 대한 설명에 해당한다. 신사는 명·청대 사회의 중심 세력을 이루었다.

09 ㉠은 양명학, ㉡은 고증학이다. 양명학이라는 명칭은 명대의 왕양명이 제창한 데서 유래되었다. 고증학은 청대에 『사고전서』를 편찬한 것을 계기로 더욱 발전하였다. 한편, 훈고학은 유교 경전을 정리하고 연구하는 학문으로 한대에 발달하였다.

10 청대에는 서민 문화가 발달하여 『삼국지연의』, 『홍루몽』 등의 소설이 유행하였고 노래와 춤, 연기가 어우러진 경극이 등장하였다. ② 한대에 등장한 훈고학은 당대까지 발달하였다. ③은 당대, ④는 송대, ⑤는 원대에 해당한다.

11 (가)는 청이다. 청은 조선, 베트남 등과 종래의 조공·책봉 관계를 유지하였다. 해금 정책을 실시하였기도 하였지만 17세기 이후에 해외 무역을 허용하였다. 18세기 중반 이후에는 광저우 한 곳만 개방하여 공행이라는 특허 상인만 외국 상인과 무역할 수 있도록 하였다. ② 교초는 원대에 발행된 화폐이다.

12 제시된 지도는 「곤여만국전도」이다. 이 지도는 중국인의 세계관에 큰 변화를 주었다. ① 아담 샬은 역법과 대포 제작 기술 등을 전하였다. ② 정화의 항해는 명의 영락제 시기에 추진되었다. 「곤여만국전도」는 명 말에 제작하였다. ③은 육유 등에 해당한다. 「곤여만국전도」는 마테오 리치가 제작하였다. ④는 어린도책 등에 대한 설명이다.

13 밑줄 친 '이 막부'는 가마쿠라 막부이다. 가마쿠라 막부는 원의 침입을 계기로 쇠퇴하였다. ②, ③은 에도 막부, ④는 무로마치 막부, ⑤는 도요토미 히데요시 정권 때 있었던 사실이다.

14 제시된 그림은 일본의 봉건제를 나타낸다. 일본에서 봉건제가 성립하면서 막부의 쇼군이 실권을 행사하고 천황은 의례를 담당하는 상징적인 존재로 전락하였다. 다이묘는 쇼군에게 받은 토지 중 일부를 하급 무사에게 분배하였으며, 하급 무사는 토지를 받은 대가로 다이묘에게 충성과 복종을 맹세하였다. ②는 중국 주의 봉건제와 관련이 있다.

15 에도 막부 시기에는 나가사키에서 네덜란드 상인과 무역하면서 서양 학문인 난학이 발달하였으며, 도시에서는 조닌 문화가 발달하였다. ㄱ, ㄷ은 헤이안 시대의 문화에 대한 설명이다.

학교 시험에 잘 나오는 서술형 문제

1 예시답안 청은 한족에게 변발과 호복을 강요하였으며, 청을 비판하는 서적을 금지하고 한족의 중화사상을 탄압하였다.

구분	채점 기준
상	한족에게 변발과 호복 강요, 청을 비판하는 서적 금지, 한족의 중화사상 탄압 중 두 가지를 서술한 경우
하	청이 한족에게 실시한 강압책을 한 가지만 서술한 경우

2 (1) 은

(2) 예시답안 세계의 은이 대량으로 중국에 들어오면서 중국에서는 은을 화폐로 널리 사용하였으며, 세금을 은으로 납부하게 하였다.

구분	채점 기준
상	은을 화폐로 사용한 것과 세금을 은으로 납부한 것을 서술한 경우
하	은의 유통이 중국에 끼친 영향을 한 가지만 서술한 경우

3 예시답안 에도 막부 시기에는 농업 생산량이 증가하고 수공업과 광업도 발전하면서 도시 상공업자인 조닌이 성장하여 조닌 문화가 발달하였다.

구분	채점 기준
상	에도 막부 시기의 경제 발전, 도시 상공업자(조닌)의 성장 등 조닌 문화의 발달 배경을 서술한 경우
하	조닌 문화의 발달 배경을 서술하였으나 미흡한 경우

03 서아시아와 북아프리카 지역 질서의 변화

꼼꼼 개념 문제 88쪽

대표 자료 확인하기 ① 이스파한 ② 사마르칸트 ③ 이슬람

한눈에 정리하기 ① 술레이만 1세 ② 예니체리 ③ 무굴

1 (1) ○ (2) × (3) ○ (4) × 2 (나) – (다) – (가) 3 (1) ㄴ (2) ㄱ
4 (1) 페르시아 (2) 성 소피아 대성당 5 아크바르 6 ㄱ, ㄴ, ㄷ

탄탄 시험 문제 89~91쪽

01 ① 02 ④ 03 ③ 04 ⑤ 05 ② 06 ③ 07 ③ 08 ⑤
09 ② 10 ④ 11 ⑤ 12 ① 13 ③ 14 ③

01 (가) 나라는 셀주크 튀르크이다. 셀주크 튀르크는 바그다드를 정복하고 아바스 왕조의 칼리프로부터 술탄의 칭호를 얻었다. 셀주크 튀르크는 상업과 학문을 장려하여 이슬람 문화를 발전시켰으나, 비잔티움 제국을 공격하면서 크리스트교 세계와 마찰을 빚기도 하였다. 이후 셀주크 튀르크는 몽골군의 침입으로 쇠퇴하였다. ①은 티무르 왕조에 대한 설명이다.

02 훌라구는 아바스 왕조를 무너뜨리고 훌라구 울루스를 세웠다. 훌라구 울루스는 이슬람교를 국교로 정하였다. ㄱ은 사파비 왕조 등, ㄷ은 셀주크 튀르크에 대한 설명이다.

03 밑줄 친 '이 국가'는 티무르 왕조이다. 중앙아시아에서 서아시아에 이르는 대제국을 이룩한 티무르 왕조에서는 수도 사마르칸트가 중계 무역으로 번성하였으며, 이슬람·페르시아·튀르크 문화가 융합되어 발달하였다. 이후 티무르 왕조는 이민족인 우즈베크인에에 멸망하였다. ③은 사파비 왕조 등에 대한 설명이다.

04 사파비 왕조는 페르시아의 전통적 군주 칭호인 '샤'를 부활시켜 사용하여 이란인의 민족의식을 일깨웠다. ①은 훌라구 울루스, ②는 오스만 제국, ③은 셀주크 튀르크, ④는 무굴 제국에 대한 설명이다.

05 사파비 왕조의 수도 이스파한과 티무르 왕조의 수도 사마르칸트는 동서 교역로에 위치하여 중계 무역으로 번영하였다. ① 난학은 일본 나가사키의 데지마에서 발달하였다. ③은 이스파한에만 해당하는 설명이다. ④ 인도(힌두)·이슬람 문화는 무굴 제국의 문화로 인도의 델리, 아그라 등지에서 발달하였다. ⑤ 유럽의 십자군은 성지 예루살렘을 일시적으로 점령하였다.

06 지도의 영역을 지배한 국가는 오스만 제국이다. 오스만 제국은 메흐메트 2세 때 비잔티움 제국을 멸망시키고, 전성기인 술레이만 1세 때 헝가리를 정복하는 등 활발한 정복 활동을 통해 아시아, 유럽, 아프리카에 걸친 대제국을 건설하였다. 한편, 이집트 정복 이후에는 술탄이 칼리프의 칭호까지 이어받았다. ③은 사파비 왕조에 대한 설명이다.

07 메흐메트 2세는 비잔티움 제국을 정복하고 콘스탄티노폴리스를 오스만 제국의 수도로 삼았다. 술레이만 1세는 헝가리를 정복하고 유럽 연합 함대를 무찔러 지중해의 해상권을 장악하였다. 한편, 이스마일 1세는 사파비 왕조를 세운 인물이다.

08 오스만 제국은 넓은 영토 중 일부를 총독을 통해 간접 지배하는 지역으로 하여 관리하였으며, 능력에 따라 인재를 등용하였다. ㄱ은 우마이야 왕조, ㄴ은 무굴 제국의 통치 정책에 대한 설명이다.

09 ㉠은 밀레트이다. 오스만 제국은 이슬람교도가 아니어도 지즈야(인두세)를 내면 밀레트를 이루어 자신들의 종교와 언어, 풍습을 유지할 수 있도록 허용하였다. ①은 이슬람교에서 행해지는 금식 기간이다. ③은 오스만 제국의 술탄 직할지를 제외한 영토, ④는 오스만 제국의 최정예군, ⑤는 오스만 제국의 인재 등용 제도로 ㉠에 들어갈 내용으로 적절하지 않다.

10 밑줄 친 '이 국가'는 오스만 제국이다. 오스만 제국은 동서 교역로를 장악하고 홍해, 지중해를 통해 아라비아 및 유럽과 교역하였다. 수도 이스탄불은 국제도시로 성장하였으며, 그랜드 바자르라는 실내 시장이 조성되어 이곳에서 커피, 담배 등 세계 각 지역의 산물이 거래되었다. ④는 무굴 제국의 경제 교류에 대한 설명이다.

11 술탄 아흐메트 사원을 세운 국가는 오스만 제국이다. 오스만 제국에서는 페르시아의 영향을 받은 세밀화가 유행하였으며, 아라베스크 무늬가 발달하였다. 비잔티움 제국의 성 소피아 대성당을 이슬람 사원으로 활용하였으며, 천문학, 수학 등 실용적인 학문이 발달하였다. ⑤는 무굴 제국의 문화에 대한 설명이다.

12 ㉠에 들어갈 국가는 무굴 제국이다. 바부르는 16세기 초 인도의 델리 술탄 왕조를 무너뜨리고 무굴 제국을 세웠다.

13 지도의 영역을 차지한 인물은 무굴 제국의 아우랑제브 황제이다. 그는 이슬람 제일주의를 내세워 힌두교, 시크교 등의 비이슬람교도를 탄압하였다. ①, ②, ④, ⑤는 아크바르 황제의 활동이다.

14 무굴 제국에서는 인도 고유의 문화와 이슬람 문화가 융합된 인도(힌두)·이슬람 문화가 발전하였다. 종교에서는 시크교가 발전하였으며 미술에서는 무굴 회화가 발달하였다. ①은 굽타 왕조 시기 문화의 특징이다. ② 사파비 왕조는 이란인의 민족의식을 일깨우고자 노력하였다. ④ 간다라 양식은 쿠샨 왕조 시기에 발달하였다. ⑤는 오스만 제국 문화의 특징이다.

학교 시험에 잘 나오는 서술형 문제

1 예시답안 셀주크 튀르크, 셀주크 튀르크가 예루살렘을 정복하고 비잔티움 제국을 공격하였다.

구분	채점 기준
상	셀주크 튀르크를 쓰고 예루살렘 정복, 비잔티움 제국 공격 등 크리스트교 세계와 마찰을 빚은 배경을 서술한 경우
하	셀주크 튀르크만 쓴 경우

2 예시답안 오스만 제국은 정복지의 크리스트교도 소년들을 이슬람교로 개종시킨 후 훈련과 교육을 받게 하여 예니체리에 편성하였다.

구분	채점 기준
상	정복지의 크리스트교도 소년들을 이슬람교로 개종시킴, 훈련과 교육 후 예니체리에 편성했음 등을 서술한 경우
하	예니체리의 특징을 서술하였으나 미흡한 경우

3 예시답안 흰색 대리석 벽, 연꽃 문양, 격자무늬 창, 돔 옆의 작은 탑 등은 인도(힌두) 양식이고, 돔형 지붕, 아치 입구, 뾰족한 탑, 벽면의 쿠란 구절, 아라베스크 등은 이슬람 양식이다.

구분	채점 기준
상	인도(힌두) 양식과 이슬람 양식의 사례를 두 가지씩 서술한 경우
하	인도(힌두) 양식과 이슬람 양식의 사례를 한 가지씩만 서술한 경우

04 신항로 개척과 유럽 지역 질서의 변화

꼼꼼 개념 문제 94쪽

대표 자료 확인하기 ① 노예 ② 왕권신수설 ③ 상비군

한눈에 정리하기 ① 대서양 ② 펠리페 2세 ③ 표트르 대제

1 (1) × (2) ○ (3) ○ **2** (1) ㄴ (2) ㄱ **3** (1) 아스테카 제국 (2) 아메리카 (3) 가격 혁명 **4** 중상주의 **5** (1) – ㉠ (2) – ㉣ (3) – ㉡ (4) – ㉢ **6** 계몽사상

탄탄 시험 문제 95~97쪽

01 ③ **02** ④ **03** ④ **04** ① **05** ② **06** ④ **07** ⑤ **08** ③ **09** ⑤ **10** ② **11** ③ **12** ② **13** ④ **14** ②

01 유럽인의 동방에 대한 호기심 증가, 이슬람·이탈리아 상인의 동방 물품 독점, 과학 기술의 발달 등으로 보아 제시된 대화의 주제는 신항로 개척의 배경임을 알 수 있다.

02 16세기에 유럽에서는 지리학과 천문학이 발달하였으며 카라벨선이 제작되고 배에 대포를 장착하는 등 선박 제조 기술이 발달하였다. 또한 먼 거리 항해에 나침반이 이용되었다. ④는 신항로 개척 이후인 17세기 유럽에서 일어난 과학 혁명과 관련이 있다.

03 콜럼버스는 대서양을 건너 서인도 제도에 도착하였다. 바스쿠 다 가마는 아프리카의 희망봉을 지나 인도에 가는 항로를 개척하였다. 마젤란 일행은 최초로 세계 일주에 성공하였다.

04 ㉠에 들어갈 나라는 잉카 제국이다. 잉카 제국은 피사로가 이끈 에스파냐 병사들에게 정복되었다. ②, ④, ⑤는 아스테카 제국, ③은 무굴 제국 등에 대한 설명이다.

05 아메리카 원주민의 인구가 감소하자 유럽인들은 광산 개발과 대농장 경영에 필요한 노동력을 얻기 위해 아프리카 원주민을 노예로 동원하는 노예 무역을 확대하였다.

06 신항로 개척 이후 대서양이 무역의 중심지로 떠오르고 삼각 무역이 발전하였다. 유럽에서는 아메리카와 동방에서 새로운 문물이 전래되었으며 가격 혁명, 상업 혁명이 일어났다. ④ 신항로 개척 이후 대서양이 무역의 중심지로 떠오르면서 지중해 주변 국가들이 쇠퇴하였다.

07 (가) 무역은 삼각 무역이다. 신항로 개척 이후 대서양에서는 유럽, 아메리카, 아프리카를 잇는 삼각 무역이 전개되었다. ㄱ, ㄴ은 지중해 무역과 관련이 있다.

08 신항로 개척 이후 유럽에서는 상공업이 크게 발전하였다. 금융 제도가 발달하고 근대적 기업이 등장하면서 상공업자들이 자본을 축적하였는데, 이를 상업 혁명이라고 부른다. ③은 중세 유럽의 경제와 관련이 있다.

09 ㉠에 들어갈 내용은 동인도 회사이다. 신항로 개척 이후 네덜란드, 영국, 프랑스는 동인도 회사를 설립하여 아시아 시장에 진출하였다.

10 (가)는 왕권신수설, (나)는 중상주의이다. 절대 왕정은 왕권신수설로 왕권을 정당화하였으며, 중상주의 정책을 통해 해외 팽창과 식민지 건설을 지원하였다. ㄴ은 계몽사상과 관련이 있다. ㄹ. 절대 왕정은 수입하는 물품에 관세를 부가하여 수입을 억제시켰다.

11 영국의 절대 왕정을 이끈 인물은 엘리자베스 1세이다. 엘리자베스 1세는 에스파냐의 무적함대를 격파하여 해상권을 장악하였다. ①, ④는 프랑스의 루이 14세, ②는 에스파냐의 펠리페 2세, ⑤는 프로이센의 프리드리히 2세의 활동이다.

12 밑줄 친 '이 군주'는 러시아의 표트르 대제이다. 그는 상트페테르부르크를 건설하여 수도로 삼았다. ①, ④는 프로이센의 프리드리히 2세, ③은 영국의 엘리자베스 1세, ⑤는 에스파냐의 펠리페 2세에 대한 설명이다.

13 제시된 자료의 몽테스키외, 루소 등은 대표적인 계몽사상가들이다. 계몽사상가들의 주장은 미국 혁명과 프랑스 혁명의 사상적 기반이 되었다.

14 베르사유 궁전은 루이 14세가 완성하였고, 상수시 궁전은 프리드리히 2세가 지었다.

학교 시험에 잘 나오는 서술형 문제

1 예시답안 콜럼버스는 대서양을 가로질러 서인도 제도에 도착하였다. 바스쿠 다 가마는 희망봉을 거쳐 인도에 가는 항로를 개척하였다. 마젤란 일행은 태평양을 가로질러 최초로 세계 일주에 성공하였다.

구분	채점 기준
상	제시된 인물의 신항로 개척 내용을 서술한 경우
중	제시된 인물의 신항로 개척 내용을 두 가지 서술한 경우
하	제시된 인물의 신항로 개척 내용을 한 가지만 서술한 경우

2 예시답안 노예 무역. 노예 무역으로 아프리카에서는 인구가 감소하고 남녀 성 비율이 불균형해졌다.

구분	채점 기준
상	노예 무역을 쓰고, 노예 무역이 아프리카에 끼친 영향을 서술한 경우
하	노예 무역만 쓴 경우

3 (1) 중상주의 정책
(2) 예시답안 절대 왕정은 관세를 높여 수입을 억제하였으며 국내 산업을 보호하고 육성하여 수출을 늘렸다. 또한 해외 팽창과 식민지 건설을 지원하였다.

구분	채점 기준
상	수입 억제, 수출 증대, 해외 팽창 및 식민지 건설 지원 중 두 가지를 서술한 경우
하	중상주의 정책의 내용을 한 가지만 서술한 경우

쑥쑥 마무리 문제

100~103쪽

01 ③	02 ④	03 ①	04 ②	05 ①	06 ④	07 ②	08 ⑤
09 ①	10 ④	11 ①	12 ②	13 ③	14 ⑤	15 ④	16 ①
17 ⑤	18 ②	19 ⑤	20 ①				

01 ㉠에 들어갈 인물은 송 태조이다. 그는 절도사 세력을 약화하고 문인 관료를 우대하는 문치주의 정책을 실시하였다. ①은 당 태종에 대한 설명이다. ② 몽골 제일주의는 원의 통치 정책이다. ④는 도요토미 히데요시에 대한 설명이다. ⑤는 명의 홍무제에 대한 설명이다.

02 밑줄 친 '이 국가'는 송이다. 송대에는 과학 기술이 발달하여 활판 인쇄술 등이 발전하였다. ①은 청, ②는 당, ③, ⑤는 원의 문화에 대한 설명이다.

03 제시된 내용은 몽골 제국과 관련이 있다. 몽골 제국의 영토는 여러 개의 울루스가 분할 통치하였다. 쿠빌라이 칸은 남송을 멸망시켜 중국 전역을 지배하였는데 몽골 제일주의를 내세워 몽골인과 색목인을 우대하였다. ①은 금에 대한 설명이다.

04 원대에는 목화 재배가 확대되었으며, 화폐의 사용이 늘었고 지폐인 교초도 사용되었다. 또한 서민 문화가 발달하여 구어체로 쓴 소설과 희곡이 인기를 얻었으며, 잡극이 크게 유행하였다. ②는 명·청대의 경제에 대한 설명이다.

05 ㉠에 들어갈 내용은 역참이다. 몽골 제국은 중앙과 각 지방을 연결하는 교통로에 역참을 세우고, 관리나 사신에게 숙식과 말을 제공하는 역참제를 실시하였다.

06 밑줄 친 '이 황제'는 명의 영락제이다. 영락제는 정화의 함대를 해외로 파견하여 국력을 과시하고 여러 나라와 조공 관계를 맺었다. ①, ⑤는 명의 홍무제, ②는 청의 옹정제, ③은 청의 건륭제에 대한 설명이다.

07 지도의 영역을 차지한 국가는 청이다. 청은 소수의 만주족으로 다수의 한족을 다스리기 위해 회유책과 강압책을 함께 실시하였다. 또한 청대에는 현실 정치를 멀리 하고 경전의 실증적인 연구를 중시하는 고증학이 발달하였다. ㄴ은 거란(요), ㄹ은 서하에 대한 설명이다.

08 청은 18세기 중반 이후 광저우 한 곳만을 개방하였고, 이곳에서는 공행이라는 특허 상인만 영국 등 외국 상인과 무역할 수 있었다. 청은 강희제 때 러시아와 네르친스크 조약을 맺으며 국경을 확정하였다. 청은 홍타이지 때 조선을 침략하였다. ⑤ 청은 몽골, 티베트, 신장 등의 지역을 토착 지배자를 통해 간접 지배하였다.

09 13세기에 원은 남송을 정복하여 중국 전역을 지배하였으며, 일본의 가마쿠라 막부를 공격하였다. 가마쿠라 막부는 이를 막아냈지만 이후 재정 부담으로 쇠퇴하고 무로마치 막부가 실권을 장악하였다. 14세기 말에는 한반도에서 이성계가 조선을 건국하였다. 15세기 말에 도요토미 히데요시는 조선을 침략하였다. ① 고려는 10세기 초에 건국되었다.

10 ㉠에 들어갈 막부는 에도 막부이다. 에도 막부는 산킨코타이 제도를 실시하였다. ①은 야마토 정권, ②, ⑤는 가마쿠라 막부, ③은 무로마치 막부에 대한 설명이다.

11 ㉠에 들어갈 나라는 셀주크 튀르크이다. 셀주크 튀르크는 예루살렘을 장악하였다. ②, ④는 비잔티움 제국, ③은 티무르 왕조 등, ⑤는 우마이야 왕조와 관련이 있다.

12 (가)는 티무르 왕조, (나)는 사파비 왕조이다. 티무르 왕조는 몽골 제국의 부흥을 내세우며 건국되었다. ①은 무굴 제국, ④는 오스만 제국, ⑤는 훌라구 울루스에 대한 설명이다. ③ 사파비 왕조는 시아파 이슬람교를 국교로 삼았다.

13 밑줄 친 '이 국가'는 오스만 제국이다. 오스만 제국은 이집트 정복 후 술탄이 칼리프의 칭호까지 이어받아 술탄 칼리프 제도가 확립되었다. ①은 무굴 제국, ②는 셀주크 튀르크 등, ④는 셀주크 튀르크, ⑤는 사파비 왕조에 대한 설명이다.

14 그랜드 바자르가 있는 것으로 보아 밑줄 친 '이 도시'는 오스만 제국의 수도였던 이스탄불임을 알 수 있다. 이스탄불에는 성 소피아 대성당, 술탄 아흐메트 사원이 있다. ㄱ. 인도의 무굴 제국은 수도 아그라에 타지마할을 세웠다. ㄴ. 티무르 왕조는 수도 사마르칸트에 레기스탄 광장을 조성하였다.

15 ㉠에 들어갈 인물은 아크바르 황제이다. 아크바르 황제는 힌두교도에 대한 인두세인 지즈야를 폐지하였다. ①은 훌라구, ②는 아바스 1세, ③은 아우랑제브 황제, ⑤는 술레이만 1세에 대한 설명이다.

16 밑줄 친 '그'는 마젤란이다. 마젤란은 필리핀 항해 도중 목숨을 잃었으나 그의 함대는 최초로 세계 일주에 성공하였다.

17 제시된 그래프는 신항로 개척 이후 아메리카 원주민 인구의 변화를 나타낸다. 아메리카 원주민은 노동력 착취와 유럽에서 전파된 천연두, 홍역 같은 전염병으로 그 수가 크게 감소하였다. ㄱ, ㄴ은 신항로 개척 이전에 유럽과 아시아에서 발생한 사실이다.

18 신항로 개척 이후 대서양이 무역의 중심지로 떠올랐으며 유럽, 아메리카, 아프리카를 잇는 삼각 무역이 발달하였다. 또한 담배, 감자, 옥수수 등의 작물이 유럽에 전래되었다. 한편, 아메리카의 은이 아시아로 흘러들어 가면서 은을 매개로 세계적 교역망이 형성되었다. ②는 신항로 개척의 배경에 해당한다.

19 유럽의 절대 왕정은 왕권신수설로 권력을 정당화하였으며, 관료제와 상비군으로 권력을 강화하였다. 경제적으로는 중상주의 정책을 실시하였다. ⑤ 절대 군주는 상공 시민 계층의 상공업 활동을 보호해 주고 재정을 지원받았다.

20 밑줄 친 '이 군주'는 프리드리히 2세이다. 그가 통치한 시기 프로이센은 오스트리아와 전쟁을 벌여 슐레지엔 지방을 차지하고 영토를 넓혔다. ②, ⑤는 엘리자베스 1세 시기 영국, ③, ④는 표트르 대제 시기 러시아에 대한 설명이다.

정답과 해설

I 문명의 발생과 고대 세계의 형성(1회)

100점 도전! 실전 문제 4~9쪽

01 ① 02 ③ 03 ⑤ 04 ② 05 ④ 06 ④ 07 ⑤ 08 ③
09 ⑤ 10 ④ 11 ② 12 ① 13 ② 14 ④ 15 ③ 16 ⑤
17 ② 18 ② 19 ⑤ 20 ② 21 호족 22 ⑤ 23 ④ 24 ⑤
25 ② 26 ㉠ 델로스 ㉡ 펠로폰네소스 27 ① 28 ② 29 ③
30 ⑤ 31 ①

01 '사실로서의 역사'는 과거에 일어난 객관적 사실 그 자체이다. ㄷ, ㄹ은 '기록으로서의 역사'에 대한 설명이다.

02 선사 시대는 인류가 문자를 만들어 사용하기 이전의 시대로, 문자 기록이 없던 시기를 말한다. ①, ④ 예수 탄생 이전을 기원전(B. C.), ② 예수 탄생 이후를 기원후(A. D.)라고 한다. ⑤ 인류가 문자를 만들어 사용한 이후의 시대는 역사 시대이다.

03 제시된 내용은 독일의 역사적 반성을 통한 갈등의 극복 사례를 보여 준다. 슈톨퍼스타인은 사람들이 쉽게 지나치지 않게 걸림돌로 설치되었다.

04 ㉠은 약 20만 년 전 아프리카에서 출현한 호모 사피엔스에 해당한다. 호모 사피엔스는 현생 인류의 직계 조상이며, 동굴 벽화를 남겼다. ㄴ은 호모 하빌리스, ㄹ은 호모 에렉투스에 대한 설명이다.

05 신석기 시대의 농경과 목축 생활이 가져온 인류 생활의 큰 변화를 신석기 혁명이라고 한다.

06 농경과 목축이 시작된 것은 신석기 시대이다. 신석기 시대에는 가락바퀴와 뼈바늘을 사용하여 옷을 만들었다. ①, ②는 구석기 시대, ③, ⑤는 청동기 시대와 관련이 있다.

07 지도의 ㈎~㈑는 4대 문명의 발상지이다. 4대 문명은 큰 강 유역에서 발생하였고, 도시 국가 출현, 청동기와 문자 사용, 계급 발생, 대규모 공공 건축물 건설 등의 공통점이 있다.

08 『길가메시 서사시』를 통해 메소포타미아 문명의 사람들이 죽은 후의 세계보다는 현재의 안정된 삶을 중시하였음을 알 수 있다. 메소포타미아 문명은 도시의 중심에 지구라트라는 신전을 지었다. ① 왕이 나라의 중요한 일이 있을 때 점친 결과를 기록한 갑골 문자(갑골문)는 중국 문명인 상, ② 모헨조다로에서 출토된 인장은 인도 문명의 문화유산이다. ④ 피라미드와 스핑크스, ⑤ 「사자의 서」는 이집트 문명의 문화유산이다.

09 나일강 유역, 사막과 바다로 둘러싸인 폐쇄적인 지형 등의 내용을 통해 제시문이 이집트 문명에 대한 설명임을 알 수 있다. 이집트인들은 사람이 죽은 후에도 영혼이 남는다고 믿어 죽은 사람을 미라로 만들고, 파라오의 미라를 보존하기 위해 피라미드를 건설하였다. ①은 중국 문명인 상, ②는 인도 문명, ③은 메소포타미아 문명, ④는 페니키아와 관련이 있다.

10 기원전 1500년경 아리아인이 인더스강 유역으로 이동하였고, 이후 갠지스강 유역까지 진출하였다. 이 무렵 아리아인은 철제 농기구로 농사를 짓고, 철제 무기로 정복 활동을 벌였다. 아리아인은 원주민을 지배하기 위해 카스트제라는 엄격한 신분 제도를 만들었고, 브라만교를 믿었다. ④는 아리아인이 인더스강 유역으로 침입해 들어오기 이전의 일이다.

11 ㈎ 왕조는 중국 문명인 주에 해당한다. 창장강 하류까지 세력을 확장한 주는 넓은 영토를 효과적으로 다스리기 위해 봉건제를 실시하였으며, 천명사상을 통해 건국을 정당화하고 왕에게 절대적인 권위를 부여하였다. ㄴ은 메소포타미아 지방에 세워진 바빌로니아 왕국, ㄹ은 헤브라이와 관련이 있다.

12 기원전 7세기경 서아시아 세계를 최초로 통일한 나라는 아시리아이다. 아시리아는 가혹한 통치로 피지배 민족이 반란을 일으켜 멸망하였다.

13 제시된 자료는 아케메네스 왕조 페르시아의 관용 정책을 보여 준다. 아케메네스 왕조 페르시아는 피정복민의 종교와 관습을 존중하는 관용 정책으로 약 200년 동안 통일 왕조를 유지하며 번영하였다. 또한 제국 내 다양한 민족의 문화를 인정하면서 국제적인 성격의 문화를 발전시켰다. ㄴ은 바빌로니아 왕국, ㄹ은 아시리아와 관련된 내용이다.

14 사산 왕조 페르시아는 페르시아의 부흥을 내걸고 대제국으로 성장하였으며, 동서 교역을 주도하였다. 그러나 내부 혼란과 비잔티움 제국과의 계속된 전쟁 등으로 약해지다가 이슬람 세력에 멸망하였다. ④ 그리스·페르시아 전쟁(페르시아 전쟁)은 그리스와 아케메네스 왕조 페르시아 사이에 일어났다.

15 페르시아는 여러 민족의 문화를 받아들여 국제적이고 개방적인 성격의 문화를 발전시켰고, 사자와 새 등의 동물 모양을 새겨 넣은 공예품을 만들었다. ㄱ은 고대 그리스 문화, ㄹ은 로마 문화에 대한 설명이다.

16 아후라 마즈다, 불 숭배 등의 내용을 통해 밑줄 친 '이 종교'가 조로아스터교임을 알 수 있다.

17 지도는 춘추 전국 시대의 전개를 나타낸다. 춘추 전국 시대에는 철기의 사용 등으로 여러 사회·경제적 변화가 나타났다. 또한 제후국들이 부국강병을 위해 인재를 등용하는 과정에서 제자백가가 등장하였다. ② 주가 수도를 낙읍(뤄양)으로 옮기고 주 왕실의 권위가 약해지는 상황에서 춘추 전국 시대가 전개되었다.

18 제시된 주장은 제자백가의 사상인 도가에 해당한다. 자연 그대로의 삶을 추구한 도가는 노자와 장자 등이 주장하였다. ①, ③은 유가, ④는 묵가, ⑤는 법가 사상을 내세웠다.

19 밑줄 친 '왕'은 진시황제이다. 시황제는 각 군·현에 직접 관리를 보내 다스리는 군현제를 실시하였다. 또한 화폐·도량형·문자·수레바퀴의 폭 등을 통일하였고, 분서갱유 등으로 법가 사상 이외의 사상을 탄압하였다. 한편, 시황제는 흉노의 침입을 막기 위해 만리장성을 쌓았다. ⑤는 한 무제에 대한 설명이다.

20 한 무제는 흉노를 정벌하기 위해 대월지(월지)와 군사 동맹을 맺고자 장건 일행을 서역에 파견하였다. 대월지와의 군사 동맹 체결은 실패하였으나 이를 계기로 동서 문화 교류의 중추가 되는 비단길이 개척되었다. 비단길을 통해 인도의 불교가 중국에 전해졌고, 중국의 비단 등이 유럽까지 수출되었다. ㄴ. 한은 대월지와 군사 동맹을 맺지 못하였다. ㄹ. 유교의 바탕이 된 유가 사상은 춘추 전국 시대에 등장하였다.

21 한대에 대토지를 소유하며 지방에서 농민들을 지배하였던 세력은 호족에 해당한다.

22 (라) 주의 낙읍(뤄양) 천도 – (다) 진(秦)대에 진승·오광의 난 – (가) 신 건국 – (나) 후한대에 황건적의 난의 순으로 일어났다.

23 한대에 사마천이 편찬한 『사기』는 이후 동아시아 역사 서술의 모범이 되었다. 한 무제는 유교를 통치 이념으로 삼아 태학을 세우고 오경박사를 두어 유학을 가르쳤다. 한대에 비단길을 따라 중국에 처음 전래된 불교는 이후 도교와 함께 중국을 대표하는 종교가 되었다. 이처럼 한은 400여 년 동안 통일 제국을 유지하면서 중국 전통문화의 기틀을 마련하였다.

24 그리스는 험준한 산과 섬이 많고 해안선이 복잡하여 사람들이 해안에서 가까운 평야 지대에 촌락을 이루어 살았는데 이것이 폴리스로 발전하였다. ① 펠로폰네소스 전쟁에서 스파르타 중심의 펠로폰네소스 동맹이 승리하였다. ② 아테네에서 여성, 노예, 외국인은 정치에 참여할 수 없었다. ③ 폴리스는 중심부인 아크로폴리스에 신전을 두었고, 그 아래에 광장인 아고라가 있었다. ④ 그리스·페르시아 전쟁(페르시아 전쟁) 이후 아테네에서 민주 정치가 발달하였다.

25 제시된 인물은 페리클레스이다. 아테네 민주 정치는 페리클레스 때 황금기를 맞이하였다. 관직 및 배심원 추첨제, 공무 수당제 등이 실시되었고, 여성, 노예, 외국인을 제외한 모든 성인 남자 시민이 민회에서 직접 국가 중대사를 결정하는 직접 민주 정치가 이루어졌다. ②는 로마에 대한 설명이다.

26 델로스 동맹과 펠로폰네소스 동맹 사이의 대립으로 펠로폰네소스 전쟁이 일어났고, 이 전쟁에서 펠로폰네소스 동맹이 승리하였다.

27 알렉산드로스는 동방 원정에 나서 유럽, 아시아, 아프리카에 걸친 대제국을 건설하였고, 그 결과 헬레니즘 세계가 형성되었다. ②는 아시리아, ③, ⑤는 고대 그리스, ④는 중국의 한과 관련이 있다.

28 (가)는 고대 그리스 문화인 파르테논 신전, (나)는 헬레니즘 문화인 「라오콘 군상(라오콘상)」이다. 고대 그리스 문화는 건축에서 조화와 균형을 강조하였고, 헬레니즘 문화는 그리스 문화와 동방의 문화가 융합되어 발전하였다. ㄴ은 헬레니즘 문화, ㄹ은 로마 문화에 대한 설명이다.

29 포에니 전쟁 이후 그라쿠스 형제가 개혁을 시도하였으나 실패하였다. 그 뒤 로마에서는 제정이 시작되었다. 로마 건국은 기원전 753년, 공화정 수립은 기원전 6세기 말, 포에니 전쟁은 기원전 264~기원전 146년, 제정 시작은 기원전 27년, 밀라노 칙령 발표는 313년, 서로마 멸망은 476년에 해당한다.

30 콘스탄티누스 대제는 수도를 콘스탄티노폴리스(비잔티움)로 옮기는 등 로마 제국을 다시 일으켜 세우기 위해 노력하였다. ①은 로마 제국의 옥타비아누스, ②는 알렉산드로스, ③은 아케메네스 왕조 페르시아의 다리우스 1세, ④는 로마 제국의 테오도시우스 황제에 대한 설명이다.

31 로마 제국의 박해를 피해 카타콤에서 예배를 드렸다는 내용을 통해 ㉠이 크리스트교임을 알 수 있다. 콘스탄티누스 대제는 밀라노 칙령을 통해 크리스트교를 공인하였다 ②, ⑤는 조로아스터교에 대한 탐구 활동이다. ③은 이집트인의 내세적 세계관과 관련이 있다. ④는 브라만교에 대한 탐구 활동이다.

서술형 문제

1 예시답안 역사는 크게 '사실로서의 역사'와 '기록으로서의 역사'의 두 가지 의미가 있다. '사실로서의 역사'는 과거에 일어난 사실 그 자체로, 객관적이다. 반면, '기록으로서의 역사'는 역사가의 관점과 해석이 담겨 있어 주관적이다.

구분	채점 기준
상	'사실로서의 역사'와 '기록으로서의 역사'를 쓰고, 그 의미를 비교하여 서술한 경우
하	'사실로서의 역사'와 '기록으로서의 역사'만 쓴 경우

2 (1) 다리우스 1세

(2) 예시답안 다리우스 1세는 전국을 20여 개의 주로 나누어 총독을 파견하였으며, '왕의 눈', '왕의 귀'라고 불리는 감찰관을 보내 총독을 감시하였다. 또한 '왕의 길'이라 불리는 도로망과 함께 역참을 정비하였고, 화폐와 도량형도 통일하였다.

구분	채점 기준
상	지방에 총독 및 감찰관 파견, '왕의 길' 건설, 화폐와 도량형 통일 등 다리우스 1세의 중앙 집권 정책을 세 가지 서술한 경우
중	다리우스 1세의 중앙 집권 정책을 두 가지 서술한 경우
하	다리우스 1세의 중앙 집권 정책을 한 가지만 서술한 경우

3 예시답안 로마에서는 넓은 제국을 다스리는 과정에서 법률, 건축, 도로 건설 등 실용적인 문화가 발달하였다.

구분	채점 기준
상	로마 문화의 발달 배경과 특징을 모두 서술한 경우
하	로마 문화의 발달 배경과 특징 중 한 가지만 서술한 경우

I 문명의 발생과 고대 세계의 형성(2회)

100점 도전! **실전 문제** 10~15쪽

01 ⑤ 02 ② 03 ① 04 ⑤ 05 ② 06 ③ 07 ① 08 ④
09 ⑤ 10 카스트제(바르나) 11 ② 12 ⑤ 13 ④ 14 ③
15 ⑤ 16 ① 17 ② 18 ④ 19 ⑤ 20 ③ 21 군현제
22 ④ 23 ④ 24 ③ 25 ⑤ 26 ③ 27 ③ 28 ② 29 ②
30 ⑤ 31 ①

01 E. H. 카의 말은 역사가에 따라 쓰이는 역사가 달라진다는 의미로, 이는 '기록으로서의 역사'와 관련이 있다. ①, ②, ③, ④는 '사실로서의 역사'에 해당한다.

02 역사 연구는 (나) 사료 수집 – (가) 수집된 사료의 내용을 철저히 검증하는 사료 비판 – (라) 검증된 사료를 토대로 과거의 상황 분석 및 해석 – (다) 역사 서술의 과정을 거쳐 이루어진다.

03 제시된 내용은 호모 에렉투스에 대한 설명이다. 호모 에렉투스는 뗀석기를 사용하여 사냥을 하였으며, 불과 언어를 사용하였다. ②는 호모 네안데르탈렌시스, ③은 오스트랄로피테쿠스 아파렌시스, ④, ⑤는 호모 사피엔스와 관련이 있다.

04 라스코 동굴 벽화는 구석기 시대의 유적이다. 구석기 시대의 사람들은 사냥과 채집으로 식량을 마련하였으며, 동굴의 벽에 동물들을 그려 사냥의 성공을 기원하였다. ①, ③, ④는 청동기 시대, ②는 신석기 시대에 해당한다.

05 구석기 시대의 사람들은 동굴이나 바위 그늘에 살았으며, 강가에 막집을 짓고 살기도 하였다. ①, ③, ④, ⑤는 신석기 시대와 관련이 있다.

06 토기를 처음 사용한 것은 신석기 시대이다. 신석기 시대의 사람들은 토기를 만들어 곡식을 저장하는 데 이용하였다. 또한 간석기를 사용하였고, 농경 생활을 시작하였으며 움집을 짓고 살았다. ㄱ은 청동기 시대, ㄹ은 구석기 시대, ㅁ은 철기 시대와 관련이 있다.

07 바빌로니아 왕국의 함무라비왕은 메소포타미아 지방을 통일하고 함무라비 법전을 만들어 통치 체제를 정비하였다. ②, ③은 이집트 문명, ④, ⑤는 인도 문명과 관련이 있다.

08 (가)는 메소포타미아 문명, (나)는 이집트 문명에서 사용한 문자이다. 메소포타미아 지방은 개방적인 지형이어서 이민족의 침입을 자주 받았으며, 이곳에 정착한 수메르인은 지구라트를 세웠다. 이집트에서는 나일강의 범람 이후 토지를 측량하는 과정에서 기하학과 측량술이 발달하였다. 메소포타미아 문명은 티그리스강와 유프라테스강 사이, 이집트 문명은 나일강 유역에서 발달하였다. ④는 인도 문명에 대한 설명이다.

09 카르타고와 같은 식민 도시를 건설한 나라인 ㉠은 페니키아에 해당한다. 페니키아가 사용한 표음 문자는 그리스에 전해져 오늘날 알파벳의 기원이 되었다. ①은 중국 문명인 주, ②는 헤브라이, ③은 인도 문명, ④는 메소포타미아 지방에 세워진 바빌로니아 왕국과 관련이 있다.

10 그림은 아리아인이 원주민을 지배하기 위해 만든 엄격한 신분 제도인 카스트제(바르나)를 보여 준다. 카스트는 '신분', '혈통'을 뜻하며, 고대 인도에서는 타고난 카스트에 따라 직업과 결혼 상대자까지 정해졌다.

11 사진은 중국 문명인 상의 갑골 문자(갑골문)이다. 상의 왕은 나라에 중요한 일이 있을 때 점을 쳐서 결정하였는데, 점을 친 내용과 결과는 거북의 배딱지나 짐승의 뼈에 기록하였다. 상의 수도였던 은허 유적에서 갑골 문자가 적힌 뼈가 발굴되었으며, 갑골 문자는 오늘날 한자의 기원이 되었다. ② 상의 왕은 정치와 제사를 함께 주관하는 제정일치의 신권 정치를 실시하였다.

12 제시된 자료를 통해 아시리아가 정복한 지역을 가혹하게 통치하였음을 짐작할 수 있다. 아시리아의 가혹한 통치에 피정복민이 크게 반발하면서 아시리아는 서아시아 지역을 통일한지 60여 년 만에 멸망하였다. ①은 페르시아, ②는 사산 왕조 페르시아, ③은 알렉산드로스 제국, ④는 아케메네스 왕조 페르시아와 관련이 있다.

13 밑줄 친 '왕'은 아케메네스 왕조 페르시아의 다리우스 1세이다. 다리우스 1세는 '왕의 길'이라는 도로를 건설하였고, 화폐와 도량형 등을 통일하였다. ㄱ은 사산 왕조 페르시아의 샤푸르 1세, ㄷ은 아시리아와 관련이 있다.

14 파르티아와 사산 왕조 페르시아는 동서 교역의 요충지를 장악하여 중계 무역으로 번영하였다. ①은 로마 제국 등, ②는 알렉산드로스 제국, ④는 아케메네스 왕조 페르시아 등, ⑤는 아케메네스 왕조 페르시아와 관련이 있다.

15 아후라 마즈다는 조로아스터교의 최고신이다. 조로아스터교는 조로아스터가 만든 종교로, 세상을 선의 신 아후라 마즈다와 악의 신 아리만의 대결이 벌어지는 곳으로 보았다. 선한 신의 상징인 불을 소중하게 여겼으며 크리스트교와 이슬람교 등에 영향을 주었다. ⑤ 조로아스터교는 사산 왕조 페르시아가 국교로 삼았다.

16 제시된 자료는 아케메네스 왕조 페르시아의 키루스 2세가 바빌로니아를 정복한 후 선언한 내용으로, 페르시아의 관용 정책을 보여 준다. 페르시아는 관용 정책을 펼치고 여러 민족의 문화를 수용하여 국제적이고 개방적인 문화를 발전시켰다.

17 제시된 서아시아 세계의 나라들은 (가) 아시리아 – (라) 아케메네스 왕조 페르시아 – (나) 파르티아 – (다) 사산 왕조 페르시아의 순으로 건국되었다.

18 공자, 맹자 등 유가 사상가들은 '인', '예'를 중심으로 한 도덕 정치를 강조하였다. ①은 노자와 장자에서 비롯된 도가, ②, ③은 한비자가 완성한 법가, ⑤는 묵자가 강조한 묵가와 관련이 있다.

19 전국 7웅 중 하나였던 진(秦)은 법가 사상을 토대로 부국강병을 이루고 혼란스러웠던 중국을 최초로 통일하였다. ①은 진의 멸망 원인과 관련이 있다. ② 진은 법가 사상을 채택하였다. ③ 진은 흉노의 침입을 막기 위해 만리장성을 쌓았다. ④ 진은 군현제를 실시하였다.

20 중국을 최초로 통일한 진(秦)의 시황제는 나라마다 달랐던 화폐, 도량형, 문자 등을 통일하였다. ① 주는 봉건제를 실시하였다. ② 제자백가가 출현한 것은 춘추 전국 시대이다. ④ 비단길이 개척된 것은 한대이다. ⑤ (가) 주 왕조 – (라) 춘추 전국 시대 – (다) 진(秦)대 – (나) 한대의 순으로 전개되었다.

21 ㉠에 들어갈 제도는 군현제이다. 진시황제와 한 무제는 중앙 집권 체제를 강화하기 위해 군현제를 실시하였다.

22 한 무제는 유가 사상을 통치 이념으로 정하고, 수도인 장안에 유학 교육 기관인 태학을 세웠다. 흉노를 정벌하고 고조선을 정복하였으며, 정복 활동으로 부족해진 재정을 해결하기 위해 전매 제도를 실시하였다. ④는 한 고조의 업적이다.

23 『사기』라는 역사책을 편찬한 인물은 사마천이다.

24 진시황제는 북방 유목 민족인 흉노의 침입을 막기 위해 만리장성을 쌓았고, 한 무제는 대월지(월지)와 손잡고 흉노를 함께 공격하기 위해 장건을 서쪽에 파견하였다.

25 아테네의 클레이스테네스는 평민들의 정치 참여를 더욱 확대하면 한편, 참주의 출현을 막기 위해 도편 추방제를 마련하였다.

26 아테네와 스파르타는 고대 그리스의 대표적인 폴리스들이다. 아테네는 페리클레스의 지도 아래 민회 중심의 직접 민주 정치가 발달하였다. 스파르타의 시민들은 어려서부터 엄격한 군사 훈련을 받았다. 한편, 아테네를 중심으로 한 델로스 동맹과 스파르타를 중심으로 한 펠로폰네소스 동맹은 펠로폰네소스 전쟁으로 충돌하였다. ③은 로마에 대한 설명이다.

27 마케도니아의 왕 알렉산드로스는 동방 원정에 나서 아케메네스 왕조 페르시아 등을 멸망시키고 대제국을 건설하였다. 그는 각지에 알렉산드리아를 세워 그리스인을 이주시키고 그리스 문화를 여러 지역에 전파하였으나, 그가 죽은 후 제국은 마케도니아, 시리아, 이집트로 분열되었다. ③ 알렉산드로스는 정복지의 사람을 관리로 등용하는 등 동서 융합을 꾀하였다.

28 (가)에 해당하는 문화는 헬레니즘 문화이다. 알렉산드로스의 동방 원정으로 그리스 문화와 오리엔트 문명(동방의 문화)이 융합된 헬레니즘 문화가 발전하였다. 헬레니즘 문화를 대표하는 문화유산으로는 「라오콘 군상(라오콘상)」, 「밀로의 비너스상」이 있다. ㄴ은 고대 그리스, ㄹ은 구석기 시대와 관련이 있다.

29 로마는 포에니 전쟁에서 승리하였고, 계속된 정복 전쟁을 통해 지중해 일대를 장악하였다. 그리고 옥타비아누스가 권력을 장악하면서 제정이 시작된 이후 200여 년 동안 '로마의 평화'라 불리는 번영을 누렸다. 그러나 로마 제국은 2세기 말부터 이민족의 침입 등으로 쇠퇴하였고 4세기 말 제국이 동서로 분리되었다. ②는 사산 왕조 페르시아에 대한 설명이다. 로마 제국은 4세기 말 크리스트교를 국교로 인정하였다.

30 밑줄 친 '그'는 옥타비아누스이다. 로마의 권력을 장악한 옥타비아누스는 원로원으로부터 '아우구스투스(존엄한 자)'라는 칭호를 받았다. ①은 콘스탄티누스 대제, ②는 고대 그리스 아테네의 클레이스테네스, ③은 비잔티움 제국의 유스티니아누스 황제, ④는 디오클레티아누스에 대한 설명이다.

31 그라쿠스 형제의 개혁, 밀라노 칙령, 수도교를 통해 제시된 내용이 로마 제국에 대한 것임을 알 수 있다. 콜로세움은 로마가 세운 원형 경기장으로 실용적인 로마 문화를 보여 준다. ②는 지구라트, ③은 파르테논 신전, ④는 페르세폴리스의 모습, ⑤는 피라미드와 스핑크스이다.

서술형 문제

1 예시답안 이집트는 사막과 바다로 둘러싸인 폐쇄적인 지형으로 이민족의 침입을 적게 받아 오랫동안 통일 왕국을 유지하였기 때문에 죽은 후의 세계를 중시하였다. 이에 이집트인들은 사람이 죽은 후에도 영혼이 남는다고 믿어 미라, 피라미드, 「사자의 서」 등을 만들었다.

구분	채점 기준
상	폐쇄적인 지형, 내세적 세계관을 바탕으로 서술한 경우
하	이집트의 지리적 특징과 세계관 중 한 가지 측면에서만 서술한 경우

2 예시답안 진시황제, 지역 간 경제 교류(상업 활동) 활성화, 세금 징수 편리, 중앙 집권 체제 강화를 위해 화폐와 도량형을 하나로 통일하였다.

구분	채점 기준
상	진시황제를 쓰고, 경제 교류 활성화, 세금 징수 편리, 중앙 집권 체제 강화 등을 서술한 경우
중	진시황제를 쓰고, 화폐와 도량형 통일의 목적을 서술하였으나 미흡한 경우
하	진시황제만 쓴 경우

3 예시답안 솔론, 고대 그리스 아테네에서는 활발한 해외 무역과 상업 발달로 부유해진 평민들이 스스로 무장을 갖추고 군대의 주력이 되면서 평민의 정치 참여 요구가 높아졌다. 이에 솔론의 개혁 등으로 평민의 정치 참여가 점차 확대되었다.

구분	채점 기준
상	솔론을 쓰고, 개혁이 추진된 배경을 서술한 경우
하	솔론만 쓴 경우

Ⅱ 세계 종교의 확산과 지역 문화의 형성(1회)

18~23쪽

100점 도전! 실전 문제

01 불교	02 ④	03 ①	04 ②	05 ④	06 ⑤	07 ②	08 ⑤
09 ②	10 ②	11 ⑤	12 ②	13 ④	14 ⑤	15 ①	16 ③
17 ④	18 ①	19 ③	20 ⑤	21 ①	22 ⑤	23 ②	24 ⑤
25 ③	26 ③	27 ⑤	28 ②	29 ②	30 ①	31 ②	32 ④
33 ③							

01 기원전 6세기경에 고타마 싯다르타(석가모니)가 불교를 창시하였다. 석가모니는 자비와 평등을 강조하였고, 이러한 불교의 가르침은 크샤트리아와 바이샤 세력에게 환영을 받았다.

02 지도는 대승 불교의 전파 경로를 보여 준다. 대승 불교는 부처를 신적인 존재로 생각하여 예배의 대상으로 삼았다. ①, ②, ③, ⑤는 상좌부 불교와 관련이 있다.

03 제시된 불상은 곱슬머리, 오뚝한 코, 섬세한 옷 주름 등이 특징인 간다라 불상이다. 간다라 지방에서는 알렉산드로스의 침입 이후 인도 문화와 헬레니즘 문화가 융합된 간다라 양식이 발달하였다. 간다라 양식은 대승 불교와 함께 동아시아에 전파되었다. ① 간다라 양식은 쿠샨 왕조 때 유행하였다.

04 밑줄 친 '이 왕조'는 굽타 왕조이다. 굽타 왕조 시대에는 힌두교가 왕실의 보호를 받아 성장하였으며, 산스크리트 문학이 발달하였고 굽타 양식이 나타났다. 이 시기에 발전한 천문학과 수학은 이슬람 세계에 전해져 자연 과학의 발달에 영향을 주었다. ②는 마우리아 왕조에 대한 탐구 주제이다.

05 제시된 내용은 힌두교에 해당한다. 카스트에 따른 의무 수행을 강조한 힌두교의 영향으로 불교가 쇠퇴하고, 카스트제가 인도 사회에서 확고하게 자리 잡게 되었다. ① 힌두교는 다양한 신을 믿었다. ②는 조로아스터교에 대한 설명이다. 힌두교는 특정 창시자가 없다. ③ 「베다」는 브라만교와 관련이 있다. 힌두교도가 지켜야 할 규범은 『마누 법전』에 기록되었다. ⑤ 힌두교는 굽타 왕조 왕들의 보호를 받아 성장하였다.

06 사진은 인도네시아에 있는 보로부두르 불탑을 보여 준다. 보로부두르 불탑은 약 200만 개의 바위 벽돌을 9층의 계단 피라미드 형태로 쌓은 세계 최대의 대승 불교 유적이다. 파간 불탑은 미얀마, 앙코르 와트는 캄보디아에 있다.

07 (가) 시대는 남북조 시대이다. 남북조 시대에는 북위가 화북 지방을 통일하였고, 화북 지방에서 창장강 이남으로 이주해 온 한족이 강남 지방을 개발하였다. 또한 9품중정제가 실시되었으며, 도교가 성립하여 발전하였다. ②는 당대와 관련이 있다.

08 제시문은 북위 효문제의 한화 정책에 해당한다. 한화 정책에 따라 유목 민족의 문화와 한족의 문화가 융합되었다(호한 융합).

09 위진 남북조 시대에는 남조에서 화려한 귀족 문화가 발전하여 고개지의 「여사잠도」 등이 만들어졌고, 불교가 융성하여 북조에서는 윈강 석굴 등 대규모 석굴 사원이 만들어졌다. ㄴ은 당대에 유행한 당삼채, ㄹ은 이집트의 피라미드와 스핑크스이다.

10 (가)에는 수와 관련된 내용이 들어가야 한다. 수의 양제는 대운하를 건설하였다. ①은 한 고조, ③, ④는 진시황제, ⑤는 당 고종과 관련이 있다.

11 밑줄 친 '그'는 당 태종이다. 당 태종은 수의 제도를 이어받아 율령 체제를 완성하였다. ①은 수 문제, ②는 진시황제, ③은 당 고종, ④는 한 무제와 관련이 있다.

12 ㉠은 균전제, ㉡은 조용조에 해당한다. 당은 균전제, 조용조, 부병제를 실시하여 재정과 군사력을 튼튼히 하였다. 7세기 말 이후에 균전제가 붕괴되어 안사의 난 이후에는 장원제가 성행하였고, 조용조는 양세법으로, 부병제는 모병제로 바뀌었다.

13 ㉠에 들어갈 내용은 절도사이다. 절도사는 안사의 난 이후 주둔 지역의 군사, 재정, 행정을 장악하였다. 당은 황소의 난 이후 크게 쇠약해졌고, 결국 절도사 주전충에게 멸망하였다. ① 농노는 중세 서유럽 봉건 사회와 관련이 있다. ② 무사는 일본 헤이안 시대에 등장하였다. ③, ⑤는 인도의 신분 제도인 카스트제와 관련이 있다.

14 ㉠ 시기는 당대에 해당한다. 당은 주변국과 개방적인 관계를 유지하였으며, 이 시기 당에서는 서역과의 교류로 당삼채가 유행하였다. ㄱ. 당대에는 조로아스터교, 경교(네스토리우스교), 마니교, 이슬람교 등 다양한 종교가 전래되었다. ㄴ은 위진 남북조 시대와 관련이 있다.

15 신라가 삼국을 통일(676)한 후에 고구려 유민이 발해를 건국(698)하면서 남북국 시대가 전개되었다. ②, ③, ④, ⑤는 모두 신라의 삼국 통일 이전에 있었던 사실이다.

16 제시된 대화의 주제는 아스카 문화이다. 일본에서는 6세기 말 쇼토쿠 태자가 중국과 한반도에서 선진 문물을 받아들여 중앙 집권 체제를 강화하였고, 이에 따라 아스카 지방을 중심으로 불교문화가 발전하였다(아스카 문화).

17 일본은 8세기 말에 수도를 헤이안쿄(교토)로 옮겼고, 이후 헤이안 시대(794~1185)가 전개되었다. 헤이안 시대에는 일본의 전통을 강조하는 독자적인 문화인 국풍 문화가 발달하였다. 이에 한자를 변형해 만든 일본의 고유 문자인 '가나'를 사용하였다. ①, ③은 나라 시대(710~794), ②는 7세기 중반, ⑤는 7세기 말에 있었던 사실이다.

18 ㉠은 동아시아 문화권에 해당한다. ① 도교는 동아시아 문화권의 공통 요소로 보기 어렵다.

19 정통 칼리프 시대는 무함마드가 죽은 후 이슬람 공동체에서 무함마드의 후계자로 칼리프를 선출한 시기를 말한다. ①, ②, ④, ⑤는 우마이야 왕조에 대한 설명이다.

20 무함마드의 사촌이자 사위인 알리가 살해되고 우마이야 가문에서 칼리프를 세습하면서 우마이야 왕조가 성립되었는데, 이 과정에서 이슬람교도들은 시아파와 수니파로 분열하였다. ①, ④는 제시된 내용의 이전에 일어난 일이다. ②는 아바스 왕조, ③은 후우마이야 왕조와 관련된 내용으로 우마이야 왕조가 멸망한 이후의 사실이다.

21 밑줄 친 '이 전투'는 탈라스 전투이다. 아바스 왕조는 당과 벌인 탈라스 전투에서 승리하여 동서 교역로를 장악하였고 동서양을 잇는 국제 무역으로 번영하였다. 또한 수도 바그다드가 국제도시로 성장하였다. 탈라스 전투를 계기로 중국의 제지술이 이슬람 세계에 전파되었다. ① 무함마드가 메카에서 메디나로 근거지를 옮긴 사건인 헤지라는 622년의 일로, 메카 귀족들이 무함마드를 탄압한 것을 배경으로 일어났다.

22 제시된 조사 보고서의 사례를 통해 이슬람교를 믿는 사람들의 생활 모습을 알 수 있다. ①은 유교, ②는 힌두교, ③은 크리스트교, ④는 불교와 관련된 주제이다.

23 모스크는 이슬람교의 예배당으로 돔과 뾰족한 탑으로 이루어졌다. ㄴ, ㄹ은 중세 서유럽의 고딕 양식에 대한 설명이다.

24 밑줄 친 '이 왕국'은 프랑크 왕국이다. 서유럽에 세워진 게르만 왕국들은 대부분 오래 지속되지 못하고 멸망하였으나 프랑크 왕국은 오랫동안 번성하였다.

25 (가)는 제후, (나)는 기사이다. 제후(주군)와 기사(봉신)의 주종 관계는 서로 의무를 지켜야 하는 쌍무적 계약 관계였다. ① 주군은 기사에게 땅을 주어 봉신으로 삼았다. ② 봉신은 장원의 영주가 되어 주군의 간섭을 받지 않고 장원을 다스렸다. ④는 중국 주의 봉건제와 관련이 있다. ⑤ 기사는 제후에게 충성과 봉사를 맹세하였다.

26 제시된 내용은 크리스트교 중심의 중세 서유럽 문화에 대한 것이다. ①은 비잔티움 문화, ②는 이탈리아의 르네상스, ④는 알프스 이북의 르네상스, ⑤는 이슬람 문화와 관련이 있다.

27 밑줄 친 '이 황제'는 유스티니아누스 황제이다. 그는 서로마 제국 영토의 상당 부분을 회복하였고, 성 소피아 대성당을 세웠다. ㄱ. 십자군 전쟁은 교황 우르바누스 2세가 클레르몽 공의회에서 한 연설을 계기로 시작되었다. ㄴ은 신성 로마 제국의 황제 하인리히 4세에 대한 설명이다.

28 중세 서유럽에서는 크리스트교가 사람들에게 많은 영향을 주었다. 농업이 발달하였으며, 라틴어를 공용어로 사용하고 고딕 양식이 유행하였다. 비잔티움 제국에서는 그리스 정교를 바탕으로 독자적인 문화가 발전하였다. 상공업이 발달하였으며, 그리스어를 공용어로 사용하고 비잔티움 양식이 발전하였다. ② 중세 서유럽에서는 봉건 사회가 발전하면서 왕권은 점차 약화되었고, 지방 분권적인 정치 체제가 확립되었다. 한편, 비잔티움 제국은 황제 중심의 중앙 집권 체제를 갖추었다.

29 (가) 서로마 제국 멸망(476) – (다) 6세기 유스티니아누스 황제의 『유스티니아누스 법전』 편찬 – (라) 레오 3세의 성상 숭배 금지령(726) 반포 – (나) 비잔티움 제국 멸망(1453)의 순으로 일어났다.

30 지도는 십자군 전쟁의 전개를 보여 준다. 셀주크 튀르크가 예루살렘을 점령하고 비잔티움 제국을 위협하자, 비잔티움 제국의 황제가 로마 교황에게 도움을 요청하였다. 교황은 성지인 예루살렘을 되찾자고 호소하였고 이에 유럽의 제후, 기사, 상인, 농민이 호응하면서 전쟁이 시작되었다. 전쟁은 여러 차례 이루어졌지만, 점차 상업적 이익이 중시되어 결국 원정은 실패하였다. ① 십자군 전쟁을 주도한 교황의 권위는 크게 떨어졌다.

31 14세기에 흑사병이 유행하여 인구가 크게 줄고 노동력이 부족해지자 영주들은 농노의 처우를 개선해 주었다. ① 제시된 상황은 봉건 사회의 동요와 관련이 있다. ③은 게르만족의 이동, ④는 셀주크 튀르크의 예루살렘 점령, ⑤는 포에니 전쟁의 영향과 관련이 있다.

32 서프랑크 왕국은 프랑스의 기원이 되었고, 프랑스는 백년 전쟁에서 영국에 승리하였다.

33 제시된 자료는 루터의 주장에 해당한다. 루터는 「95개조 반박문」에서 교황의 면벌부 판매를 비판하였다. ①은 칼뱅, ②는 토마스 아퀴나스, ④는 영국의 헨리 8세, ⑤는 코페르니쿠스, 갈릴레이와 관련이 있다.

서술형 문제

1 예시답안 9품중정제. 지방의 유력 호족이 중앙 관직을 독점하게 되면서 문벌 귀족 사회가 형성되었다.

구분	채점 기준
상	9품중정제를 쓰고, 9품중정제의 실시 결과를 서술한 경우
하	9품중정제만 쓴 경우

2 예시답안 아랍인이 아닌 이슬람교도에게 부과하던 세금을 면제하였고, 유능한 사람은 관리나 군인으로 등용하였다.

구분	채점 기준
상	아바스 왕조의 아랍인 우대 정책 폐지의 내용을 두 가지 서술한 경우
하	아바스 왕조의 아랍인 우대 정책 폐지의 내용을 한 가지만 서술한 경우

3 예시답안 (가) 이탈리아의 르네상스는 인간의 개성과 능력을 존중하는 인문주의가 발달하였고, 인체의 아름다움과 사물을 있는 그대로 표현하였다. (나) 알프스 이북의 르네상스는 당시 사회와 교회의 부패, 성직자의 타락을 비판하는 경향이 나타났다.

구분	채점 기준
상	이탈리아 르네상스와 알프스 이북 르네상스의 특징을 모두 서술한 경우
하	이탈리아 르네상스와 알프스 이북 르네상스의 특징 중 한 가지만 서술한 경우

Ⅱ 세계 종교의 확산과 지역 문화의 형성(2회)

100점 도전! 실전 문제 24~29쪽

01 ③	02 ⑤	03 ⑤	04 ①	05 ⑤	06 ②	07 ①	08 ⑤
09 ①	10 ⑤	11 ⑤	12 ②	13 ②	14 ①	15 ⑤	16 ①
17 ⑤	18 ③	19 헤지라		20 ②	21 ③	22 ④	23 ③
24 ④	25 ③	26 ⑤	27 ④	28 ④	29 ③	30 ⑤	31 ①
32 ④	33 ③						

01 불교를 창시한 석가모니(고타마 싯다르타)는 브라만교의 엄격한 권위주의와 카스트에 따른 신분 차별에 반대하고 자비와 평등을 강조하였다. 이러한 불교의 가르침은 브라만 중심의 카스트 사회에 불만을 품고 있던 크샤트리아와 바이샤 세력에게 환영을 받았다. ㄱ은 힌두교, ㄹ은 이슬람교와 관련이 있다.

02 찬드라굽타 마우리아는 최초로 인도 북부 지역을 통일하여 마우리아 왕조를 세웠다. ①은 마우리아 왕조, ②는 쿠샨 왕조, ③, ④는 굽타 왕조의 왕이다.

03 밑줄 친 '이 왕조'는 쿠샨 왕조이다. 쿠샨 왕조는 비단길과 바닷길을 장악하여 후한과 로마를 연결하는 중계 무역으로 번영하였다. ①, ②는 마우리아 왕조, ③, ④는 굽타 왕조에 대한 설명이다.

04 밑줄 친 '이 양식'은 굽타 양식으로, 굽타 왕조 시기에 발전하였다. 굽타 왕조 시기에는 인도의 고전 문화가 확립되었다. 문학에서는 산스크리트 문학이 발달하였다. 자연 과학도 발달하여 숫자 '0(영)'의 개념을 처음 사용하였으며, 지구가 둥글고 자전을 하며 태양 주위를 돈다는 사실을 밝혀냈다. ①은 기원전 1000년경 아리아인이 갠지스강 유역에 진출한 이후의 사실이다.

05 『마누 법전』은 카스트를 비롯하여 힌두교도가 지켜야 할 규범을 적은 것이다. 힌두교는 카스트제의 신분 차별을 인정하였으며, 자신의 카스트에 따른 의무를 성실히 수행함으로써 더 나은 카스트로 태어날 수 있다고 하였다. ①은 이슬람교, ②는 대승 불교, ③, ④는 불교와 관련이 있다.

06 미얀마의 파간 왕조는 국토 전역에 약 400만 개의 불탑을 세워 '불탑 왕조'로 불리었다. 동남아시아는 인도와 중국을 잇는 바닷길의 길목에 위치하여, 동남아시아 각지에는 불교, 힌두교 등 인도 문화와 한자, 유교 등 중국 문화가 전파되었다. ①은 태국, ③은 베트남, ④는 캄보디아, ⑤는 인도네시아의 문화에 대한 설명이다.

07 북위의 효문제는 뤄양으로 천도하였으며, 선비족과 한족의 결혼을 장려하고 선비족 고유의 풍습이나 언어를 금지하는 등 한화 정책을 추진하였다. ①은 수 양제의 정책이다.

08 제시된 문학 작품은 위진 남북조 시대에 남조의 도연명이 지은 시인 「귀거래사」이다. 위진 남북조 시대에는 문벌 귀족이 다양한 귀족 문화와 예술을 발달시켰으며, 남조에서는 혼란스러운 현실 정치 상황을 반영하여 청담 사상이 유행하였다. ①, ②는 한대, ③, ④는 당대의 문화와 관련이 있다.

09 (가)는 과거제, (나)는 9품중정제이다. 수 문제는 과거제를 실시하여 문벌 귀족의 관직 독점을 방지하고 왕권을 강화하고자 하였으며, 능력에 따른 인재 등용을 꾀하였다. 한편, 9품중정제는 위진 남북조 시대의 관리 등용 제도로, 9품중정제의 실시로 유력 호족이 중앙 관직을 독점하게 되면서 문벌 귀족 사회가 형성되었다. ① 과거제는 수 문제 때 처음 실시된 이후 중국의 대표적인 관리 선발 방식으로 자리 잡았다.

10 (가)는 수대에 건설한 대운하이다. 수 양제는 여러 차례에 걸쳐 고구려 원정을 시도하였으나 실패하였다. ①은 당, ②는 진(晉), ③은 진(秦), ④는 북위에 대한 설명이다.

11 ㉠은 진(秦), ㉡은 수이다. 진은 만리장성 축조, 수는 대운하 건설 등 대규모 토목 공사를 실시하였는데, 여기에 노동력을 자주 동원하여 백성의 불만을 샀다. 이는 각 왕조의 멸망 원인이 되었다. ①, ②는 수, ③은 진(秦)에만 해당한다. ④는 위진 남북조 시대와 관련이 있다.

12 지도는 당의 최대 영역을 보여 준다. 당은 율령에 기초한 통치 체제를 마련하여 중앙은 3성 6부를 중심으로 행정 조직을 갖추었고, 지방은 주현제를 실시하였다. 또한 정부는 농민에게 토지를 지급하고(균전제), 그 대가로 조용조와 군역(부병제)을 부과하였다. ② 9품중정제는 위진 남북조 시대의 관리 등용 제도이다. 당은 과거제를 통해 관리를 선발하였다.

13 ㉠은 장원제, ㉡은 양세법, ㉢은 모병제이다. 7세기 말 이후 균전제가 붕괴되고 장원이 증가함에 따라 몰락하는 농민이 늘어났다. 이에 8세기 중엽 안사의 난 이후에는 장원제가 성행하였다. ① ㉠은 장원제, ③ ㉡은 양세법에 해당한다. ④는 조용조, ⑤는 부병제에 대한 설명이다.

14 당대에는 수도 장안에 여러 나라의 사신과 유학생, 유학승 등이 모여들었고, 서역과의 교류로 당삼채가 유행하였다. ㄷ, ㄹ은 위진 남북조 시대의 문화와 관련이 있다.

15 제시된 내용에서 설명하는 나라는 고조선이다. 고조선은 만주와 한반도에 성립된 최초의 국가이다.

16 야마토 정권 성립 후인 7세기 중반에 다이카 개신이 일어났다. ②, ③은 나라 시대(710~794)로 (나) 시기, ④는 헤이안 시대(794~1185)로 (나) 시기 이후, ⑤는 야마토 정권 성립 후인 6세기 말로 (가) 시기에 해당한다.

17 헤이안 시대에는 당의 혼란으로 견당사 파견을 중지하였고, 이에 따라 일본 고유의 문화인 국풍 문화가 발전하였다.

18 동아시아에 유교가 전파되면서 중국을 비롯하여 한국, 일본 등에 공자를 제사 지내는 곳인 공자 사당(문묘)이 세워졌다.

19 무함마드가 메카 귀족의 박해를 피해 메디나로 이주한 사건을 헤지라라고 한다.

20 이슬람 제국은 말과 낙타를 이용한 뛰어난 기동력과 종교적 관용 정책으로 빠르게 성장하였다. ㄴ은 우마이야 왕조와 관련이 있다. ㄹ. 정통 칼리프 시대에는 정복한 지역의 주민들에게 이슬람교를 강요하지 않고 이슬람교로 개종하면 세금을 줄여 주었다.

21 (가)는 우마이야 왕조, (나)는 아바스 왕조이다. 우마이야 왕조는 중앙아시아에서 북아프리카, 이베리아반도에 이르는 넓은 지역을 지배하였다. ①, ②는 아바스 왕조, ④는 정통 칼리프 시대, ⑤는 우마이야 왕조에 대한 설명이다.

22 『쿠란』을 경전으로 하고 5행을 실천하는 종교는 이슬람교에 해당한다.

23 이슬람 문화는 이슬람교를 바탕으로 다양한 문화 요소가 융합하여 형성되었다. ①은 인도 굽타 왕조 시대의 문화, ②는 중세 서유럽의 문화, ④는 동아시아 문화권, ⑤는 인도 쿠샨 왕조 시기에 유행한 간다라 양식(간다라 미술)과 관련이 있다.

24 프랑크 왕국은 카롤루스 대제 때 전성기를 맞았다. 카롤루스 대제 사후 프랑크 왕국은 세 왕국으로 분열되었고, 이들은 각각 오늘날 프랑스, 이탈리아, 독일의 기원이 되었다. ㄱ. 프랑크 왕국은 게르만족이 세웠다. ㄷ은 비잔티움 제국과 관련이 있다.

25 제시된 내용은 중세 서유럽 봉건 사회의 성립 배경에 대한 것이다. ①, ⑤는 14세기 이후의 일이다. ② 유럽에서 르네상스가 일어난 것은 14~16세기이다. ④는 11세기 후반의 일이다.

26 쾰른 대성당은 중세 서유럽에서 발달한 고딕 양식의 건축물로, 뾰족한 탑과 색유리(스테인드글라스)가 특징이다. ①, ③은 로마네스크 양식, ②, ④는 비잔티움 양식과 관련이 있다.

27 지도는 비잔티움 제국의 영역이다. 비잔티움 제국의 수도 콘스탄티노폴리스는 유럽과 아시아를 잇는 교역로에 자리하여 당시 세계 최대의 도시로 성장하였다. 비잔티움 제국은 유스티니아누스 황제가 『유스티니아누스 법전』을 완성하고 성 소피아 대성당을 세우는 등 전성기를 누렸으나, 오스만 제국에 멸망하였다. ④ 비잔티움 제국의 문화는 러시아를 비롯한 슬라브족의 역사와 문화에 많은 영향을 주었다.

28 비잔티움 제국의 황제인 레오 3세가 성상 숭배를 금지하며 내린 성상 파괴령을 로마 교황이 거부하면서 동서 교회가 로마 교황을 중심으로 하는 로마 가톨릭교회와 비잔티움 제국의 황제를 중심으로 하는 그리스 정교로 나뉘었다.

29 밑줄 친 '이 나라'는 키예프 공국이다. 키예프 공국은 비잔티움 양식의 영향을 받은 성 소피아 성당을 세웠다.

30 로마 교황 우르바누스 2세가 이슬람 세력으로부터 성지인 예루살렘을 되찾아야 한다고 주장하며 전쟁을 호소하였고, 여기에 유럽의 기사와 상인, 농민이 호응하면서 십자군 전쟁이 시작되었다.

31 십자군 전쟁(1096~1270) 이후 도시와 상업이 발달하고 화폐가 널리 사용되면서 영주가 화폐로 세금을 받는 경우가 많아졌다. 한편, 14세기 중엽에 흑사병이 유행하여 노동력이 부족해지자 영주들은 농노의 처우를 개선해 주었고, 농민의 지위가 향상되었다. 그러나 일부 영주들은 농민들을 억압하여 농민 봉기가 일어나기도 하였다. 이러한 변화 속에서 자영 농민이 늘어나 장원은 점차 해체되었고 중세 봉건 사회도 흔들리게 되었다. ① 흑사병이 유행하여 인구가 줄어들었고 이는 장원의 해체에 영향을 주었다.

32 알프스 이북의 인문주의자인 토머스 모어는 『유토피아』에서 영국 사회의 현실을 비판하였다. ①, ②, ③, ⑤는 이탈리아의 르네상스와 관련이 있다.

33 (다) 루터의 「95개조 반박문」 발표(1517) – (나) 아우크스부르크 화의에서 루터파를 공식적으로 인정(1555) – (가) 30년 전쟁 발발(1618) – (라) 베스트팔렌 조약(1648)에 따라 칼뱅파를 공식적으로 인정의 순으로 일어났다.

서술형 문제

1 예시답안 알렉산드로스의 원정 이후 그리스인이 신을 인간의 모습으로 조각하는 것을 보고 인도인들도 불상을 만들기 시작하였다. 그리하여 간다라 지방에서 인도 문화와 헬레니즘 문화가 융합된 간다라 양식(간다라 미술)이 발달하였다.

구분	채점 기준
상	알렉산드로스의 원정 이후 헬레니즘 문화의 영향을 받아 간다라 지방에서 간다라 양식이 발달하였음을 서술한 경우
하	간다라 양식의 발달 배경을 서술하였으나 미흡한 경우

2 예시답안 (가) 아바스 왕조, (나) 당. 아바스 왕조는 탈라스 전투에서 승리하여 중앙아시아의 동서 교역로를 장악하였으며, 중국으로부터 제지술을 받아들였다. 당은 탈라스 전투에서 패배하면서 중앙아시아에서의 영향력이 쇠퇴하였다.

구분	채점 기준
상	(가), (나) 왕조를 쓰고, 탈라스 전투가 각 왕조에 끼친 영향을 서술한 경우
중	(가), (나) 왕조를 쓰고, 탈라스 전투가 각 왕조에 끼친 영향을 서술하였으나 미흡한 경우
하	(가), (나) 왕조만 쓴 경우

3 예시답안 교황과 황제가 성직자 임명권을 두고 대립하면서 카노사의 굴욕 사건이 일어났다. 결국 교황이 성직자 임명권을 가지게 되었고, 교황권이 강화되었다.

구분	채점 기준
상	카노사의 굴욕 사건의 배경과 결과를 모두 서술한 경우
하	카노사의 굴욕 사건의 배경과 결과 중 한 가지만 서술한 경우

Ⅲ 지역 세계의 교류와 변화(1회)

100점 도전! **실전 문제** 32~35쪽

01 ② 02 ④ 03 ③ 04 ② 05 ③ 06 ④ 07 ② 08 ④
09 ⑤ 10 ④ 11 ⑤ 12 조닌 13 ④ 14 ② 15 ④ 16 ③
17 ③ 18 ⑤ 19 ④ 20 ④ 21 ③

01 송 태조 조광윤은 중앙군을 황제 직속으로 두어 황제가 군사권을 장악하였다. 또한 과거제를 개혁하여 과거 시험을 황제가 주관하도록 하였다. ㄴ은 명의 홍무제, ㄹ은 청의 건륭제가 추진한 정책이다.

02 송대에는 창장강 하류 지역이 개간되고 모내기법 등 농업 기술이 발달하였으다. 또한 정크선을 제작하는 등 조선술이 발달하였다. 정부는 주요 항구에 시박사를 설치하여 대외 무역을 관리하도록 하였다. ④ 교초는 원대에 사용한 지폐이다. 송대에는 교자·회자 등의 지폐를 사용하였다.

03 (가) 국가는 금이다. 금은 송과 연합하여 요를 멸망시켰다. ①은 거란(요), ②, ④는 몽골 제국, ⑤는 송에 대한 설명이다.

04 원은 몽골 제일주의를 내세우며 소수의 몽골인을 가장 우대하였고, 서역 출신의 색목인이 그다음이었다. 또한 파스파 문자(몽골 문자)를 사용하였다. ㄴ은 청이 실시한 만한 병용제에 해당한다. ㄹ. 문치주의는 송이 실시하였다.

05 제시된 자료는 원에서 실시한 역참제가 운영되는 모습을 나타낸다. 원은 역참제 실시, 대운하 정비 등을 통해 주요 교통로를 정비하였는데, 이에 따라 초원길, 비단길, 바닷길이 연결되어 유라시아 대륙이 하나의 교역권으로 통합되었다. ①, ②는 송, ④, ⑤는 청에 대한 설명이다.

06 제시된 천문대는 이슬람 천문학의 영향을 받아 원대의 곽수경이 건설한 것이다. 원대에는 청화 백자가 제작되었으며, 티베트 불교 등 다양한 종교가 중국에 전래되었다. 또한 서민 문화도 발달하여 도시에서 잡극이 유행하였으며, 구어체로 쓴 소설이 인기를 얻었다. ④는 일본의 에도 막부 시기의 문화에 대한 설명이다.

07 밑줄 친 '이 군주'는 명의 홍무제이다. 홍무제는 이갑제를 만들어 향촌 사회를 다스렸다. ①은 도요토미 히데요시 등, ③, ④는 명의 영락제, ⑤는 원의 쿠빌라이 칸에 대한 설명이다.

08 17세기 초 누르하치가 후금을 건국하였고, 뒤를 이은 홍타이지가 나라 이름을 청으로 바꾸었다. 이후 명이 이자성의 농민군에 의해 멸망하자 청이 베이징을 점령하여 중국을 차지하였다.

09 임진왜란 이후 한족 왕조인 명이 멸망하고 만주족이 세운 청이 중국을 지배하게 되자 중국이 세계 문명의 중심이라는 동아시아 국가들의 세계관에 변화가 생겼다. 청의 옹정제는 『대의각미록』에서 청이 명을 이어받은 새로운 중화라고 주장하였다. 조선과 일본에서도 자기 나라를 동아시아 문화의 중심이라고 인식하기 시작하였다.

10 제시된 지도는 16~17세기 세계 은의 유통을 나타낸다. 유럽 상인들이 중국에서 물품의 결제 대금을 은으로 지불하면서 대량의 은이 중국으로 들어왔다. 그 결과 명·청대에는 은이 화폐로서 널리 사용되었으며, 정부가 세금을 은으로 납부하게 하는 제도를 마련하였다. ㄱ. 16~18세기 유럽의 절대 왕정은 중상주의 정책을 실시하였다. ㄷ. 가격 혁명과 상업 혁명은 신항로 개척 이후 유럽에 나타난 변화에 해당한다.

11 15세기 말에 무로마치 막부가 쇠퇴하면서 전국 시대가 전개되었고, 도요토미 히데요시가 이를 통일하였다. 그러나 임진왜란을 계기로 도요토미 히데요시 정권이 무너졌고, 도쿠가와 이에야스가 에도 막부를 성립하였다. 다이카 개신 실시는 645년, 헤이조쿄 천도는 710년, 헤이안쿄 천도는 794년, 가마쿠라 막부 성립은 1185년, 무로마치 막부 성립은 1336년, 에도 막부 성립은 1603년이다.

12 ㉠에 들어갈 내용은 조닌이다. 에도 시대에는 경제가 발전하면서 도시의 상공업자인 조닌의 경제력을 바탕으로 우키요에, 가부키 등 조닌 문화가 발달하였다.

13 밑줄 친 '이 왕조'는 사파비 왕조이다. 페르시아 제국의 부활을 내세운 사파비 왕조는 왕의 칭호로 '샤'를 사용하였으며 오늘날의 이란 전역을 정복하였다. 사파비 왕조는 시아파 이슬람교를 국교로 삼았고, 수도 이스파한이 중계 무역으로 경제적 번영을 이루었다. ④는 셀주크 튀르크에 대한 설명이다.

14 술레이만 1세는 헝가리를 정복하였으며 유럽의 연합 함대를 무찔렀다. ㄴ은 오스만 제국의 메흐메트 2세, ㄹ은 무굴 제국의 아우랑제브 황제와 관련이 있다.

15 ㉠에 들어갈 내용은 예니체리이다. 예니체리는 오스만 제국의 정복 전쟁에서 활약하였다. ①은 이슬람 세계의 정치적 지도자, ②는 오스만 제국의 자치 공동체, ③은 이슬람 세계의 종교적 지도자, ⑤는 오스만 제국의 인재 등용 제도로 제시된 내용과 관련이 없다.

16 제시된 사진의 건축물은 무굴 제국의 수도 아그라에 만들어진 타지마할이다. 타지마할은 인도 양식과 이슬람 양식이 융합된 대표적인 건축물이다. ①은 사파비 왕조 시기에 만들어진 이맘 광장, ②, ④는 성 소피아 대성당, ⑤는 술탄 아흐메트 사원과 관련이 있다.

17 포르투갈은 엔히크 왕자의 탐험 이후 바르톨로메우 디아스, 바스쿠 다 가마 등을 지원하여 아시아로 가는 동쪽 항로를 개척하는 데 힘썼다. 에스파냐는 콜럼버스, 마젤란 등을 지원하여 대서양으로 돌아가는 서쪽 항로를 개척하고자 하였다.

18 신항로 개척 이후 아메리카에서는 유럽인들이 대농장(플랜테이션)을 운영하면서 원주민의 노동력을 착취하였고, 유럽에서 온 전염병이 유행하였다. 이에 따라 아메리카 원주민의 인구가 감소하였다. 유럽인들은 부족한 노동력을 보충하기 위해 아프리카 원주민을 노예로 동원하였고, 그 결과 노예 무역이 성행하였다. ⑤ 아스테카 제국, 잉카 제국은 아메리카의 문명으로 신항로 개척 이후 유럽인에게 멸망하였다.

19 유럽의 절대 군주들은 관료제와 상비군을 유지하기 위한 비용을 마련하고자 하였다. 이에 수출을 늘리고, 관세를 높여 수입을 제한하는 중상주의 정책을 실시하였으며, 해외 팽창과 식민지 건설을 지원하였다. ㄱ, ㄷ은 청의 경제 정책이다.

20 에스파냐는 펠리페 2세 때 서유럽에서 가장 먼저 절대 왕정을 이루었으며, 영국은 엘리자베스 1세 때 절대 왕정을 이루었다. 한편, 프랑스는 루이 14세 때 절대 왕정을 이루었다.

21 ㉠에 들어갈 내용은 표트르 대제이다. 러시아의 절대 군주인 표트르 대제는 스웨덴과의 전쟁에서 승리하여 발트해를 확보하고, 이곳에 상트페테르부르크를 건설하였다. ① 프랑스의 루이 14세는 스스로를 태양왕을 자처한 절대 군주이다. ② 에스파냐의 펠리페 2세는 무적함대를 만들어 지중해의 해상권을 장악하였다. ④ 프로이센의 프리드리히 2세는 프랑스의 베르사유 궁전을 본떠 상수시 궁전을 지었다. ⑤ 오스트리아의 마리아 테레지아는 중앙 집권화 추진, 근대 산업 육성 등의 노력을 하였다.

서술형 문제

1 예시답안 산킨코타이 제도. 에도 막부는 지방의 다이묘의 힘을 약화하기 위해 산킨코타이 제도를 실시하였다. 이에 따라 에도 막부는 중앙 집권적 봉건 체제를 확립할 수 있었다.

구분	채점 기준
상	산킨코타이 제도를 쓰고 지방의 다이묘의 힘을 약화하기 위해 서였다는 목적, 중앙 집권적 봉건 체제 확립이라는 결과를 모두 서술한 경우
하	산킨코타이 제도만 쓴 경우

2 예시답안 종교에서는 힌두교와 이슬람교를 절충한 시크교가 발전하였다. 언어에서는 힌두어, 페르시아어, 아랍어가 혼합된 우르두어가 널리 사용되었다. 건축에서는 인도(힌두)·이슬람 양식의 타지마할이 건립되었다.

구분	채점 기준
상	시크교 발전, 우르두어 사용, 타지마할 건립을 모두 서술한 경우
중	무굴 제국의 문화 발전 사례를 두 가지 서술한 경우
하	무굴 제국의 문화 발전 사례를 한 가지만 서술한 경우

3 예시답안 유럽인들은 동방견문록 같은 책과 향료 등의 동방 물품을 접하면서 동방에 대한 호기심을 가지게 되었으며, 이슬람과 이탈리아 상인이 동방의 물품을 독점하자 새로운 항로를 찾아 나섰다.

구분	채점 기준
상	신항로 개척의 배경을 두 가지 서술한 경우
하	신항로 개척의 배경을 한 가지만 서술한 경우

Ⅲ 지역 세계의 교류와 변화(2회)

100점 도전! 실전 문제

36~39쪽

01 ④ 02 ② 03 ② 04 ④ 05 ② 06 ④ 07 ② 08 ①
09 ④ 10 ⑤ 11 ③ 12 ② 13 ④ 14 ③ 15 ④ 16 ②
17 ④ 18 가격 혁명 19 ③ 20 ② 21 ③

01 밑줄 친 '이 계층'은 사대부이다. 송대에는 문치주의의 실시로 사대부 계층이 형성되었다.

02 ㉠에 들어갈 왕조는 송이다. 송대에는 주희가 우주의 원리와 인간의 본성을 탐구하는 성리학을 완성하였으며, 대도시에 서민들을 위한 오락 시설과 전문 공연장이 발달하였다. ㄴ은 원대, ㄹ은 청대의 문화에 대한 설명이다.

03 송의 서북 지역에서 탕구트족이 건설한 서하는 동서 무역로를 장악하고 송을 압박하였다. ①은 금, ③은 원, ④는 후금(청)과 관련이 있다. ⑤ 요와 금은 정복지의 한족을 다스리기 위해 이중적인 통치 방식을 사용하였다.

04 ㉠에 들어갈 나라는 몽골 제국이다. 몽골 제국은 정복지를 여러 개의 울루스(한국)가 분할 통치하였다. 쿠빌라이 칸 시기에는 수도를 대도(베이징)로 옮겼다. ㄱ은 후금(청), ㄷ은 금에 대한 설명이다.

05 (가)는 몽골인, (나)는 색목인, (다)는 한인, (라)는 남인이다. 색목인은 주로 서역 출신의 외국인을 말한다. ①은 한인, ③은 남인, ④는 몽골인에 대한 설명이다. ⑤ 한인과 남인은 피지배층으로 몽골 제일주의에 따라 차별을 받았다.

06 원대에는 초원길, 바닷길, 비단길이 연결되어 유라시아 대륙이 하나의 교역권으로 통합되었다. 이에 따라 동서 문화 교류가 더욱 활기를 띠었다.

07 정화의 항해를 추진한 국왕은 명의 영락제이다. 그는 자금성을 건설하여 베이징으로 수도를 옮겼다. ①은 청의 건륭제, ③은 송 태조, ④, ⑤는 명의 홍무제에 대한 설명이다.

08 밑줄 친 '이 국가'는 청이다. 청대에는 세금을 은으로 납부하는 제도인 지정은제가 시행되었으며, 명대에 이어 신사가 사회의 중심 세력을 이루었다. 상업이 발달하면서 쑤저우 등의 도시가 번영하였으며, 서민 문화가 발달하여 『홍루몽』과 같은 소설이 유행하였다. ① 양명학은 명대에 등장하였다.

09 명·청대에는 마테오 리치, 아담 샬 등 유럽 선교사들이 중국에 들어와 서양의 천문학, 역법, 지리학 등 다양한 학문을 소개하였다. ①, ③, ⑤는 당대, ②는 원대의 대외 교류와 관련이 있다.

10 그림은 일본의 무사 정권 시기에 시행되었던 봉건제를 나타낸다. 일본의 무사 정권은 12세기 말부터 성립되었고, 17세기 초에 성립된 에도 막부는 산킨코타이 제도를 실시하였다. ① 도다이사는 나라 시대에 건립되었다. ② 다이카 개신은 645년에 일어났다. ③ 쇼토쿠 태자는 6세기 말 불교를 장려하였다. ④는 8세기 초 나라 시대와 관련이 있다.

11 임진왜란으로 명의 국가 재정이 악화되었으며 만주에서 여진족이 성장하여 후금을 세웠다. 조선은 명과 후금 사이에서 외교적 갈등을 겪었다. 일본에서는 도쿠가와 이에야스가 에도 막부를 수립하였다. ③ 가마쿠라 막부가 재정 부담으로 쇠퇴한 시기는 임진왜란 이전이다.

12 티무르 왕조는 수도를 사마르칸트로 삼았다. ①, ③, ④는 사파비 왕조, ⑤는 셀주크 튀르크와 관련이 있다.

13 (가) 도시는 콘스탄티노폴리스(이스탄불)이다. 이스탄불은 오스만 제국 때 국제도시로 번영하였다. ①은 베이징, ②는 이스파한, ③은 예루살렘 등, ⑤는 메디나에 대한 설명이다.

14 (가)는 아크바르 황제, (나)는 아우랑제브 황제이다. 무굴 제국의 아크바르 황제는 북인도에서 아프가니스탄에 이르는 제국을 건설하였고, 아우랑제브 황제는 데칸고원을 넘어 인도 남부까지 정복하였다. 한편, 바부르는 무굴 제국을 건국하였고, 샤자한 황제는 타지마할을 건립하였다.

15 무굴 제국에서는 힌두교와 이슬람교를 절충한 시크교가 발전하였고, 페르시아와 인도 미술이 어울러진 무굴 회화가 발달하였다. 언어로는 힌두어, 페르시아어, 아랍어가 혼합된 우르두어를 널리 사용하였다. 건축에서는 인도(힌두)·이슬람 양식이 발달하였는데 타지마할이 대표적인 건축물이다. ④ 술탄 아흐메트 사원은 오스만 제국의 건축물이다.

16 지리학과 항해술의 발전, 이슬람과 이탈리아 상인의 동방 물품 독점은 유럽인이 신항로를 개척하는 배경이 되었다. 을, 정은 신항로 개척 이후의 변화에 대한 설명이다.

17 밑줄 친 '이 인물'은 콜럼버스이다. 콜럼버스는 대서양을 건너 오늘날의 서인도 제도에 도착하였다. ① 영국의 뉴턴은 만유인력의 법칙을 발견하였다. ② 마젤란 일행은 최초로 세계 일주에 성공하였다. ③ 데카르트는 인간의 이성을 중시하여 근대 철학의 기초를 마련하였다. ⑤ 바스쿠 다 가마는 유럽에서 희망봉을 지나 인도로 가는 항로를 개척하였다.

18 신항로 개척으로 유럽에서는 아메리카로부터 많은 양의 금·은이 들어와 물가가 크게 오르는 가격 혁명이 일어났다.

19 제시된 그림은 절대 왕정의 구조를 나타낸 것이다. 국왕이 강력한 권한을 행사한 절대 왕정의 절대 군주는 자신의 명령을 효율적으로 시행할 수 있는 관료제와 언제든 동원할 수 있는 상비군을 통해 국가를 다스렸다. 국왕은 관료제와 상비군을 유지할 비용을 마련하기 위해 수출을 장려하고 관세를 높이는 중상주의 정책을 실시하였으며, 해외 팽창과 식민지 건설을 지원하였다. ③은 중세 서유럽의 봉건제에 대한 설명이다.

20 제시된 인물은 프랑스의 루이 14세이다. 그는 스스로를 태양왕이라 칭하였다. ①, ④는 엘리자베스 1세, ③은 표트르 대제, ⑤는 프리드리히 2세에 대한 설명이다.

21 몽테스키외, 루소 등 계몽사상가들의 주장은 미국 혁명과 프랑스 혁명에 영향을 끼쳤다. ①, ②는 왕권신수설, ④는 청에서 발달한 고증학, ⑤는 명에서 등장한 양명학에 대한 설명이다.

서술형 문제

1 예시답안 송은 지나친 문치주의로 군사력이 약화되자 북방 민족의 공격을 자주 받았다. 송은 평화를 유지하는 대가로 이들에게 많은 양의 비단과 은을 지불하였고, 그 결과 송의 재정이 악화되자 왕안석이 개혁을 추진하였다.

구분	채점 기준
상	송의 군사력 약화, 재정 악화를 서술한 경우
하	왕안석의 개혁이 추진된 배경을 한 가지만 서술한 경우

2 예시답안 정화의 항해로 명은 여러 나라와 조공 관계를 맺어 명 중심의 국제 질서를 확대할 수 있었다.

구분	채점 기준
상	조공 관계를 맺음, 명 중심의 국제 질서 확대를 서술한 경우
하	정화의 항해가 명에 끼친 영향을 서술하였으나 미흡한 경우

3 예시답안 유럽 상인들은 총과 옷감 등을 아프리카 노예와 교환하였고 노예를 아메리카 농장에 팔았다. 그리고 아메리카 농장에서 재배된 작물을 유럽에 가져가 팔았다.

구분	채점 기준
상	아프리카, 아메리카, 유럽에서의 교역 내용을 서술한 경우
중	삼각 무역의 내용을 두 가지 서술한 경우
하	삼각 무역의 내용을 한 가지만 서술한 경우

MEMO

MEMO

한·끝·시·리·즈 필수 개념과 시험 대비를 한 권으로 끝! 역사 공부의 진리입니다.

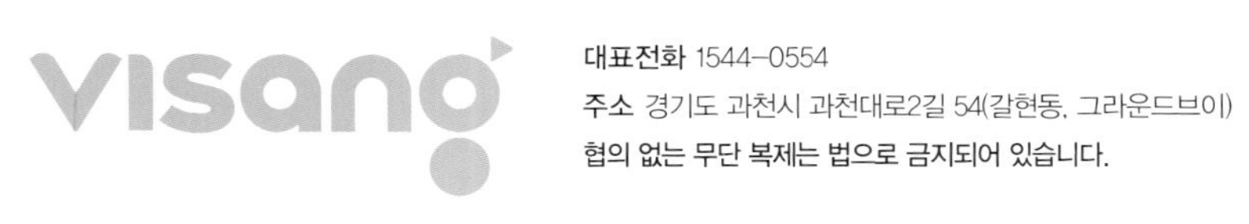

대표전화 1544-0554
주소 경기도 과천시 과천대로2길 54(갈현동, 그라운드브이)

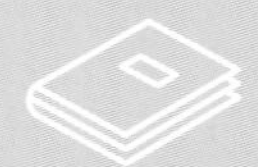

15개정 교육과정

한끝

시험 대비 문제집

중등 역사

책 속의 가접 별책 (특허 제 0557442호)

'시험 대비 문제집'은 본책에서 쉽게 분리할 수 있도록 제작되었으므로
유통 과정에서 분리될 수 있으나 파본이 아닌 정상제품입니다.

ABOVE IMAGINATION

우리는 남다른 상상과 혁신으로
교육 문화의 새로운 전형을 만들어
모든 이의 행복한 경험과 성장에 기여한다

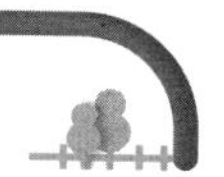

2. 진의 중국 통일과 발전

(1) 진(秦)의 중국 통일: 법가 사상을 토대로 전국 시대 통일

(2) 시황제의 정책: 최초로 ⓫□□ 칭호 사용, 군현제 실시, 화폐·도량형·문자 통일, 분서갱유 단행, 흉노를 견제하기 위해 ⓬□□□□ 축조

(3) 멸망: 가혹한 통치, 대규모 토목 공사로 백성의 불만 → 시황제 사후 농민 반란 발생 등으로 멸망

3. 한의 발전과 유교의 발달

(1) 한의 성립과 발전

전한	• 고조: 초의 항우를 물리치고 중국 재통일, 장안을 수도로 삼음, 군국제 실시 • 무제: 군현제 실시, 유교의 통치 이념화, 흉노 정벌, 고조선 정복, 장건을 서역에 파견하여 비단길 개척, 소금과 철의 ⓭□□ 제도 실시
후한	신 멸망 후 유수(광무제)가 후한 건국 → 후한 말기 정치 혼란, 황건적의 난 발생 → 후한 멸망

(2) 한의 문화: 중국 문화의 기틀 마련, 유학 발전(훈고학 발달, 태학 설립), 사마천의 ⓮□□·반고의 『한서』 편찬, 채륜의 제지술 개량, 해시계·지진계 발명, 불교 전래

4. 흉노 제국의 성장: 기원전 3세기경 동아시아 최초로 유목 제국 건설, 묵특 선우 때 초원 지대 통합, 한 고조에게 승리 → 한 무제의 공격으로 쇠퇴

고대 지중해 세계의 형성

1. 그리스 세계

(1) 형성: 그리스에 작은 도시 국가인 폴리스 등장(아크로폴리스·⓯□□□로 구성, 올림피아 제전 개최)

(2) 발전

① 아테네: ⓰□□(재산에 따라 참정권 부여) → 클레이스테네스(도편 추방제 마련) → 페리클레스(관직 및 배심원 추첨제·공무 수당제 도입, 민회 중심의 직접 민주 정치 정착)

② 스파르타: 강력한 군사 통치 실시, 왕과 귀족이 정치 담당(국가 중대사는 민회에서 결정)

(3) 번영과 쇠퇴

번영	그리스·페르시아 전쟁 이후 ⓱□□□ 동맹의 대표였던 아테네 번성 → 펠로폰네소스 전쟁에서 펠로폰네소스 동맹(스파르타 중심) 승리
쇠퇴	오랜 전쟁으로 그리스 세계 쇠퇴

(4) 그리스 문화: 인간 중심의 합리적인 문화 발달, 철학(소피스트, 소크라테스), 문학(호메로스), 역사(헤로도토스), 예술(조화와 균형 강조, 파르테논 신전)

2. 알렉산드로스 제국과 헬레니즘 세계

성립	⓲□□□□□□의 동방 원정 → 대제국 건설
발전	알렉산드로스의 동서 융합 정책(알렉산드리아 건설 및 그리스인 이주, 정복지 주민을 관리로 등용 등) → 알렉산드로스 사후 제국이 셋으로 분열됨
문화	헬레니즘 문화: 개인주의·세계 시민주의 강조, 철학(스토아학파, 에피쿠로스학파), 예술(라오콘 군상)

로마 제국의 발전

1. 로마의 발전

공화정 시기	귀족이 원로원과 집정관 독점 → 평민회 설치, 호민관 선출, 12표법 제정 → 포에니 전쟁 이후 귀족의 라티푼디움(대농장) 경영 확대, 자영농의 몰락 → ⓳□□□□ □□의 개혁 시도(→ 실패)
제정 시기	옥타비아누스(아우구스투스)의 권력 장악 → '로마의 평화' → 군인 황제 시대, 이민족의 침입 → 콘스탄티누스 대제의 중흥 노력 → 제국이 동서로 분열됨

2. 로마의 문화: 건축(콜로세움, 수도교)과 법률(시민법에서 만민법으로 발전) 등 실용적인 문화 발달, ⓴□□□□□ 발전(밀라노 칙령으로 공인 → 국교화)

정답 확인하기

❶ 기록	❷ 호모 사피엔스	❸ 농경	❹ 함무라비
❺ 파라오	❻ 브라만교	❼ 갑골	❽ 관용
❾ 조로아스터교	❿ 제자백가	⓫ 황제	⓬ 만리장성
⓭ 전매	⓮ 사기	⓯ 아고라	⓰ 솔론
⓱ 델로스	⓲ 알렉산드로스	⓳ 그라쿠스 형제	⓴ 크리스트교

스스로 점검하기

맞은 개수	이렇게 해봐
10개 이하	본책으로 돌아가 복습해봐!
11 ~ 15개	틀린 문제의 답을 다시 확인하고 **100점 도전 실전 문제**를 풀도록 해!
16 ~ 20개	자신감을 가지고 **100점 도전 실전 문제**를 풀어봐. 학교 시험 100점 도전!

100점 도전! 실전 문제 1회

01 역사의 의미와 역사 학습의 목적 ~ 세계의 선사 문화와 고대 문명

01 '사실로서의 역사'에 대한 설명으로 옳은 것을 〈보기〉에서 고른 것은?

| 보기 |
ㄱ. 객관적인 역사이다.
ㄴ. 과거에 일어난 사실 그 자체를 의미한다.
ㄷ. 역사가의 관점과 해석이 반영된 역사이다.
ㄹ. 과거 사실 중에서 의미 있다고 생각한 것을 골라 기록한 것이다.

① ㄱ, ㄴ ② ㄱ, ㄷ ③ ㄴ, ㄷ
④ ㄴ, ㄹ ⑤ ㄷ, ㄹ

02 선사 시대의 의미로 가장 적절한 것은?

① 예수 탄생 이전의 시대이다.
② 예수 탄생 이후의 시대이다.
③ 문자 기록이 존재하지 않는 시대이다.
④ 영어로 B. C.(Before Christ)라고 한다.
⑤ 인류가 문자를 만들어 사용한 이후의 시대이다.

03 다음 내용과 관련된 역사 학습의 목적으로 가장 적절한 것은?

독일 사람들은 제2차 세계 대전 당시 희생된 유대인들을 잊지 않기 위해 독일 베를린 등 유럽 곳곳에 슈톨퍼스타인을 설치하였다.

↑ 슈톨퍼스타인

① 민족의 정체성을 파악할 수 있다.
② 역사 속 인물의 업적을 계승할 수 있다.
③ 세계 속의 우리의 위상을 파악할 수 있다.
④ 다른 나라의 문화를 존중하는 자세를 기를 수 있다.
⑤ 부끄러운 과거를 반성하고 더 나은 미래로 나아갈 수 있다.

04 ㉠에 들어갈 인류에 대한 설명으로 옳은 것을 〈보기〉에서 고른 것은?

약 20만 년 전 아프리카에서 (㉠)이/가 출현하였다. 크로마뇽인으로 대표되는 이들은 아프리카에서 이동하여 유럽, 아시아 등지로 퍼져 나가 다양한 기후와 환경에 적응하며 살아갔다.

| 보기 |
ㄱ. 동굴 벽화를 남겼다.
ㄴ. 최초로 도구를 제작하였다.
ㄷ. 현생 인류의 직계 조상이다.
ㄹ. 불과 언어를 처음 사용하였다.

① ㄱ, ㄴ ② ㄱ, ㄷ ③ ㄴ, ㄷ
④ ㄴ, ㄹ ⑤ ㄷ, ㄹ

[05~06] 다음을 보고 물음에 답하시오.

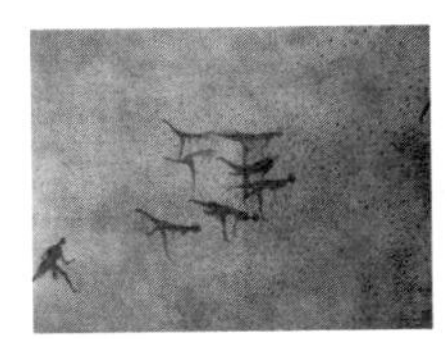

사진은 타실리나제르 벽화이다. 왼쪽 사진은 씨를 뿌리는 모습, 오른쪽 사진은 가축을 기르는 모습을 보여 준다. 농경과 목축의 시작으로 인류가 식량을 직접 생산하게 되면서 생활 방식에 큰 변화가 나타났는데 이를 (㉠) 혁명이라고 한다.

05 ㉠에 들어갈 내용으로 옳은 것은?

① 문자 ② 철기 ③ 구석기
④ 신석기 ⑤ 청동기

잘 나와!

06 위 자료에 해당하는 시대에 대한 설명으로 옳은 것은?

① 뗀석기를 사용하였다.
② 주로 동굴, 막집에 거주하였다.
③ 권력을 가진 지배자가 등장하였다.
④ 가락바퀴를 사용하여 옷을 만들었다.
⑤ 빈부의 격차가 나타나고 계급이 발생하였다.

07 (가)~(라) 지역에서 발생한 문명의 공통점으로 적절한 것을 〈보기〉에서 고른 것은?

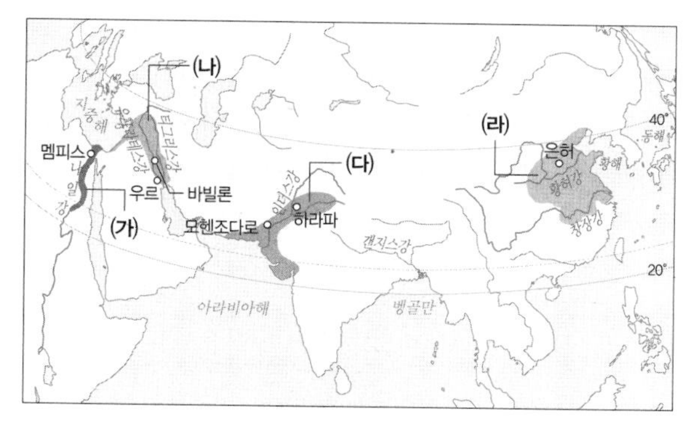

보기
ㄱ. 산간 지대에서 발생하였다.
ㄴ. 계급이 없는 평등한 사회였다.
ㄷ. 통치에 이용하기 위해 문자를 사용하였다.
ㄹ. 군대와 정치 조직을 만들어 도시 국가를 형성하였다.

① ㄱ, ㄴ ② ㄱ, ㄷ ③ ㄴ, ㄷ
④ ㄴ, ㄹ ⑤ ㄷ, ㄹ

08 다음 자료와 관련된 문명이 남긴 문화유산으로 옳은 것은?

길가메시여, 당신은 생명을 찾지 못할 것입니다. 신들이 인간을 만들 때 인간에게 죽음도 함께 붙여 주었습니다. 생명만 그들이 보살피도록 남겨 두었지요. 좋은 음식으로 배를 채우십시오. 밤낮으로 춤추며 즐기십시오.
–『길가메시 서사시』

①

②

③

④

⑤

09 다음 내용에서 설명하는 문명의 특징으로 옳은 것은?

나일강 유역에서는 일찍부터 농업이 발달하여 도시 국가가 세워졌고, 기원전 3000년경에 여러 도시 국가를 통합한 통일 왕국이 성립되었다. 사막과 바다로 둘러싸인 폐쇄적인 지형으로 이민족의 침입을 거의 받지 않았기 때문에 오랫동안 통일 왕국을 유지하였다.

① 갑골 문자를 사용하였다.
② 하라파라는 도시를 건설하였다.
③ 태음력과 60진법을 사용하였다.
④ 카르타고 등 식민 도시를 건설하였다.
⑤ 사람이 죽은 후에도 영혼이 남는다고 믿어 시신을 미라로 만들었다.

10 아리아인이 인더스강 유역으로 이동한 후 인도에서 나타난 변화로 적절하지 않은 것은?

① 철제 농기구를 사용하여 농사를 지었다.
② 엄격한 신분 제도인 카스트제가 만들어졌다.
③ 베다를 경전으로 하는 브라만교가 성립되었다.
④ 하라파와 모헨조다로와 같은 계획도시가 건설되었다.
⑤ 아리아인이 철제 무기를 앞세워 갠지스강 유역에 진출하였다.

11 (가) 왕조에 대한 설명으로 옳은 것을 〈보기〉에서 고른 것은?

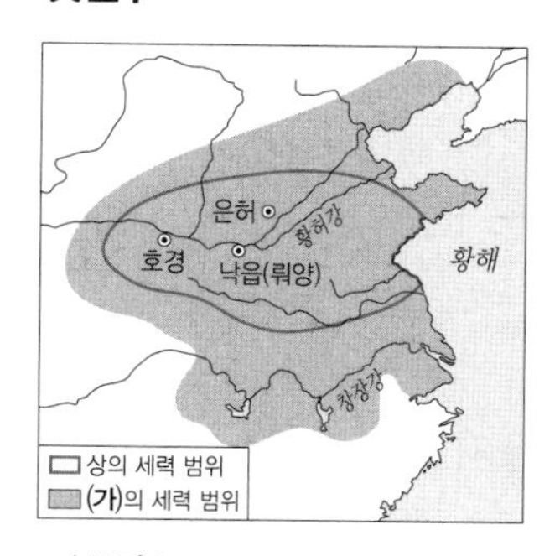

보기
ㄱ. 봉건제를 실시하였다.
ㄴ. 함무라비 법전을 편찬하였다.
ㄷ. 천명사상을 통해 건국을 정당화하였다.
ㄹ. 유일신 여호와를 믿는 유대교를 창시하였다.

① ㄱ, ㄴ ② ㄱ, ㄷ ③ ㄴ, ㄷ
④ ㄴ, ㄹ ⑤ ㄷ, ㄹ

02 고대 제국들의 특성과 주변 세계의 성장(1)

12 다음에서 설명하는 나라로 옳은 것은?

> 기원전 7세기경에 서아시아 세계를 최초로 통일하였다. 정복지에 총독을 파견하고 법률과 도로를 정비하는 등 중앙 집권 체제를 마련하였으나, 통일한 지 60여 년 만에 멸망하였다.

① 아시리아　② 파르티아
③ 페르시아　④ 헤브라이
⑤ 히타이트

13 다음과 같은 통치 정책이 아케메네스 왕조 페르시아에 끼친 영향으로 옳은 것을 〈보기〉에서 고른 것은?

> 나는 키루스(키루스 2세), 세계의 왕, 위대한 왕, 정정당당한 왕, 사방의 왕이며 …… 아후라 마즈다의 뜻에 따라 말하니 내가 살아 있는 한 너희의 전통과 종교를 존중하겠다.
> – 키루스 2세의 원통형 인장 내용

보기
ㄱ. 국제적인 문화가 발달하였다.
ㄴ. 함무라비 법전이 만들어졌다.
ㄷ. 오랫동안 통일 왕조를 유지하였다.
ㄹ. 피정복민의 반란이 일어나 멸망하였다.

① ㄱ, ㄴ　② ㄱ, ㄷ　③ ㄴ, ㄷ
④ ㄴ, ㄹ　⑤ ㄷ, ㄹ

14 밑줄 친 ㉠~㉤ 중 옳지 않은 것은?

> 사산 왕조 페르시아는 ㉠ 페르시아의 계승을 내세웠고, ㉡ 메소포타미아 지역에서 인더스강에 이르는 제국을 건설하였다. ㉢ 동서 교통의 중심지를 차지하여 중계 무역으로 번영을 누렸으나, ㉣ 그리스·페르시아 전쟁에서 패배한 이후 쇠퇴하다가 ㉤ 7세기경에 이슬람 세력에 멸망하였다.

① ㉠　② ㉡　③ ㉢　④ ㉣　⑤ ㉤

15 페르시아의 문화에 대한 설명으로 옳은 것을 〈보기〉에서 고른 것은?

보기
ㄱ. 인간 중심적인 문화가 발달하였다.
ㄴ. 국제적이고 개방적인 성격을 가졌다.
ㄷ. 동물 모양을 새긴 공예품을 만들었다.
ㄹ. 시민법, 만민법 등의 법률이 발전하였다.

① ㄱ, ㄴ　② ㄱ, ㄷ　③ ㄴ, ㄷ
④ ㄴ, ㄹ　⑤ ㄷ, ㄹ

16 밑줄 친 '이 종교'로 옳은 것은?

> 이 종교는 페르시아인들이 믿었던 종교로, 기원전 7세기 무렵 서아시아에서 성립되었다. 최고신 아후라 마즈다를 신봉하고 그 상징인 불을 숭배하였으며, 이 세상을 선과 악의 대결 장소로 보았다.

① 불교　② 유교
③ 유대교　④ 크리스트교
⑤ 조로아스터교

잘 나와!

17 지도에 나타난 시기에 있었던 사실로 옳지 않은 것은?

① 제자백가가 등장하였다.
② 주 왕실의 권위가 강화되었다.
③ 철제 무기의 사용으로 전쟁의 규모가 커졌다.
④ 도시와 시장이 성장하고 다양한 화폐가 사용되었다.
⑤ 철제 농기구와 우경이 보급되면서 농업 생산력이 향상되었다.

18 다음과 같은 주장을 한 제자백가의 사상가로 옳은 것은?

> 억지로 다스리려 하지 말고 자연스러운 상태로 두어야 합니다.

① 공자　② 노자　③ 맹자
④ 묵자　⑤ 한비자

19 밑줄 친 '왕'에 대한 설명으로 옳지 않은 것은?

> 전국 7웅 중 하나였던 진(秦)이 혼란스러웠던 중국을 최초로 통일하였다. 진의 왕은 스스로 첫 번째 황제라는 뜻의 '시황제'라고 칭하였다.

① 군현제를 실시하였다.
② 화폐, 도량형, 문자를 통일하였다.
③ 흉노를 몰아내고 만리장성을 쌓았다.
④ 법가 사상 이외의 사상을 탄압하였다.
⑤ 소금과 철의 전매 제도를 실시하였다.

잘 나와!

20 지도와 같이 장건을 서역으로 파견한 결과로 적절한 것을 〈보기〉에서 고른 것은?

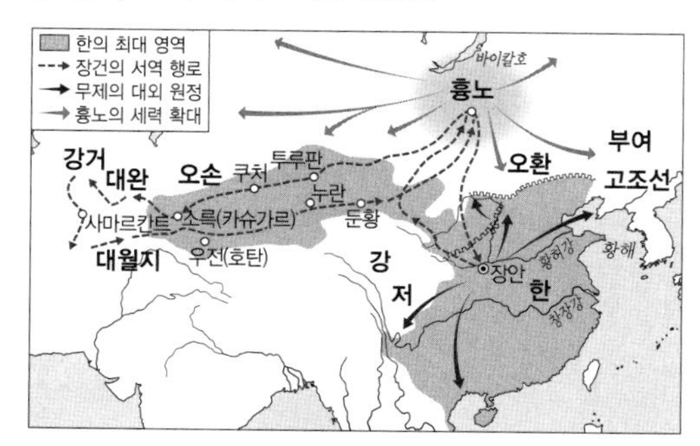

| 보기 |
ㄱ. 중국의 비단이 유럽에 소개되었다.
ㄴ. 한과 대월지가 군사 동맹을 맺었다.
ㄷ. 동서 교역로인 비단길이 개척되었다.
ㄹ. 유교가 중국에 전래되어 통치 이념으로 자리 잡았다.

① ㄱ, ㄴ　② ㄱ, ㄷ　③ ㄴ, ㄷ
④ ㄴ, ㄹ　⑤ ㄷ, ㄹ

21 ㉠에 들어갈 지배 세력을 쓰시오.

> 한대에는 대토지를 소유한 (㉠)들이 지방의 농민을 지배하며 점차 세력을 키우는 한편, 추천을 통해 관료로 진출하여 중앙 정치를 주도하였다.

22 다음 사건들을 일어난 순서대로 옳게 나열한 것은?

> (가) 신이 건국되었다.
> (나) 황건적의 난이 일어났다.
> (다) 진승·오광의 난이 발생하였다.
> (라) 주가 수도를 낙읍(뤄양)으로 옮겼다.

① (가) – (나) – (라) – (다)
② (나) – (라) – (다) – (가)
③ (다) – (라) – (나) – (가)
④ (라) – (가) – (다) – (나)
⑤ (라) – (다) – (가) – (나)

23 (가)에 들어갈 내용으로 가장 적절한 것은?

> **역사 탐구 보고서 안내**
> • 탐구 주제: ______(가)______
> • 탐구 내용
> – 1모둠: 사마천의 『사기』가 이후 역사 서술에 끼친 영향
> – 2모둠: 유교를 통치 이념으로 채택한 이후 유학의 발전 사례
> – 3모둠: 불교가 중국에 처음 전래된 과정

① 진(秦)대의 사상 탄압
② 진시황제의 통일 정책
③ 한대의 과학 기술 발달
④ 한대 중국 전통문화의 기틀 마련
⑤ 춘추 전국 시대 학문과 사상의 발전

03 고대 제국들의 특성과 주변 세계의 성장(2)

24 고대 그리스에 대한 설명으로 옳은 것은?

① 펠로폰네소스 전쟁에서 아테네가 승리하였다.
② 아테네에서는 여성, 노예, 외국인도 정치에 참여할 수 있었다.
③ 폴리스의 아고라에는 신전이 있었고, 아크로폴리스는 광장이었다.
④ 그리스·페르시아 전쟁 이후 스파르타에서는 민주 정치가 발달하였다.
⑤ 지리적으로 산악 지역이 많고 해안선이 복잡하여 각지에 작은 도시 국가인 폴리스가 형성되었다.

25 다음 인물이 집권한 시기의 아테네에 대한 설명으로 옳지 않은 것은?

우리의 정치 제도가 민주주의라 불리는 이유는 권력이 소수가 아닌 시민 전체의 손안에 있기 때문입니다.

① 공무 수당을 지급하였다.
② 평민 대표인 호민관을 선출하였다.
③ 공직자와 배심원을 추첨으로 뽑았다.
④ 민회 중심의 직접 민주 정치가 정착되었다.
⑤ 여성, 노예, 외국인은 정치에 참여할 수 없었다.

26 ㉠, ㉡에 들어갈 내용을 각각 쓰시오.

> 아테네 중심의 (㉠) 동맹과 스파르타 중심의 (㉡) 동맹의 대립은 (㉡) 전쟁으로 이어졌다. 이 전쟁으로 국력을 소모한 그리스 세계는 점차 쇠퇴하였다.

27 (가)에 들어갈 내용으로 적절한 것은?

▶ 지식 Q&A

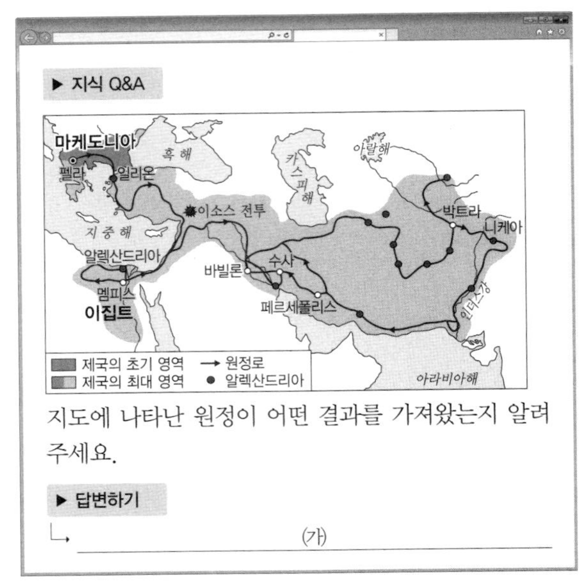

지도에 나타난 원정이 어떤 결과를 가져왔는지 알려주세요.

▶ 답변하기

ㄴ (가)

① 헬레니즘 세계가 형성되었어요.
② 서아시아 세계가 처음으로 통일되었어요.
③ 소피스트와 같은 철학자 집단이 나타났어요.
④ 비단길이 개척되어 동서 교류가 활발해졌어요.
⑤ 인간 중심적이고 합리적인 문화가 발달하였어요.

잘 나와!

28 (가), (나)의 문화유산을 남긴 문화에 대한 설명으로 옳은 것을 〈보기〉에서 고른 것은?

(가) 

(나) 

보기
ㄱ. (가) – 조화와 균형의 미를 추구하였다.
ㄴ. (가) – 개인주의와 세계 시민주의를 강조하였다.
ㄷ. (나) – 그리스 문화와 동방의 문화가 융합되었다.
ㄹ. (나) – 법률과 건축 등 실용적인 분야가 발달하였다.

① ㄱ, ㄴ ② ㄱ, ㄷ ③ ㄴ, ㄷ
④ ㄴ, ㄹ ⑤ ㄷ, ㄹ

29 다음 내용에 해당하는 시기를 연표에서 옳게 고른 것은?

로마 제국의 발전

로마에서는 소수의 귀족이 넓은 토지를 차지하고 노예 노동을 이용하는 대농장을 경영한 반면, 자영농은 토지를 잃고 몰락하였다. 이에 그라쿠스 형제는 농민을 보호하기 위한 개혁을 시도하였다.

그라쿠스 형제

(가)	(나)	(다)	(라)	(마)

로마 건국 ▲ (가) ▲ 공화정 수립 (나) ▲ 포에니 전쟁 시작 (다) ▲ 제정 시작 (라) ▲ 밀라노 칙령 발표 (마) ▲ 서로마 멸망

① (가) ② (나) ③ (다) ④ (라) ⑤ (마)

30 콘스탄티누스 대제에 대한 설명으로 옳은 것은?

① 아우구스투스의 칭호를 받았다.
② 알렉산드리아라는 도시를 세웠다.
③ 왕의 길이라는 도로를 건설하였다.
④ 크리스트교를 로마의 국교로 정하였다.
⑤ 수도를 콘스탄티노폴리스(비잔티움)로 옮겼다.

31 ㉠에 들어갈 종교에 대한 탐구 활동으로 가장 적절한 것은?

이곳은 (㉠)의 신자들이 만든 지하 묘지인 카타콤이다. 이들은 로마 제국의 박해를 피해 이곳에 모여 예배를 드리기도 하였다.

① 밀라노 칙령의 내용을 살펴본다.
② 아후라 마즈다를 상징하는 것을 찾아본다.
③ 이집트에서 시신을 미라로 만든 이유를 알아본다.
④ 아리아인이 인도로 오면서 성립한 종교를 조사한다.
⑤ 사산 왕조 페르시아가 국교로 삼은 종교를 확인한다.

서술형 문제

1 다음 자료를 읽고, 역사의 두 가지 의미에 대해 비교하여 서술하시오.

- 역사는 단지 과거가 본래 어떠하였는지를 말해 주는 것이다. – L. v. 랑케
- 역사는 현재와 과거 사이의 끊임없는 대화이다. – E. H. 카

2 다음을 읽고 물음에 답하시오.

(㉠) 때 이집트와 지중해 연안에서 인더스강에 이르는 대제국을 건설한 아케메네스 왕조 페르시아는 넓은 영토를 효과적으로 다스리기 위해 강력한 ㉡ 중앙 집권 정책을 실시하였다.

(1) ㉠에 들어갈 왕을 쓰시오.

(2) ㉡의 내용을 세 가지 서술하시오.

3 다음 내용을 통해 알 수 있는 로마 문화의 발달 배경과 그에 따른 특징을 서술하시오.

- 콜로세움과 수도교 건축
- 12표법, 시민법, 만민법 발전

100점 도전! 실전 문제 2회

01 역사의 의미와 역사 학습의 목적 ~ 세계의 선사 문화와 고대 문명

01 다음 자료에 따른 역사 서술의 사례로 적절한 것은?

> 역사란 역사가와 과거에 일어난 사실 간의 상호 작용이며, 현재와 과거의 끊임없는 대화이다. – E. H. 카

① 왕건이 후삼국을 통일하였다.
② 세종대왕이 훈민정음을 창제하였다.
③ 고대 그리스에서 4년마다 올림피아 제전을 개최하였다.
④ 1919년 3월 1일에 서울 탑골 공원에서 만세 시위가 일어났다.
⑤ 고려인들은 40여 년간 몽골에 저항하여 우리 민족의 자주성을 보여 주었다.

02 역사 연구 방법을 순서대로 옳게 나열한 것은?

> (가) 사료 비판
> (나) 사료 수집
> (다) 역사 서술
> (라) 사료를 토대로 과거의 상황 해석

① (가) – (나) – (라) – (다)
② (나) – (가) – (라) – (다)
③ (나) – (다) – (가) – (라)
④ (다) – (가) – (나) – (라)
⑤ (다) – (라) – (가) – (나)

03 다음에서 설명하는 인류의 특징으로 가장 적절한 것은?

> 약 180만 년 전에 등장한 인류로, 중국의 베이징, 인도네시아의 자와 등에서 발견되었다.

① 불과 언어를 사용하였다.
② 시체를 매장하는 풍습이 있었다.
③ 최초로 직립 보행을 시작하였다.
④ 오늘날 인류의 직접적인 조상이다.
⑤ 동굴 벽화 등 많은 예술 작품을 남겼다.

잘 나와!

04 교사의 질문에 대한 학생의 대답으로 적절한 것은?

① 도시 국가가 형성되었어요.
② 신석기 혁명이 일어났어요.
③ 문자를 사용하기 시작하였어요.
④ 사유 재산과 계급이 발생하였어요.
⑤ 사냥과 채집으로 식량을 마련하였어요.

05 구석기 시대 사람들의 생활 모습으로 적절한 것은?

① 농경과 목축을 시작하였다.
② 동굴이나 바위 그늘에 살았다.
③ 뼈바늘을 이용하여 옷을 만들었다.
④ 토기를 만들어 곡식을 저장하였다.
⑤ 태양, 물 등 자연물에 영혼이 있다고 믿었다.

06 다음 유물을 처음 사용한 시대와 관련된 것만을 〈보기〉에서 있는 대로 고른 것은?

보기	
ㄱ. 계급 사회	ㄴ. 농경 생활
ㄷ. 움집 거주	ㄹ. 이동 생활
ㅁ. 철기 사용	ㅂ. 간석기 사용

① ㄱ, ㄴ, ㄷ
② ㄱ, ㄷ, ㄹ
③ ㄴ, ㄷ, ㅂ
④ ㄴ, ㄹ, ㅁ
⑤ ㄷ, ㄹ, ㅂ

07 (가)에 들어갈 내용으로 가장 적절한 것은?

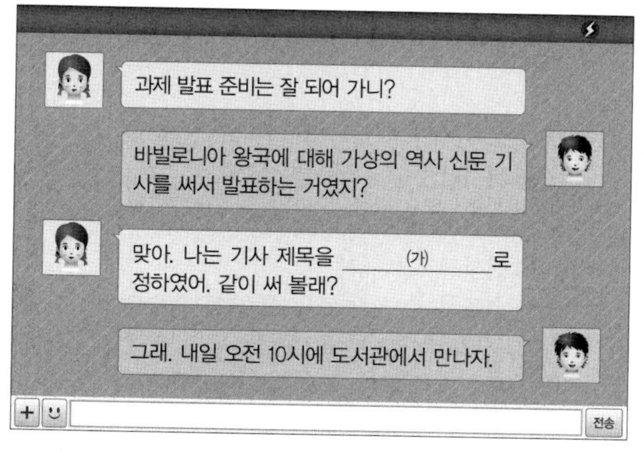

① 함무라비 법전이 편찬되다
② 파라오가 살아 있는 신으로 여겨지다
③ 죽은 사람을 위한 사자의 서를 작성하다
④ 하라파와 모헨조다로의 도시 문명이 일어나다
⑤ 베다를 경전으로 삼고 복잡한 제사 의식을 만들다

100점이 코 앞!

08 (가), (나) 문자를 사용한 문명에 대한 설명으로 옳지 않은 것은?

(가)	(나)
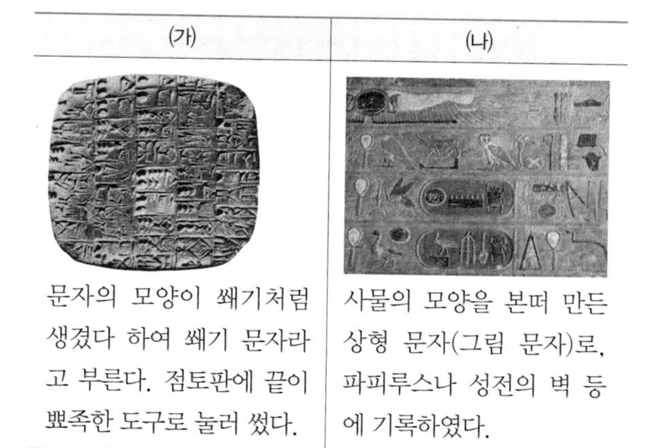	
문자의 모양이 쐐기처럼 생겼다 하여 쐐기 문자라고 부른다. 점토판에 끝이 뾰족한 도구로 눌러 썼다.	사물의 모양을 본떠 만든 상형 문자(그림 문자)로, 파피루스나 성전의 벽 등에 기록하였다.

① (가) – 지구라트라는 거대한 신전을 지었다.
② (가) – 개방적인 지형이어서 이민족의 침입을 자주 받았다.
③ (나) – 기하학과 측량술이 발달하였다.
④ (나) – 자연 현상을 신처럼 여기는 브라만교를 믿었다.
⑤ (가), (나) – 농경에 유리한 큰 강 유역에서 발달하였다.

09 ㉠에 들어갈 나라에 대한 설명으로 옳은 것은?

> (㉠)은/는 기원전 1200년경 지중해 동부 해안 지대에서 건국되었다. 흑해와 지중해를 무대로 활발한 해상 활동을 펼쳤으며, 카르타고를 비롯한 여러 식민 도시를 건설하였다.

① 봉건제를 시행하였다.
② 유대교를 창시하였다.
③ 카스트제를 확립하였다.
④ 히타이트인에게 멸망하였다.
⑤ 알파벳의 기원이 된 표음 문자를 사용하였다.

10 그림에 해당하는 인도의 신분 제도를 쓰시오.

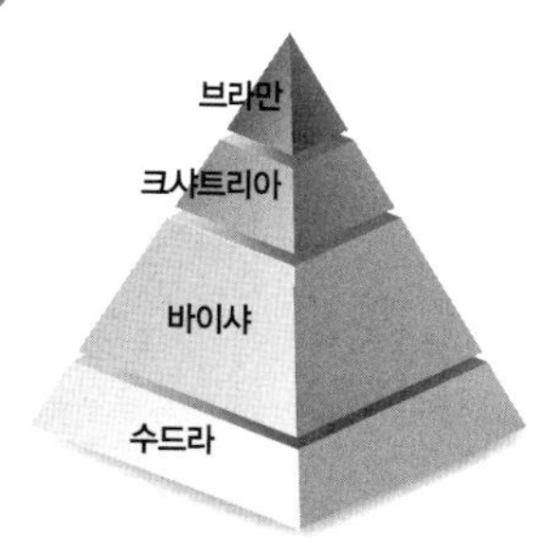

11 다음 유물에 대한 학생들의 대화 내용으로 적절하지 않은 것은?

① 오늘날 한자의 기원이 되었어.
② 당시 제정이 분리된 사회였음을 알 수 있어.
③ 중국 문명인 상의 수도였던 은허에서 발굴되었어.
④ 거북의 배딱지나 짐승의 뼈에 점을 친 내용을 기록한 거야.
⑤ 왕이 국가의 중요한 일은 신의 뜻을 물어 결정하는 신권 정치가 실시되었음을 짐작할 수 있어.

02 고대 제국들의 특성과 주변 세계의 성장(1)

12 다음과 같은 통치 방식이 아시리아에 끼친 영향으로 적절한 것은?

> 수사, 훌륭하고 성스러운 도시, …… 나는 정복하였다. 나는 이 궁전에 들어갔고, 나는 금은보화를 넣어 둔 그들의 보물 창고를 열었다. …… 나는 수사의 지구라트를 부숴 버렸다.
>
> – 아시리아의 왕이 엘람 왕국을 정복하고 새긴 문자

① 국제적인 문화가 발전하였다.
② 조로아스터교가 국교가 되었다.
③ 알렉산드리아라는 도시가 세워졌다.
④ 그리스·페르시아 전쟁에서 패배하였다.
⑤ 피지배 민족이 각지에서 반란을 일으켜 멸망하였다.

잘 나와!

13 밑줄 친 '왕'에 대한 설명으로 옳은 것을 〈보기〉에서 고른 것은?

보기
ㄱ. 로마의 침입을 물리쳤다.
ㄴ. 화폐와 도량형을 통일하였다.
ㄷ. 피정복민을 가혹하게 통치하였다.
ㄹ. 왕의 길이라는 도로망을 건설하였다.

① ㄱ, ㄴ ② ㄱ, ㄷ ③ ㄴ, ㄷ
④ ㄴ, ㄹ ⑤ ㄷ, ㄹ

14 (가), (나) 국가의 공통점으로 옳은 것은?

> (가) 파르티아 (나) 사산 왕조 페르시아

① 크리스트교를 국교로 삼았다.
② 헬레니즘 문화가 발전하였다.
③ 중계 무역으로 번영을 누렸다.
④ 알렉산드로스에게 멸망하였다.
⑤ 왕의 눈이라 불리는 감찰관을 파견하였다.

[15~16] 다음을 읽고 물음에 답하시오.

> 나는 키루스(키루스 2세)이다. …… ㉠ 아후라 마즈다의 뜻에 따라 말하니 내가 살아 있는 한 너희의 전통과 종교를 존중하겠다. 나는 결코 전쟁으로 통치하지 않을 것이다.

15 밑줄 친 ㉠과 관련된 종교에 대한 설명으로 옳지 않은 것은?

① 불을 신성하게 여겼다.
② 조로아스터가 창시하였다.
③ 크리스트교와 이슬람교에 영향을 주었다.
④ 세상을 선과 악이 대결하는 곳으로 보았다.
⑤ 아케메네스 왕조 페르시아가 국교로 삼았다.

잘 나와!

16 위 자료에 해당하는 나라의 문화적 특징으로 적절한 것을 〈보기〉에서 고른 것은?

보기	
ㄱ. 개방적인 문화	ㄴ. 국제적인 문화
ㄷ. 실용적인 문화	ㄹ. 폐쇄적인 문화

① ㄱ, ㄴ ② ㄱ, ㄷ ③ ㄴ, ㄷ
④ ㄴ, ㄹ ⑤ ㄷ, ㄹ

17 다음 서아시아 세계의 나라들을 건국된 순서대로 옳게 나열한 것은?

> (가) 아시리아
> (나) 파르티아
> (다) 사산 왕조 페르시아
> (라) 아케메네스 왕조 페르시아

① (가) – (나) – (라) – (다)
② (가) – (라) – (나) – (다)
③ (나) – (라) – (다) – (가)
④ (라) – (가) – (다) – (나)
⑤ (라) – (다) – (가) – (나)

18 (가)에 들어갈 내용으로 가장 적절한 것은?

① 백성을 인위적인 제도로 다스리려고 해서는 안 됩니다.
② 법을 어기는 사람은 처벌하여 사회 질서를 바로잡아야 합니다.
③ 인간은 이기적이며 간사한 지혜로 차 있기 때문에 믿을 수 없습니다.
④ 어진 마음인 인을 실천하고 각자 자기 자리에 맞는 예를 지켜야 합니다.
⑤ 모든 사람을 평등하게 차별 없이 사랑한다면 평화로운 세상이 될 것입니다.

19 진(秦)이 중국을 통일할 수 있었던 배경으로 적절한 것은?

① 대규모 토목 공사를 자주 벌였다.
② 유교를 통치 이념으로 채택하였다.
③ 흉노 제국과 활발하게 교류하였다.
④ 혈연관계에 기초한 봉건제를 실시하였다.
⑤ 법가 사상을 바탕으로 부국강병을 이루었다.

20 중국의 (가)~(라) 시대에 대한 설명으로 옳은 것은?

> (가) 주 (나) 한
> (다) 진(秦) (라) 춘추 전국

① (가) – 군현제가 실시되었다.
② (나) – 제자백가가 출현하였다.
③ (다) – 화폐, 도량형, 문자가 통일되었다.
④ (라) – 비단길이 개척되었다.
⑤ (라) – (나) – (다) – (가)의 순으로 전개되었다.

21 ㉠에 들어갈 제도를 쓰시오.

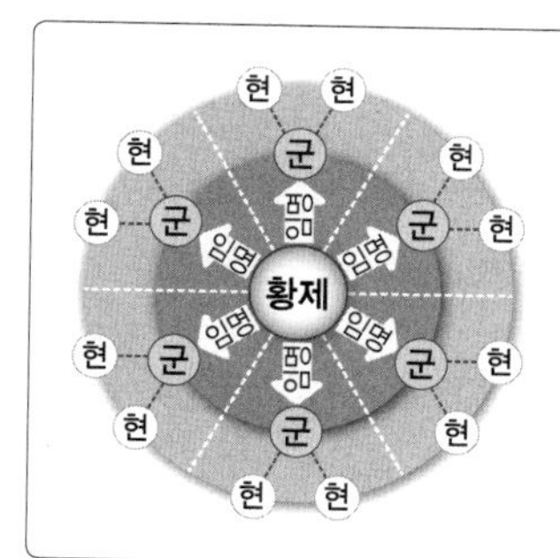

그림은 (㉠)을/를 나타낸다. 이는 황제가 전국을 군, 현으로 나누고, 각 군·현에 직접 관리를 보내 다스리는 제도이다. 진시황제와 한 무제가 실시하였다.

잘 나와!

22 한 무제의 업적으로 옳지 않은 것은?

① 태학을 설립하여 오경박사를 두었다.
② 소금과 철의 전매 제도를 실시하였다.
③ 유가 사상을 통치 이념으로 정하였다.
④ 항우를 물리치고 중국을 재통일하였다.
⑤ 흉노를 정벌하고 고조선을 정복하였다.

23 다음에서 설명하는 책을 편찬한 인물로 옳은 것은?

> 『사기』는 왕에 대한 기록인 본기와 인물에 대한 기록인 열전을 중심으로 하는 기전체 서술을 발전시켰다. 이러한 서술은 이후 중국의 역사 서술 방식에 큰 영향을 주었다.

① 공자 ② 채륜 ③ 동중서
④ 사마천 ⑤ 한비자

24 다음 두 사실의 공통적인 목적으로 가장 적절한 것은?

> • 진시황제가 북쪽 국경에 만리장성을 쌓았다.
> • 한 무제가 장건을 서역으로 파견하였다.

① 동서 교류를 활성화하기 위해
② 부족한 재정을 확보하기 위해
③ 흉노의 침입에 대비하기 위해
④ 외척과 환관의 횡포를 막기 위해
⑤ 중앙 집권 체제를 강화하기 위해

03 고대 제국들의 특성과 주변 세계의 성장(2)

25 ㉠, ㉡에 들어갈 말을 옳게 짝지은 것은?

> (㉠)은/는 참주의 출현을 막고자 독재자가 될 가능성이 있는 사람의 이름을 도자기 파편에 적어 투표하는 (㉡)를 마련하였다. 투표에서 가장 많은 표를 받은 사람은 10년 동안 국외로 추방되었다.

	㉠	㉡
①	솔론	도편 추방제
②	솔론	공직자 추첨제
③	페리클레스	공무 수당제
④	클레이스테네스	공무 수당제
⑤	클레이스테네스	도편 추방제

26 (가), (나) 폴리스에 대한 설명으로 옳지 않은 것은?

> (가) 아테네　　　　(나) 스파르타

① (가) – 델로스 동맹을 주도하였다.
② (가) – 민회 중심의 직접 민주 정치가 발달하였다.
③ (나) – 12표법을 제정하였다.
④ (나) – 시민들이 엄격한 군사 훈련을 받았다.
⑤ (가), (나) – 펠로폰네소스 전쟁으로 충돌하였다.

[27~28] 다음은 알렉산드로스의 가상 인터뷰 내용이다. 이를 읽고 물음에 답하시오.

> 나는 동방 원정을 통해 ㉠ 유럽, 아시아, 아프리카에 걸친 대제국을 건설하였지요. 이 과정에서 (가) 그리스 문화와 오리엔트 문명이 융합된 새로운 문화가 형성되었답니다. 나는 ㉡ 페르시아를 멸망시켰고, ㉢ 정복지의 주민은 관리가 될 수 없도록 하였어요. 제국의 곳곳에는 내 이름을 본뜬 도시인 ㉣ 알렉산드리아를 건설하여 그리스인을 이주시켰지요. 아쉬운 점은 내가 죽고 난 뒤 나의 ㉤ 제국이 여러 나라로 분열되어 버린다는 것이에요.

27 밑줄 친 ㉠~㉤ 중 옳지 않은 것은?

① ㉠　② ㉡　③ ㉢　④ ㉣　⑤ ㉤

잘 나와!

28 (가)에 해당하는 문화의 대표적인 문화유산을 〈보기〉에서 고른 것은?

> 보기
> ㄱ. 라오콘 군상
> ㄴ. 파르테논 신전
> ㄷ. 밀로의 비너스상
> ㄹ. 빌렌도르프의 비너스

① ㄱ, ㄴ　② ㄱ, ㄷ　③ ㄴ, ㄷ
④ ㄴ, ㄹ　⑤ ㄷ, ㄹ

29 로마의 성립과 발전에 대한 설명으로 옳지 않은 것은?

① 제국이 동서로 분리되었다.
② 조로아스터교를 국교로 삼았다.
③ 카르타고와의 포에니 전쟁에서 승리하였다.
④ 제정이 시작된 후 로마의 평화 시대가 전개되었다.
⑤ 게르만족과 사산 왕조 페르시아의 침입으로 쇠퇴하였다.

30 밑줄 친 '그'에 대한 설명으로 옳은 것은?

> 그는 카이사르의 양자로서 안토니우스와의 내전에서 승리하고 혼란을 수습하였다. 그는 스스로 제1 시민(프린켑스)을 자처하였으나, 행정권과 군사권 등을 장악함으로써 사실상 황제가 되었다. 이때부터 로마에서는 제정이 시작되었다.

① 크리스트교를 공인하였다.
② 도편 추방제를 도입하였다.
③ 유스티니아누스 법전을 편찬하였다.
④ 제국을 네 부분으로 나누어 다스리게 하였다.
⑤ 원로원으로부터 아우구스투스라는 칭호를 받았다.

31 ㉠에 들어갈 유적의 사진으로 적절한 것은?

> **○○중학교 역사 전시회 계획서**
> • 주제: 고대 지중해 세계의 △△ 제국
> • 날짜: 20□□년 □□월 □□일
> • 주요 내용
> – 체험 부스 운영: 그라쿠스 형제의 개혁안 작성해 보기, 밀라노 칙령 써 보기
> – 유적 사진 전시: 수도교, (㉠)

① 
② 
③ 
④ 
⑤ 

서술형 문제

1 밑줄 친 부분의 배경을 이집트의 지리적 특징과 세계관을 바탕으로 서술하시오.

> 이집트인들은 죽은 사람을 미라로 만들고, 피라미드를 건설하였다.

____
____
____

2 다음 정책을 실시한 인물을 쓰고, 정책의 실시 목적을 서술하시오.

> 각 제후국에서 사용하던 다양한 화폐를 반량전으로 통일하였고, 길이, 무게 등을 재는 방법인 도량형도 통일하였다.

↑ 반량전과 무게를 다는 추

____
____
____

3 다음에서 설명하는 개혁을 추진한 인물을 쓰고, 개혁의 추진 배경을 서술하시오.

> 기원전 6세기 초 아테네에서는 시민들이 가진 재산 정도에 따라 참정권과 군사적 의무를 부여하는 개혁을 추진하였다.

____
____
____

Ⅱ 세계 종교의 확산과 지역 문화의 형성

01 불교 및 힌두교 문화의 형성과 확산

불교문화의 형성

1. **불교 성립**: 크샤트리아·바이샤 세력 성장, 브라만교에 대한 불만 → 고타마 싯다르타가 불교 창시(자비와 평등 강조)

2. **마우리아 왕조의 성립과 발전**

성립	찬드라굽타 마우리아가 최초로 북인도 통일
발전	아소카왕이 인도 대부분 통일, 불경 정리, 산치 대탑 건립, ❶□□□ 불교 전파(동남아시아)

3. **쿠샨 왕조의 성립과 발전**

성립	이란 계통의 쿠샨족이 건국, 중계 무역으로 번영
발전	카니슈카왕이 대승 불교 전파(동아시아), 간다라 양식 발달(인도 문화와 ❷□□□□ 문화의 융합)

힌두 문화의 확산

1. **굽타 왕조의 성립과 발전**: 찬드라굽타 1세가 인도 북부 통일 → 찬드라굽타 2세 때 전성기(북인도 대부분 차지)
2. **힌두교의 등장과 발전**: 브라만교를 바탕으로 다양한 민간 신앙과 불교가 융합됨 → 힌두교로 발전(❸□□□제의 신분 차별 인정, 『마누 법전』 정비)
3. **인도 고전 문화의 발달**: 산스크리트 문학, 굽타 양식(인도 고유의 특색 강조, 아잔타 석굴 사원의 벽화), 천문학·수학(숫자 '0'의 개념과 10진법 사용) 등 자연 과학 발달

02 동아시아 문화의 형성과 확산

위진 남북조 시대의 전개

1. **위진 남북조 시대의 전개**: 삼국 시대(위·촉·오) → 진(晉)의 통일 → 5호 16국, 동진 → 남북조 시대

2. **위진 남북조 시대의 발전**

정치	• 북조: 북위의 ❹□□□가 한화 정책 실시 • 남조: 한족 국가들이 잇따라 건국, 강남 개발
사회	9품중정제 실시 → 문벌 귀족 사회 형성
문화	불교 발달(윈강, 룽먼 등에 대규모 석굴 사원 건립), 도교 성립, 청담 사상 유행(죽림칠현), 귀족 문화 발전

수·당의 중국 통일

1. **수의 중국 통일**

문제	중국 재통일, 과거제 처음 실시
❺□□	대운하 건설, 고구려 원정 실패 → 대규모 토목 공사와 무리한 대외 원정, 농민 반란으로 수 멸망

2. **당의 발전**

(1) **통치 체제**: 율령 체제 완성(3성 6부 운영, 주현제 실시, 균전제·조용조·부병제 실시, 과거제 시행) → ❻□□의 난 이후 제도 변화(장원제, 양세법, 모병제)

(2) **문화**: ❼□□적 문화(이백과 두보의 시), 국제적 문화(수도 장안 번성, 외래 종교 전래, 당삼채 유행) 발달

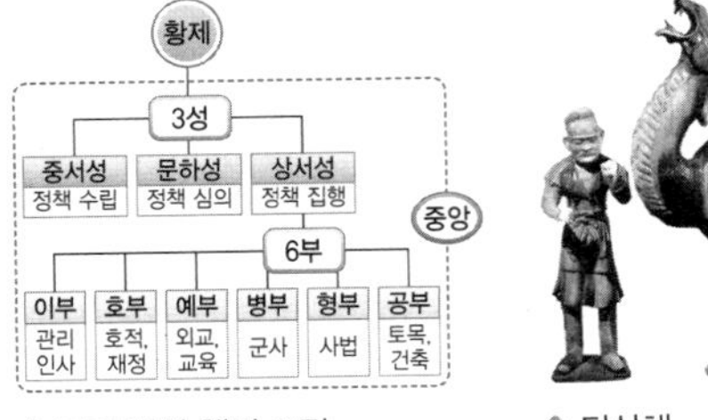

↑ 당의 중앙 행정 조직　↑ 당삼채

동아시아 문화권의 형성

1. **한국과 일본의 고대 국가**

한국	고조선 → 삼국 시대(고구려, 백제, 신라가 중앙 집권 국가로 발전) → 남북국 시대(통일 신라, 발해)
일본	야마토 정권(쇼토쿠 태자의 불교 장려, 아스카 문화, 다이카 개신) → 나라 시대(헤이조쿄 천도, 불교 융성) → ❽□□□ 시대(견당사 폐지, 국풍 문화 발달)

2. **동아시아 문화권 형성**: 한자, ❾□□, 유교, 불교 등의 문화 요소 공유

03 이슬람 문화의 형성과 확산

이슬람교와 이슬람 제국의 성립

1. **이슬람교의 성립**

배경	교역로의 변화, 메카와 메디나 번영
성립	무함마드가 정립, 유일신 '알라' 숭배, 우상 숭배 금지, 인간 평등 주장, ❿□□□ 단행(메카에서 메디나로 근거지를 옮김) → 교세 확장, 메카 정복

2. 이슬람 제국의 발전

정통 칼리프 시대	칼리프 선출, 시리아·이집트·사산 왕조 페르시아 정복, 이슬람교로 개종하면 세금 감면
우마이야 왕조	⑪□□□ 세습(→ 수니파와 시아파로 분열), 영토 확장, 아랍인 우대 정책 실시
아바스 왕조	아랍인 우대 정책 폐지, 탈라스 전투에서 승리, 수도 ⑫□□□□ 번영

이슬람 문화권의 형성

사회	『쿠란』이 일상생활의 규범, 이슬람교도의 의무 실천
경제	이슬람 사회에서 상업 활동을 긍정적으로 여김, 동서 교역로 장악 → 상업과 교역 발전, 동서 문화 교류 촉진
문화	• 발달 배경: 이슬람교와 함께 아랍어 확산 • 내용: 산문과 설화 문학 발달(『아라비안나이트』), ⑬□□□ 건축(돔과 뾰족한 탑, 아라베스크로 장식), 자연 과학 발전(아라비아 숫자 완성, 연금술 등)

04~05 크리스트교 문화의 형성과 확산

서유럽 봉건 사회의 형성

1. ⑭□□□족의 이동: 훈족의 압박으로 이동, 서로마 제국 곳곳에 게르만족 나라 성립 → 서로마 제국 멸망
2. **프랑크 왕국**: 카롤루스 대제 때 전성기(서로마 황제 대관)
3. **봉건 사회 성립**: 주종 관계와 장원제 바탕, 지방 분권적

크리스트교 중심의 서유럽 문화

1. **교황권의 성장**: ⑮□□□의 굴욕(성직자 임명권을 둘러싼 교황과 황제의 대립 → 황제 굴복) → 교황권 강화
2. **문화**: 학문(신학 중심, ⑯□□□ 철학), 건축(고딕 양식)

비잔티움 제국의 번영

정치	황제 중심의 중앙 집권 체제, 유스티니아누스 황제 때 전성기(『유스티니아누스 법전』 편찬, 성 소피아 대성당 건립)
경제	수도 콘스탄티노폴리스를 중심으로 번영
문화	• 동서 교회 분열: 성상 숭배 문제로 대립 → 로마 가톨릭교회와 ⑰□□□ □□로 분리 • 문화 발달: 그리스 정교 바탕, 그리스어 공용어, 비잔티움 양식 발달 → 슬라브 문화권에 영향

중세 유럽 사회의 변화

1. **십자군 전쟁**: ⑱□□□ □□□의 예루살렘 점령, 비잔티움 제국 위협으로 전쟁 발발 → 성지 회복 실패 → 교황권 쇠퇴, 기사 계급 몰락, 왕권 강화, 동방 무역 활발
2. **도시의 성장**: 상공업 발달로 도시의 자치권 획득
3. **장원의 해체**: 화폐 사용 증가, 흑사병 유행 → 장원 해체
4. **중앙 집권 국가의 등장**: 백년 전쟁, 장미 전쟁 → 프랑스와 영국이 중앙 집권 국가로 성장

르네상스와 종교 개혁

1. **르네상스**
   (1) 이탈리아의 르네상스: ⑲□□□□ 발달(보카치오, 레오나르도 다빈치, 미켈란젤로 등)
   (2) 알프스 이북의 르네상스: 사회 개혁적 성격(에라스뮈스의 『우신예찬』, 토머스 모어의 『유토피아』 등)
2. **종교 개혁과 종교 전쟁**

종교 개혁	⑳□□(『95개조 반박문』 발표, 아우크스부르크 화의에서 인정받음), 칼뱅(예정설 주장), 영국의 헨리 8세(국왕이 교회의 수장임을 선언)
종교 전쟁	30년 전쟁 발발 → 베스트팔렌 조약으로 칼뱅파 인정

정답 확인하기

❶ 상좌부	❷ 헬레니즘	❸ 카스트	❹ 효문제
❺ 양제	❻ 안사	❼ 귀족	❽ 헤이안
❾ 율령	❿ 헤지라	⓫ 칼리프	⓬ 바그다드
⓭ 모스크	⓮ 게르만	⓯ 카노사	⓰ 스콜라
⓱ 그리스 정교	⓲ 셀주크 튀르크	⓳ 인문주의	⓴ 루터

스스로 점검하기

맞은 개수	이렇게 해봐
10개 이하	본책으로 돌아가 복습해봐!
11 ~ 15개	틀린 문제의 답을 다시 확인하고 **100점 도전 실전 문제**를 풀도록 해!
16 ~ 20개	자신감을 가지고 **100점 도전 실전 문제**를 풀어봐. 학교 시험 100점 도전!

100점 도전! 실전 문제 1회

01 불교 및 힌두교 문화의 형성과 확산

01 다음에서 설명하는 인물이 창시한 종교를 쓰시오.

고타마 싯다르타(석가모니)는 인간에게는 누구나 불성이 있어서 천한 신분으로 태어났어도 누구나 올바르게 수행을 하면 번뇌와 윤회의 고통에서 벗어나 해탈할 수 있다고 하였다.

잘 나와!

02 다음과 같이 전파된 불교 종파에 대한 설명으로 옳은 것은?

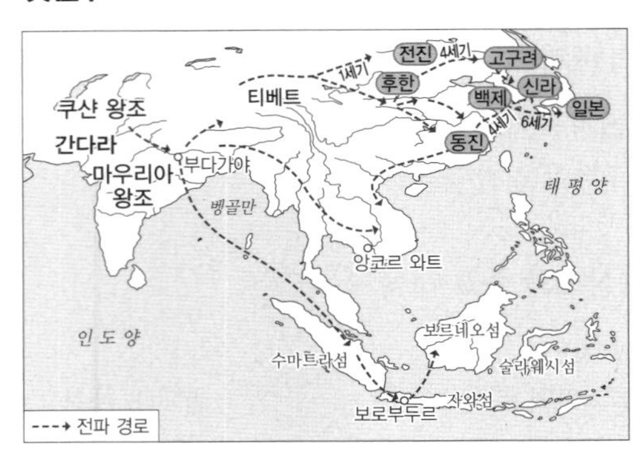

① 상좌부 불교에 해당한다.
② 아소카왕의 후원을 받았다.
③ 마우리아 왕조 때 발달하였다.
④ 부처를 신앙의 대상으로 삼았다.
⑤ 중생의 구제보다 개인의 해탈을 중시하였다.

03 사진의 불상에 해당하는 미술 양식에 대한 설명으로 적절하지 않은 것은?

① 굽타 왕조 때 유행하였다.
② 헬레니즘 문화의 영향을 받았다.
③ 대승 불교와 함께 동아시아에 전해졌다.
④ 곱슬머리, 오뚝한 코, 섬세한 옷주름이 특징이다.
⑤ 알렉산드로스의 침입 이후 간다라 지방에서 발달하였다.

04 밑줄 친 '이 왕조'에 대한 탐구 주제로 적절하지 않은 것은?

① 힌두교의 성장 배경
② 산치 대탑의 건립 이유
③ 산스크리트어로 정리된 대표적인 문학 작품
④ 아잔타 석굴 사원의 벽화에 나타난 미술 양식
⑤ 이슬람 세계의 자연 과학 발달에 영향을 준 사례

100점이 코 앞!

05 다음 내용에 해당하는 종교에 대한 설명으로 옳은 것은?

브라만교를 바탕으로 불교와 인도의 민간 신앙이 결합하여 형성된 종교이다.

① 유일신을 숭배하였다.
② 조로아스터가 창시하였다.
③ 각종 의례와 관습, 법을 베다에 기록하였다.
④ 인도에서 카스트제가 정착하는 데 영향을 주었다.
⑤ 마우리아 왕조 왕들의 보호를 받으면서 성장하였다.

06 다음 유적의 명칭과 위치한 나라를 옳게 짝지은 것은?

① 파간 불탑 – 미얀마
② 앙코르 와트 – 미얀마
③ 앙코르 와트 – 캄보디아
④ 보로부두르 불탑 – 캄보디아
⑤ 보로부두르 불탑 – 인도네시아

02 동아시아 문화의 형성과 확산

07 (가) 시대에 대한 설명으로 옳지 않은 것은?

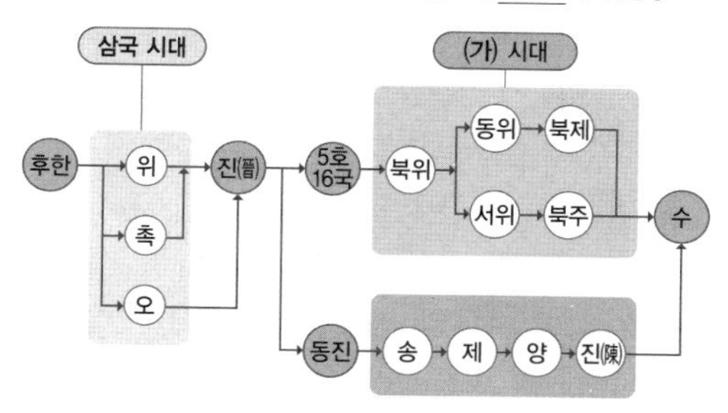

① 한족이 강남 지방을 개발하였다.
② 수도 장안이 국제도시로 번성하였다.
③ 선비족이 세운 북위가 화북 지방을 통일하였다.
④ 지방의 호족이 추천을 통해 중앙의 관리가 되었다.
⑤ 도가 사상과 민간 사상 등이 결합한 도교가 발전하였다.

08 다음과 같은 정책을 추진한 인물로 적절한 것은?

- 선비족과 한족의 결혼을 장려함
- 선비족의 복장과 언어를 금지함
- 선비족의 성씨를 한족의 성씨로 바꾸도록 함

① 당 고종　② 당 태종
③ 수 문제　④ 수 양제
⑤ 북위 효문제

잘 나와!

09 위진 남북조 시대의 문화와 관련된 사진을 〈보기〉에서 고른 것은?

보기

① ㄱ, ㄴ　② ㄱ, ㄷ　③ ㄴ, ㄷ
④ ㄴ, ㄹ　⑤ ㄷ, ㄹ

10 (가)에 들어갈 내용으로 가장 적절한 것은?

역사 탐구 활동 계획서

- 탐구 주제: 분열된 중국을 재통일한 수
- 탐구 활동
  - 과거제의 실시 배경을 살펴본다.
  - 중앙 집권 체제의 확립 과정을 조사한다.
  - (가)

① 군국제의 내용을 확인한다.
② 대운하 건설의 목적을 알아본다.
③ 분서갱유를 단행한 이유를 살펴본다.
④ 황제라는 칭호를 처음 사용한 인물을 조사한다.
⑤ 중국이 신라와 연합하여 백제, 고구려를 멸망시킨 과정을 정리한다.

11 밑줄 친 '그'의 활동으로 옳은 것은?

당 고조의 뒤를 이은 그는 중앙아시아와 동돌궐을 정벌하여 동서 교역로를 확보하였다.

① 과거제를 처음 실시하였다.
② 흉노를 막기 위해 만리장성을 쌓았다.
③ 신라와 연합하여 백제와 고구려를 멸망시켰다.
④ 장건을 서역에 파견하여 비단길을 개척하였다.
⑤ 수의 제도를 이어받아 율령 체제를 완성하였다.

잘 나와!

12 ㉠, ㉡에 들어갈 말을 옳게 짝지은 것은?

당은 농민에게 일정량의 토지를 지급하는 (㉠)를 실시하였고, 그 대가로 (㉡)와/과 군역을 부과하였다. 그러나 7세기 말 이후 당의 통치 체제는 제대로 운영되지 못하여 새로운 지배 체제가 모색되었다.

	㉠	㉡
①	균전제	모병제
②	균전제	조용조
③	부병제	양세법
④	장원제	양세법
⑤	장원제	조용조

13 ㉠에 들어갈 내용으로 가장 적절한 것은?

> ▶ 지식 Q&A
>
> 당은 이 세력에 의해 멸망하였다는데, (㉠)에 대해 알려 주세요.
>
> ▶ 답변하기
>
> ↳ 당이 변방 지역을 지키기 위해 마련한 직책으로 안사의 난 이후 그 권한이 강해졌어요.

① 농노 ② 무사 ③ 브라만
④ 절도사 ⑤ 크샤트리아

14 ㉠ 시기의 중국에 대한 설명으로 옳은 것을 〈보기〉에서 고른 것은?

> 보기
>
> ㄱ. 외래 종교를 배척하였다.
> ㄴ. 청담 사상이 등장하였다.
> ㄷ. 대외적으로 개방 정책을 펼쳤다.
> ㄹ. 화려한 색을 지닌 당삼채가 유행하였다.

① ㄱ, ㄴ ② ㄱ, ㄷ ③ ㄴ, ㄷ
④ ㄴ, ㄹ ⑤ ㄷ, ㄹ

15 만주와 한반도에서 일어난 두 사건 사이에 있었던 사실로 적절한 것은?

> • 신라가 삼국을 통일하였다.
> • 남북국 시대가 전개되었다.

① 고구려 유민이 발해를 건국하였다.
② 고조선이 한의 공격으로 멸망하였다.
③ 신라와 당이 연합하여 백제를 멸망시켰다.
④ 청동기 문화를 바탕으로 최초의 국가가 등장하였다.
⑤ 고구려, 백제, 신라가 중앙 집권 국가로 발전하였다.

16 다음 학생들의 대화 주제로 가장 적절한 것은?

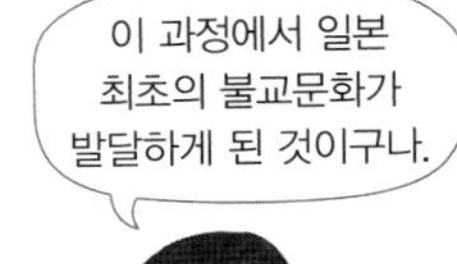

① 가나 문자 ② 국풍 문화
③ 아스카 문화 ④ 야요이 문화
⑤ 헤이안쿄 천도

17 다음에서 설명하는 시기에 일본에서 있었던 사실로 가장 적절한 것은?

> 일본은 8세기 말에 헤이안쿄로 수도를 옮겼으나, 귀족과 지방 세력이 대토지(장원) 소유를 확대하여 중앙 집권 체제가 무너져 갔다. 이 시기에는 일본 고유의 문화가 발달하였다.

① 도다이사가 건립되었다.
② 다이카 개신이 일어났다.
③ 고사기, 일본서기가 편찬되었다.
④ 한자를 변형한 가나 문자가 사용되었다.
⑤ 천황이라는 칭호를 사용하기 시작하였다.

잘 나와!

18 ㉠에 들어갈 문화권의 공통된 문화 요소로 거리가 먼 것은?

> 한국과 일본, 베트남 등의 국가들은 중국의 선진 문물을 받아들여 국가 체제를 정비하였다. 그 결과 (㉠) 이/가 형성되었다.

① 도교 ② 불교 ③ 유교
④ 율령 ⑤ 한자

03 이슬람 문화의 형성과 확산

19 정통 칼리프 시대에 대한 설명으로 옳은 것은?

① 아바스 왕조에 멸망하였다.
② 아랍인 우대 정책을 실시하였다.
③ 무함마드의 계승자를 선출하였다.
④ 유럽의 이베리아반도까지 영토를 확장하였다.
⑤ 우마이야 가문이 칼리프의 지위를 세습하였다.

20 (가)에 들어갈 내용으로 가장 적절한 것은?

> 이슬람 제국의 영토가 확대되면서 칼리프 자리를 둘러싸고 지배층 내에 분열이 생겼다. 제4대 칼리프인 알리가 내분으로 암살당한 이후 ____(가)____

① 이슬람교가 정립되었다.
② 탈라스 전투가 벌어졌다.
③ 후우마이야 왕조가 성립하였다.
④ 무함마드가 메카에서 메디나로 이주하였다.
⑤ 이슬람교도들이 시아파와 수니파로 나뉘어 대립하였다.

21 밑줄 친 '이 전투'의 영향으로 적절하지 않은 것은?

> 이 전투는 751년 고구려 유민 출신 고선지 장군이 이끈 당의 군대와 이슬람 군대가 벌인 것으로, 이슬람 왕조의 승리로 끝났다.

① 헤지라가 단행되었다.
② 바그다드가 국제도시로 성장하였다.
③ 중국의 제지술이 이슬람 세계에 전해졌다.
④ 이슬람 왕조가 동서양을 잇는 국제 무역으로 번영하였다.
⑤ 이슬람 제국이 중앙아시아의 주요 교역로를 장악하게 되었다.

잘 나와!

22 (가)에 들어갈 내용으로 가장 적절한 것은?

> 역사 조사 보고서
>
> • 주제: ____(가)____
> • 조사한 사례
> – 매일 메카를 향해 다섯 번씩 예배를 드린다.
> – 쿠란과 이슬람법에 허용된 음식(할랄 식품)만을 먹고, 돼지고기를 금기시한다.
> – 여성들은 히잡, 차도르, 니카브, 부르카 등 몸을 가리는 다양한 의상을 착용한다.

① 동아시아의 정치 이념이 된 유교
② 인도 사람들의 생활 속에 자리 잡은 힌두교
③ 교회와 함께한 중세 유럽 사람들의 일상생활
④ 불교의 가르침에 따르는 불교도들의 생활 모습
⑤ 이슬람교도들의 일상생활을 지배하는 이슬람교

23 모스크에 대한 설명으로 옳은 것을 〈보기〉에서 고른 것은?

> 보기
> ㄱ. 이슬람교의 예배당이다.
> ㄴ. 스테인드글라스로 내부를 꾸몄다.
> ㄷ. 돔과 뾰족한 탑(미너렛)을 설치하였다.
> ㄹ. 쾰른 대성당과 노트르담 대성당이 유명하다.

① ㄱ, ㄴ ② ㄱ, ㄷ ③ ㄴ, ㄷ
④ ㄴ, ㄹ ⑤ ㄷ, ㄹ

04 크리스트교 문화의 형성과 확산(1)

24 밑줄 친 '이 왕국'으로 옳은 것은?

> 4세기 말 훈족의 압박을 받은 게르만족은 로마 영토로 대규모 이동을 하여 곳곳에 나라를 세웠다. 그중에서 갈리아 지방에 자리 잡은 이 왕국은 원래 거주지로부터의 이동 거리가 짧았고, 일찍부터 크리스트교를 받아들여 오랫동안 번성하였다.

① 반달 왕국 ② 동고트 왕국
③ 서고트 왕국 ④ 키예프 공국
⑤ 프랑크 왕국

25 그림은 유럽 봉건 사회의 구조를 나타낸다. (가), (나)에 대한 설명으로 옳은 것은?

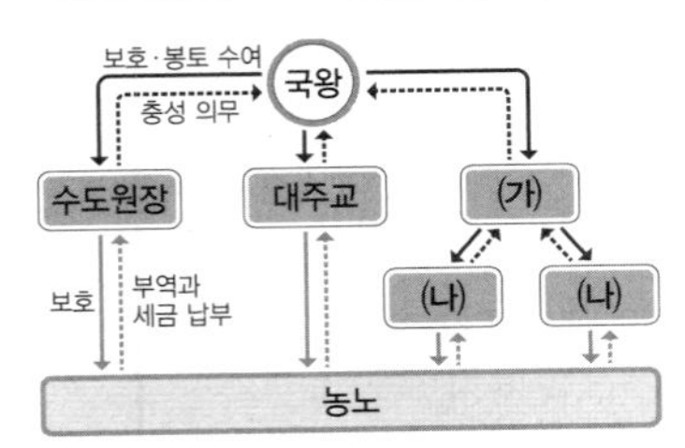

① (나)는 (가)에게 땅을 바쳤다.
② (가)는 (나)의 토지 지배를 간섭하였다.
③ (가)와 (나)는 쌍무적 계약 관계를 맺었다.
④ (가)와 (나)는 혈연관계를 바탕으로 하였다.
⑤ (가)는 (나)에게 충성과 봉사를 맹세하였다.

26 다음과 같이 발달한 문화에 대한 학생의 발표 내용으로 가장 적절한 것은?

- 학문: 신학 중심, 스콜라 철학 유행, 대학 설립
- 건축: 로마네스크 양식, 고딕 양식 발달

① 그리스 정교를 토대로 발전하였어요.
② 인간의 개성과 능력을 중시하였어요.
③ 크리스트교를 바탕으로 발달하였어요.
④ 현실 사회와 교회의 부패를 비판하였어요.
⑤ 이슬람교와 여러 문화 요소가 융합되었어요.

27 밑줄 친 '이 황제'에 대한 설명으로 옳은 것을 〈보기〉에서 고른 것은?

중앙에는 비잔티움 제국의 전성기를 맞았던 이 황제가 있다. 왼쪽에는 관료와 군인이, 오른쪽에는 성직자가 황제를 수행하고 있다.

보기
ㄱ. 십자군 전쟁을 일으켰다.
ㄴ. 카노사의 굴욕을 당하였다.
ㄷ. 성 소피아 대성당을 건립하였다.
ㄹ. 옛 로마 제국의 영토를 대부분 회복하였다.

① ㄱ, ㄴ ② ㄱ, ㄷ ③ ㄴ, ㄷ
④ ㄴ, ㄹ ⑤ ㄷ, ㄹ

28 중세 서유럽과 비잔티움 제국을 비교한 내용으로 옳지 않은 것은?

	구분	서유럽	비잔티움 제국
①	종교	로마 가톨릭	그리스 정교
②	정치	중앙 집권 체제	지방 분권적 봉건제
③	경제	농업 발달	상공업 발달
④	건축	고딕 양식	비잔티움 양식
⑤	공용어	라틴어	그리스어

29 (가)~(라)를 일어난 순서대로 옳게 나열한 것은?

(가) 서로마 제국이 멸망하였다.
(나) 비잔티움 제국이 멸망하였다.
(다) 유스티니아누스 법전이 편찬되었다.
(라) 성상 숭배 금지령(성상 파괴령)이 내려졌다.

① (가) – (나) – (라) – (다) ② (가) – (다) – (라) – (나)
③ (나) – (다) – (가) – (라) ④ (다) – (라) – (나) – (가)
⑤ (라) – (다) – (가) – (나)

05 크리스트교 문화의 형성과 확산(2)

30 지도에 나타난 전쟁에 대한 설명으로 옳지 않은 것은?

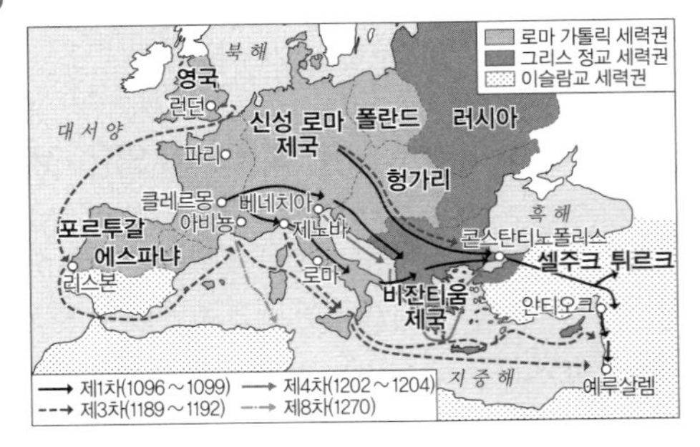

① 전쟁 이후 교황의 권위가 강화되었다.
② 200여 년에 걸쳐 여러 차례 일어났다.
③ 유럽의 제후, 기사, 상인, 농민이 참여하였다.
④ 점차 상업적 이익을 중시하여 성지 회복에 실패하였다.
⑤ 셀주크 튀르크가 예루살렘을 점령한 것을 배경으로 일어났다.

31 다음 가상 역사 신문에 나타난 상황이 중세 서유럽 사회에 끼친 영향으로 가장 적절한 것은?

> **역사 신문** 13○○. ○○. ○○.
>
> **흑사병의 유행, 많은 사람들이 목숨 잃어**
>
> 전 유럽을 휩쓸고 있는 흑사병은 페스트균이 일으키는 전염병이라고 한다. 흑사병에 걸린 사람은 피부색이 시커멓게 변하고, 고열과 오한을 앓다 며칠 안에 목숨을 잃는다. 이 병으로 유럽의 인구가 크게 감소하고 있으며, 많은 사람들이 공포에 떨고 있다.

① 봉건 사회가 성립되었다.
② 농노의 처우가 개선되었다.
③ 서로마 제국이 멸망하였다.
④ 십자군 전쟁이 발발하였다.
⑤ 라티푼디움 경영이 확대되었다.

32 다음 내용에 공통으로 해당하는 나라로 옳은 것은?

> • 백년 전쟁에서 승리하였다.
> • 서프랑크 왕국의 기원이 되었다.

① 독일　② 영국
③ 러시아　④ 프랑스
⑤ 이탈리아

잘 나와!

33 다음과 같은 주장을 한 인물에 대한 설명으로 옳은 것은?

> 교황이 모든 벌을 면제한다고 선언한다면 그것은 진정한 의미에서의 모든 벌이 아니라, 단지 교황 자신이 내린 벌을 면제한다는 것뿐이다. －「95개조 반박문」

① 예정설을 주장하였다.
② 스콜라 철학을 집대성하였다.
③ 교황의 면벌부 판매를 비판하였다.
④ 국왕이 교회의 수장임을 선언하였다.
⑤ 지동설을 주장하여 당시 사람들의 우주관에 변화를 주었다.

서술형 문제

1 ㉠에 들어갈 제도의 명칭을 쓰고, 이 제도의 실시로 나타난 결과를 서술하시오.

> 위진 남북조 시대에는 중정관이 지역 사회의 평판과 덕망, 재능 등을 바탕으로 지역의 인재를 9등급으로 평가하여 중앙에 추천하는 제도인 (㉠) 이/가 실시되었다.

2 밑줄 친 부분에 해당하는 정책을 두 가지 서술하시오.

> 아바스 왕조는 아랍인 중심의 차별 정책을 폐지하고 '모든 신도는 알라 앞에서 평등하다.'라는 이슬람의 원칙을 내세워 나라를 통치하였다.

3 (가), (나)가 만들어진 지역에서 발달한 르네상스의 특징에 대해 각각 서술하시오.

(가)

↑ 모나리자

(나)

> 요즘 교황은 가장 어려운 일들을 베드로와 바울에게 맡기고 호화로운 의식과 즐거운 일만 찾는다. 교황은 바로 나, 우신 덕분에 우아한 생활을 하고 있다. －「우신예찬」

100점 도전! 실전 문제 2회

01 불교 및 힌두교 문화의 형성과 확산

01 불교에 대한 설명으로 옳은 것을 〈보기〉에서 고른 것은?

보기
ㄱ. 카스트에 따른 의무 수행을 중시하였다. ㄴ. 크샤트리아와 바이샤 세력에게 환영을 받았다. ㄷ. 신분 차별에 반대하고 자비와 평등을 강조하였다. ㄹ. 쿠란의 가르침을 일상생활의 기본 규범으로 삼았다.

① ㄱ, ㄴ ② ㄱ, ㄷ ③ ㄴ, ㄷ
④ ㄴ, ㄹ ⑤ ㄷ, ㄹ

02 ㉠에 들어갈 인물로 옳은 것은?

> 기원전 4세기 후반까지 인도는 여러 나라로 나뉘어 있었다. 이 무렵에 알렉산드로스가 서북쪽 인더스강 유역을 침범하였다. 알렉산드로스가 물러난 뒤, (㉠) 이/가 최초로 인도 북부 지역을 통일하였다.

① 아소카왕 ② 카니슈카왕
③ 찬드라굽타 1세 ④ 찬드라굽타 2세
⑤ 찬드라굽타 마우리아

03 밑줄 친 '이 왕조'에 대한 설명으로 옳은 것은?

> 지도는 이 왕조의 최대 영역을 나타낸 것이다. 1세기경에 이란 계통의 유목 민족이 이 왕조를 세우고 분열되었던 인도 북부를 다시 통일하였다.

① 상좌부 불교를 후원하였다.
② 칼링가 왕국을 정복하였다.
③ 힌두교를 적극적으로 보호하였다.
④ 찬드라굽타 2세 때 전성기를 이루었다.
⑤ 동서 교역로를 장악하고 중계 무역으로 번영을 누렸다.

100점이 코 앞!

04 밑줄 친 '이 양식'이 발전한 왕조 시기에 대한 설명으로 옳지 않은 것은?

> 미술에서는 간다라 양식에 인도 고유의 특색을 강조한 이 양식이 나타났다. 아잔타 석굴 사원의 벽화, 엘로라 석굴 사원의 불상과 벽화가 대표적이다. 이 양식은 옷 주름의 선을 생략하고 인체의 윤곽을 그대로 드러냈다.

① 브라만교가 성립하였다.
② 인도의 고전 문화가 발달하였다.
③ 숫자 0(영)의 개념을 처음 사용하였다.
④ 마하바라타가 산스크리트어로 정리되었다.
⑤ 지구가 둥글고 자전한다는 사실을 밝혀냈다.

05 다음 자료를 읽고 힌두교에 대해 학생들이 나눈 대화 내용으로 적절한 것은?

> 창조주는 …… 각자의 업을 정하였도다. 브라만에게는 제사 지내는 일을, 크샤트리아에게는 백성을 보호하고 다스릴 것을, 바이샤에게는 농사를 짓고 짐승을 기를 것을 명령하셨다. 수드라에게는 앞선 세 신분의 사람들에게 봉사하는 임무를 명령하셨다. – 『마누 법전』

① 무함마드가 정립하였어.
② 중생의 구제를 목표로 하였어.
③ 자비와 평등, 해탈을 강조하였어.
④ 카스트제의 신분 차별을 비판하였어.
⑤ 카스트에 따른 의무 수행을 강조하였어.

06 동남아시아의 문화에 대한 설명으로 옳은 것은?

① 캄보디아 – 불교 사원인 왓 마하탓이 세워졌다.
② 미얀마 – 국토 전역에 파간 불탑 등 수많은 불탑이 조성되었다.
③ 인도네시아 – 11세기경에 공자를 모신 사당인 문묘가 설립되었다.
④ 태국 – 앙코르 왕조가 힌두교 사원인 앙코르 와트를 건립하였다.
⑤ 베트남 – 세계 최대의 대승 불교 유적지인 보로부두르 사원이 건설되었다.

02 동아시아 문화의 형성과 확산

07 북위 효문제의 정책으로 옳지 않은 것은?

① 대운하를 건설하였다.
② 수도를 뤄양으로 옮겼다.
③ 선비족과 한족의 결혼을 장려하였다.
④ 선비족의 복장과 언어를 금지하였다.
⑤ 선비족의 성씨를 한족의 성씨로 바꾸게 하였다.

08 다음 문학 작품이 만들어진 시기의 문화에 대한 설명으로 옳은 것은?

> 돌아가련다. / 속세와 어울리는 것은 이제 그만두자. / 세상과 나는 본래 인연이 없었으니 새삼 다시 벼슬길에 나간들 거기 무슨 구할 것이 있으리오. －「귀거래사」

① 채륜이 제지술을 개량하였다.
② 불교가 중국에 처음 전래되었다.
③ 당삼채와 호선무가 인기를 끌었다.
④ 훈고학을 집대성한 오경정의가 편찬되었다.
⑤ 개인의 자유로운 삶을 추구하는 청담 사상이 유행하였다.

09 중국에서 실시된 관리 등용 제도인 (가), (나)에 대한 설명으로 옳지 않은 것은?

> (가) 유교 경전에 대한 시험을 통해 관리를 선발하는 제도이다.
> (나) 각 지방의 중정관이 자기 지역의 인물을 재능과 인품 등에 따라 등급을 매겨 중앙 정부에 추천하는 제도이다.

① (가) – 당대에 처음 실시되었다.
② (가) – 왕권을 강화하는 데 기여하였다.
③ (가) – 신분보다는 능력에 따라 관리를 뽑고자 하였다.
④ (나) – 위진 남북조 시대에 실시되었다.
⑤ (나) – 문벌 귀족 사회가 형성되는 데 영향을 주었다.

잘 나와!

10 (가) 운하를 건설한 나라에 대한 설명으로 옳은 것은?

① 안사의 난 이후 쇠퇴하였다.
② 위·촉·오의 삼국을 통일하였다.
③ 흉노를 막기 위해 만리장성을 쌓았다.
④ 윈강에 대규모 석굴 사원을 조성하였다.
⑤ 여러 차례 고구려를 침략하였으나 실패하였다.

11 ㉠, ㉡에 들어갈 중국 왕조의 공통점으로 옳은 것은?

춘추 전국 시대 ➡ ㉠ ➡ 한 ➡ 위진 남북조 시대 ➡ ㉡ ➡ 당

① 과거제 시행
② 균전제 실시
③ 분서갱유 단행
④ 청담 사상 유행
⑤ 대규모 토목 공사 실시

12 지도의 최대 영역을 차지한 왕조의 통치 체제에 대한 설명으로 옳지 않은 것은?

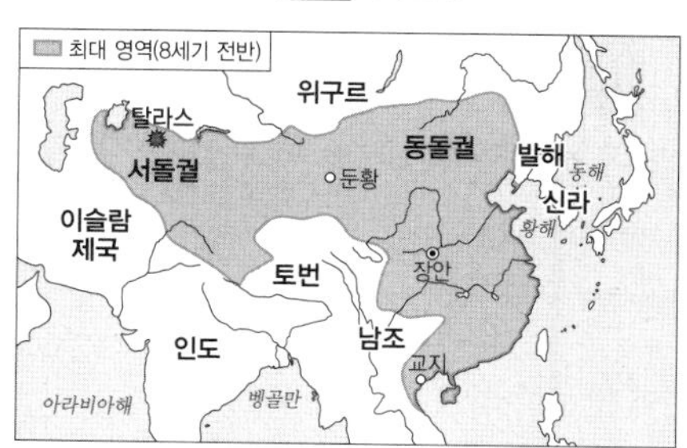

① 지방을 주현으로 나누어 다스렸다.
② 9품중정제를 통해 관리를 선발하였다.
③ 율령에 기초하여 통치 체제를 마련하였다.
④ 중앙의 최고 행정 기관으로 3성 6부를 두었다.
⑤ 균전제에 따라 조용조와 부병제가 실시되었다.

13 그림은 당의 통치 체제 변화를 보여 준다. ㉠~㉢에 들어갈 제도에 대한 설명으로 옳은 것은?

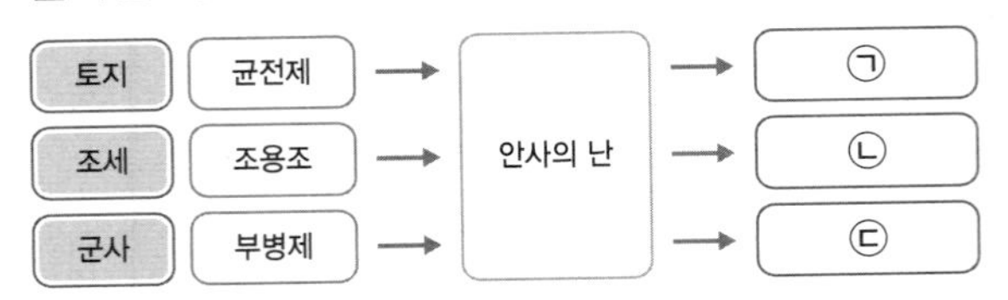

① ㉠ – 양세법에 해당한다.
② ㉠ – 귀족이 장원을 확대하고 농민이 몰락하는 상황에서 나타났다.
③ ㉡ – 모병제에 해당한다.
④ ㉡ – 농민에게 곡물, 노동력, 직물을 거두었다.
⑤ ㉢ – 농민들에게 농한기에 군사 훈련을 받고, 전쟁이 나면 병사로 복무하게 하였다.

14 다음 보고서에 들어갈 수 있는 내용으로 적절한 것을 〈보기〉에서 고른 것은?

역사 탐구 보고서
- 탐구 주제: 당 문화의 국제적인 성격
- 수집한 자료

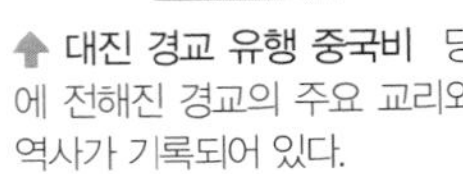

대진 경교 유행 중국비 당에 전해진 경교의 주요 교리와 역사가 기록되어 있다.

호선무 당에서 유행한 중앙아시아의 춤으로, 무용수가 작은 원 안에서 빙빙 돌았다.

보기
ㄱ. 장안에 방문한 외국 사신들
ㄴ. 화려한 색과 무늬를 지닌 당삼채
ㄷ. 고개지의 여사잠도와 왕희지의 글씨
ㄹ. 윈강과 룽먼 등에 조성된 거대한 석굴 사원

① ㄱ, ㄴ ② ㄱ, ㄷ ③ ㄴ, ㄷ
④ ㄴ, ㄹ ⑤ ㄷ, ㄹ

15 다음에서 설명하는 나라로 옳은 것은?

청동기 문화를 바탕으로 만주와 한반도에 등장한 최초의 국가이다. 철기를 받아들여 발전하였지만 한 무제의 공격으로 멸망하였다.

① 발해 ② 백제 ③ 신라
④ 고구려 ⑤ 고조선

16 (가), (나) 시기에 대한 설명으로 옳은 것은?

300년경 — (가) — 710년 — (나) — 794년
야마토 정권 수립 / 헤이조쿄 천도 / 헤이안쿄 천도

① (가) – 다이카 개신이 일어났다.
② (가) – 도다이사가 건립되었다.
③ (가) – 고사기와 일본서기가 편찬되었다.
④ (나) – 일본의 고유 문자인 가나가 사용되었다.
⑤ (나) – 쇼토쿠 태자가 불교를 장려하여 아스카 문화가 발달하였다.

잘 나와!

17 다음 내용에 해당하는 시대로 옳은 것은?

- 견당사 파견 중지
- 일본 고유의 국풍 문화 발달

① 나라 시대 ② 아스카 시대
③ 야마토 정권 ④ 야요이 시대
⑤ 헤이안 시대

18 다음 사례를 통해 알 수 있는 동아시아 문화권의 공통 요소로 가장 적절한 것은?

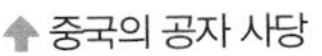

중국의 공자 사당 / 한국의 공자 사당

① 경교 ② 불교 ③ 유교
④ 율령 ⑤ 한자

03 이슬람 문화의 형성과 확산

19 ㉠에 들어갈 사건을 쓰시오.

> (　㉠　)은/는 '성스러운 이주'라는 의미로, 무함마드가 귀족들의 탄압을 피해 신자들과 함께 메카에서 메디나로 근거지를 옮긴 사건을 말한다. 이 일이 일어난 622년은 이슬람력의 시작 연도가 되었다.

20 (가)에 들어갈 내용으로 적절한 것을 〈보기〉에서 고른 것은?

> 정통 칼리프 시대에는 ________(가)________
> 이에 따라 이슬람 세력이 짧은 시간에 넓은 지역을 정복하였고, 이슬람교가 빠르게 전파되었다.

보기
ㄱ. 종교적 관용 정책을 펼쳤다.
ㄴ. 아랍인 우대 정책을 실시하였다.
ㄷ. 말과 낙타를 이용하여 기동력이 뛰어났다.
ㄹ. 정복한 지역의 주민들에게 이슬람교를 강요하였다.

① ㄱ, ㄴ　② ㄱ, ㄷ　③ ㄴ, ㄷ
④ ㄴ, ㄹ　⑤ ㄷ, ㄹ

21 (가), (나)의 이슬람 왕조에 대한 설명으로 옳은 것은?

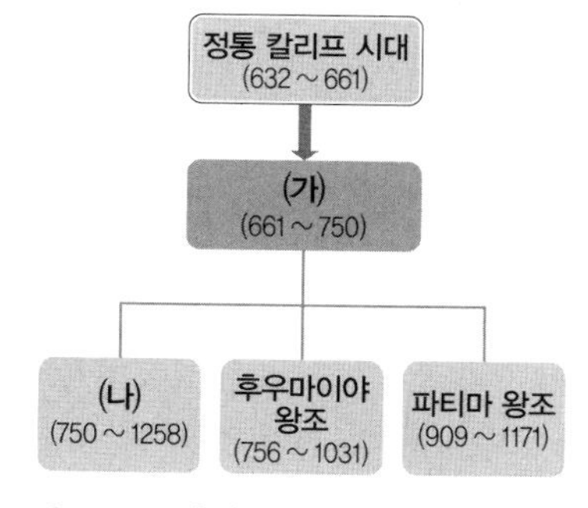

① (가) – 당과 벌인 탈라스 전투에서 승리하였다.
② (가) – 아랍인 중심의 민족 차별 정책을 폐지하였다.
③ (가) – 유럽의 이베리아반도까지 영토를 확장하였다.
④ (나) – 사산 왕조 페르시아를 정복하였다.
⑤ (나) – 다마스쿠스를 수도로 삼아 발전하였다.

22 ㉠에 들어갈 종교로 옳은 것은?

> ▶ 지식 Q&A
> (　㉠　)에 대해 알려 주세요.
> ▶ 답변하기
> ↳ 갑: 경전인 『쿠란』이 일상생활의 기본 규범이 되었어요.
> ↳ 을: 신도들에게는 지켜야 할 다섯 가지 의무(5행)가 있어요.

① 불교　② 유교
③ 힌두교　④ 이슬람교
⑤ 크리스트교

100점이 코 앞!

23 다음 내용을 통해 알 수 있는 이슬람 문화의 특징으로 가장 적절한 것은?

> • 이슬람 세계에서는 인도로부터 숫자 '0(영)'을 받아들여 아라비아 숫자를 완성하였다.
> • 『아라비안나이트』는 아라비아 민담을 중심으로 페르시아, 인도, 이집트 등지의 설화를 모은 책이다.

① 인도 고유의 특색을 강조하였다.
② 크리스트교를 중심으로 발달하였다.
③ 다양한 문화 요소가 융합하여 발전하였다.
④ 한자, 율령, 유교, 불교를 공통 요소로 하였다.
⑤ 인도 문화와 헬레니즘 문화의 결합으로 나타났다.

04 크리스트교 문화의 형성과 확산(1)

24 프랑크 왕국에 대한 설명으로 옳은 것을 〈보기〉에서 고른 것은?

보기
ㄱ. 노르만족이 세웠다.
ㄴ. 카롤루스 대제 시기에 전성기를 맞았다.
ㄷ. 황제가 교회의 우두머리 역할을 하였다.
ㄹ. 오늘날 프랑스, 이탈리아, 독일의 기원이 되었다.

① ㄱ, ㄴ　② ㄱ, ㄷ　③ ㄴ, ㄷ
④ ㄴ, ㄹ　⑤ ㄷ, ㄹ

25 (가)에 들어갈 내용으로 가장 적절한 것은?

> 9세기에 프랑크 왕국이 분열된 이후 서유럽은 바이킹, 마자르족, 이슬람 세력 등 이민족의 침입으로 혼란에 빠졌다. 이러한 가운데 힘 있는 사람들은 성을 쌓고 무력을 갖춘 기사가 되었다. 이러한 상황을 배경으로
> (가)

① 장원이 해체되었다.
② 르네상스가 일어났다.
③ 봉건 사회가 성립하였다.
④ 십자군 전쟁이 발발하였다.
⑤ 중앙 집권 국가가 등장하였다.

26 (가)에 들어갈 내용으로 옳은 것은?

① 로마네스크 양식에 해당해요.
② 비잔티움 제국에서 건립하였어요.
③ 돔과 반원의 아치를 특징으로 해요.
④ 내부를 모자이크 벽화로 장식하였어요.
⑤ 채색 유리 장식에 크리스트교의 교리를 묘사하였어요.

27 다음 영역을 차지한 나라에 대한 설명으로 옳지 않은 것은?

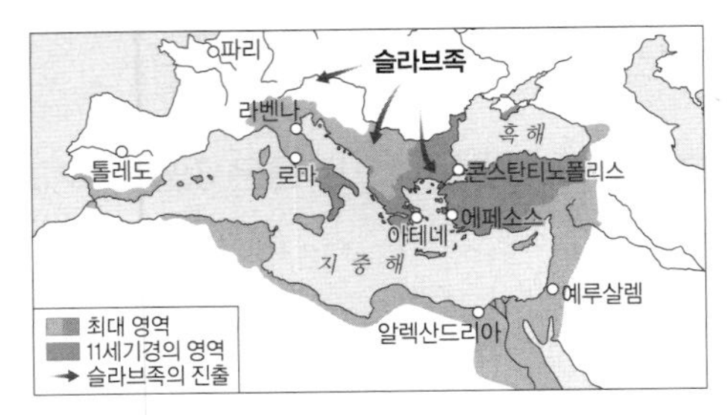

① 오스만 제국에 멸망하였다.
② 성 소피아 대성당이 건립되었다.
③ 유스티니아누스 법전이 편찬되었다.
④ 러시아 등 슬라브족의 문화로부터 영향을 받았다.
⑤ 콘스탄티노폴리스가 세계 최대의 도시로 성장하였다.

28 ㉠, ㉡에 들어갈 내용을 옳게 짝지은 것은?

> 동서 교회는 성상 숭배 문제를 두고 오랫동안 논쟁을 벌이다가 로마를 중심으로 하는 (㉠), 콘스탄티노폴리스를 중심으로 하는 (㉡)로 분리되었다.

	㉠	㉡
①	힌두교	가톨릭교회
②	힌두교	조로아스터교
③	가톨릭교회	힌두교
④	가톨릭교회	그리스 정교
⑤	그리스 정교	가톨릭교회

29 밑줄 친 '이 나라'로 옳은 것은?

> 유럽 동북부 지역에 살던 슬라브족은 비잔티움 문화의 영향을 받아 슬라브 문화권을 형성하였다. 특히 러시아의 기원이 된 이 나라는 비잔티움 제국과 교역하며 그리스 정교를 받아들였다.

① 굽타 왕조
② 아바스 왕조
③ 키예프 공국
④ 프랑크 왕국
⑤ 알렉산드로스 제국

05 크리스트교 문화의 형성과 확산(2)

30 다음 자료와 관련된 전쟁으로 옳은 것은?

> 성지를 회복합시다. 이 싸움에서 전사하는 자는 구원을 받을 것입니다. 여러분이 사는 이 땅은 좁고 척박합니다. 성지와 그 주변의 비옥한 땅을 정복합시다. 그곳은 신이 우리에게 약속한 땅입니다.
> – 교황 우르바누스 2세

① 백년 전쟁
② 장미 전쟁
③ 30년 전쟁
④ 탈라스 전투
⑤ 십자군 전쟁

31 다음과 같은 현상이 나타난 배경으로 적절하지 <u>않은</u> 것은?

> 유럽에서 장원이 해체되고, 중세 봉건 사회가 크게 흔들리게 되었다.

① 인구가 크게 증가하였다.
② 화폐가 널리 사용되었다.
③ 농민의 지위가 향상되었다.
④ 상업과 도시가 발달하였다.
⑤ 곳곳에서 농민 봉기가 발생하였다.

잘 나와!

32 (가)에 들어갈 내용으로 가장 적절한 것은?

> **수행 평가 보고서**
> • 주제: 16세기 이후 알프스 이북의 르네상스
> • 조사 자료: ______(가)______
> • 자료 분석 결과: 현실 사회와 교회의 부패를 비판하는 경향이 강하게 나타남

① 성 베드로 대성당
② 보카치오의 데카메론
③ 페트라르카의 서정시
④ 토머스 모어의 유토피아
⑤ 레오나르도 다빈치의 모나리자

33 (가)~(라)를 일어난 순서대로 옳게 나열한 것은?

> (가) 30년 전쟁 발발
> (나) 아우크스부르크 화의
> (다) 루터의 95개조 반박문 발표
> (라) 칼뱅파의 신앙이 공식적으로 인정받음

① (가) – (나) – (라) – (다)
② (나) – (다) – (라) – (가)
③ (다) – (나) – (가) – (라)
④ (다) – (라) – (나) – (가)
⑤ (라) – (다) – (가) – (나)

서술형 문제

1 사진과 같은 미술 양식의 발달 배경을 서술하시오.

2 (가), (나) 왕조를 쓰고, 8세기 중엽 두 왕조 사이에 일어난 전투가 각 왕조에 끼친 영향을 서술하시오.

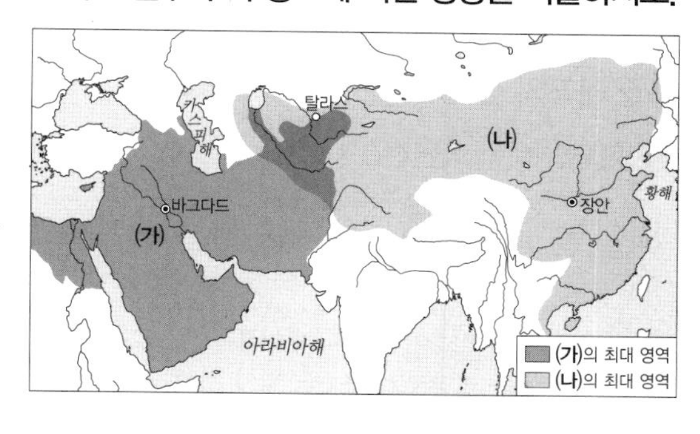

3 다음 내용과 관련된 사건이 일어난 배경과 그 결과를 서술하시오.

> 사진은 황제 하인리히 4세가 클뤼니 수도원장과 카노사의 성주 마틸다 백작 부인에게 교황과의 화해를 주선해 달라고 부탁하는 모습이다.

Ⅲ 지역 세계의 교류와 변화

01 몽골 제국과 문화 교류

송의 발전과 북방 민족의 성장

1. 송의 발전

정치	송 태조가 문치주의 정책 실시(문인 관료 우대) → 사대부 형성, 군사력 약화, 재정 악화 → ❶□□□의 개혁 시도(→ 실패) → 금의 공격으로 천도(남송)
경제	• 농업: 창장강 하류 지역 개간, 농업 기술 발달 • 상공업: 동업 조합 결성(행·작), 지폐(교자) 사용 • 해상 무역: 항해술 발전, 주요 항구에 시박사 설치
문화	• 학문: 남송의 ❷□□가 성리학 완성 • 과학 기술: 화약 무기, 나침반, 활판 인쇄술 발전 • 서민 문화: 대도시에 공연장 발달

2. 북방 민족의 성장: 거란족이 거란(요) 건국, 탕구트족이 ❸□□ 건국, ❹□□족이 금 건국 → 송 압박

몽골 제국의 성립과 동서 문화 교류의 확대

1. 몽골 제국의 성립과 변천

몽골 제국	❺□□□ □이 몽골 제국 수립(1206) → 정복 활동으로 대제국 건설 → 여러 울루스(한국)로 분할
원	• 성립: 쿠빌라이 칸이 나라 이름을 원으로 변경(1271) → 남송을 멸망시키고 중국 전역 지배 • 통치: 몽골 제일주의를 내세워 민족 차별 정책 실시

2. 원의 경제와 문화

경제	주요 교통로에 ❻□□ 설치, 지폐(교초) 사용 등
문화	외국인의 중국 방문, 이슬람 문화 유입, 중국에 다양한 종교 공존, 나침반·화약·활판 인쇄술 등이 유럽에 전파

02 동아시아 지역 질서의 변화

명·청의 성립과 발전

1. 명의 성립과 발전

성립	주원장(홍무제)이 금릉(난징)을 수도로 명 건국(1368)
발전	• 홍무제: 재상제 폐지, 이갑제 실시, 육유 반포 등 • ❼□□□: 베이징 천도, 정화의 함대 파견 등
멸망	이자성의 농민군에 의해 멸망(1644)

2. 청의 성립과 중국 통치

성립	누르하치가 후금 건국(1616) → ❽□□□□가 나라 이름을 청으로 변경 → 명 멸망 후 청이 중국 지배
중국 통치	• 회유책: 만한 병용제 실시, 편찬 사업에 한인 동원 • 강경책: 한족에게 변발·호복 강요, 청 비판 금지

3. 동아시아 각국의 세계관 변화: 명·청 교체 → 청, 조선, 일본에서 자국 중심의 화이사상 등장

4. 명·청대의 경제, 사회, 문화

경제	농업·상공업 발전, 대상인 집단 성장, 상업 도시 번영
사회	❾□□층이 중앙 관직으로 진출, 향촌 질서 유지
문화	양명학과 고증학 발달, 서민 문화 발전(소설, 경극 등)

5. 명·청대의 대외 교류: 대량의 은이 중국에 유입(→ 세금의 은납화), 선교사들이 중국에 서양 학문 소개

동아시아 지역의 질서 변화

1. 한반도의 고려와 조선: 10세기 초 왕건이 고려 건국 → 14세기 말 이성계가 조선 건국

2. 일본 무사 정권의 성립과 변화

가마쿠라 막부	12세기 말 미나모토노 요리토모가 수립 → ❿□의 침략을 막아낸 후 쇠퇴
무로마치 막부	14세기에 실권 장악, 중국과 외교 관계 회복
⓫□□ □□	15세기부터 다이묘들의 세력 다툼 지속
에도 막부	17세기에 도쿠가와 이에야스가 수립, 중앙 집권적 봉건 체제 확립, 조닌 문화 발전, 난학 발달

03 서아시아와 북아프리카 지역 질서의 변화

서아시아의 이슬람 왕조 발전

셀주크 튀르크	술탄 칭호 획득, 십자군 전쟁 이후 쇠퇴
훌라구 울루스	몽골 제국의 일부, 이슬람교를 국교로 함
⓬□□□ 왕조	몽골 제국의 부흥 표방, 수도 사마르칸트가 중계 무역으로 번영
⓭□□□ 왕조	페르시아 제국의 부활 표방, 시아파 이슬람교를 국교로 삼음, 수도 이스파한 발전

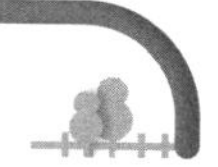

오스만 제국의 이슬람 세계 지배

정치	• 성립: 오스만 세력이 튀르크족을 통합하여 건국 • 발전: ⑭□□□□ 제국 정복 후 콘스탄티노폴리스(이스탄불)를 수도로 삼음(1453) → 이집트 정복 후 ⑮□□ □□□ 제도 확립 → 술레이만 1세 시기에 헝가리 정복, 오스트리아의 빈 공격, 유럽의 연합 함대 격파(전성기 이룩) • 쇠퇴: 술레이만 1세 사후 정치 불안정 → 17세기 이후 서양 세력의 침략으로 국력 약화
통치 정책	자치 공동체인 ⑯□□□ 허용, 술탄의 친위 부대인 예니체리 육성
문화	술탄 아흐메트 사원 건축, 실용적인 학문 발달

인도에서 발전한 이슬람 왕조

1. 이슬람 세력의 확대: 13세기 초 델리 술탄 왕조 건국

2. 무굴 제국의 발전

⑰□□□□ 황제	북인도에서 아프가니스탄에 이르는 제국 건설, 힌두교도에 대한 지즈야(인두세) 폐지
아우랑제브 황제	최대 영토 확보, 이슬람 제일주의를 내세움(인두세 부활, 힌두교와 시크교 탄압)

3. 무굴 제국의 문화: 인도(힌두)·이슬람 문화 발달(타지마할 건축, 무굴 회화 발달, 시크교 발전, 우르두어 사용)

04 신항로 개척과 유럽 지역 질서의 변화

새로운 항로 개척

1. 신항로 개척의 배경: 동방에 대한 유럽인의 관심 증가, 과학 기술의 발달 등

2. 신항로 개척의 전개: 콜럼버스, 바스쿠 다 가마, 마젤란 등이 새로운 항로 개척

3. 신항로 개척 이후의 변화

아메리카	아메리카 문명의 파괴(아스테카 제국, 잉카 제국 멸망), 아메리카 원주민의 인구 감소
아프리카	노예 무역 성행(아메리카 지역의 노동력 보충 목적) → 인구 감소, 성비 불균형 등의 문제 발생
유럽	지중해를 대신하여 ⑱□□□이 무역의 중심지가 됨(→ 삼각 무역 발전), 아메리카에서 새로운 작물 전래, 가격 혁명과 상업 혁명 발생

4. 세계적 교역망의 형성: 유럽 국가들의 아시아 진출 → 은을 매개로 세계적 교역망 형성

절대 왕정의 등장

1. 절대 왕정의 기반

(1) **왕권신수설**: 왕권은 신에게서 받은 것이라고 주장

(2) **관료제**: 국왕의 명령을 효율적으로 시행

(3) **상비군**: 국왕이 언제든 동원할 수 있는 군대 육성

(4) ⑲□□□□ **정책**: 국내 산업을 보호하고 육성하여 수출 장려, 관세를 높여 수입 억제, 해외 식민지 개척

2. 유럽 각국의 절대 왕정

서유럽	• 펠리페 2세(에스파냐): 서유럽에서 가장 먼저 절대 왕정 확립, 무적함대로 지중해 해상권 장악 • 엘리자베스 1세(영국): 무적함대 격파, 인도에 동인도 회사 설립, 영국 국교회 확립 • 루이 14세(프랑스): 스스로를 태양왕이라 칭함, 콜베르 등용, 베르사유 궁전 건축
동유럽	• ⑳□□□ □□(러시아): 서유럽의 문화와 제도 수용, 발트해 진출, 상트페테르부르크 건설 • 프리드리히 2세(프로이센): 국가 제일의 심부름꾼 자처, 슐레지엔 지방 확보, 상수시 궁전 건립 • 마리아 테레지아(오스트리아): 중앙 집권화 추진

3. 17~18세기 유럽의 문화: 뉴턴이 만유인력의 법칙 발견(과학 혁명), 몽테스키외·루소 등이 계몽사상 주장

정답 확인하기

❶ 왕안석	❷ 주희	❸ 서하	❹ 여진
❺ 칭기즈 칸	❻ 역참	❼ 영락제	❽ 홍타이지
❾ 신사	❿ 원	⓫ 전국 시대	⓬ 티무르
⓭ 사파비	⓮ 비잔티움	⓯ 술탄 칼리프	⓰ 밀레트
⓱ 아크바르	⓲ 대서양	⓳ 중상주의	⓴ 표트르 대제

스스로 점검하기

맞은 개수	이렇게 해봐
10개 이하	본책으로 돌아가 복습해봐!
11 ~ 15개	틀린 문제의 답을 다시 확인하고 **100점 도전 실전 문제**를 풀도록 해!
16 ~ 20개	자신감을 가지고 **100점 도전 실전 문제**를 풀어봐. 학교 시험 100점 도전!

100점 도전! 실전 문제 1회

01 몽골 제국과 문화 교류

잘 나와!

01 밑줄 친 '여러 정책'의 내용으로 옳은 것을 〈보기〉에서 고른 것은?

> 당 멸망 이후 조광윤(태조)이 송을 건국하였다. 그는 중앙 집권 체제를 강화하기 위해 여러 정책을 추진하였다.

보기
ㄱ. 황제가 군사권을 장악하였다.
ㄴ. 이갑제를 만들어 향촌 사회를 다스렸다.
ㄷ. 과거제를 개혁하여 황제가 직접 시험을 주관하였다.
ㄹ. 사고전서를 편찬하여 중국의 전통문화를 집대성하였다.

① ㄱ, ㄴ ② ㄱ, ㄷ ③ ㄴ, ㄷ
④ ㄴ, ㄹ ⑤ ㄷ, ㄹ

02 송대의 경제에 대한 설명으로 옳지 않은 것은?

① 모내기법이 보편화되었다.
② 창장강 하류 지역이 개간되었다.
③ 상인들이 정크선을 타고 항해하였다.
④ 화폐 사용이 늘었고 지폐인 교초도 사용되었다.
⑤ 주요 항구에서 시박사가 대외 무역을 관리하였다.

03 (가) 국가에 대한 설명으로 옳은 것은?

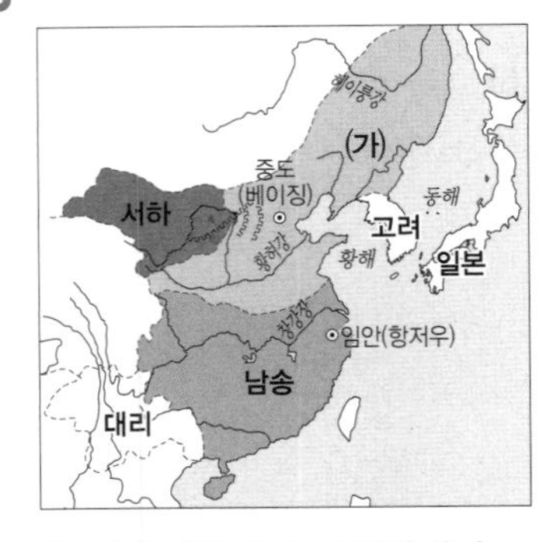

① 야율아보기가 건국하였다.
② 나라 이름이 원으로 바뀌었다.
③ 송과 연합하여 요를 멸망시켰다.
④ 여러 울루스(한국)로 분할되었다.
⑤ 태조가 문치주의 정책을 실시하였다.

04 원의 통치 정책에 대한 설명으로 옳은 것을 〈보기〉에서 고른 것은?

보기
ㄱ. 파스파 문자(몽골 문자)를 사용하였다.
ㄴ. 고위 관직에 만주족과 한족을 함께 등용하였다.
ㄷ. 소수의 몽골인을 가장 우대하였으며, 색목인이 그 다음이었다.
ㄹ. 절도사 세력을 약화하고 문인 관료를 우대하는 문치주의를 실시하였다.

① ㄱ, ㄴ ② ㄱ, ㄷ ③ ㄴ, ㄷ
④ ㄴ, ㄹ ⑤ ㄷ, ㄹ

05 다음에서 설명하는 국가에 대한 설명으로 옳은 것은?

> 전국의 모든 역참에는 숙소가 있는데 관리자가 자신의 서기와 함께 숙소에 와서 전체 투숙객의 이름을 등록하고 일일이 확인 도장을 찍은 다음 숙소의 문을 잠근다. 다음날 아침, 날이 밝으면 관리자와 서기가 함께 다시 투숙객을 확인하고 상황을 상세히 기록한다. 그리고 사람을 파견해 다음 역참까지 안내한다.
>
> – 이븐 바투타, 『여행기』

① 교자라는 지폐가 만들어졌다.
② 사대부가 지배층으로 떠올랐다.
③ 초원길, 비단길, 바닷길을 연결하였다.
④ 공행이라는 특허 상인만 외국 상인과 무역하였다.
⑤ 경전을 실증적으로 연구하는 고증학이 발달하였다.

06 다음 유적을 남긴 국가의 문화에 대한 설명으로 옳지 않은 것은?

① 청화 백자가 제작되었다.
② 티베트 불교가 전래되었다.
③ 도시에서 잡극이 유행하였다.
④ 서양 학문인 난학이 발달하였다.
⑤ 구어체로 쓴 소설이 인기를 얻었다.

02 동아시아 지역 질서의 변화

07 밑줄 친 '이 군주'에 대한 설명으로 옳은 것은?

> 이 군주는 백성에게 육유를 반포하여 유교의 가르침을 전하였다. 육유의 내용으로는 '부모에게 효도하라, 웃어른을 공경하라, 이웃과 화목하라, 자손을 잘 가르치라, 자신의 일에 최선을 다하라, 나쁜 짓을 저지르지 마라.'가 있다.

① 조선을 침략하였다.
② 이갑제를 시행하였다.
③ 수도를 베이징으로 옮겼다.
④ 정화의 함대를 해외로 파견하였다.
⑤ 남송을 멸망시키고 중국 전역을 지배하였다.

08 (가)~(라)를 일어난 순서대로 옳게 나열한 것은?

> (가) 청이 베이징을 점령하였다.
> (나) 누르하치가 후금을 건국하였다.
> (다) 명이 이자성의 농민군에게 멸망하였다.
> (라) 홍타이지가 나라 이름을 청으로 바꾸었다.

① (가) – (나) – (다) – (라)
② (나) – (가) – (다) – (라)
③ (나) – (다) – (가) – (라)
④ (나) – (라) – (다) – (가)
⑤ (다) – (나) – (라) – (가)

09 다음 대화의 주제로 가장 적절한 것은?

① 청의 한족 지배 방식
② 명·청 시기 서양 문물의 전래
③ 명·청대 서민 문화의 발달 배경
④ 명이 주도한 동아시아 국제 질서
⑤ 명·청 교체 이후 동아시아 세계관의 변화

10 지도에 나타난 교류가 중국에 끼친 영향으로 옳은 것을 〈보기〉에서 고른 것은?

보기
ㄱ. 중상주의 정책이 실시되었다. ㄴ. 은이 화폐로서 널리 사용되었다. ㄷ. 가격 혁명과 상업 혁명이 일어났다. ㄹ. 정부가 세금을 은으로 납부하게 하였다.

① ㄱ, ㄴ ② ㄱ, ㄷ ③ ㄴ, ㄷ
④ ㄴ, ㄹ ⑤ ㄷ, ㄹ

11 다음 내용에 해당하는 시기를 연표에서 옳게 고른 것은?

> 15세기 후반 일본에서는 쇼군의 승계를 둘러싸고 다이묘들의 세력 다툼이 일어나 혼란이 지속되었다. 도요토미 히데요시는 이 혼란한 시대를 통일한 후 조선을 침략하였지만 실패하였다.

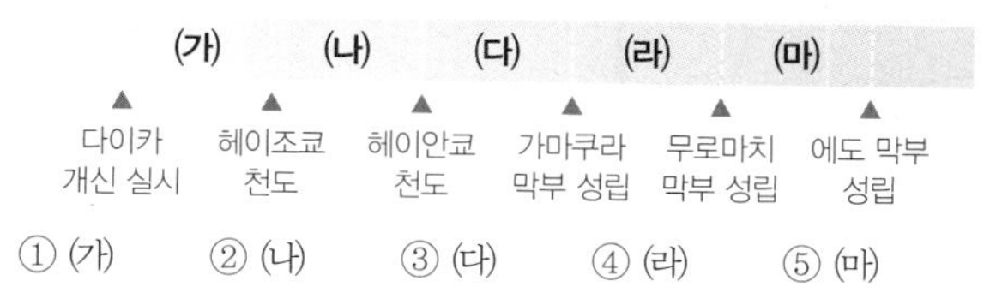

① (가) ② (나) ③ (다) ④ (라) ⑤ (마)

잘 나와!

12 ㉠에 들어갈 내용을 쓰시오.

> 에도 시대에는 농업 생산량이 증가하였고, 수공업과 광업도 발전하였다. 이를 배경으로 (㉠)(이)라고 불리는 도시의 상공업자들이 성장하여 우키요에와 가부키를 즐겼다.

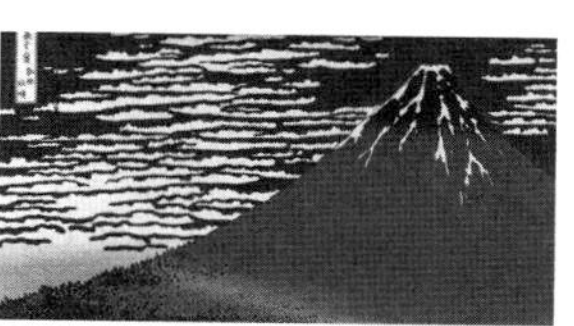
↑ 후지산을 표현한 우키요에

03 서아시아와 북아프리카 지역 질서의 변화

13 밑줄 친 '이 왕조'에 대한 설명으로 옳지 않은 것은?

http://whc.unesco.org/

유네스코 세계 유산

- 명칭: 이맘 광장
- 국가: 이란
- 도시: 이스파한

상세 정보

이스파한의 이맘 광장은 이 왕조 때의 도시 유적이다. 아바스 1세는 이스파한을 수도로 삼고 대대적인 건설 사업을 벌였다. 이맘 광장이 만들어진 이후 이스파한은 경제 중심지로 발전하였다.

① 왕의 칭호로 샤를 사용하였다.
② 시아파 이슬람교를 국교로 삼았다.
③ 오늘날의 이란 전역을 정복하였다.
④ 아바스 왕조로부터 술탄 칭호를 받았다.
⑤ 중계 무역으로 경제적 번영을 이루었다.

14 오스만 제국의 술레이만 1세에 대한 설명으로 옳은 것을 〈보기〉에서 고른 것은?

보기
ㄱ. 헝가리를 정복하였다.
ㄴ. 비잔티움 제국을 멸망시켰다.
ㄷ. 유럽의 연합 함대를 격파하였다.
ㄹ. 남인도를 정복하여 최대 영토를 확보하였다.

① ㄱ, ㄴ ② ㄱ, ㄷ ③ ㄴ, ㄷ
④ ㄴ, ㄹ ⑤ ㄷ, ㄹ

15 ㉠에 들어갈 내용으로 옳은 것은?

사진은 오스만 제국 술탄의 친위 부대이자 최정예군인 (㉠)의 모습을 나타낸다. 오스만 제국은 정복지의 크리스트교 소년을 개종하여 훈련과 교육을 거쳐 (㉠)(으)로 충당하였다.

① 술탄 ② 밀레트
③ 칼리프 ④ 예니체리
⑤ 데브시르메

100점이 코 앞!

16 다음 건축물에 대한 설명으로 옳은 것은?

① 이스파한에 있다.
② 비잔티움 제국에서 건설하였다.
③ 인도 양식과 이슬람 양식이 융합되었다.
④ 오스만 제국에서 이슬람 사원으로 사용되었다.
⑤ 비잔티움 양식의 영향을 받은 이슬람 사원이다.

04 신항로 개척과 유럽 지역 질서의 변화

17 밑줄 친 ㉠, ㉡ 국가가 신항로 개척을 지원하였던 인물을 옳게 연결한 것은?

대서양 연안에 위치한 ㉠ 포르투갈과 ㉡ 에스파냐는 일찍부터 신항로 개척에 앞장섰다.

① ㉠ – 마젤란 ② ㉠ – 콜럼버스
③ ㉠ – 바스쿠 다 가마 ④ ㉡ – 엔히크 왕자
⑤ ㉡ – 바르톨로메우 디아스

잘 나와!

18 (가), (나)에 들어갈 내용으로 옳지 않은 것은?

신항로 개척 이후의 세계
- 유럽: 대서양 연안의 국가들이 번영함
- 아메리카: (가)
- 아프리카: (나)

① (가) – 원주민의 인구가 감소하였다.
② (가) – 유럽인들이 플랜테이션을 운영하였다.
③ (가) – 유럽에서 전파된 전염병이 유행하였다.
④ (나) – 노예 무역이 성행하였다.
⑤ (나) – 아스테카 제국과 잉카 제국이 멸망하였다.

19 ㈎에 들어갈 경제 정책으로 옳은 것을 〈보기〉에서 고른 것은?

> 유럽의 절대 군주는 관료제와 상비군을 유지하는 데 필요한 비용을 마련하기 위해 ______㈎______

보기

ㄱ. 지정은제를 실시하였다.
ㄴ. 관세를 높여 수입을 제한하였다.
ㄷ. 공행을 통한 무역만을 허용하였다.
ㄹ. 해외 팽창과 식민지 건설을 지원하였다.

① ㄱ, ㄴ　② ㄱ, ㄷ　③ ㄴ, ㄷ
④ ㄴ, ㄹ　⑤ ㄷ, ㄹ

20 ㉠, ㉡에 들어갈 국가를 옳게 짝지은 것은?

> 서유럽에서 가장 먼저 절대 왕정을 이룬 (㉠)은/는 무적함대를 만든 펠리페 2세 때 대서양 무역의 주도권을 잡았다. 그러자 (㉡)의 엘리자베스 1세는 무적함대를 물리치고 해상권을 장악하였다.

	㉠	㉡
①	영국	프랑스
②	프랑스	영국
③	프랑스	에스파냐
④	에스파냐	영국
⑤	에스파냐	프랑스

21 ㉠에 들어갈 내용으로 옳은 것은?

① 루이 14세　② 펠리페 2세
③ 표트르 대제　④ 프리드리히 2세
⑤ 마리아 테레지아

서술형 문제

1 다음에서 설명하는 제도를 쓰고, 그 실시 목적과 결과를 서술하시오.

> 에도 막부는 지방의 다이묘들을 일정 기간 동안 에도에 와서 머무르게 하고, 그 가족들도 에도에 인질로 두게 하였다.

2 밑줄 친 부분에 해당하는 사례를 종교, 언어, 건축 분야에서 각각 서술하시오.

> 무굴 제국에는 인도 고유의 문화와 이슬람 문화가 융합된 <u>인도(힌두)·이슬람 문화가 발전</u>하였다.

3 유럽인들이 지도와 같이 항로를 개척하였던 배경을 <u>두 가지</u> 서술하시오.

→ 바르톨로메우 디아스, 희망봉 발견(1488)　→ 콜럼버스, 아메리카 대륙 도착(1492)
→ 바스쿠 다 가마, 인도 항로 개척(1498)　→ 마젤란 일행, 세계 일주(1519~1522)

(『DK HISTORY』, 2007)

100점 도전! 실전 문제 2회

01 몽골 제국과 문화 교류

01 밑줄 친 '이 계층'으로 옳은 것은?

송의 태조는 절도사 세력을 약화하고 문인 관료를 우대하는 문치주의를 실시하였다. 문치주의의 실시로 송대에는 유교적 소양을 갖춘 이 계층이 형성되었다.

① 무사　② 신사
③ 호족　④ 사대부
⑤ 문벌 귀족

02 ㉠ 왕조의 문화에 대한 설명으로 옳은 것을 〈보기〉에서 고른 것은?

(㉠) 시기 과학 기술의 발달

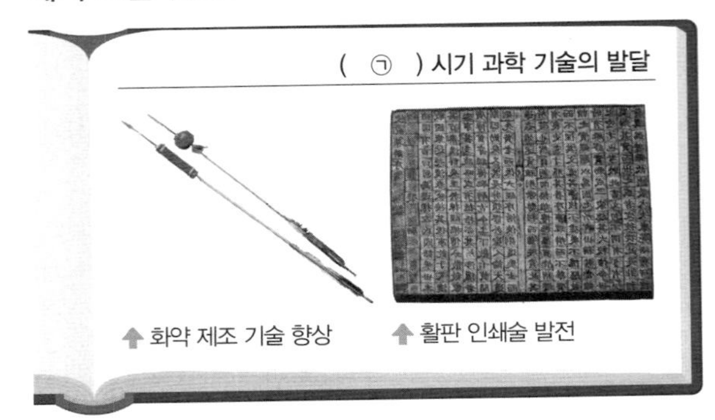

보기
ㄱ. 주희가 성리학을 완성하였다.
ㄴ. 곽수경이 수시력을 제작하였다.
ㄷ. 서민들을 위한 오락 시설이 발달하였다.
ㄹ. 노래와 춤이 어우러진 경극이 등장하였다.

① ㄱ, ㄴ　② ㄱ, ㄷ　③ ㄴ, ㄷ
④ ㄴ, ㄹ　⑤ ㄷ, ㄹ

03 서하에 대한 설명으로 옳은 것은?

① 송을 공격하여 남쪽으로 몰아냈다.
② 동서 무역로를 장악하고 송을 압박하였다.
③ 남송을 멸망시키고 중국 전역을 지배하였다.
④ 만주에 있는 여러 부족을 통합하여 건국되었다.
⑤ 한족을 다스리기 위해 이중적인 통치 방식을 사용하였다.

04 ㉠에 들어갈 나라에 대한 설명으로 옳은 것을 〈보기〉에서 고른 것은?

13세기 초 테무친은 부족을 통일한 후 칭기즈 칸으로 추대되어 (㉠)을/를 세웠다.

보기
ㄱ. 국호를 청으로 바꾸었다.
ㄴ. 여러 울루스로 분할되었다.
ㄷ. 송과 연합하여 요를 멸망시켰다.
ㄹ. 쿠빌라이 칸이 수도를 대도(베이징)로 옮겼다.

① ㄱ, ㄴ　② ㄱ, ㄷ　③ ㄴ, ㄷ
④ ㄴ, ㄹ　⑤ ㄷ, ㄹ

잘 나와!

05 다음은 원대의 신분 구성을 나타낸 것이다. (가)~(라) 민족에 대한 설명으로 옳은 것은?

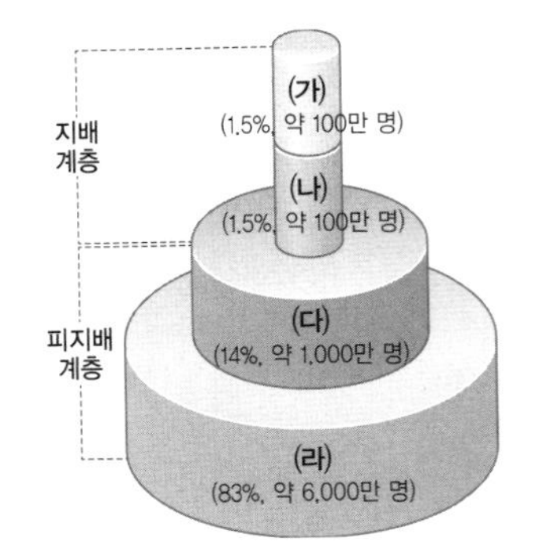

① (가) – 금 지배하의 한족이다.
② (나) – 주로 서역 출신의 외국인이었다.
③ (다) – 몽골의 침입 때 가장 크게 저항하였다.
④ (라) – 원대의 주요 관직을 독점하였다.
⑤ (다), (라) – 몽골 제일주의에 따라 우대받았다.

06 다음 글의 제목으로 옳은 것은?

원대에는 외국 문화에 개방적이었기 때문에 다양한 외국 문화가 원에 들어왔다. 한편, 이 시기에는 중국의 화약, 나침반, 활판 인쇄술 등이 이슬람 세계를 통해 유럽에 전파되었다.

① 원의 쇠퇴와 멸망
② 원의 민족 차별 정책
③ 몽골 제국의 정복 활동
④ 원대의 동서 문화 교류
⑤ 원대에 발달한 서민 문화

02 동아시아 지역 질서의 변화

07 지도의 항해를 추진한 국왕의 업적으로 옳은 것은?

① 사고전서를 편찬하였다.
② 수도를 베이징으로 옮겼다.
③ 문치주의 정책을 실시하였다.
④ 토지 대장인 어린도책을 만들었다.
⑤ 이갑제를 만들어 향촌 사회를 다스렸다.

100점이 코 앞!

08 밑줄 친 '이 국가'에 대한 설명으로 옳지 않은 것은?

> **역사 용어 카드**
> • 팔기군: 누르하치가 만든 조직으로 군사와 행정을 겸하였다. 팔기군은 이 국가가 중국을 지배하는 데 커다란 역할을 하였다. 팔기라는 이름은 여덟 개의 깃발에 따라 부대를 편성한 것에서 유래하였다.

① 양명학이 등장하였다.
② 지정은제가 시행되었다.
③ 신사가 사회를 주도하였다.
④ 쑤저우 등의 도시가 번영하였다.
⑤ 홍루몽과 같은 소설이 유행하였다.

09 명·청대의 대외 교류에 대한 설명으로 옳은 것은?

① 장안이 국제도시로 번성하였다.
② 마르코 폴로가 중국을 방문하였다.
③ 화려한 색을 지닌 당삼채가 유행하였다.
④ 선교사들이 중국에 서양 학문을 소개하였다.
⑤ 현장 등의 승려들이 서역과 인도를 순례하였다.

10 그림의 정치 체제가 시행되었던 시기 일본에서 있었던 사실로 옳은 것은?

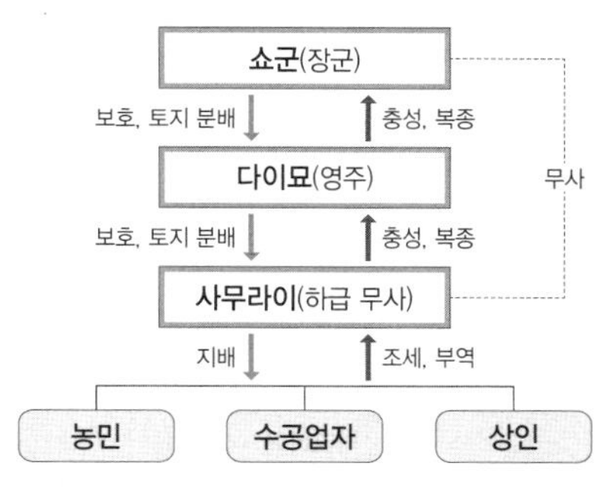

① 도다이사가 건립되었다.
② 다이카 개신이 일어났다.
③ 쇼토쿠 태자가 불교를 장려하였다.
④ 정부가 헤이조쿄로 수도를 옮겼다.
⑤ 막부가 산킨코타이 제도를 실시하였다.

11 (가)에 들어갈 내용으로 옳지 않은 것은?

> **임진왜란의 전개와 영향**
> • 전개: 도요토미 히데요시의 조선 침략 → 명이 조선에 군대 파견 → 동아시아 국제 전쟁으로 확대 → 도요토미 히데요시 사후 일본군 철수
> • 영향: (가)

① 명의 국가 재정 악화
② 만주 지방에서 여진족 성장
③ 가마쿠라 막부가 재정 부담으로 쇠퇴
④ 도쿠가와 이에야스가 에도 막부 수립
⑤ 조선이 명과 후금 사이에서 외교적 갈등을 겪음

03 서아시아와 북아프리카 지역 질서의 변화

12 티무르 왕조에 대한 설명으로 옳은 것은?

① 이스마일 1세가 세웠다.
② 사마르칸트를 수도로 삼았다.
③ 페르시아의 부활을 내세웠다.
④ 시아파 이슬람교를 국교로 삼았다.
⑤ 유럽과 십자군 전쟁을 전개하였다.

13 지도에서 (가) 도시에 대한 설명으로 옳은 것은?

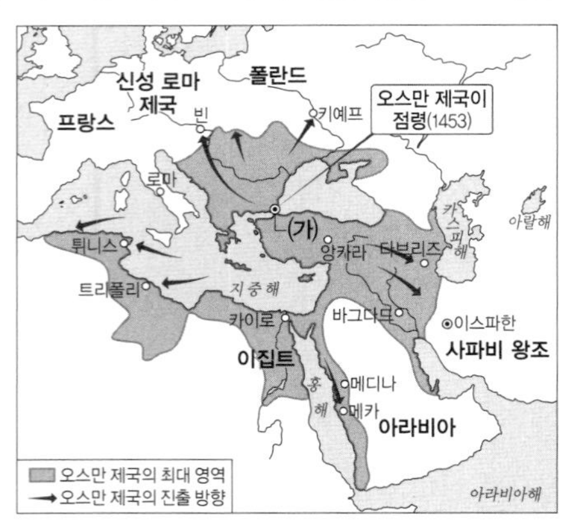

① 자금성이 건설되었다.
② 아바스 1세가 수도로 삼았다.
③ 셀주크 튀르크에 의해 점령되었다.
④ 오스만 제국 때 국제도시로 번영하였다.
⑤ 무함마드가 메카에서 근거지를 옮긴 곳이다.

14 (가), (나)에 해당하는 인물을 옳게 짝지은 것은?

	(가)	(나)
①	샤자한 황제	바부르
②	아크바르 황제	샤자한 황제
③	아크바르 황제	아우랑제브 황제
④	아우랑제브 황제	바부르
⑤	아우랑제브 황제	아크바르 황제

15 무굴 제국의 문화에 대한 설명으로 옳지 <u>않은</u> 것은?

① 시크교가 발전하였다.
② 무굴 회화가 발달하였다.
③ 우르두어가 널리 사용되었다.
④ 술탄 아흐메트 사원이 건립되었다.
⑤ 인도(힌두)·이슬람 양식이 발달하였다.

04 신항로 개척과 유럽 지역 질서의 변화

16 다음 인터넷 게시판의 질문에 옳게 답변한 사람을 고른 것은?

> ▶ 지식 Q&A
>
> 신항로 개척의 배경에 대해 알려 주세요.
>
> ▶ 답변하기
>
> ↳ 갑: 유럽에서 지리학과 항해술이 발전하였습니다.
> ↳ 을: 유럽에서 어음, 보험 등의 금융 제도가 발달하였습니다.
> ↳ 병: 이슬람과 이탈리아 상인이 동방의 물품을 독점하였습니다.
> ↳ 정: 유럽인들이 아프리카 원주민을 대농장의 노예로 동원하였습니다.

① 갑, 을 ② 갑, 병
③ 을, 병 ④ 을, 정
⑤ 병, 정

17 밑줄 친 '이 인물'로 옳은 것은?

<u>이 인물</u>은 대서양을 건너 오늘날의 서인도 제도를 발견한 위대한 탐험가야.

아니야. <u>이 인물</u>의 항해는 이후 수많은 아메리카 원주민의 학살을 초래하였어.

① 뉴턴 ② 마젤란
③ 데카르트 ④ 콜럼버스
⑤ 바스쿠 다 가마

18 ㉠에 들어갈 내용을 쓰시오.

> 신항로 개척 이후 유럽에서는 아메리카 대륙으로부터 많은 양의 금, 은이 들어와 물가가 크게 오르는 현상이 일어났는데 이를 (㉠)(이)라고 부른다.

19 그림에 나타나는 정치 구조에 대한 설명으로 옳지 않은 것은?

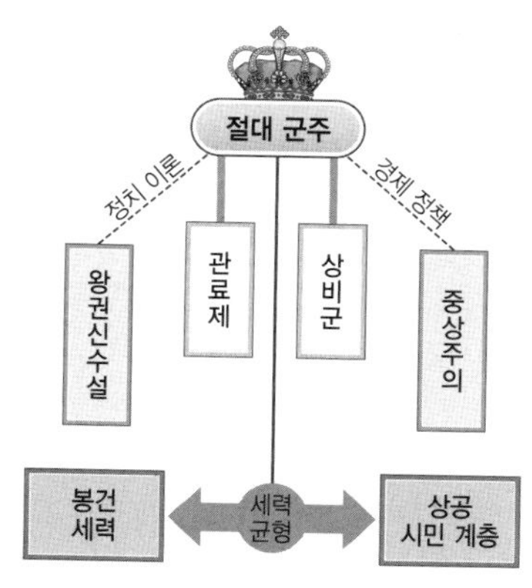

① 국왕이 강력한 권한을 행사하였다.
② 국왕이 수출을 장려하고 관세를 높였다.
③ 주군과 봉신의 주종 관계를 기반으로 하였다.
④ 국왕이 해외 팽창과 식민지 건설을 지원하였다.
⑤ 국왕이 자신의 명령을 효율적으로 시행하기 위해 관료제를 두었다.

20 다음 인물에 대한 설명으로 옳은 것은?

① 인도에 동인도 회사를 세웠다.
② 스스로를 태양왕이라 칭하였다.
③ 상트페테르부르크를 건설하였다.
④ 에스파냐의 무적함대를 격파하였다.
⑤ 슐레지엔 지방을 차지하여 영토를 넓혔다.

21 계몽사상에 대한 설명으로 옳은 것은?

① 절대 군주의 권력을 정당화하였다.
② 왕권은 신에게서 받은 것이라는 주장이다.
③ 미국 혁명, 프랑스 혁명의 사상적 기반이 되었다.
④ 현실 정치를 멀리하고 경전을 실증적으로 연구하였다.
⑤ 성리학을 비판하고 올바른 지식과 행동의 일치를 강조하였다.

서술형 문제

1 밑줄 친 '개혁'의 추진 배경을 두 가지 서술하시오.

> 왕안석은 농민과 상인에게 낮은 이자로 돈을 빌려 줄 것, 정부가 물자의 공급을 통제할 것, 농민이 곧 병사가 되어 치안을 유지할 것 등의 개혁을 주장하였으나 보수파 관료들의 반대로 실패하였다.

2 다음 항해가 명에 끼친 영향을 서술하시오.

> 정화는 명의 함대를 이끌고 일곱 차례의 항해에 나섰다. 그의 함대는 동남아시아와 인도를 거쳐 아프리카까지 진출하였다.

정화의 배(복원 모형)

3 밑줄 친 부분의 교역 내용을 세 가지 서술하시오.

> 신항로 개척 이후 지중해를 대신하여 대서양이 무역의 중심지로 떠올랐다. 대서양 무역은 유럽, 아메리카, 아프리카를 잇는 삼각 무역의 형태로 발전하였다.

MEMO

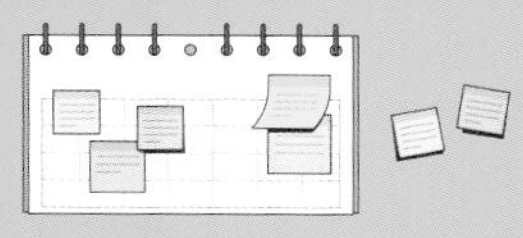

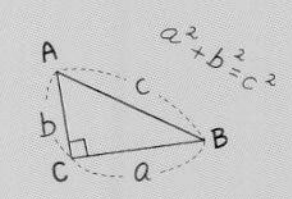
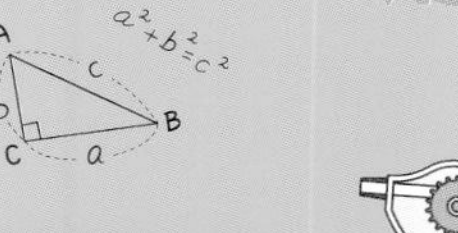

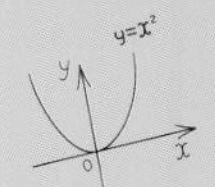

visang

중학 수학 고민 끝!

중학 수학 교재 가이드

구분	개정	교재	수준 (기초 · 기본 · 응용 · 심화)
단기 완성 개념서	2015개정 2022개정	교과서 개념잡기	**기초 문제로 빠르게** 교과서 개념 이해
연산서	2015개정 2022개정	개념+연산	**연산 문제의 반복 학습**을 통해 개념 완성
기본서 + 수준별 문제	2015개정 2022개정	개념+유형 라이트	**이해하기 쉬운 개념 정리**와 **수준별 문제**로 기초 완성
	2015개정 2022개정	개념+유형 파워	**이해하기 쉬운 개념 정리**와 **유형별 기출 문제**로 내신 완벽 대비
	2015개정	개념+유형 탑	**다양한 고난도 문제**로 문제 해결력 향상
유형서	2015개정	만렙	**다양한 유형의 빈출 문제**로 내신 완성
	[신간] 2022개정	유형 만렙	**기출 중심의 필수 유형** 문제로 실력 완성
심화서	2015개정	최고득점 수학	**까다로운 내신 문제, 고난도 문제**를 통한 문제 해결력 완성
	[신간] 2022개정	수학의 신	**다양한 고난도 문제**와 **종합 사고력 문제**로 최고 수준 달성
시험 대비	2015개정	내공의 힘	**효율적인 학습이 가능**하도록 **핵심 위주**로 단기간 내신 완벽 대비
	[신간] 2022개정	기출 PICK	상, 최상 수준의 문제까지 **내신 기출 최다** 수록
	2015개정 2022개정	수학만 기출문제집	**유형별, 난도별 기출 문제**로 중간, 기말 시험 대비

※ 『**유형 만렙**』: [중학 1-2]_24년 10월 출간 예정(2, 3학년은 25년부터 순차적으로 출간 예정)

※ 『**수학의 신**』: [중학 1-1]_25년 6월, [중학 1-2]_25년 9월 출간 예정(2, 3학년은 25년부터 순차적으로 출간 예정)

한·끝·시·리·즈 필수 개념과 시험 대비를 한 권으로 끝! 역사 공부의 진리입니다.

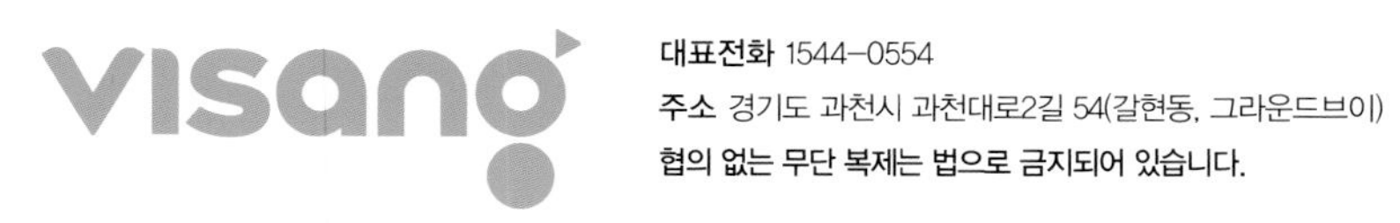

대표전화 1544-0554

주소 경기도 과천시 과천대로2길 54(갈현동, 그라운드브이)